国际海事公约与法规

主 编 ● 郭会玲
副主编 ● 姜世勋
主 审 ● 吴金龙

大连海事大学出版社
DALIAN MARITIME UNIVERSITY PRESS

图书在版编目(CIP)数据

国际海事公约与法规／郭会玲主编. —大连：大
连海事大学出版社，2017.12
　ISBN 978-7-5632-3598-8

　Ⅰ.①国…　Ⅱ.①郭…　Ⅲ.①海事处理—国际公约
Ⅳ.①D993.5

中国版本图书馆 CIP 数据核字(2017)第 319650 号

大连海事大学出版社出版

地址:大连市凌海路1号　邮编:116026　电话:0411-84728394　传真:0411-84727996
　　　http://www.dmupress.com　E-mail:cbs@dmupress.com
大连住友彩色印刷有限公司印装　　　大连海事大学出版社发行
2017 年 12 月第 1 版　　　　　　　2017 年 12 月第 1 次印刷
幅面尺寸:185 mm×260 mm　　　　　印张:21.5
字数:517 千　　　　　　　　　　　印数:1～1500 册
出版人:徐华东

责任编辑:张来胜　　　　　　　　　责任校对:刘长影
封面设计:解瑶瑶　　　　　　　　　版式设计:解瑶瑶

ISBN 978-7-5632-3598-8　　　定价:60.00 元

前　言

随着船舶大型化和专业化的发展，海上事故所带来的灾难性后果越发让人类无法承受，船舶航行安全和海洋环境保护也更加受到国际社会的重视。为了有效地预防和减少海难事故的发生以及明确事故责任，国际海事组织充分发挥了作用，一方面不断制定和修改国际公约以及相关标准，另一方面也加强了对缔约国的履约监督，保证公约的有效实施。

近年来，国际海事公约修改频繁，我国作为国际海事组织的缔约国，有遵守和执行公约的国际义务。一方面我国在国际海事组织公约和标准的制定修改中承担了重要任务，另一方面为了满足履约要求，我国在国内相关法律法规方面也不断做出调整和完善。因此，加强对国际海事公约的研究、了解，掌握我国的相关海事法规规定，是我国有效履行公约义务的前提，也有利于我国充分行使国际海事公约所赋予的缔约国权利。

本教材按照模块化对国际海事公约进行了分类梳理，并在公约内容之后对其实施情况特别是我国的立法及履约实践进行了说明，以使读者对我国当前的法律法规与公约进行对比学习和分析，查找我国在履约工作中的差距和努力方向，并在每单元内容之后设计了拓展阅读部分，可以起到拓展知识的作用。本教材适用于从事航海技术、海事管理、交通运输与管理等专业的公务人员、航海工作人员、在校大学生以及海事爱好者阅读和学习之用。

教材内容共分为五大模块，分别是国际公约与海上运输组织机构、联合国海洋法公约、海上安全与便运类公约、海员职业保障类公约、海洋防污染与责任类公约。每个模块包含若干不同的公约项目，形成了较为清晰和完整的国际海事公约与法规体系。本教材的编写征求了航海类高校教授和有实际工作经验的海事管理机构和航运企业专家的意见和指导，力求科学、严谨、实用。

本教材由天津海运职业学院郭会玲担任主编，姜世勋担任副主编，其中郭会玲编写模块一的项目一至项目三、模块三的项目一、项目五和项目六、模块四的项目二以及模块五的项目九，姜世勋编写模块二、模块四的项目一以及模块五的项目一和项目八，任振振参与编写模块三的项目二至项目四，南通航运职业技术学院于世永参与编写模块一的项目四、模块五的项目二至项目七。本教材由天津海运职业学院吴金龙担任主审，郭会玲负责统稿、定稿。另外感谢郑罗坤、熊海生、李威、苏天放、张弘、宁文才对本教材编写给予的支持和帮助。在本教材编写过程中还得到了交通运输部北海航海保障中心工程师邓祝森、王亚辉同志、天津海事法院陈文清同志、天津散货运输有限公司张叶波同志给予的支持，以及其他社会各界同仁的帮助，在此一并表示感谢！

由于时间和水平有限，本教材疏漏和不足在所难免，希望广大教师、读者及专家学者多提宝贵意见，以便我们日后充实与完善。

编者

2017 年 11 月

目　录

模块一

国际公约与海上运输组织机构

项目一
国际公约的基本知识

"条约必须遵守"是一项习惯国际法原则。每项公约都赋予缔约国一定的权利和义务,以期各国采取切实可行的措施,通过国内立法,使违反公约的行为得到足够严厉的惩罚,进而促使公约的各项规定得以有效的遵守。

一、基本概念

(一)条约

条约(Treaty)广义上是指两个或两个以上国家之间,或国家组成的国际组织之间,或国家与国际组织之间,共同议定的在政治、经济、科技、文化、军事等方面,按照国际法规定它们相互间权利和义务关系的国际法律文件的总称,包括条约、专约、公约、协定、议定书、换文以及宪章、规约等。条约主体必须是国际法主体。现代国际法和国际缔约实践公认国家和国家组成的国际组织是国际法主体,它们都有缔约权。还在争取独立的被压迫民族的政治组织在一定范围内也是国际法主体,有权缔约。国家缔约权一般由国内法特别是宪法加以规定,通常由国家元首、政府首脑、外交部长或他们委派的全权代表行使。1969年维也纳联合国条约法会议通过了《维也纳条约法公约》,规定了缔结条约的程序和原则。

条约在狭义上是指具体名称定为条约的国际法律文件,往往是国家间议定的政治性的、最重要的、规定根本关系的文件,其缔结和生效的形式及程序比较隆重,一般需经批准和交换或交存批准书,签字人级别比较高,有效期比较长。

(二)专约

专约是指国与国之间就专门问题达成的协议。有些专约是补充现有条约的(如政治同盟条约、军事专约),有些是解决国际关系中的专门问题的(如渔业专约、邮电专约)。专约通常是双边的,但也有多边的。

(三)公约

公约(Convention)是指国际的有关政治、经济、文化、技术等方面的多边条约。公约通常为开放性的,非缔约国可以在公约生效前或生效后的任何时候加入。有的公约由专门召集的国际会议制定。

（四）协定

协定（Agreement）一般是指国家间、国际组织间或国家与国际组织间，用来解决专门问题或临时问题而缔结的契约性文件。协定对签字各方都有约束力，并要求其履行协定所规定的义务，保证享有充分的权利。协定一般分为序言、实质性条款和最后条款三部分。协定可以是双边的或多边的，其缔结和生效的法律程序可以比条约简单，即经过签字或核准就可生效，但是有些协定也需经过批准。

（五）议定书

议定书（Protocol）是指缔约国对条约或协定的解释、补充、修改或延长有效期以及关于某些技术性问题所议定缔结的国际法律文件。议定书有时附在条约或协定之后，有的也作为独立的条约。有时国际会议对某项问题议定并经签字的条约也叫议定书。

（六）换文

换文是指两国（或多国）就已经议定的事项所交换的、内容相互一致的几个外交照会的合称。这种外交照会，通常由双方（或多方）在事先约定的日期同日发出或先后发出，并在照会中写明来照和复照，构成两国（或多国）间的一项共同同意。换文一般用来补充正式条约或确定关于处理某一特殊问题已达成的共同同意，如建立外交关系的换文、有关贷款协定、某些事宜的换文、承认商标或商标注册问题的换文等。

（七）宪章

宪章（Charter）是指国家间关于某一重要国际组织的基本文件，具有国际条约性质。它一般规定该国际组织的宗旨、原则、组织机构、职权范围、议事程序以及成员国的权利和义务等，属于多边条约的一种，如《联合国宪章》《美洲国家组织宪章》《非洲统一组织宪章》等。

二、国际公约的适用原则

1969 年缔结的《维也纳条约法公约》第 26 条规定："凡有效之条约对其各当事国有拘束力，必须由各该国善意履行。"一国一旦成为一项"有效"条约的当事国，该国就必须将该项条约接受为国内法，解决好公约与其他国内法之间的效力冲突，使其在国内行政与司法机关中予以适用。

（一）条约在国内法上的接受方式

条约的国内适用以条约在国内法上的接受为前提。接受条约为国内法，可以是成文法，也可以是判例法；而在成文法中，可以是宪法，也可以是其他法律。概括各国国内法接受条约的实践，可以将条约在国内法上的接受分为三种形式：

第一种是转化（Transformation），也称间接转化，是指国际法的原则、规则和制度由于国内法律行为而被纳入国内法律体系中，成为国内法律，或者具有国内法律的效力。转化相当于参照国际条约进行国内立法，使国际条约的内容在国内法里具有相应的规定，这样，国内法院适用的就是国内法而不是国际法。这种做法的优点在于避免了法院处理国际条约与国内法关系的复杂问题，解决了它们之间的矛盾；缺点在于立法成本过高，国际条约的数量随着国际政治经济关系的发展快速增长，一个国家置身于国际社会，不可避免地要缔结和加入大量国际条约，如果一律对它们重新进行国内立法则成本太高，更重要的是有些条约或有些条约中的某些条款是无法转化为国内立法的。采取转化方式最为典型的国家是意大利和英国。

第二种是纳入(Adoption),也称直接转化,是指由国内法采纳国际法,使其在国内发生效力,而不需要将国际法转化为国内法。纳入的特点是不需要重新进行国内立法,而是原则地宣告国际条约可以在国内适用,并不改变国际条约作为国际法的性质、主体和内容。纳入的优点是快捷,节省立法成本;缺点是将会引出国际条约在国内法院的直接援引性和国际条约的效力等级等一系列理论与实践问题。采取纳入方式最为典型的国家是美国,按照《美国宪法》第6条第2款的规定,在美国的权力下缔结的一切条约,与美国宪法和根据该宪法制定的法律一样都是美国的最高法律。

第三种,自执行条约和非自执行条约。自执行条约(Self-executive Treaty),是指条约经国内接受后,无须再用国内立法予以补充规定,即应由国内司法或行政机关予以适用的条约。非自执行条约(None Self-executive Treaty),是指条约经国内接受后,尚须再用国内立法予以补充规定,才能由国内司法或行政机关予以适用的条约。这两个概念由美国始创,后来其影响波及其他国家,欧共体法院称非自执行条约为具有"结构性缺点",并以关贸总协定(GATT)的"结构性缺点"为由,认为其不能赋予个人在欧共体成员国国内法院援用的权利。

(二)国际公约与国内法冲突的解决

条约一旦被接受为国内法,它的国际法性质即发生改变,而成为国内法的一部分。当把它适用于自然人和法人时,可能发生条约与同一事项的其他国内法之间的冲突。如何解决这种冲突,各国的现行情况大致可以分为三类:

第一类,国内法的地位优越于条约。以阿根廷为例,条约的地位在宪法和法律之后,实行的结果与宪法或法律相抵触的条约不能得到执行,显然不能避免其由于违约而按国际法应承担的国际责任。

第二类,条约与国内法的地位相等。以美国为例,具体原则是:宪法的地位高于条约;"和谐解释"的规则,即尽量将表面上与条约有抵触的国内法解释为并无抵触,因此两者可以并存,都可以适用;后法优于前法。

第三类,条约的地位优越于国内法。这又可以分为两种情况:(1)条约优越于一般国内法,但宪法优越于条约,例如法国;(2)条约不仅优越于一般国内法,而且也优越于宪法,例如荷兰。

三、条约的生效、失效、保留与解释

(一)生效

条约的生效是指条约对缔约国开始发生拘束力。生效方式和日期取决于条约规定或缔约各方的协议。双边条约的生效大约有三种方式:

(1)自签字之日或规定之日起生效,不需批准或交换批准书。这种条约多是一些经济、贸易、技术合作或文化等方面的协定。

(2)自双方批准之日起生效,不需交换批准书。缔约双方如在同一天批准条约,条约即在该日生效;如果日期不同,则自缔约一方最后通知批准的日期起生效。

(3)自互换批准书之日起生效。意义重大、政治性强或永久性的边界条约生效通常采取这种方式。有些多边条约要全体签字国批准才生效,有些只需一定数目的国家或某些特定国

家提交批准书即生效,如1945年的《联合国宪章》,在中、法、苏、英、美五国以及其他过半数的签字国向美国交存批准书后即生效。

(二)失效

条约的失效是指条约对缔约国丧失效力,即条约终止对缔约国产生权利和义务。根据国际实践,条约一般在下列情况下失效:

(1)条约期满。许多条约规定了有效期限,如无延长有效期的规定,则条约到期即告失效。

(2)缔约国同意废除。无期限或有期限而尚未到期的条约,可经各缔约国一致同意予以废除。

(3)废约或退约。条约本身自始就属无效的不平等条约,或双边条约当事国一方违背条约主要义务,缔约他方有废约或退约的权利。多边条约当事国之一违背条约主要义务,其他当事国有权一致协议在各国与违约国关系上或在全体当事国之间将该条约终止。如发生"情势变迁"的情况,条约也可废除。双边条约经缔约一方退出当即失效。多边条约经某缔约国退出,便对该国失效。

(4)条约已经执行完毕,虽未期满也即告失效,如关于赔偿或债务的协定。但目的在于建立事物恒久状态的条约,如划界条约等,执行完毕后仍不失效。

(5)条约执行不可能。如条约客体不复存在,条约即告失效。

(6)条约解除条件的成立。有的条约明文规定了条约解除条件,一旦解除条件成立,条约随之失效。

(7)条约如做部分修改,被修改部分失效;如全部修改,则原条约因被新条约代替而失效。

(8)战争的爆发,往往使交战国间的条约失效,但有关战争法规的条约除外。平时断绝外交关系或领事关系并不当然使条约失效。条约停止实施并不等于条约失效。

(三)保留

条约的保留是指一国在签署、批准、接受、赞同或加入条约时所做的单方面声明,其目的在于摒除或更除条约中若干规定对该国适用时的法律效果。只有多边条约会发生保留问题。

根据国家主权原则,任何一国都可以提出保留,但有下列情况除外:条约本身禁止保留;条约仅准许特定的保留,其余条款不在其内;保留与条约的目的和宗旨不合。

保留的效果是,除条约另有规定外,如保留经另一缔约国接受,就该缔约国而言,保留国即成为该条约当事国,但须以该条约已对这些国家生效为条件;如保留经另一缔约国反对时,条约在反对国与保留国间并不因此而不发生效力,但反对国明确表示相反意思者不在此限;一国提出保留时,只要至少有另一缔约国已经接受该项保留,就称为有效;如果一国在接到保留国的通知后12个月内,或至其表示同意承受条约拘束之日为止,未对保留提出反对,该项保留即被视为已被该国接受;对另一当事国成立的保留,在保留国与另一当事国的关系上,可在保留范围内修改保留所涉及的条约规定,而在其他当事国之间,这项保留则不影响条约规定;反对保留的国家如果并未反对该条约在该国与保留国之间生效,则在该两国之间仅不适用所保留的规定。

如果条约明文准许保留,则不需要其他缔约国事后予以接受。除另有规定外,保留和对保留的反对都可随时撤回。保留、明示接受及反对保留都必须以书面形式提出,并致送缔约国及有权成为条约当事国的其他国家;撤回保留或对保留的反对也须以书面做出。

（四）解释

条约的解释是指对条约整体或个别条款的意义、内容和适用条件所做的说明。原则上,只有缔约国才有解释条约的资格。彼此在解释条约上有分歧时通常通过外交途径协商解决。缔约双方就条约解释达成协议后,往往用解释性议定书或换文形式加以记录,或发表解释性声明。多边条约解释由缔约国召开国际会议共同协商,订立有关条约补充议定书。不能达成协议时,在所有当事国同意的情况下,可采用国际仲裁或国际司法方式解决。有些多边条约规定了条约解释的条款和解决解释争端的程序。如在联合国范围内遇有涉及条约解释的问题时,通常请国际法院发表咨询意见。1969年《维也纳条约法公约》规定,条约应参照条约的目的与宗旨,忠实地按照条约用语的上下文,就约文的通常意义善意地加以解释。如果条约用两种或两种以上文字写成,一般都规定遇有解释分歧时应以某种文字为据。

四、条约缔结程序

条约缔结程序是指国与国之间签订条约的全部过程,一般包括谈判、签字、批准和交换批准书。

1.谈判

谈判指国家间就条约内容和缔结等事项进行交涉的过程。除国家元首、政府首脑和外交部长外,开始时通常须审查代表是否奉有谈判条约全权。谈判结果订成双方一致同意的正式文本。多边条约谈判通过国际会议的形式进行,条约草案提交会议通过。在联合国范围内缔结的国际条约,条约文本由联合国大会或为此专门召开的外交会议通过。谈判结束,约文拟定后,可由谈判代表草签。

2.签字

签字指由受权签约的代表在条约正式文本上签名,以表示缔约国同意接受条约拘束。双边条约签字前由缔约国双方代表互阅签约的全权证书,多边条约则由缔约国代表组成全权证书审查委员会审查。一般的条约自签字之日起即可生效,不需批准或其他手续。在国际组织范围内缔结国际公约,有时不经过签字这种传统程序,而是根据该组织的组织文件规定,主管机关将公约拟定后,径送各国审议批准。

3.批准

批准指国家有权机构对其代表所签署的条约最后确认。根据各国的宪法和实践,有权批准条约的一般是国家元首或议会,有时国家元首根据议会的决议来批准。有些条约可采取简易的批准方式,即由政府核准。一般来说,国家没有义务必须批准其代表所签署的条约。除批准外,一国表示同意接受条约拘束还可用接受、赞同等新方式。

4.交换批准书

双边条约获得批准后,通常要交换批准书。多边条约则要把批准书交存于条约规定的负责保管批准书的保管者。除另有规定外,双边条约自交换批准书之日起生效。多边条约生效需要全体或一定数目的签字国交存批准书。

五、国际海事公约在我国的适用

国际海事公约在我国的适用,基本遵循了国际公约在我国适用的一般规律。在将公约接受为国内法的方式和国际公约与国内法的冲突的解决上,《中华人民共和国宪法》和海事管理的基本法律《中华人民共和国海上交通安全法》并无明文规定,只在海事管理的另一基本法律《中华人民共和国海洋环境保护法》第 97 条规定"中华人民共和国缔结或者参加的与海洋环境保护有关的国际条约与本法有不同规定的,适用国际条约的规定;但是中华人民共和国声明保留的条款除外"。从国际海事公约在我国适用的实践看,国际海事公约在我国的适用主要有以下方式:

第一种是转化,将涉及国家主权的国际公约转化为国内法。如根据《联合国海洋法公约》,制定《中华人民共和国领海及毗连区法》《中华人民共和国专属经济区和大陆架法》;根据《联合国海洋法公约》和 MARPOL 73/78 制定《中华人民共和国海洋环境保护法》;根据 SOLAS 1974、《1966 年国际载重线公约》《1969 年国际船舶吨位丈量公约》、MARPOL 73/78 制定了《船舶与海上设施法定检验规则——国际航行海船法定检验技术规则》;根据 STCW 78/95 制定了《中华人民共和国海船船员适任、评估和发证规则》;根据 ISM 规则制定了 ISM 规则。

第二种是纳入,国际海事公约规定的内容无须转换,直接在国内适用,这主要涉及一些技术类的公约规定。公约生效后,对到港外国籍船舶和我国国际航行船舶直接生效,而无须等国内相关法律经过相应的修改。如 SOLAS 1974 及其历年修正案、MARPOL 73/78 及其附则等。

第三种是国际海事公约对国内立法的补充,这是我国海事管理中近年新形成的一个鲜明的特点。这主要是由于国内立法相对滞后,海事管理的某些问题又迫切需要解决。如 2003 年中国海事局以通知的形式将 IBC 规则、BCH 规则适用于国内沿海航行的船舶,2005 年以通知的形式将 MARPOL 73/78 附则 V《防止船舶垃圾污染规则》适用于国内沿海航行的船舶。

第四种是国际海事公约与国内法冲突的解决。尽管《中华人民共和国宪法》《中华人民共和国海上交通安全法》并没有明文规定,但从我国海事管理的实践来看,当国际海事公约与我国国内法发生冲突时,我国采取的是国际条约优先原则,以充分履行我国作为缔约国所应承担的国际义务。

项目二
国际海上运输组织与机构

一、国际海事组织(International Maritime Organization,IMO)

(一)国际海事组织概况

国际海事组织是联合国负责海上航行安全和防止船舶造成海洋污染的一个专门机构,总部设在伦敦。该组织最早成立于 1959 年 1 月 6 日,前身为政府间海事协商组织(Intergovernmental Maritime Consultative Organization,IMCO)。

IMCO 是根据 1948 年 3 月 6 日在日内瓦举行的联合国海运会议上通过的《政府间海事协商组织公约》(1958 年 3 月 17 日生效),于 1959 年 1 月 6 日—19 日在伦敦召开的第一届公约国全体会议上正式成立的,是联合国在海事方面的一个专门机构,负责海事技术咨询和立法。1975 年 11 月第 9 届大会通过了修改的组织公约决定,并于 1982 年 5 月 22 日起更名为 IMO,以加强该组织在国际海事方面的法律地位,使其在海事和海运技术领域起到更大的作用。

IMO 与联合国及联合国粮农组织、国际劳工组织、国际原子能机构订有合作协议。IMO 通过的国际公约、规则和决议案为造船、设计、检验、航运、海事、管理等部门所必须遵循的法定文件。

IMO 总部设在伦敦,截至 2012 年 3 月国际海事组织共吸纳了 169 个成员以及 3 个联系成员(中国香港特别行政区和澳门特别行政区为该组织联系成员),以及 300 名左右的国际工作人员为其服务。[①] IMO 的最高权力机构为大会(Assembly,每两年召开一次),而由 40 名成员组成的理事会(Council)是其决策执行机关,下设有 5 个委员会(Committee,每年一——两次);日常工作由秘书处承担,秘书长为最高行政执行官,秘书处下设 5 个司,分别为海上安全司、海上环境司、法律事务及对外联络司、行政司和会议司。各机关的地位、成员以及职能如下:

1. 国际海事组织大会

大会是其最高的决策机关,由所有成员参加,每两年举行一次常会。有 1/3 的会员通知秘书长要求召开大会或当理事会认为有必要召开大会时,在发出召开大会的通知 60 天后举行大

---

① http://www.imo.org 国际海事组织官网。

会的特别会议。其主要负责组织未来的工作计划、预算计划的投票、决定财政安排以及选举理事会成员。大会表决制度为"特定多数"制，即经出席大会及投票的成员国的 2/3 以上同意才能通过。

2. 国际海事理事会

理事会是其决策执行机关并且监督组织活动，由大会每两年选举的 40 名成员组成，成员可以连选、连任。其主要职能是在大会闭会期间履行除了《国际组织公约》第 15 条 j 款的有关规定的大会的职能，另外理事会的职能还包括：(1)协调组织机关活动；(2)考虑组织文件起草工作以及预算的评估，并且将其提交给大会；(3)接受委员会以及其他机关的报告和建议，并附以适当的建议和意见提交给大会；(4)经大会同意，任命秘书长；(5)经大会同意，签订有关该组织和其他组织关系的协议和安排。该 40 名成员被分为 A、B、C 三类，其中 A 类成员为对国际航运服务影响最大的 10 个国家或地区，截至 2015 年，中国已经连续 14 次被选为 A 类理事国。

3. 海事安全委员会

安全委员会是组织的最高技术机构，由所有成员组成。该委员会的主要职能为：(1)考虑在组织职责范围内的有关航标、船舶建设和设备、安全船舶的配备、避碰规则、危险货物处置、海事安全程序和要求、水文信息、航海日志和航行记录、海上事故调查、救助打捞和其他直接与海上安全有关的事项；(2)该委员会还负责为履行由国际海事组织公约分配的责任以及任何为其他国际性文件赋予并被国际海事组织接收的责任提供机构设备；(3)其有责任考虑并提交建议和指导方针给可能由大会通过的有关安全方面文件；(4)被扩大的海事安全委员会可以通过例如《国际海上人命安全公约》等公约的修正案，并且该委员会可以包括公约的成员，即使其不是国际海事组织的成员。

4. 海洋环境保护委员会

该委员会初期是作为大会的附属机关，在 1985 年才获得其独立的法律地位。该委员会由所有成员组成，主要职能为考虑组织职权范围内有关船舶污染的防治和控制的事项，特别是有关公约、其他规范性文件以及确保其实行的措施的通过和修订。

5. 技术合作委员会

该委员会在 1969 年作为理事会的一个附属机构存在，与 1984 年生效的国际海事组织公约修订案的方式成为组织下属委员会。该委员会由组织所有成员国组成。其职能为考虑组织职责范围内有关共同合作项目的实施的事项(组织作为技术合作项目的执行者以及合作机构)以及在技术合作领域有关组织活动的事项。

6. 法律委员会

该委员会在 1967 年以一个附属机构的名义存在，处理由"托瑞·勘庸号"海难所引发的法律问题。该委员会由组织所有成员组成。其职能是处理组织职责之内的所有法律问题以及履行任何其他法律文书规定或授权并为组织接收的其他职责。

7. 便利交通委员会

该委员会在 1972 年 5 月作为理事会的附属机构存在并于 2008 年 12 月通过国际海事组织公约修正案转化成一个具有独立地位的委员会。该委员会由组织所有成员组成。其职能为通过各方面实施《1965 年便利国际海上运输公约》消除不必要的手续和国际航运的繁文缛节以及处理组织职责范围内有关国际海上交通、便利的事项。最近几年该委员会的工作为确保海事安全和国际海事贸易便利两者之间的权利平衡。

另外,国际海事组织行政事务由秘书处主管,其由秘书长以及300名左右的国际工作人员组成。

IMO出版物大致分为六大类:(1)综合类(包含基本文件,IMO公约,大会决议和其他决定,人命安全公约之各种文件、规则、建议等);(2)货物(包括危险货物规则及其各修正案以及其他相关文件);(3)便利旅行和运输;(4)法律事项;(5)海上环境保护;(6)船舶技术。

IMO主要活动:制定和修改有关海上安全、防止海洋受船舶污染、便利海上运输、提高航行效率及与之有关的海事责任方面的公约;交流上述有关方面的实际经验和海事报告;为会员国提供本组织所研究问题的情报和科技报告;用联合国开发计划署等国际组织提供的经费和捐助国提供的捐款,为发展中国家提供一定的技术援助。截至1984年底,国际海事组织制定并负责保存的公约、规则和议定书共有30个,其中已经生效的有24个。

(二)国际海事组织与中国

我国在联合国合法席位恢复后,于1973年3月1日正式加入IMO,1975年当选为理事国,曾在该组织第9～15届大会上当选为B类理事国,在1989年第16届大会上当选为A类理事国并连任至今。2007年11月23日,IMO第25届大会在英国伦敦召开,出席此次会议的中国代表团团长、交通部副部长徐祖远和IMO秘书长米乔普勒斯签署了《中华人民共和国交通部和国际海事组织关于IMO技术合作的备忘录》,进一步加强中国和IMO在海事领域的技术合作关系。

我国对IMO的归口管理部门设在交通运输部船舶检验局。

中国还派出数十名专业人员到国际海事组织创办的世界海事大学进修。1984年,世界海事大学大连分校在中国大连成立。国际海事组织秘书长曾多次访华。

中国自加入国际海事组织后,历年均派团出席有关国际会议并参与相关国际法规、议定书的制定工作,在有关海事、安全等具体业务方面,中国政府有关部门与国际海事组织联合开展并保持了有效合作,双边和多边交流活动顺利进行。

二、国际劳工组织(International Labour Organization,ILO)

(一)国际劳工组织的概况

国际劳工组织是一个以国际劳工标准处理有关劳工问题的联合国专门机构。1919年,国际劳工组织根据《凡尔赛和约》作为国际联盟的附属机构成立。ILO是为了促进社会进步成立的,成立的目的是为了保障劳工的合法权益。ILO总部设在日内瓦,现有会员国175个。在制定政策时,各会员国的政府、雇主和工人的代表有同等权利,这在联合国各机构中是唯一的。

国际劳工组织的组织机构包括:

(1)国际劳工大会:最高权力机构,每年召开一次会议;闭会期间由理事会指导该组织工作,国际劳工局是其常设秘书处。主要活动有从事国际劳工立法,制定公约和建议书以及技术援助和技术合作。

(2)理事会:国际劳工组织的执行委员会,每三年经大会选举产生,在大会休会期间指导该组织工作,每年3月、6月和11月各召开一次会议。

(3)国际劳工局:常设秘书处,设在瑞士日内瓦国际劳工局总部。国际劳工组织是以国家为单位参加的国际组织,但在组织结构上实行独特的"三方性"原则,即参加各种会议和活动的成员国代表团由政府、雇主组织和工人组织的代表组成,三方代表有平等独立的发言和表决权。

ILO 积极参加劳工的和社会正义的活动,尤其关心海员、渔民、码头工人的保护问题,不断建立、修改各种关于海事劳工问题的国际最低标准,如聘用船员的最低工资、遣返船员、职业培训、船员膳宿供应、工作时间及人员定额、假期及福利设施等。ILO 还从事海运业经济、技术、劳工和社会发展等方面的研究及分析。

1987 年 9 月 24 日内瓦国际劳工大会第 74 次会议(海事会议)通过了以下国际劳工议案:

①有关海员在海上及港口福利的协定和建议。该协议规定政府有责任保证向在海上和港口的船员提供足够的设施和服务,并制定了必要的协议,包括医疗待遇、海员通信、公共交通等。

②关于海员社会保障问题。根据该协定,国家应为船员提供社会保障。这一协定有利于促进改善海员及其家属的社会保障。

③关心海员健康保护及医疗协定。该协定为海员健康保护及医疗提供设施,包括船上医疗设施的标准、预防方法、在挂靠港医疗的便利、在搜索救助海域内的合作等。

④关于遣返海员的协定和建议。协议规定,海员在一定条件下,在船上服务一段时间以后,有遣返回家休息的权利;建议规定,遣返费用由船东支付。

(二)国际劳工组织与中国的关系

中国是国际劳工组织的创始成员国,也是该组织的常任理事国。1971 年,中国恢复了在该组织的合法席位。1983 年以前,中国未参加该组织的活动。1983 年 6 月,我国派出由劳动人事部部长率领的代表团出席了第 69 届国际劳工大会,正式恢复了在国际劳工组织的活动。自 1983 年至今,中国每年均派代表团出席各种会议,并积极参与该组织在国际劳工立法和技术合作方面的活动。几十年来,中国与国际劳工组织的关系得到较大发展,开展了人员互访、考察、劳工组织派专家来华举办研讨会和讲习班、制订实施技术合作计划以及援助我国建立职业技术培训中心等各类活动。

中国批准的国际劳工公约涉及最低就业年龄、最低工资、工时与休息时间、海员劳动条件、男女同工同酬和残疾人就业等内容。2015 年 8 月,经第十二届全国人大常委会第十六次会议审议通过,中国正式批准加入《2006 年海事劳工公约》,公约详细规定了海员的最低从业要求、就业条件、船上生活设施标准、职业健康安全保障等内容,明确了海员的权利和成员国的义务。

三、国际海运联合会(International Shipping Federation,ISF)

ISF 总部设在伦敦,是一个船东组织,在有关海员雇佣和安全的所有问题上代表船东的利益。ISF 是最老的国际船东组织,成立于 1909 年,当时是欧洲的船东组织,到 1919 年才成为世界性的船东组织。ISF 有三个主要目标:①为会员提供和交流最新的海员雇佣情报;②根据海员的雇佣发展情况,提出和协调各国船东的意见;③在讨论处理海员问题的国际论坛上,代表会员的利益与各国政府和工会商洽。

ISF 有 28 个会员国,拥有船舶的吨位超过世界总吨位的一半,拥有船员超过 50 万人。ISF 的工作重点放在劳动标准方面,经常与工会打交道。在许多问题的解决上,雇主与工会的看法难免不同,因此,ISF 的主要任务是协调和提出雇主的观点。

ISF 还为国际海事组织、联合国贸易和发展会议、联合国经社理事会担任咨询工作。在国际海事组织里,ISF 主要关心船员的配备和培训工作,积极参与制定了《1978 年海员培训、发证和值班标准国际公约》。

ISF 的活动还包括船员工资、建立并协调与工会的关系、船员配备与组织等。ISF 主要为船东谋福利,但它与国际劳工组织、国际海事组织合作,积极参加拟订与海员雇佣条件、健康培训和福利有关的重要的国际劳工组织公约和决议,对航运业的发展起着重要的作用。

四、国际航运公会(International Chamber of Shipping, ICS)

ICS 成立于 1921 年(当时叫作 International Shipping Conference,1948 年改为现名),主要是由英、美、日等 23 个国家和地区有影响力的私人船东所组成的协会,协会成员大约拥有 50% 的世界商船总吨位。ICS 成立的宗旨是为了保护本协会内所有成员的利益,就互相关心的技术、工业或商业等问题交流思想,通过协商达成一致意见,共同合作。

ICS 的主要业务:①油船、化学品船的运输问题和国际航运事务;②贸易程序的简化;③集装箱和多式联运;④海上保险;⑤海上安全;⑥制定一些技术和法律方面的政策,便于船舶进行运输。

ICS 制定的各种决议可通过它的成员,即来自各国的船东带回各自的国家,影响他们国家的法规,从而达到 ICS 的决议与各国的法规相和谐,使 ICS 的意愿在各国有所体现,使各国使用统一的航运法规,便于海上交通运输的发展。

五、国际独立油船船东协会(International Association of Independent Tanker Owners, INTERTANKO, ITOA)

INTERTANKO 成立于 1934 年,由来自各海运国家的独立油船船东组成,总部设在挪威的奥斯陆。当时正处于石油危机时期,它成功地将闲置油船集中起来管理(被称为 Schierwater Plan),以便有关船东在竞争中紧密合作。20 世纪 30 年代末,随着油运市场的改善,这一组织的活动慢慢减少,直到 1954 年正式解散。50 年代中期,该组织在伦敦重新成立,可是由于没有足够的能力来维护其成员的利益,处于一种半休眠状态。1970 年,一些独立油船船东集聚在奥斯陆,由 10 个海运国家的代表再次组成了 INTERTANKO,于 1971 年 1 月开始工作。目前 INTERTANKO 有 270 多个油船船东作为它的会员,拥有世界油船总吨位的 80%。石油公司和政府所拥有的油船船队不准加入协会成为会员。

INTERTANKO 是非营利性机构,它成立的宗旨是为会员之间交换意见提供场所,促进自由竞争,维护独立油船船东利益,加强技术和商业之间的交流。INTERTANKO 特别强调它所提供的服务对它的成员具有实际价值。其业务主要包括:

①港口信息方面。成员们每月收到包括最新港口状况和费用的公告。当发现某处滥收费时,INTERTANKO 代表其成员快速做出反应;在港口费、代理机构安排、运费税等方面给出专家建议。

②运费和滞期费问题。该机构帮助油船船东对付租船方、石油交易商拖延支付或不支付运费的问题。在此项服务开设的头两年,就成功地帮助船东处理和收回了 150 万美元的资金。

③租船合同。INTERTANKO 提供了各种标准的租船合同条款和文本,专家们给其成员各

种实际可行的关于租船方面的建议。

④市场研究。INTERTANKO 提供关于油船市场供需方面独到的见解,出版了《油船市场展望》《油船经营风险和机遇》等书籍。

⑤提供 INTERTANKO 关于船舶动态、海上安全、市场趋势、油船费用、港口使费等各方面的最新消息。INTERTANKO 凭借着优质的服务,给各独立油船业主创造了更多的获利机会,同时也促进了自身的发展,对海运业经济贸易发展起到了一定的推动作用。

六、国际油船船东防污染联合会(The International Tanker Owners Pollution Federation,ITOPF)

ITOPF 是一个处理和解决海上石油漏溢问题的专业性组织,每个加入《油船船东自愿承担油污责任协定》(TOVALOP)的油船船东或光船承租人自动成为 ITOPF 的成员。

ITOPF 是为管理 TOVALOP 而于 1968 年成立的,它的任务不局限于管理 TOVALOP,还包括对清除海上油污提供专业性的帮助,进行损失程度的估计,索赔分析,制定应急方案,提供咨询、培训和情报服务等。TOVALOP 是世界油船船东为赔偿海上油污清除费用和赔偿油污所造成的任何损失而签订的协定,尽管已经有了关于海上油污索赔的公约(IMO 制定的),但 TOVALOP 仍有很重要的作用。ITOPF 的作用是确保其成员有足够的经济担保,并给该组织成员的船舶颁发证书。目前,ITOPF 的赔偿能力已达 7 000 万美元,共有 3 200 个成员,加入 ITOPF 的油船多达 6 000 艘,占世界油船总吨位的 97%。

ITOPF 总部设在伦敦,有一个由 5 名高水平技术人员组成的技术小组专门处理世界各地相关的油污事件,评估污染的严重程度,提出清除办法并协助清除,调查油污造成的损害。ITOPF 直接训练一批技术人员帮助多国政府和其他组织制定漏溢事故的应急处理方案,并向事故处理提供咨询。ITOPF 还出版了海上油污情况和处理技术的资料,现已出版了 12 种有关技术信息资料,并制作了 5 部 20 分钟的清除海上油污的系列录像片。

虽然 ITOPF 被认为是 TOVALOP 的一个管理机构,但是从 ITOPF 取得的成就来看,它已超出了管理范畴,目前已被公认为清除海上油污染的专门技术中心,为保护海洋环境做了积极的努力。

七、欧洲和日本国家船东协会委员会(Council of European and Japanese National Shipowners' Associations,CENSA)

CENSA 于 1974 年 1 月 1 日成立,该组织由比利时、丹麦、芬兰、法国、德国、希腊、意大利、日本、荷兰、挪威、葡萄牙、瑞典、英国 13 个主要航运国家的船东协会组成,总部设在伦敦。其工作涉及航运政策和海运领域的各方面,无论是班轮还是不定期船、干货船或者油船。

成立 CENSA 的主要目的是通过发展合理的航运政策保护和促进其成员的利益。包括:

①通过完善海运法规,维护其成员利益,消除海上运输和贸易方面的限制。

②建立市场自由机制,尽量避免政府歧视,减轻海运法规对托运人的影响,使托运人可以自由选择承运船舶。

③在海运供需双方之间建立自由贸易体系,使该体系尽可能自我调节。

CENSA 每年召开 4~5 次会议,委员会设 1 名主席,2 名副主席,都是从成员国的主要船东中选举出来的。每个国家在委员会里有 2 名代表。委员会下设 4 个部门,分别涉及下列问题:

①研究联合国航运政策;②美国航运政策进展;③欧洲班轮工会和欧洲船东协会之间的会议进展情况;④世界上其他地区有可能影响委员会成员的立法、政策的变更;⑤散货船、油船运输政策的发展。

CENSA 是联合国贸易和发展会议的咨询机构,与全欧班轮工会联系密切,是欧洲货主委员会的伙伴。日本和欧洲的一些国家组织起来,可以相互交流信息,不仅促进了世界海运业的发展,也促进了这些国家经济和贸易的发展。

八、救助协会(Salvage Association,SA)

1856 年,一些劳埃德保险公司的保险商及伦敦海运保险公司的代表成立了该协会。1971 年 10 月该协会被英国女王命名为"救助协会"。协会成立的目标是在船舶海事及财产损失方面维护商人和船东的利益。

协会的主要作用是处理船舶及货物受损事件并进行调查。该协会是非营利性的,为任何船东或货主服务,根据服务时间和难度收取费用。它不仅是一个保险机构,也为保险商、船东、保赔协会、政府及制造商提供服务。如果船舶遇难需要拖曳,协会通常联系拖船,并安排拖曳方式;如果船舶沉没或搁浅,协会就派去救助官员提出建议。船舶修理是协会十分重视且占很大比例的一部分工作。救助协会的船舶调查人员不仅要注意船舶的损坏程度,协商修理成本,还要明确船舶受损原因,在船方和受损方之间合理划分修理费。协会的船舶调查人员对货损的善后处理提出建议,对货物的贬值情况进行评估,在适当的地点安排货物的修复或出售。

救助协会每年大约处理 1 500 个案例,帮助政府、船东、商人等解决了一些实际问题。该协会正在不断发展壮大自己,以参加更多的海难救助,解决更多的海事纠纷。

九、波罗的海贸易海运交易所(The Baltic Exchange,BE)

波罗的海贸易海运交易所是世界上唯一一家世界性的航运交易所。1823 年,波罗的海俱乐部成立。1900 年,波罗的海俱乐部与伦敦航运交易所合并,成为波罗的海贸易海运交易所。现在波罗的海贸易海运交易所有 600 多家公司,2 000 多名代表在交易所工作。波罗的海贸易海运交易所是一家私人公司,它的成员必须持有它的股份。

在波罗的海贸易海运交易所内,服务人员为需要船舶的人及拥有船舶或经营船舶的人提供服务,货物可以找到船舶,船舶可以找到货物,极大地方便了货主和船东,促进了海运经济贸易的发展。交易所的业务在各类市场口头进行,谈判成功后就签订运输合同或买卖合同。航运交易是交易所的主要活动,全世界不定期货船市场上大约 3/4 的干散货运输量由交易所的成员经手。交易所的另一项主要业务是商品及期货贸易。期货交易者主要从事谷物、马铃薯、大豆及肉类的期货贸易。波罗的海贸易海运交易所每年可为英国赚取的纯收入达 3 000 万英镑。

十、波罗的海和国际海事公会(Baltic and International Maritime Conference, BIMCO)

BIMCO 成立于 1905 年,原名波罗的海和白海公会,后来因其成员变成世界性的,于 1927 年更名为 BIMCO,总部设在丹麦的哥本哈根。BIMCO 向本组织成员提供全世界港口和海运条件方面的免费情报服务、免费咨询服务、专题讲座及短期培训。成立的宗旨是联合船东和航运机构,在适当的时候采取一致行为促进航运业的发展,把不同的意见和违反工作惯例的情况通知本组织成员。

BIMCO 在 1927 年时只有 20 个成员国,占当时商船队总吨位的 14%。目前,BIMCO 有 110 个成员国,950 个船东,约有 11 800 条船接受它的服务。BIMCO 吸收的人员和组织包括船东、船舶买卖代理人、船东和船舶买卖协会、船舶代理商和承租商、延期停泊和防卫协会及航运联合会。

BIMCO 的服务范围非常广泛:

①预防和解决争端:在现实中,许多本不必要的争端源于错误地使用一些单证,或单证本身不健全、不准确,如果使用 BIMCO 的标准单证就可以防止争端的发生。BIMCO 经常发表一些文章,免费给它的成员提供一些信息。当其成员由于某些原因出差错时,BIMCO 可以通过它在海运业的地位来保护它的成员。

②信息服务:作为 BIMCO 的成员,能免费从 BIMCO 的信息库得到港口和航运市场的信息。BIMCO 已建立了 24 小时服务制,有港口情况、冰冻情况、运费率、航运市场报告、燃料价格、BIMCO 修改过的某些条款。BIMCO 平均每天收到来自世界各地的 150 多个咨询。

③出版物:BIMCO 周刊刊登最新加入该组织的成员名单和航运市场信息;BIMCO 公告每年出六期,主要是介绍海运业的发展趋势和一些海事案例的判决。

BIMCO 与其他海运组织的联系非常密切。BIMCO 的许多成员国也是 IMO 的成员。BIM-CO 是联合国经济和社会理事会、国际气象组织的咨询机构,与联合国贸易和发展会议观察员及国际商社等有合作关系。

十一、国际货物装卸协调协会(International Cargo Handing Co-ordination Association,ICHCA)

ICHCA 成立于 1952 年,总部设在伦敦。这一协会成立的头四年里,在运输领域受到各地成员的有力支持,在西欧国家成立了 8 个国家委员会。这些国家委员会主要处理专属它们自己国家的问题,如组织讨论会等。到 20 世纪 80 年代末,ICHCA 与各国的联系进一步加强,已有大约 21 个国家委员会,拥有 4 000 名通信会员,会员遍及 90 多个国家。每两年在不同国家、地点召开的大会,为世界范围内的成员们提供了唯一的机会进行聚会和交流经验、观点和思想,会议论文概述了协会的工作。ICHCA 成立的目的是提高货物在运输各环节中的效率,促进世界运输系统中作业技术的改善。

ICHCA 的主要工作是对联运的协调。50 年代中期讨论了木材包装与大宗散糖处理的问题;1957 年在每两年一次的汉堡会议上首次讨论了滚装作业的问题;集装箱也是 50 年代一次会议的主题。ICHCA 在 60 年代继续发展了这种单元装载技术。1969 年和 1970 年研究了在货物处理中的载驳运输船和计算机管理。

1973 年,成员国代表组建了技术咨询分委员会(Technical Advisory Sub-Committee,TASC),以便监视与 ICHCA 有关的技术事务和考虑对协会成员的特殊利益。TASC 的主要工作是形成一系列的与货物运输作业技术有关的研究报告和出版物,一般每年集会四次,但它的主要工作是利用通信完成的。它做了大量的工作去协调不同运输方式之间的联运,包括海空联运、公路－铁路－船舶联运及散货自动化装卸系统。ICHCA 认为,转运技能是个核心问题,因此它研究、制定、组织、公布对发展中国家的经营、监督人员的培训规划,也为其他一些国家创造培训机会。ICHCA 对于从制造厂到消费者的以任何运输方式进行的货物搬运的各个方面都感兴趣,并给予可能的协助。

ICHCA 对许多政府间组织具有咨询资格,如国际海事组织、国际劳工组织、联合国工业发展组织、联合国贸易和发展会议、经社理事会等。在这些国际论坛上,ICHCA 注意那些与货物有关的会议和研究团体,并且凡是有聚会讨论货物装卸的地方都能听到 ICHCA 会员的意见。ICHCA 在主持国际研究项目、出版其研究报告和技术文件、办理技术查询等方面也起到了重要作用。

ICHCA 发表的重要文献包括:

①《集装箱概要》(1974 年)。该书出版后很快被认为是这方面的权威著作,国际海运保险协会推荐该书为必读书,并于 1986 年再版。

②《运输系统中的货物安全》(1976 年)。该书由两部分组成,第一部分概述货物在运输过程中的偷窃损失问题,第二部分分析重大案件的发生及预防措施。这些报告构成伦敦及阿姆斯特丹货物安全会议的基本条件。

③《滚装运输码头及跳板性能》(1978 年)。它第一次提供了全世界港口与船舶的 1 000 多个滚装跳板的详细资料,这些数据最初是为了协调国际标准化组织、协调滚装运输中的船舶与港口关系而收集的。该书的出版对船舶经营人、船舶设计师、设备制造商、货物装卸人及货物托运人都有重要的参考价值。

④《国际标准集装箱的安全性:理论及实践》(1981 年)。该书是研究集装箱安全的专著,是在对船舶经营者、货物装卸人及其他有关人士大量采访及广泛调查的基础上写成的。

⑤《国际标准集装箱挂钩吊装时的安全处理与集装箱安全公约总则》(1987 年)。它指出利用吊钩吊集装箱应注意的一些基本原则。调查表明集装箱经常用链吊、挂钩,有时甚至用多种铲车或起重杠杆来吊装,便于集装箱装卸运输。

ICHCA 正处于货物装卸技术革命的开端,它强调运输作业中货物装卸的重要经济意义,并且寻求更先进的装卸方法。今后,ICHCA 在货物处理领域仍将发挥重要的作用。

十二、国际航标协会(International Association of Lighthouse Authorities,IALA)

IALA 成立于 1957 年,是一个民间的航标组织。它把世界上 80 个国家中负责提供和维修灯塔、浮标和其他助航设备的单位组织起来,除了国家的航标部门外,共有 160 个会员,包括港口当局、助航设备制造商和咨询单位等。IALA 的主要目标是通过相应的技术措施,促进助航设备的不断改进,保证船舶安全航行。

IALA 的技术工作由若干国家航标主管部门抽出的专家所组成的技术委员会担任,负责研究航标领域当前的主要问题,并将研究成果送交执行委员会,经批准后,以 IALA 正式建议的形式公布。

IALA 有 4 个技术委员会:

①助航标志系统:负责管理有关目视和声响助航设备的问题。

②无线电导航系统:负责处理无线电航标事务,与助航标志委员会合作制定助航设备准则;此外还研究新的卫星导航系统和地面无线电导航系统。

③船舶交通管理系统:在国际港口协会和国际引航员协会的协作下进行工作。

④导航设备的可靠性和适用性:该技术委员会在制定导航设备自动化问题中,拟定明确的

标准,以便于正确决策。

IALA 的另一项工作是与其他国际组织保持密切联系,特别是对 IMO 有咨询任务,要在导航设备方面向其提供建议,并且以组织研讨会、专题研讨会等方式向发展中国家提供援助和建议。

IALA 最著名的技术成就在于国际浮标设置体系的统一方面。1980 年 IALA 设计的浮标系统公布。但其实施是最艰巨的工作,因为当时世界上共有 30 多种不同的浮标在使用。IALA 为了使浮标统一做了很多工作。目前 IALA 的浮标体系已基本上代替了其他种类的浮标。

十三、国际船级社协会(International Association of Classification Societies, IACS)

IACS 是于 1968 年在奥斯陆举行的主要船级社讨论会上正式成立的。IACS 成立的目标是促进海上安全标准的提高,与有关的国际组织和海事组织进行合作,与世界海运业保持紧密合作。

目前,IACS 共有美国船舶检验局(ABS)、法国船级社(BV)、挪威船级社(DNV)、韩国船级社(KR)、英国劳氏船级社(LR)、德国劳氏船级社(GR)、日本海事协会(NK)、波兰船舶登记局(PRS)、意大利船级社(RINA)等 11 个正式成员和 2 个准会员。中国船级社(CCS)于 1988 年加入 IACS。

IACS 由理事会领导和制定总政策,理事会设立一些工作组去执行协会的具体任务。IACS 设有下列工作组:集装箱、发动机、防火、液化气船和化学品船、内河船舶、海上防污染、材料和焊接、系泊和锚泊、船舶强度、稳性和载重线。各工作组完成的项目有:拟订各会员之间统一规则和要求的草案;起草对 IMO 要求的答复;对 IMO 的标准做统一的解释;监控与本专业有关的工作。IACS 共有 5 000 多名技术精湛的检验人员。世界上 92% 的商船由 IACS 定级。他们除了本职工作外,还受政府委托去处理多种多样的事务。IACS 在发展船舶技术规则方面起着重要作用。IACS 理事会认识到该协会与 IMO 之间相互关系的重要性,在伦敦设有一个办事处与 IMO 保持联系。它还与对海运感兴趣的其他组织保持接触,联系最紧密的是国际标准化组织和国际海上保险集团,同他们交换情报和意见,以便提供更好的服务。

IACS 的目标之一是把会员之间的各种规则统一起来。到目前为止,理事会已通过了 150 条要求,90% 的统一要求都得到了成员单位的贯彻。IACS 除了提出统一要求外,还公布有关船舶安全营运和维修准则,其中包括舱口盖的保养和检验、消防、船舶单点系泊设备标准等。IACS 利用成员们在海上安全、防污染、船舶营运等方面的丰富经验,在向船东和经营者提供准则上起着重要作用。

IACS 的成员通过他们设在全球的检验机构网点,对航运界的情况了如指掌。他们了解到船东抱怨在不同的港口船舶的检验标准不同,为此,IACS 制定了一个最低船舶检验标准,让其成员服从这一标准。IACS 在人力和技术方面拥有独特的、巨大的潜力,且正在把这些潜力用到船舶检验的共同标准上。

十四、国际海事卫星组织(International Maritime Satellite Organization, INMAR-SAT)

1976 年 9 月,42 个国家的代表签署了《国际海事卫星组织公约》,公约于 1979 年 7 月生效。公约的主要内容是制定促进海事通信必需的空间部分条款,从而帮助提高遇难通信和海上人命安全通信、船舶的效率和管理、海上公共通信服务及无线电测定的能力。INMARSAT 于 1979 年 7 月在英国伦敦成立,1982 年 2 月开始工作。它的用户包括油船、液化天然气船、沿海石油钻井平台、地震测量船、渔船、干货船、客运班轮、破冰船等。到 1987 年底,已有 6 200 个船舶地面站和其他移动站被授权使用国际海事卫星系统。

INMARSAT 由 53 个缔约的成员国资助,每一个缔约成员根据其使用系统的强度投资购买股份。INMARSAT 的组织结构包括大会和委员会两个部分。大会由所有成员国的代表组成,全体大会每两年举行一次,检查 INMARSAT 的活动,并向委员会提出建议。委员会相当于公司的董事会,由 18 个投资份额较大的签约国代表组成,并适当考虑发展中国家的利益,每年至少召开三次会议。

INMARSAT 发展到今天,成员国已增加到 64 个,但受益国和地区却有 130 个之多。IN-MARSAT 将全球分为四个区域,有 9 颗卫星在工作中覆盖全球。卫星通信不受环境、天气的影响,随时随地都可以进行通信。INMARSAT 的建立方便了船岸之间、船舶之间的联系,如果船舶遇险,可立即通过通信卫星求援。

INMARSAT 是利用同步卫星向航海、航空和海上工业提供遇险和安全通信服务及电话、电传、数据和传真。INMARSAT 覆盖面大,受地面无线电干扰小,接收速度快,自动化程度高,通信质量好,可以有效地解决海上搜索机关的通信问题,从可靠性、经济性及实用性看,都具有无可比拟的优越性。INMARSAT 正不停地更新、改进其现有的通信卫星,以便为用户提供更多、更好的服务。随着 INMARSAT 业务的发展,目前它已成为世界上唯一的为海、陆、空用户提供通信服务的国际组织。

与 INMARSAT 相关的一个重要进展是 1987 年决定用“全球海上安全和遇险系统”(GMDSS)替代现用的海上遇险和安全系统。这一改进很大程度上依赖自动化的提高和 IN-MARSAT 的卫星。设计 GMDSS 是为了确保安全与效率相结合,要求船上携带一种操作简单的设备,具有船对岸、岸对船、船对船一般通信功能和遇险、搜索信号发射、定位等功能。

十五、保赔协会(Protection and Indemnity Associations,P & I)

在英国,从 1855 年起,船东们为了对风险相互保护而形成了一些保赔协会,这些协会被称为保赔俱乐部(P & I Club)。他们保的险一般是常规船舶保险(船体和货物保险)所不包括的内容。其功能是船东对第三者责任的保险,涉及的主要内容是对旅客和船员个人损伤、货物的损坏或灭失、与其他船或物体碰撞引起的损失进行赔偿。

英国有几十个保赔俱乐部,美国、日本等国也有。英国保赔俱乐部的成员为遍及世界各地的船东。远东俱乐部(The Far East Club)成立于 1978 年,成员为东南亚各国和地区(如中国香港、新加坡、马来西亚、泰国、中国台湾、菲律宾和印度尼西亚)的船东。

在 100 多年的历程中,保赔俱乐部在世界海上保险业里已形成了一个不可替代的实体,并提供了任何其他市场所没有的服务。

十六、国际运输工人联合会(International Transport Workers Federation,ITF)

国际运输工人联合会 1896 年成立于伦敦,后来移到汉堡。该组织曾因战争停止活动一段

时间。1919 年在荷兰鹿特丹重新组建,并于 1939 年迁回伦敦。ITF 是国际运输工人工会的联盟。其成立的目的是:

①提高工会和人权在世界上的地位,改善运输工人的工作和生活条件。

②在社会公正和经济发展的基础上为和平而工作。

③保护其成员利益,帮助其成员工会开展活动。

④为其成员提供研究和信息服务。

⑤向有困难、遇到麻烦的运输工人提供帮助。

该组织的主要机构设置:代表大会是该组织工作与发展的最高决策体;理事会是该组织的统治、操纵体;执行委员会,每年召开两次会议;管理委员会,归执行委员会领导,管理该组织的日常工作。

此外,还按职业不同设有 8 个组:铁路工人组、海员组、码头装卸工人组、旅游组、公路运输组、航空组、内河航运组、渔业组。

ITF 通常制定两个基本工资标准,一个专供远东用,一个供世界其他地区用。ITF 每年签订一次集体合同,有效期从当年的 9 月 1 日起至翌年的 9 月 1 日止。

十七、经济合作与发展组织海上运输委员会(Maritime Transport Committee of OECD,MTC OF OECD)

MTC OF OECD 于 1961 年 9 月 30 日在伦敦成立,有美国、英国、澳大利亚、南斯拉夫、法国、日本、荷兰等 25 个成员国。该委员会归经济合作与发展组织领导,处理国家间的航运政策问题,解决成员国与发展中国家在航运事宜联系中所遇到的困难和问题,讨论包括世界航运的总体发展变化和航运商业化的可行性问题。

MTC OF OECD 设有一个分管国际组织事务的特别小组,通过在联合国贸易和发展会议上及联合国的其他有关会议上对航运问题的洽谈和协商,来协调成员国在世界航运中的位置和问题。此外,还有一个特别行动小组,负责监察发展中国家和发达国家的船舶航运政策,考察国际航线的运行状况,并对世界航运经济有直接或间接的推动作用。MTC OF OECD 促进了发达国家经济的发展,也带动了发展中国家经济的发展。

十八、联合国贸易和发展会议(United Nations Committee on Trade and Development,UNCTAD)

UNCTAD 是联合国的一个永久性组织,于 1964 年在日内瓦成立,下设 6 个委员会,其中有一个为航运委员会。航运委员会的主要目标是:

①促进世界海运贸易有秩序地发展。

②促进班轮事业的发展,以满足有关贸易的要求。

③协调班轮服务业的供应者与用户之间的利益均衡。

UNCTAD 制定了许多决议,如:1979 年马尼拉会议上通过一项决议,要求采取多种途径从财政上帮助发展中国家的商船队,并呼吁给予技术支援。1980 年 5 月通过了《联合国关于国际多种方式运输货物的公约》。根据这一公约,建立了一个责任机构,负责多种运输方式运输方面的事务。1984 年 2 月召开会议,讨论了关于在正常商业活动中的欺骗行为的报告,不仅包括欺骗和盗窃行为,还涉及海盗问题,因为以上两种行为每年造成的损失达 10 亿美元之多。

这份报告的内容建议改革银行信用制度,并向政府机构移交处理有海盗行为的罪犯的权力。

十九、世界贸易组织(The World Trade Organization,WTO)

世界贸易组织起源于"关税与贸易总协定"(GATT)。为了促进国际贸易自由化,1946 年,美国、加拿大、英国、中国等 23 个创始缔约国进行关税谈判,其形成的关税减让协议和采纳的国际贸易规则合为一体构成"关税与贸易总协定",于 1948 年 1 月正式生效。GATT 的主要作用是:通过创建新型国际贸易制度,增加贸易透明度,促进各国贸易及其自由化的发展;在互惠互利的基础上通过谈判削减关税;使发展中国家有机会与发达国家对话,并从关贸总协定中获得贸易实惠。每当贸易保护主义盛行时,就举行一回贸易多边谈判。1986 年 12 月在乌拉圭开始了第八回合谈判,寻求把总协定的职权延伸到知识产权保护、投资政策和服务业贸易,力图建立一个新的更加开放的多边贸易体制,并决定成立世界贸易组织。在 GATT 乌拉圭回合谈判中的服务业方面,形成了"服务贸易总协定"(GATS)。但在海员服务领域,由于各国分歧较大,未能达成最终协议。为此,成立了一个"海运服务业谈判组",要求最迟于 1996 年 6 月完成谈判任务,形成最终报告。1995 年 1 月开始运作的世界贸易组织的基本宗旨是通过建立一个开放、完整、健全和持久的多边贸易体制,以促进国家间货物与服务贸易的发展,合理、有效地利用世界资源来提高生活质量并扩大就业面。

二十、国际标准化组织(International Organization for Standardization,ISO)

国际标准化组织成立于 1947 年 2 月 23 日,是世界上最大的具有民间性质的标准化机构。它不属于联合国,但与联合国的一些组织,如欧洲经济委员会(ECE)、联合国粮食及农业组织(FAO)、国际劳工组织(ILO)、联合国教科文组织(UNESCO)等保持密切联系,是联合国经社理事会和贸发理事会的最高一级咨询组织。

ISO 的宗旨是"在世界范围内促进标准化工作的发展,以便于国际物资交流和互助,并扩大在文化、科学、技术和经济方面的合作"。它的主要活动是制定 ISO 标准,协调世界范围内的标准化工作,报道国际标准化的交流情况,以及同其他国际性组织进行合作,共同研究有关标准化问题。

根据 ISO 章程规定,其成员团体分为正式成员和通信成员。正式成员是指由最有代表性的全国性的标准化机构代表其国家或地区参加,且只允许一个组织参加。尚未建立全国性标准化机构的国家,可作为通信成员参加。通信成员不参与 ISO 的技术工作,但可了解其工作进展情况。

ISO 按专业性质设立技术委员会(TC)负责起草各种标准,各技术委员会根据工作需要可设若干分技术委员会(SC)和工作组(WG)。目前 ISO 的 TC、SC、WG 共有 2 000 多个。ISO 的成员国目前已有百余个。我国本是 ISO 创始国之一,由于种种原因,1950 年被停止会籍。1978 年 9 月,我国以中国标准化协会名义参加 ISO 并成为正式成员。我国在 1982 年及 1985 年两次 ISO 全体大会上被选为理事会成员。

项目三
我国的海事管理机构

一、概况

中国海事局(China MSA,对外称中华人民共和国海事局,对内称交通运输部海事局),是中华人民共和国交通运输部的直属正局级行政事业单位,不属于国务院管理的国家局。交通运输部海事局成立于1998年10月。

海事局是在原中华人民共和国港务监督局(交通安全监督局)和原中华人民共和国船舶检验局(交通部船舶检验局)的基础上合并组建而成的。海事局为交通运输部直属事业单位,实行垂直管理体制。根据法律、法规的授权,海事局负责行使国家水上安全监督和防止船舶污染、船舶及海上设施检验、航海保障管理和行政执法,并履行交通部安全生产等管理职能。

二、机构设置

直属海事局共14个,即:

1. 中华人民共和国黑龙江海事局
2. 中华人民共和国辽宁海事局
3. 中华人民共和国河北海事局
4. 中华人民共和国天津海事局
5. 中华人民共和国山东海事局
6. 中华人民共和国江苏海事局
7. 中华人民共和国上海海事局
8. 中华人民共和国浙江海事局
9. 中华人民共和国福建海事局
10. 中华人民共和国广东海事局
11. 中华人民共和国深圳海事局
12. 中华人民共和国广西海事局
13. 中华人民共和国海南海事局
14. 中华人民共和国长江海事局

全国30个省(不含黑龙江省)、自治区、直辖市以及新疆生产建设兵团均设置有地方海事局。

三、主要职责

中华人民共和国海事局(交通运输部海事局),其主要职责如下:

1.拟定和组织实施国家水上交通安全监督管理、船舶及相关水上设施检验和登记、防治船舶污染和航海保障的方针、政策、法规和技术规范、标准。

2.统一管理水上交通安全和防治船舶污染。监督管理船舶所有人安全生产条件和水运企业安全管理体系;调查、处理水上交通事故、船舶污染事故及水上交通违法案件;指导船舶污染损害赔偿工作。

3.负责船舶、海上设施检验行业管理以及船舶适航和船舶技术管理;管理船舶及海上设施法定检验、发证工作;审定船舶检验机构和验船师资质、负责对外国验船组织在华设立代表机构进行监督管理;负责中国籍船舶登记、发证、检查和进出港(境)签证;负责外国籍船舶入出境及在我国港口、水域的监督管理;负责船舶保安和防抗海盗管理工作;负责船舶载运危险货物及其他货物的安全监督。

4.负责船员、引航员、磁罗经校正员适任资格培训、考试、发证管理。审核和监督管理船员、引航员、磁罗经校正员培训机构资质及其质量体系;负责海员证件的管理工作。

5.管理通航秩序、通航环境。负责禁航区、航道(路)、交通管制区、锚地和安全作业区等水域的划定;负责禁航区、航道(路)、交通管制区、锚地和安全作业区等水域的监督管理,维护水上交通秩序;核定船舶靠泊安全条件;核准与通航安全有关的岸线使用和水上水下施工、作业;管理沉船沉物打捞和碍航物清除;管理和发布全国航行警(通)告,办理国际航行警告系统中国国家协调人的工作;审批外国籍船舶临时进入我国非开放水域;办理港口对外开放的有关审批工作和中国便利运输委员会的日常工作。

6.负责航海保障工作。管理沿海航标、无线电导航和水上安全通信;管理海区港口航道测绘并组织编印相关航海图书资料;归口管理交通行业测绘工作;承担水上搜寻救助组织、协调和指导的有关工作。

7.组织实施国际海事条约;履行船旗国、港口国及沿岸国监督管理义务,依法维护国家主权;负责有关海事业务国际组织事务和有关国际合作、交流事宜。

8.组织编制全国海事系统中长期发展规划和有关计划;管理所属单位基本建设、财务、教育、科技、人事、劳动工资、精神文明建设工作;负责船舶港务费、船舶吨税、船舶油污损害赔偿基金等有关管理工作;受部委托,承担港口建设费征收的管理和指导工作;负责全国海事系统统计和行风建设工作。

9.承办交通运输部交办的其他事项。

一、概况

中国船级社(China Classification Society, CCS)前身为中华人民共和国船舶检验局,1956 年成立,性质为中央部属单位。中国船级社是国家的船舶技术检验机构,是中国唯一从事船舶入级检验业务的专业机构,是国际船级社协会 10 个正式会员之一。

1986 年,中国船级社经国务院批准成立,与船检局实行"一个机构、两块牌子"(见图 1-1)。1988 年 5 月,中国船级社加入国际船级社协会(IACS),成为其正式成员。1992 年,按照国际船级社协会(IACS)质量认证体系的要求,建立起中国船级社质量管理体系,并获得了国际船级社协会(IACS)颁发的质量体系符合证书。

图 1-1　中国船级社标志

截至 2012 年 12 月 31 日,中国船级社检验船队总规模为 12 123 艘(总计 8 080 万总吨),在 IACS 排名第六位。

二、中国船级社的任务

中国船级社的主要任务是承担国内外船舶、海上设施、集装箱及相关工业产品的入级检验、公正检验、鉴定检验,和经中国政府、外国(地区)政府主管机关授权,执行法定检验等具体检验业务,以及经有关主管机构核准的其他业务。

中国船级社在国内沿海、沿江主要港口设有 39 个分社和办事处,在国外 14 个国家和地区设有 19 个分社、检验处、站,全球检验网点 60 多个。已接受 38 个国家或地区的政府授权,为悬挂这些国家或地区旗帜的船舶代行法定检验,同时还与境外 20 家验船机构签订了相互代理检验的合作协议。形成了以北京为中心,以国内沿海、沿江主要港口为依托,以欧洲、北美洲、大洋洲以及远东和北非地区等为主的,世界范围内的检验服务网络。中国船级社还是国际独立油船船东协会(INTERTANKO)和国际干散货船东协会(INTERCARGO)的联系会员。中国船级社在国内外设有逾 60 个检验网点,形成了覆盖全球的服务网络。

拓展阅读一　国际海事组织历史大事件

1948 年于日内瓦举行的联合国海事会议中《国际海事组织公约》的通过,满足了国际社会的希望,为成立一个具有制定国际海事统一规范的能力和地位的组织奠定了基础。该公约于1958 年生效,1959 年国际海事组织正式成立。

1960 年,组织通过了《1960 年国际海上人命安全公约》(International Convention for the Safety of Life at Sea 1960, 简称 SOLAS 1960),随后国际海事组织将工作重点部分转向便利国际海上交通、载重线以及危险物运输等方面,同时修订了船舶吨位测量系统。

由于海上油类运输的普及以及油船数量的增加,海洋污染越来越严重,受到了国际社会的重视。特别是 1967 年"托瑞·勘庸号"海难发生,导致 120 000 t 原油泄漏并造成大面积海洋污染,国际海事组织在 1969 年和 1971 年通过两个公约建立了一个系统,使海洋油污造成经济损失后受害者获得赔偿更加简便和迅速。随后组织又于 1973 年通过了《国际防止船舶造成污染公约》并于 1978 年通过该公约的议定案。国际海事组织的 MARPOL 73/78,全称为《经 1978 年议定书修订的 1973 年国际防止船舶造成污染公约》。

1977 年 11 月的国际海事组织第 10 届大会通过决议,决定此后每年的 3 月 17 日为"世界海事日",以引起人们对船只安全、海洋环境和国际海事组织的重视。1978 年 3 月 17 日成为第一个世界海事日。[①] 每年的"世界海事日",国际海事组织秘书长均准备一份特别文告,提出需要特别注意的主题。

随着全球搜索和救援系统的展开,组织从 1973 年开始多次召开国际海事卫星系统筹备会议,并于 1979 年 7 月通过了《国际海事卫星组织公约》,同年宣告国际海事卫星组织成立。

1988 年组织提出了全球遇险和安全系统,并于 1992 年分阶段施行直至 1999 年全面施行。

1995 年对《1978 年国际海员培训、发证和值班标准公约》的修正案于 1997 年开始生效,此公约的生效大大地提升了海员标准,并且第一次赋予组织检查政府行为的权力。

20 世纪 90 年代产生两个极为重要的决议,它们涉及了航行中的人的因素。1998 年 7 月 1日《国际安全管理规则》生效,并且使用于客船、石油和化学品船、散货船、化学气船以及 500总吨以上(包括 500 总吨)的高速货物运输艇,2002 年 7 月 1 日使用于 500 总吨以上(包括 500总吨)的其他船舶和移动式深海钻井装置。

2000 年伊始,新的有关海洋环境的公约被通过,其中包括防污系统(AFS 2001)、压载水管理以防止外来物种入侵(BWM 2004)以及拆船(《2009 年香港国际安全和无害环境拆船公约》)。

21 世纪之初,组织也将注意力集中在了海上安全方面,一套崭新的、全面的国际航运安全体制于 2004 年 7 月开始生效,包括同时生效的《国际港口和船舶设施保安规则》以及《国际海上人命安全公约》2002 年修正案。

2005 年,组织通过了《1988 年制止危及海上航行安全非法行为公约》(SUV 1988)和相关的 2005 年议定书,当请求国有充分的理由怀疑悬挂本国外缔约国国旗的船舶或者船舶上的个

---

① 1979 年 11 月,国际海事组织第 11 届大会对此决议做出修改,考虑 9 月的气候较适宜海事活动,因此今后的"世界海事日"改在 9 月最后一周的某一天。中国于 2005 年将每年的 7 月 11 日定为"航海日"。

人已经、正在或者将要参与实施本公约下的犯罪活动,请求国有权登船检查。

2010 年,马尼拉外交级峰会通过了《国际海员培训、发证和值班标准公约》(STCW 公约)及其相关规则的里程碑式的修订,通过了为纪念来自全世界各个国际航运贸易团体的海员对世界经济和社会一体化而做出的贡献所特地设立的年度纪念日"世界海员日"。之所以选择 6 月 25 日作为纪念日,是由于在当天正式通过了该修正案。

拓展阅读二　国际海事组织的贡献

(一)培训机构

国际海事组织在自身不断发展的同时,在加强全球航运人才培养方面也做出了积极的贡献。作为其技术合作工作的一部分,国际海事组织设有三个培训机构。

1. 世界海事大学(WMU)

面对高素质海事人才的短缺,国际海事组织、联合国开发计划署和瑞典三方商定创办世界海事大学。该校于 1983 年 7 月 1 日正式开学,其宗旨是为发展中国家培训海事方面的专业技术人员,促进各国更有效地实施国际海事组织所制定的各种国际公约和规则,以实现更安全的航运和更清洁的海洋的目标,并提高航运与港口服务的效益。校址在瑞典的马尔默。此外,世界海事大学在阿尔及利亚、阿根廷、孟加拉、巴西、中国、智利、埃及、巴基斯坦、科特迪瓦、加纳、印度、马来西亚、墨西哥和摩洛哥设有 14 所分校。[①] 自 1983 年创办以来,该校已为 157 个国家和地区培训了 3 000 多名硕士研究生,其中 2 700 多人已经毕业。[②] 1984 年,国际海事组织秘书长同我国交通部商定,在大连海运学院(现大连海事大学)成立世界海事大学大连分校,为亚太地区的发展中国家举办各种专业短期培训班。后经中国交通部批准,世界海事大学分别与大连海事大学以及上海海事大学开展联合办学,在亚太地区招收硕士研究生,利用世界海事大学的教材,聘用外籍教师和中国教师授课,完成学业。2011 年 7 月世界海事大学在上海设立代表处。[③]

2. 国际海事组织海商法学院(IMLI)

该学院创办于 1989 年,设于马耳他。该学院创办的目的是培养具有丰富知识的海商法方面的人才,特别是帮助发展中国家指定和实施海商法以及国际海事组织指定的大量公约或规则。[④]

3. 国际海事组织海事学院(IMA)

该学院设立于意大利的的里雅斯特,于 1989 年开办首期培训班,培训对象是那些已在政府机构工作但尚需进一步培训以提高其工作能力的人员。

(二)出版物

《国际海事组织新闻》以英文季刊的形式发行。另外还发行公约、规则等刊物,并被翻译成多国语言。

---

① 危敬添,马艳玲:《指定国际规范,服务世界航运——国际海事组织辉煌成就及发展历程回顾》,《中国海事》,2009 年 10 期。
② http://www.wmu.se/about-us/wmu-achievements 世界海事大学官网。
③ http://www.yachtchina.org/index.php/news/view/751 中国游艇发展网。
④ http://www.simic.net.cn/news_show.php? id =38219 国际海事信息网。

（三）公约和议定书

国际海事组织中有 6 个机关与公约的制定和实施密切相关,分别为大会、理事会、海上安全委员会、海洋环境保护委员会、法律委员会和便利交通委员会,其中最重要的是大会和理事会。首先,有关航运以及其他相关工业的发展可以在这些机构内由其成员进行讨论,在认为需要制定新的公约或者对现有公约进行修正的情况下由这些机构提出,但在正常情况下,由于开会较频繁,该提议会由 4 个委员会首先提出。其次,如果协议在委员会内达成一致,该决议将提交给理事会,必要的情况下可以提交给大会。再次,经大会或者理事会同意,可以授权提出决议的委员会继续该项工作,此时委员会将就具体细节进行讨论并形成草案,在特殊情况下可能将该决议提交给分委员会进行详细审议。然后在政府间组织和非政府间组织的建议下,由工作在各委员会和分委员会的各国政府代表形成统一意见的草案将被提交给大会和理事会,由其决定是否通过。最后国际海事组织成员国、联合国以及其特别机构的成员将被邀请参加会议,这些国家地位平等。另外联合国体系的其他机构以及与国际海事组织有官方联系的机构也可以指派观察员。大会开始后,草案将被分发给各国政府代表以及国际组织以寻求意见。此后大会将就该草案和各国政府及相关国际组织的意见进行讨论,并为该草案的顺利通过做必要更改。意见统一后的草案可以被大会通过并提交秘书处,秘书处将副本交各国政府。由此该公约开放以供各国签署,一般持续 12 个月,签署期过后各国可以通过接受或批准的方式加入该公约。一般一个公约的通过将持续多年,而公约和议定书的生效依据《维也纳条约法公约》以及公约中的具体规定。

由组织通过或负责的大多数国际公约可以分为三类,分别是海事安全、海洋污染和赔偿责任(特别是由污染造成的损失)。除此之外,还包括交通便利、吨位丈量方法、非法行为和救助方面的公约。

表 1-1　国际海事组织制定或保存的国际公约和议定书一览表

序号	公约和议定书（中文名称）	生效日期	缔约国数量	占世界商船总吨位（%）	中国参加日期	对中国生效日期	备注
1	国际海事组织公约	1958 年 3 月 17 日	171	96.53	1973 年 3 月 1 日	1973 年 3 月 1 日	
2	1974 年国际海上人命安全公约	1980 年 5 月 25 日	162	98.53	1980 年 1 月 7 日	1980 年 5 月 25 日	1997 年 7 月 1 日适用于中国香港;1999 年 12 月 20 日适用于中国澳门
3	《1974 年国际海上人命安全公约》1978 年议定书	1981 年 5 月 1 日	120	96.85	1982 年 12 月 17 日	1983 年 3 月 17 日	1997 年 7 月 1 日对中国香港生效;1999 年 12 月 20 日对中国澳门生效
4	《1974 年国际海上人命安全公约》1988 年议定书	2000 年 2 月 3 日	109	95.35	1995 年 2 月 3 日	2000 年 2 月 3 日	2002 年 10 月 23 日对中国香港生效;2005 年 6 月 24 日对中国澳门生效
5	关于在西北欧和波罗的海指定港口间从事定班国际航行客旅船特殊稳性要求协定	1997 年 4 月 1 日	12	5.83	—	—	

续表

序号	公约和议定书 （中文名称）	生效日期	缔约国数量	占世界商船总吨位（％）	中国参加日期	对中国生效日期	备注
6	1966 年国际载重线公约	1968 年 7 月 21 日	161	98.52	1973 年 10 月 5 日	1974 年 1 月 5 日	1997 年 7 月 1 日对中国香港生效；2005 年 7 月 18 日对中国澳门生效
7	《1966 年国际载重线公约》1988 年议定书	2000 年 2 月 3 日	103	95.28	1995 年 2 月 3 日	2000 年 2 月 3 日	2002 年 10 月 23 日对中国香港生效；2010 年 10 月 11 日对中国澳门生效
8	1969 年国际船舶吨位丈量公约	1982 年 7 月 18 日	153	98.40	1980 年 4 月 8 日	1982 年 7 月 18 日	1997 年 7 月 1 日对中国香港生效；2005 年 7 月 18 日对中国澳门生效
9	1972 年国际海上避碰规则公约	1997 年 7 月 15 日	156	98.52	1980 年 1 月 7 日	1980 年 1 月 7 日	1997 年 7 月 1 日对中国香港生效；1999 年 12 月 20 日对中国澳门生效
10	1972 年国际集装箱安全公约	1977 年 9 月 6 日	83	63.26	1980 年 9 月 23 日	1981 年 9 月 23 日	1997 年 7 月 1 日对中国香港生效；2005 年 6 月 24 日对中国澳门生效
11	《1977 年国际渔船安全公约》1993 年议定书 2012 年开普敦协定	—	5	3.27	—	—	
12	1978 年海员培训、发证和值班标准国际公约	1984 年 4 月 28 日	160	98.55	1981 年 6 月 8 日	1984 年 4 月 28 日	1997 年 7 月 1 日对中国香港生效；2005 年 7 月 18 日对中国澳门生效
13	1995 年渔船船员培训、发证和值班标准国际公约	2012 年 9 月 29 日	18	4.12	—	—	
14	1979 年国际海上搜寻救助公约	1985 年 6 月 22 日	107	80.50	1985 年 6 月 24 日	1985 年 7 月 24 日	1997 年 7 月 1 日对中国香港生效；2005 年 6 月 24 日对中国澳门生效
15	1971 年特种业务客船商定	1974 年 1 月 2 日	18	23.45	—	1997 年 7 月 1 日	仅适用于中国香港
16	1973 年特种业务客船舱室要求议定书	1977 年 6 月 2 日	17	23.08	—	1997 年 7 月 1	仅适用于中国香港
17	国际海事卫星组织公约	1979 年 7 月 16 日	102	94.49	1979 年 7 月 13 日	1979 年 7 月 16 日	1997 年 7 月 1 日对中国香港生效；2005 年 6 月 24 日对中国澳门生效
18	国际 COSPAS-SARSAT 搜救卫星系统计划协定	1988 年 8 月 30 日	4	—	—	—	

续表

序号	公约和议定书（中文名称）	生效日期	缔约国数量	占世界商船总吨位（%）	中国参加日期	对中国生效日期	备注
19	1965年国际便利海上运输公约	1967年3月5日	115	91.45	1995年1月16日	1995年3月17日	1997年7月1日对中国香港生效；2005年6月24日对中国澳门生效
20	《1973年国际防止船舶污染公约》1978年议定书	1983年10月2日	154	98.73	1983年7月1日	1983年10月2日	1997年7月1日对中国香港生效；1999年12月20日对中国澳门生效
	附则I（防止油类污染规则）	1983年10月2日	154	98.73	1983年7月1日	1983年10月2日	
	附则II（控制散装有毒液体物质污染规则）	1987年4月6日	154	98.73	1983年7月1日	1987年4月6日	
	附则III（防止海运包装有毒物质污染规则）	1992年7月1日	143	97.8	1994年9月13日	1994年12月13日	1997年7月1日对中国香港生效；1999年12月20日对中国澳门生效
	附则IV（防止船舶生活污水污染规则）	2003年9月27日	138	90.96	2006年11月2日	2007年2月2日	2007年2月2日对中国香港和中国澳门生效
	附则V（防止船舶垃圾污染规则）	1988年12月31日	149	98.23	1988年11月21日	1989年2月21日	1997年7月1日对中国香港生效；1999年12月20日对中国澳门生效
	附则VI（防止船舶造成大气污染规则）	2005年5月19日	86	95.34	2006年5月23日	2006年8月23日	
21	1972年防止倾倒废料及其他物质污染海洋公约（《伦敦倾废公约》）	1975年8月30日	87	60.73	1985年11月14日	1985年12月14日	1997年7月1日对中国香港生效；中国澳门于1999年12月20日退出
22	《伦敦倾废公约》1996年议定书	2006年3月24日	47	37.98	2006年9月29日	2006年10月29日	适用于中国香港而不适用于中国澳门
23	1969年国际干预公海油污事故公约	1975年5月6日	88	73.93	1990年2月23日	1990年5月24日	1997年7月1日对中国香港生效；2005年6月24日对中国澳门生效
24	1973年国际干预公海非油类物质污染议定书	1983年3月30日	56	51.79	1990年2月23日	1990年5月24日	1997年7月1日对中国香港生效；2005年6月24日对中国澳门生效
25	1969年国际油污损害民事责任公约	1975年6月19日	34	2.74	1980年1月30日	1980年4月29日	我国于2000年1月5日退出
26	《1969年国际油污损害民事责任公约》1992年议定书	1996年5月30日	134	96.69	1999年1月5日	2000年1月5日	2005年6月24日对中国香港和中国澳门生效

续表

序号	公约和议定书（中文名称）	生效日期	缔约国数量	占世界商船总吨位（%）	中国参加日期	对中国生效日期	备注
27	《1971 年关于设立国际油污损害赔偿基金国际公约》1992 年议定书	1996 年 5 月 30 日	114	94.04	1999 年 1 月 5 日	2000 年 1 月 5 日	仅适用于中国香港
28	《1971 年关于设立国际油污损害赔偿基金国际公约》2000 年议定书	2001 年 6 月 27 日	—				仅适用于中国香港
29	《1971 年关于设立国际油污损害赔偿基金国际公约》2003 年议定书	2005 年 3 月 3 日	31	17.73			仅适用于中国香港
30	1971 年海上运输核材料民事责任公约	1975 年 7 月 15 日	17	18.20	—		
31	1974 年海上旅客及其行李运输雅典公约	1987 年 4 月 28 日	25	31.81	1994 年 6 月 1 日	1994 年 8 月 30 日	1997 年 7 月 1 日对中国香港生效；2005 年 6 月 24 日对中国澳门生效
32	《1974 年海上旅客及其行李运输雅典公约》1976 年议定书	1989 年 4 月 30 日	17	31.54	1994 年 6 月 1 日	1994 年 8 月 30 日	1997 年 7 月 1 日对中国香港生效；2005 年 6 月 24 日对中国澳门生效
33	《1974 年海运旅客及行李雅典公约》1990 年议定书	尚未生效	3	0.36			
34	《1974 年海运旅客及行李雅典公约》2002 年议定书	2014 年 4 月 23 日	25	42.83	—		
35	1976 年海事索赔责任限制公约	1986 年 12 月 1 日	54	54.80	—	1997 年 7 月 1 日	仅适用于中国香港
36	《1976 年海事索赔责任限制公约》1996 年议定书	2004 年 5 月 13 日	52	57.41	2015 年 2 月 2 日	2015 年 5 月 3 日	仅适用于中国香港
37	1988 年制止危及海上航行安全非法行为公约	1992 年 3 月 1 日	166	94.45	1991 年 8 月 20 日	1992 年 3 月 1 日	2006 年 2 月 20 日对中国香港生效
38	《1988 年制止危及大陆架固定平台安全非法行为公约》议定书	1992 年 3 月 1 日	155	94.13	1991 年 8 月 20 日	1992 年 3 月 1 日	2006 年 2 月 20 日对中国香港生效
39	2005 年制止危及海上航行安全非法行为公约	2010 年 7 月 28 日	40	39.06	—	—	

续表

序号	公约和议定书（中文名称）	生效日期	缔约国数量	占世界商船总吨位（%）	中国参加日期	对中国生效日期	备注
40	《2005年制止危及海上航行安全非法行为公约》议定书	2010年7月28日	35	38.27	—	—	
42	1990年国际油污防备、反应和合作公约	1995年5月13日	108	72.75	1998年3月30日	1998年6月30日	2001年5月1日对中国香港和中国澳门生效
43	《国际海运有毒有害物质损害责任和赔偿公约》2010年议定书	尚未生效	—	—	—	—	
44	《2000年有毒有害物质污染事故防备、反应与合作公约》议定书	2007年6月14日	37	48.84	2009年11月19日	2010年2月19日	适用于中国澳门；2012年12月6日对中国香港生效
45	2001年国际船舶燃料油污染损害民事责任公约	2008年11月21日	81	92.13	2008年12月9日	2009年3月9日	2010年1月22日对中国香港生效；2009年3月9日对中国澳门生效
46	2001年国际控制船舶有害防污底系统公约	2008年9月17日	73	93.26	2011年3月7日	2011年6月7日	2011年6月7日对中国澳门生效；2016年2月15日对中国香港生效
47	2004年国际船舶压载水和沉积物控制与管理公约	—	49	34.28	—	—	
48	2007年内罗毕残骸清除公约	2015年4月14日	27	59.25	—	—	
49	2009年中国香港国际安全与无害环境拆船公约	—	3	1.86	—	—	

（截至2016年3月）

模块二

联合国海洋法公约

项目一
联合国海洋法公约

内容摘要

◆《联合国海洋法公约》产生的背景和发展

◆《联合国海洋法公约》的概况、结构和主要内容

◆《联合国海洋法公约》的实施情况

案例导入

独岛（竹岛）之争

1994 年 11 月 16 日《联合国海洋法公约》正式生效以来，各国相继对本国海洋权利的主张予以调整。1996 年 2 月，日本内阁会议批准建立海洋专属经济区；差不多在相同时刻，韩国政府也宣布了本国的海洋专属经济区。凸显出来的独岛（竹岛）（见图 2-1）的归属问题直接关系到韩日两国在总宽不足 400 n mile 的日本海（韩国称为"东海"）西南部海区如何划定两国专属经济水域界线的问题。按照日本的意图，它在宣布 200 n mile 排他经济水域时，将把竹岛作为基点，然后在竹岛和郁陵岛之间的海域中间画线。如果该岛确定为日本领土，日本就可以为它划出一个 200 n mile 的专属经济区；反之，如果该岛确定为韩国领土，韩国也有权为自己划出一个 200 n mile 的专属经济区，韩国主张两国专属经济区水域的界线应划在独岛和日本隐岐岛之间。18.6 km^2 的弹丸之岛的争议，如今已经成为涉及数百海里专属经济区归属的大问题。对于同属于濒临海洋的日韩两国，主权争夺的背后是巨大的海洋权益。专属经济区划分的纷争发生后，韩日两国高层官员就独岛（竹岛）归属问题的立场都更加强硬。时任的桥本首相和池田外相公开宣布："竹岛不管在历史上还是从国际法观点来看，都是日本的固有领土。"毋庸讳言，独岛（竹岛）之争是一场积怨甚深的海洋权益之争。因此该岛的归属问题事关韩日双方的经济利益，是韩日两国都不忍割舍的一块心头肉，但双方仍在考虑进行对话，防止矛盾激化。

图 2-1　独岛(竹岛)位置示意图

第一章　公约产生的背景

联合国成立后,各国经济发展对海洋的依赖度越来越高。人们认识到,为了协调各国在开发和利用海洋的活动中的关系,确立综合性海洋法律制度至关重要。[①]

1945 年 9 月 28 日,美国总统杜鲁门发布《关于大陆架的公告》,宣布"处于公海下但毗连美国海岸的大陆架的底土和海床的自然资源属于美国,受美国的管辖和控制"。[②]公告引起了世界各国的关注,成为许多国家效仿的榜样。在这种背景下,由联合国国际法委会经过 7 年的准备而组织召开的第一次联合国海洋法会议于 1958 年 2 月 24 日—4 月 27 日在瑞士日内瓦召开。参加会议的 86 个国家和地区的代表讨论并通过了《公海公约》(1962 年 9 月 30 日生效)、《大陆架公约》(1964 年 10 月生效)、《领海与毗连区公约》(1965 年 9 月 10 日生效)和《生物资源与渔业公约》(1966 年 3 月 30 日生效)。

第一次联合国海洋法会议通过的四项公约堪称海洋发展史上的标志性成果。[③]当时,许多亚非国家尚未获得独立,未能参加此次会议,所以会议通过的各项海洋法公约基本上反映了发达的海洋大国的观点和海洋利益,没有充分反映中小国家的利益和合理的要求,整体上不利于发展中国家,因此未被普遍接受。而且由于海洋大国坚持狭窄的领海范围,这次会议未能就领海的宽度做出规定,也未能解决捕鱼区界线问题,会议建议联合国召开新的会议。

为解决领海宽度的问题,1969 年 3 月 17 日—4 月 27 日,联合国第二次海洋会议在瑞士的日内瓦举行,参加会议的有 88 个国家和地区的代表。该会议重新讨论了第一次会议遗留的领海宽度和渔区范围等问题,但由于与会代表意见分歧太大,未能达成任何实质性的协议,会议无果而终。

---

① http://www.docin.com/p-792117630.html.
② 赵宇鹏:《国际法中的大陆架》,《华章》,2014 年 10 期,第 50—50 页。
③ 付爱云,李明智:《浅谈大陆架的划界问题》,《法制与社会》,2009 年 10 期,第 360—360 页。

1945 年杜鲁门总统《关于大陆架的公告》发布,不仅催生了大陆架制度的确立,而且引发了 200 n mile 海洋权主张的提出,权利主张后来演化成 200 n mile 专属经济区域制度,①而这项对海洋格局影响巨大的制度经第三次海洋法会议得以正式确立。1973 年 12 月 3 日,联合国第三次海洋法会议在美国纽约开幕。参加此次会议的先后有 167 个国家的代表团、50 多个国际组织和国际社会团体的代表,使其成为继联合国成立以来的一次空前的国际盛会。历时9 年的马拉松会议最终在 1982 年 4 月 30 日第 11 期会议上以 130 票赞成、4 票反对、17 票弃权通过了《联合国海洋法公约》(United Nations Convention on the Law of the Sea,UNCLOS,以下简称《公约》)。1982 年 12 月 10 日,在牙买加的蒙特哥湾(Monntego Bay,Jamaica)对各国开放签署。第一天,就有来自 117 个国家和 2 个政治实体的 119 名代表在公约上签字,斐济还交存了批准书。这种盛况在条约法的历史上是空前的。

联合国第三次海洋会议是国际关系史上参加国最多、规模最大、时间最长的一次盛会,也是国际法编纂史上所拟公约条文最多、签字国最多的一次会议。②这次会议所涉及的对海洋的开发和利用问题关系到各国的切身利益,为各国普遍关心。与会的国家,无论沿海国、地理不利国、群岛国和内陆国,都希望建立一个综合性的法律框架,以处理海洋方面的所有问题。该会议除了对已有的海洋法律进一步修改、完善外,还建立了群岛水域、专属经济区、国际海底等新的法律制度。这些内容反映了绝大多数国家在开发利用海洋方面的共同愿望,是海洋法发展史上的里程碑。

但是,由于公约第十一部分有关深海海底采矿的规定,使美、英、德等一些重要的发达国家未能得到其预期的利益,引起其强烈不满而拒绝签约。苏、日、法等国虽然在《公约》上签了字,但迟迟未在国内正式批准《公约》,这种情况对《公约》的生效和执行产生了很大的负面影响。③在这种情况下,从 1990 年开始,时任联合国秘书长德奎利亚尔发起了一项批准《公约》的磋商活动。经过 4 年的磋商,终于在 1991 年 7 月 28 日通过了《关于执行 1982 年 12 月 10 日〈联合国海洋法公约〉第十一部分的协定》(简称《执行协定》)。该协定解决了有关国家在第十一部分中的分歧,《公约》最终获得了发达国家和发展中国家的普遍接受。

1993 年 11 月 16 日,圭亚那交存了批准书,这是公约的第 60 份批准书,按照公约第 308 条规定,公约应在 60 份批准书或加入书交存后一年生效。1994 年 10 月 14 日,德国正式批准加入公约;日、法等国也加快了国内批准程序。截至 2016 年 3 月,已有 167 个国家加入了公约,使其成为人类历史上第一部全面的、最具有普遍性的海洋法典,为各个国家特别是沿海国维护其海洋权益提供了有力的法律依据。④无论从国际政治还是从国际法的视角看,公约的意义都是重大的,其影响也是深远的。《公约》的生效推动了海洋法的大发展,标志着世界海洋新秩序的建立。⑤

---

① 金永明:《论东海问题与共同开发》,《社会科学》,2007 年 6 期,第 45—53 页。
② 潘军:《〈联合国海洋法公约〉第 76 条与大陆架界限委员会〈科学和技术准则〉探析》,《鸡西大学学报》,2012 年 9 期,第 89—92 页。
③ http://www.huaxia.com/hxhy/hyqy/2011/06/2453529.html.
④ http://3y.uu456.com/bp-372900eee009581b6bd9eb76-12.html.
⑤ 王诗成:《中国 21 世纪海洋管理战略研究—加强海洋法制建设走依法兴海之路》,《海洋开发与管理》,2001 年 2 期,第 5—11 页。

第二章 公约的概况、结构和主要内容

一、公约的概况

《联合国海洋法公约》是联合国大会本着以相互谅解和合作的精神解决与海洋法有关的一切问题的愿望,在妥为顾及所有国家主权的情形下,为海洋建立的一种法律秩序,以便利国际交通和促进海洋的和平用途,海洋资源的公平而有效的利用,海洋资源的养护以及研究、保护和保全海洋环境。[①] 该公约涉及海洋管理的方方面面,是迄今为止层次最高、内容最全面、规定最明确的一部专门调整世界海洋关系的根本法,被世界各国广泛誉为"海洋宪法"。该公约的生效,标志着新的国际海洋法律制度的确立和人类和平利用海洋时代的到来。[②]

我国于 1996 年 5 月 15 日批准加入该公约,是世界上第 93 个批准该公约的国家。值得注意的是,我国批准该公约的附加条件的同年 7 月 7 日开始正式对我国生效。

二、公约的主要内容

UNCLOS 1982 建立了各国对所有海洋事务的行为关系的原则和标准,涉及的内容包括领海和毗连区、用于国际航行的海峡、群岛国、专属经济区、大陆架、公海、岛屿制度、闭海或半闭海、内陆国出入海洋的权利和过境自由、国际海底、海洋环境的保护和保全、海洋科学研究、海洋技术的发展和转让、争端的解决等各项法律制度。该公约共 25 万字,包括 1 个序言,正文 17 个部分,共 320 条,另有 9 个附件和 4 个决议。

UNCLOS 1982 设定了船旗国、港口国和沿海国管辖的性质、程度和不同海域,领海、公海、专属经济区、国际海峡等的法律地位。[③] 该公约在"海上人命安全和防止、减少和控制污染""船舶设计、构造、人员配备或装备""海上避碰""指定或制定海道和分道通航""核能船舶"等方面都建立了一般原则,同时又清楚地建立了各缔约国的义务。根据沿岸国家的权益、法律地位和法律制度的不同,沿海水域可分为内水、领海与毗连区、专属经济区、大陆架、公海、国际海底区域等,水域宽度界定及相互关系具体见图 2-2:

1. 领海基线

领海基线是陆地及内水与领海的分界线,是划定领海、毗连区、专属经济区和大陆架等区域的基准线。UNCLOS 1982 规定领海基线有正常基线和直线基线两种。正常基线是指沿海国官方承认的大比例尺海图所标明的沿岸低潮线。直线基线是指在海岸线极为曲折,或者近岸海域中有一系列岛屿情况下,可在海岸或近岸岛屿上选择一些适当点,采用连接各适当点的办法,形成直线基线。[④] 在岸线较为复杂的情况下,划定直线基线较为合适。UNCLOS 1982 规

① 蒋帅:《浅析海洋综合管理问题》,《海洋开发与管理》,2009 年 8 期,第 17—21 页。
② http://zhidao. baidu. com/question/574913510. html.
③ 高智华:《论实施国家海洋管辖权的若干国际法问题》,《东南学术》,2009 年 3 期,第 93—98 页。
④ 张国宝:《海洋国土知识拾零》,《地理教育》,2011 年 7 期,第 41—41 页。

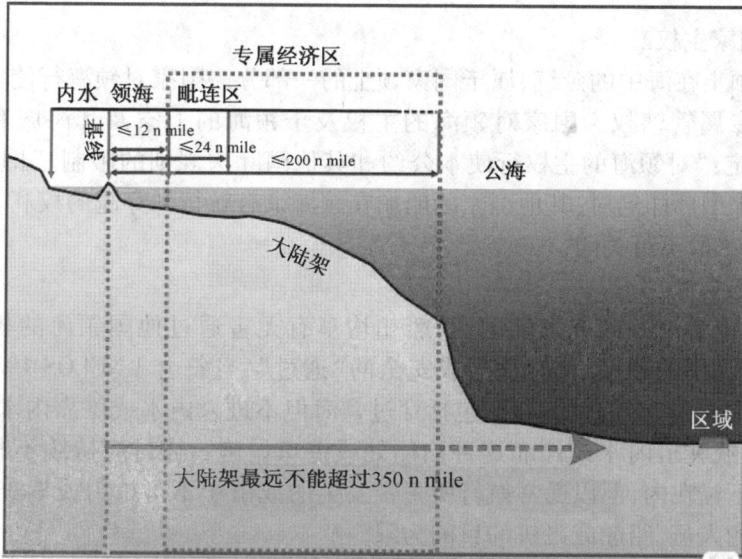

图 2-2　海洋区域划分示意图

定了直线基线应遵循的一些原则,两种基线方法可交替使用。[1]

2. 内水及沿海国家主权

根据 UNCLOS 1982,除群岛国部分另有规定外,向陆一面的水域构成国家内水的一部分。对于处在海洋上的这部分内水,沿海国享有完全的排他性主权。[2]

(1)内水的构成

内水包括沿岸港口、某些海湾和海峡等。

港口指沿岸具有天然条件和人工设备,用于船舶停靠和装卸客货的港湾。构成海港体系组成部分的最外部永久海港工程(如防波堤)视为海岸的一部分,因此,港口的范围应从它深入海面最远处的永久海港工程算起。港口包括水域和陆域两个部分。

沿岸向陆地凹入的地方称为水曲,以水曲曲口宽度为直径画一个半圆,若水曲的面积大于或等于这个半圆的面积,这个水曲就称为海湾。[3]并非所有的海湾都是内水,海湾的法律地位主要取决于湾口的宽度,UNCLOS 1982 规定湾口宽度不超过 24 n mile 时,该海湾即视为内水。

海峡是连接两个海域的一条狭窄的水道。如果海峡两岸同属一个国家,峡宽又不超过该国领海宽度的两倍,则此海峡应视为内水。

(2)内水的主权

内水是国家领土的一部分,沿岸国在国际上享有绝对的排他性主权,可指定一系列法律、法规和规章全权管辖。内水处于一国主权的完全控制下,非经该国批准,外国船舶不准驶入。

3. 领海的国家主权

领海指沿海国主权所及的在其陆地领土及其内水以外邻接的一带海域,在群岛国的情形下则及于群岛水域以外邻接的一带海域。UNCLOS 1982 规定,每一国家的领海宽度不应超过

---

[1]　http://www.doc88.com/p-7768761208909.html.

[2]　http://wenku.baidu.com/view/e353275afc4ffe473368ab7b.html.

[3]　赵丽霞,徐忠颖:《关于国际海洋法中"海湾"的界定》,《学术交流》,2009 年 9 期,第 63—65 页。

12 n mile。

（1）领海的国家主权

领海是国家领土在海中的延续,属于国家领土的一部分。国家对领海行使主权,对领海的一切人和物享有专属管辖权。国家对领海的主权及于领海的上空及其海床和底土。但是,UNCLOS 1982 规定:"对领海的主权行使本公约和其他国际法规则的限制。"即国家在领海的主权并不像在内水中那样绝对,其他国家的船舶在领海享有航行和穿越的权利。换言之,内水可以关闭,但领海一般不可关闭。

（2）无害通过

所有国家,不论为沿海国或内陆国,其船舶均享有无害通过他国领海的权利。"无害通过"是指不损害沿海国的和平、良好秩序或安全的"通过",且符合 UNCLOS 1982 和其他国际法规则。"通过"是指通过领海的航行,包括穿过领海但不进入内水或停靠内水以外的泊船处或港口设施,驶往或驶出内水或停靠这种泊船处或港口设施。通过应持续不断和迅速进行。通过包括停船和下锚在内,但以通常航行所附带发生的或由于不可抗力或遇难所必要的或为救助遇险或遭难的人员、船舶或飞机的目的为限。

沿海国为了保障其领海主权,可以按公认的国际规则制定一系列关于无害通过领海的法律和规章,但应承认国际义务,不妨碍外国船舶的无害通过领海,并应将其所指的领海内对航行有危险的任何情况妥为公布。

尽管 UNCLOS 1982 规定了包括军舰在内的一切船舶在他国领海均享有无害通过权,但制定该公约的联合国第三届海洋法大会允许沿海国对外国籍军舰通过领海采取安全措施。在实践中,包括我国在内的大多数国家都认为只有外国非军事船舶享有无害通过权,外国军用船舶不能适用无害通过。

4. 毗连区

毗连区是指领海以外且毗连领海的一个区域,从领海基线量起,不得超过 24 n mile。毗连区由沿海国依需要设立。

毗连区是保护沿海国权利和利益的重要海域之一,沿海国的主权不及于毗连区,只是为了特定的目的才在该海域行使某些必要的管辖。通常是沿海国为了防止和惩处在其领土或领海内违反其海关、财政、移民或卫生的法律和规章的行为而设立的。

5. 专属经济区

专属经济区是领海以外并邻接领海的一个区域,从领海基线量起,不应超过 200 n mile。专属经济区已超过国家领土的范围,沿海国对该区域不享有完全的主权,沿海国主要是对其自然资源享有主权,对专属经济区内水域和海底自然资源享有勘探、开发、养护和管理的管辖权。[①]

6. 大陆架

大陆架本是地质地理学上的概念,是指从海岸起在海水下由陆地向外自然延伸的地势平缓的海底区域的海床及底土。UNCLOS 1982 规定,沿海国的大陆架包括其领海以外依其陆地领土的全部自然延伸,扩展到大路边外缘的海底区域的海床和底土,如果从测算领海宽度的基线量起到大陆边的外缘的距离不到 200 n mile,则扩展到 200 n mile 的距离。沿海国有权为勘

---

① http://www.docin.com/p-792117630.html.

探和开发自然资源的目的,对其大陆架行使主权。①

7. 公海

公海是不包括在国家的专属经济区、领海或内水或群岛国的群岛水域内的全部海域。②

公海对任何国家开放,不受任何国家管辖,任何国家具有相同的自由,包括:航行的自由、飞越的自由、铺设海底电缆和管道的自由、建造国际法所允许的人工岛屿和其他设施的自由、捕鱼的自由、科学研究的自由。任何国家行使公海自由应适当考虑到其他国家行使公海自由的利益,公海应只用于和平目的。③

任何国家的船舶都有权在公海上悬挂其所属国家的国旗航行,公海上的船舶受船旗国法律管辖和保护。军舰在公海上享有不受船旗国以外任何其他国家管辖的完全豁免权,政府公务船亦然。④

8. 国际航行海峡

国际航行海峡是指两端连接公海或专属经济区并可提供海船通过的海峡,包括:用于国际航行的非领海海峡,其中央夹有专属经济区或公海海域,应适用自由航行制度,各国船舶有完全的航行自由;用于国际航行的领海海峡,依据 UNCLOS 1982,这类海峡适用"过境通行权";专门规定的用于国际航行的海峡,如达达尼尔海峡和博斯普鲁斯海峡的航行制度由 1936 年的《蒙特勒公约》规定,直布罗陀海峡的航行制度由 1907 年英国、法国、西班牙三国签订的海峡协定规定。⑤

在国际航行海峡中所有船舶均享有过境通行的权利,过境通行不应受阻碍。船舶在行使过境通行权时应:不迟延地通过;不对海峡沿岸国的主权、领土完整或政治独立进行任何武力威胁或使用武力;除因不可抗力或遇难必要,不从事其持续不停和迅速过境的通常方式所附带发生的活动以外的任何活动;⑥遵守关于海上安全的国际规章、程序和惯例;遵守关于防止、减少和控制来自船舶的污染的国际规章、程序和惯例。

过境通行船舶应遵守海峡沿岸国的规定,包括:指定航路和规定分道通航制;航行安全和海上交通管理;防止船舶造成污染;不违反海峡沿岸国海关、财政、移民或卫生的法律和规章,上下任何商品、货币和人员。⑦

海峡沿岸国不应妨碍过境通行,并应将其所知的海峡内的有危险的任何情况妥为公布。过境通行不应予以停止。

① http://www.docin.com/p-792117630.html.
② 邵建国,邵晓帆:《论在专属经济区、领海发生的海盗行为之管辖权》,《大连海事大学学报(社会科学版)》,2010 年 5 期,第 44—48 页。
③ 袁娟娟:《论公海自由原则——兼评〈联合国海洋法公约〉第 87 条》,《法制与社会》,2011 年 2 期,第 270—270 页。
④ http://www.docin.com/p-356696845.html.
⑤ http://www.docin.com/p-648003378.html.
⑥ 胡城军:《用于国际航行海峡的通行制度》,《法制与社会》,2009 年 25 期,第 50—51 页。
⑦ http://www.docin.com/p-87435255.html&endPro = true.

第三章　公约的实施情况

一、缔约国的义务

在海上安全和环境保护方面,《公约》重点对船旗国、沿海国、港口国做出了基本义务规定。

1. 船旗国的义务

UNCLOS 1982 对船旗国在安全方面的义务的规定覆盖了船舶营运的整个周期和各个方面:《公约》第 91 条规定每个国家应确定对船舶给予国籍;第 94 条要求船旗国对船舶采取措施以保障海上安全;第 98 条规定国家应责成船长在不严重危及其他船舶、船员或乘客的情况下救助海上遇险的人;第 217 条规定船旗国有效执行国际规则和标准的条款,要求有关船旗国应采取适当措施,以确保悬挂其旗帜或在其国内登记的船只能遵守国际规则和标准的规定并持有各种证书和受到定期检查等。

船旗国在海洋环境保护和防止海洋污染上的权利和义务主要体现在《公约》的第十二部分"海洋环境的保护与安全"。根据《公约》第 211 条第 2 款,各国应制定法律和规章,以防止、减少和控制悬挂其旗帜或在国内登记的船只对海洋环境的污染。第 217 条第 4、6 款要求船旗国设法立即对该国船只的违法行为进行调查,且不论违法行为在何处发生,也不论这种违法行为所造成的污染在何处发生或发现。船旗国如认为有充分的证据可对被指控的违法行为提起司法程序,应毫不迟延地按照其法律提起这种程序。在处罚问题上,第 217 条第 8 款要求船旗国的法律和规章对悬挂旗帜的船只所规定的处罚应足够严厉。

2. 沿海国家的义务

UNCLOS 1982 规定沿海国家对船舶的安全航行负有重要义务。《公约》第 21 条规定,沿海国可依据《公约》和其他国际规则,制定关于无害通过领海的法律和规章,特别是在航行安全与海上交通管理、保护助航设备和设施以及其他设施或设备、保全沿海国的环境,并防止、减少和控制环境受污染等方面。沿海国可要求外国籍船舶在无害通过领海时遵守这些规则,即使船舶的船旗国并不是相关公约的缔约方。《公约》第 98 条规定,在公海和专属经济区,每个沿海国应建立、经营和维持有效的海、空搜寻和救助服务,并应在情况需要时通过相互的区域性安排与邻国合作。《公约》第 100 ~ 107 条强调所有国家应尽最大可能进行合作,以制止在公海上或在任何国家管辖范围以外的任何其他地方的海盗行为的责任和义务。①

UNCLOS 1982 对沿海国的防污染要求主要体现在第 221 条中,第 221 条赋予沿海国"在其领海范围以外,采取和执行与实际的或可能发生的损害相称的措施的权力",第 221 条第 6 款则规定沿海国可在专属经济区某一明确划定的特定区域采取防止来自船只的污染的特别强制性措施,但须有证据表明现有国际规则和标准不足以适应特殊情况。《公约》对污染赔偿责任

---

① http://www.jincao.com/fa/11/law11.21.07.html.

也做出了规定。[①]

3. 港口国义务

UNCLOS 1982 对港口国防污染的管辖一直延伸至岸外设施。《公约》第 219 条要求港口国应在实际可行范围内采取措施,以阻止已查明在其港口或岸外设施违反"适用国际规则和标准从而有损害海洋环境的威胁"的船只航行。《公约》第 218 条规定了港口国对自愿位于一国港口和岸外设施的外国籍船舶任何排放的调查和司法程序。《公约》第 219 条规定了港口国滞留外国船舶的基本原则,港口国必须确保船舶的出海对海上环境不致产生不当的危害威胁,才准其开航,否则仅可准许该船驶往最近的适当修船厂。《公约》第 220 条规定了沿海国对自愿位于其港口或岸外设施、领海或专属经济区的外籍船违反关于防止、减少和控制船舶污染的法规行为提起司法的程序。沿海国可以要求该船提供其识别标志、登记港口、上次停泊和下次停泊的港口,以及其他必要的有关情报,以确定是否已有违法行为发生。只有当所指的违法行为导致大量排放,对海洋环境造成重大污染或有造成重大污染的威胁,沿海国在该船拒不提供情报,或所提供的情报与明显的实际情况显然不符,并且依案件情况确有进行检查的理由时,可就有关违法行为的事实对该船进行实际检查。[②]

二、我国的相关立法

(一)在海域使用管理方面

我国先后制定了《中华人民共和国领海及毗连区法》《中华人民共和国专属经济区和大陆架法》以及发布关于领海基线的声明,做出了《关于批准〈联合国海洋法公约〉的决定》,覆盖了我国领海、毗连区、专属经济区、大陆架等管辖海域,建立了基本的海洋法律制度。此外,我国还以积极的姿态批准《国际海洋法公约》,全面享有公约规定的权利,承担相应的义务,公约的基本原则和内容,也构成了我国海洋法律制度的组成部分。[③] 我国还制定了《海域使用权登记办法》《海域使用测量管理办法》《海域使用权证书管理办法》等相关规定,完善我国海域使用方面的相关规定。

(二)在海洋资源保护和利用方面

虽然我国还没有出台完整的海洋资源法,但是已经制定了大量的海洋资源方面的法规和规章,包括《中华人民共和国野生动物保护法》《中华人民共和国渔业法》《中华人民共和国矿产资源法》《中华人民共和国海岛保护法》《水生野生动物保护实施条例》《对外合作开采海洋石油资源条例》《无居民海岛保护利用管理规定》《铺设海底电缆管道管理规定实施办法》《海底电缆管道保护规定》《中华人民共和国水下文物保护管理条例》等诸多法规,从海洋资源的合理开发到完整保护建立了一系列的法律规定。

(三)海洋环境保护方面

我国早在 1982 年就出台了《中华人民共和国海洋环境保护法》,经过 1999 年、2013 年和 2016 年三次修订,在保护海洋环境、维护生态平衡方面发挥了巨大作用。特别是 2016 年《中华人民共和国海洋环境保护法》的修改,明确了生态红线、生态补偿、信息公开等制度,体现了

---

① http://www.docin.com/p-792117630.html.
② http://wenku.baidu.com/view/e353275afc4ffe473368ab7b.html.
③ 易传剑:《我国海洋法律体系的重构——以海权为中心》,《广东海洋大学学报》,2010 年 2 期,第 1—5 页。

生态文明建设的新要求,并与新修订的《中华人民共和国环境保护法》相衔接,加大了对违法行为的处罚力度,满足了海洋环境保护的新现状、新要求。《中华人民共和国海洋环境保护法》成为我国保护海洋环境的基本法律,并且为该法的实施又制定了多部配套的保护海洋环境等法规,包括《中华人民共和国海洋倾废管理条例》《中华人民共和国防止船舶污染海域管理条例》《防治海洋工程建设项目污染损害海洋环境管理条例》《中华人民共和国海洋石油勘探开发环境保护管理条例》《海洋自然保护区管理办法》等。同时,还有《防治船舶污染海洋环境管理条例》《自然保护条例》《大气污染条例》《海洋行政实施处罚办法》等其他相关法律与规章,在海洋污染防治与生态保护方面形成网状结构,全方位进行保护。

(四)在海洋交通方面

以《中华人民共和国海上交通安全法》《中华人民共和国海商法》《中华人民共和国海事诉讼特别程序法》三部法律为主,制定了《对外国籍船舶管理规则》《航道管理条例》《海上交通事故调查处理条例》《船舶和海上设施检验条例》《关于外商参与打捞中国沿海沉船沉物管理办法》等诸多规章,以求建立完整的海上交通安全体系,对该方面的海洋行为进行规范。2001年10月全国人大常委会颁布的《中华人民共和国海域使用管理法》,不仅丰富和发展了具有中国特色的海洋管理体系,而且对联合国所倡导的海洋综合管理模式做出了积极的探索。①

(五)中国有关国家管辖海域的主张

1. 关于基线以内的水域

按照公约规定,属于沿海国的"内水"。中国在1958年领海声明中明确规定:"在基线以内的水域,包括渤海湾、琼州海峡在内都是中国的内海。"在基线以内的岛屿,包括东引岛、高登岛、马祖列岛、白犬列岛、大小金门岛、大担岛、二担岛等在内,都是中国的内海岛屿。"在内海内(相当于海洋法公约的内水)的通行制度,按照1964年6月8日《中华人民共和国政府关于领海的声明》,琼州海峡是中国的内海,一切外国籍军用船舶不得通过,一切外国籍非军用船舶如需通过,必须按照本规则的规定申请批准。"②

2. 毗连区

关于领海以外(不包括渔业区、专属经济区和大陆架)的管辖海域,早在1899年《中墨通商条约》规定,彼此以离海岸3力克(即9 n mile)为水界,由本国执行关税章程。1934年6月19日当时中国政府在《海关保护法》中规定,为了执行海关法的目的,主张12 n mile的管辖。这些类似于1958年《领海和毗连区公约》及1982年通过的《公约》中关于毗连区的制度。

3. 大陆架

中国附近海域有着宽广的大陆架。《公约》第77条规定:"沿海国为勘探大陆架和开发其自然资源的目的,对大陆架的权利并不取决于有效或象征的占领或任何明文公告。"尽管中国尚未公布大陆架法令,但实际上对其大陆架早已并正在行使着主权权利,而且通过一系列的声明重申了这一权利。

4. 中国对《公约》的批准和声明

(1)按照《公约》的规定,中华人民共和国享有200 n mile专属经济区和大陆架的主权权

---

① http://www.qstheory.cn/zxdk/2009/200918/200909/t20090911_11324.html.
② 郭渊:《关于领海的声明的发布及对南海权益的维护》,《浙江海洋学院学报(人文科学版)》,2010年3期,第10—14,29页。

利和管辖权。

（2）中华人民共和国将与海岸相向或相邻的国家，通过协商，在国际法基础上，按照公平原则划定各自海洋管辖权限。①

（3）中华人民共和国重申对 1992 年 2 月 25 日颁布的《中华人民共和国领海及毗连区法》第二条所列各岛屿及岛屿的主权。

（4）中华人民共和国重申：《公约》有关领海无害通过的规定，不妨碍沿海国按其法律规章要求外国军舰通过领海必须得到该国许可或通知该国的权利。②

拓展阅读 临海国家知多少？③

现在，全世界共有 150 个领土与海洋沾边的岛国和临海国，占国家总数的四分之三多。在这些与海洋沾边的国家中，亚洲有 36 个，非洲最多达 40 个，欧洲 28 个，南美洲 10 个，北美洲 23 个国家和大洋洲 12 个国家全都是临海国或岛国。

世界上四周临洋的最大的国家是南半球的澳大利亚，面积达 770 万 km²。最大的群岛国，无论按人口还是按面积都非地跨南北半球的印度尼西亚莫属，人口近 1.8 亿，居世界第 4 位，领土由 1.3 万多个大小岛屿组成。世界上最大的临海国当然也是世界面积第一大国俄罗斯，1 700 多万 km² 的领土约占全球陆地面积的八分之一多。其次是加拿大、中国、美国、巴西和印度等。面积之小、人口之少均居世界之最的与海洋沾边的国家是太平洋上的岛国瑙鲁，其面积只相当于中国西湖面积的 4 倍多，人口不到 1 万。既有陆域疆界与法国接壤，又有海岸线濒临地中海的摩纳哥，是世界上最小的临海国。

领土与海洋沾边的国家中，有的国家海岸线绵延几万千米，如上述 6 个世界面积大国；有的则海岸线很短，不过几十千米，如亚洲的伊拉克、欧洲的波斯尼亚和黑塞哥维那、非洲的刚果民主共和国等，在小比例尺地图上人们还以为它们都是内陆国呢。

在世界众多的岛国和临海国中，分布在太平洋上或濒临其边缘海的国家有近 40 个，太平洋沿岸最大的国家是俄罗斯。分布在大西洋上或濒临其边缘海的国家有 90 多个，为各大洋之最，加拿大是大西洋沿岸国家中面积最大的。印度洋上及濒临其边缘海的国家有 30 多个，无论是面积还是人口，印度都是印度洋沿岸第一大国。濒临北冰洋的国家最少，只有俄罗斯、加拿大、美国、冰岛、挪威等五国和世界第一大岛格陵兰岛（丹麦属地）。

在世界众多国家中，领土濒临两个大洋或其边缘海的国家并不多，只有澳大利亚、印度尼西亚、泰国、马来西亚、南非、埃及、挪威、冰岛、墨西哥、哥伦比亚以及包括巴拿马在内的中美洲五国等共 15 个国家。若以波罗的海的芬兰湾为大西洋之边缘海，那么，俄罗斯便与加拿大、美国齐名，同为世界仅有的濒临三个大洋的国家，这三个大洋是大西洋、北冰洋、太平洋。就国家整体领土位置而言，冰岛和新西兰分别是世界上最北和最南的国家，它们都是岛国。

世界一些国家虽领土不直接与海洋沾边，但可借助国际河流航道通达海洋。领土与海洋不沾边的中欧国家瑞士、奥地利、斯洛伐克、匈牙利等内陆国，就是通过航运条件良好的莱茵河

---

① 陈学斌：《刍议中国对专属经济区船舶污染的司法管辖权》，《河北法学》，2006 年 2 期，第 118—121 页。
② 张耀光，刘岩，王艳：《中国海疆地理格局形成、演变的初步研究》，《地理科学》，2003 年 3 期，第 257—263 页。
③ 引自中国海洋信息网 http://www.coi.gov.cn/kepu/wuyang/201107/t20110727_16852.html。

或多瑙河,分别顺河航达北海或黑海港口。现在,德国境内开通的莱茵河－多瑙河运河更使这些内陆国便捷地通过内河航道往返于西欧的北海与南欧的黑海、地中海之间,大大方便了国际上的交通运输。

前面为了突出比较,将世界国家划分为与海洋沾边的国家和与海洋不沾边的国家。其实,自从国际上确立了"海洋是人类共同继承的遗产"这一观点后,无论是沿海国家还是内陆国家,都可以共同享用公海的海洋资源,所以世界上并不存在与海洋沾边和与海洋不沾边之分。

模块三

海上安全与便运类公约

项目一
国际海上人命安全公约

内容摘要

◆《1974 国际海上人命安全公约》的产生背景及意义
◆《1974 国际海上人命安全公约》的概况及主要内容
◆《1974 国际海上人命安全公约》及历年修正案
◆《1974 国际海上人命安全公约》在我国的实施情况

案例导入

2014 年 4 月 15 日 20 点："岁月号"客船(6 825 t)离开仁川港,驶往济州岛。船上载有 325 名中学生、15 名教师、30 名船务人员,以及 89 名其他乘客。此外还载有 150 ~ 180 辆汽车和 1 157 t 货物。中国大使馆证实船上有一男一女两名中国乘客。

图 3-1　"岁月号"翻沉

2014 年 4 月 16 日 7 时 55 分许:据获救乘客讲述,事发时船上集装箱等物体倒向一边,使船体倾斜更严重。在此期间客船被怀疑进行突然转向,导致船上货物堆向一边。

2014年4月16日9点31分船身倾覆并沉没。"岁月号"在浸水后的两小时内,先发生侧翻,进而倾覆,而后船尾下浸、船首上扬,随后逐渐下沉,直至船头底部的球鼻艏完全消失,90%以上船体倾斜进水。截至2014年5月15日上午,"岁月号"事发时搭载的476人中,172人获救,281人确认遇难,尚有23人下落不明。韩国法院判处"岁月号"船长36年徒刑。

第一章 公约产生的背景

一、公约产生的背景概述

1912年4月14日,"泰坦尼克号"豪华邮轮在由英国驶往美国的处女航中,在北大西洋撞上冰山,船体进水后发生断裂,两个小时内沉没,1 500多名乘客和船员遇难。惨剧的发生引起了全世界对航海安全准则的极大关注。

1913年底,首次国际海上人命安全会议在英国伦敦召开,讨论了新的安全规则。出席这次安全会议的13个海运国家政府的代表于1914年1月20日签订了第一个国际海上人命安全公约。公约的主要内容涉及船舶构造、分舱与稳性、救生和消防设备、无线电通信、航行规则和安全证书等方面。为了汲取"泰坦尼克号"的教训,公约还建议在北大西洋设置冰区巡逻船。由于第一次世界大战爆发,公约未能于原定的1915年生效,但是公约中的一些条款还是被一些海运国家采用。1914年1月20日制定的第一个国际海上人命安全公约只适用于载有12人以上的船舶,但是一直未能生效。

1929年召开第二次国际海上人命安全会议,18个国家的代表参加了会议,并于同年5月制定了《1929年国际海上人命安全公约》,并规定1 600总吨及以上的货船必须配备无线电报设备。它较1914年公约提出了更为详细、具体的要求,但也未能生效。

直至1948年在伦敦召开的第三次国际海上人命安全会议,讨论通过了《1948年国际海上人命安全公约》,该公约于1952年11月19日才生效。该公约包含的范围更广,规定更加详细,特别是对水密分舱、稳性标准、船体的结构防火等规定做了重大的改进。公约还要求所有500总吨及以上的货船必须持有国际设备安全证书。同时,根据形势的发展,公约对航行安全、气象预报和冰区巡逻等的规定做了相应的补充说明。公约对谷物装运和危险货物装运以及核能船舶等做了说明,并制定了较为详细的规则。自1929年以来无线电技术有了突飞猛进的发展,公约条款对此有充分的体现。

1958年政府间海事协商组织(1982年更名为国际海事组织)成立。它成立的主要目的是协调国际间的海上人命安全事宜,并由其下设的海上安全委员会接手有关海上人命安全的具体事宜。

1960年5月17日—6月17日,国际海事组织在伦敦召开第四次国际海上人命安全会议,55个国家的代表参加了这次会议。会议在1948年公约的基础上制定了《1960年国际海上人命安全公约》,对船舶构造、救生、消防、无线电设备、航行安全、谷物装运、危险货物装运和核能船舶做了更加详细、更加严格的规定。该公约于1965年5月26日生效。

第五次国际海上人命安全会议于 1974 年 10 月 21 日—11 月 1 日在伦敦召开。71 个国家和地区的代表参加,我国政府首次派代表团参加了会议。国际劳工组织、国际电信联盟两个政府间组织和一些非政府性组织也派员参加了会议。会上各国代表签署了《1974 年国际海上人命安全会议最终议定书》和《1974 年国际海上人命安全公约》两个文件。我国代表在会上签署了议定书,第二年 6 月签订了该公约。该公约于 1980 年 5 月 25 日生效,我国于 1980 年 1 月 7 日加入该公约,公约生效之日起对我国生效。

1978 年 2 月 6 日—17 日,国际海事组织召开国际邮轮安全和防止污染会议,通过了《〈1974 年国际海上人命安全公约〉1978 年议定书》,在检验发证、操舵装置、雷达、惰性气体装置和证书格式等方面提出了补充要求。该议定书是一个独立的文件,于 1981 年 5 月 1 日生效。中国政府于 1982 年 12 月 17 日交存加入书。按规定,该议定书于 1983 年 3 月 17 日对我国生效。截至 2006 年 12 月 31 日,该议定书共有 97 个缔约国。

1988 年 11 月 11 日,在国际海事组织召开的安全公约缔约国大会上通过了《〈1974 年国际海上安全公约〉1988 年议定书》,该议定书将全球海上遇险与安全系统及检验与发证协调系统引入公约。该议定书于 2000 年 2 月 3 日生效,我国于 1995 年 2 月 3 日核准了该议定书。此外,在国际海事组织召开的海上安全委员会上,对《1974 年国际海上人命安全公约》及其议定书做过多种修改,通过了一系列修正案,并按公约第 8 条规定的默认接受程序生效。这些修正案生效后,对所有缔约方均具有约束力。

1994 年安全公约缔约国大会通过的修正案,增加了第 IX 章船舶安全营运管理、第 X 章高速船的安全措施和第 XI 章加强海上安全的特别措施。1997 年安全公约缔约国大会通过了修正案,增加了有关散货船安全的第 XII 章。根据《〈1974 年国际海上人命安全公约〉1978 年议定书》引入的对公约修正案采用的"默认接受程序",这些修正案均已生效。"默认接受程序",即在修正案通过之日一年内或在修正案规定的期限内,如不到三分之一缔约国提出书面反对,则应视为该修正案已被接受,并自被视为已被接受之日起 6 个月后,该修正案对所有缔约国生效,并具有约束力。虽然"默认接受程序"的引入,从表面上看,可以简化缔约国对接受修正案的国内报批和确认手续,但由于所有修正案都是为了提高相关的技术标准,采用此种"默认接受程序"加速了修正案的生效,给缔约国按修正案的规定制定相应的国内法律和技术标准增加了立法上和经济上的负担;同时它又为一些发达国家无休止地要求修改公约、提高技术标准提供了方便,从而使许多发展中国家应接不暇。此外,随着一系列修正案的生效,为了满足修正案中规定的各种技术要求,各国都必须投入大量的资金改进或更新船舶的设备,这对海上安全和海洋环境的保护,减少船舶事故的发生,无疑起到了一定的促进作用。但从某种意义上讲,它又会制约发展中国家发展自己的航运事业,因为他们无论在经济上还是在技术上都缺乏竞争力,而如果在船舶的技术设备和人员配备上不能满足公约和修正案的要求,他们所经营的船舶就不能从事国际航行。解决这个问题的途径是一方面开展多边技术合作和双边技术援助,帮助发展中国家培训技术人员,另一方面还要尽量避免频繁修改公约。

2001 年的"9·11"事件,给全世界带来震撼,也给海运界带来巨大的变革,《国际船舶和港口设施保安规则》(ISPS)于次年推出,旨在加强船上保安和船对船或船对岸的保安能力。该规则由 SOLAS 公约新的 XI-2 章强制推出,并于 2004 年 7 月 1 日生效。该规则规定了主管机关、港口机关、船公司的保安要求,并辅以相关指南。同时公约还连带推出船舶配备自动识别系统(AIS)、在船体上永久标识 IMO 编号、船舶强制配备连续概要记录(CSR)等要求,进一步加强船舶的保安管理。

与船舶保安的高调推出相比,同时推出的旨在加强国际散货船安全的新的 SOLAS 公约第 XII 章则显得比较平静,也许其出台是国际船级社协会(IACS)长期执行的散货船安全措施对国际航运界达到了水到渠成的效果。

2010 年接受的 SOLAS 修正案对于油船和散货船推出了酝酿已久的目标型标准(GBS),标志着 IMO 已实现了海上安全从实践到理论再到实践的一个良性循环,该标准以统一的安全及防污染目标,对船舶从设计到营运到拆船的整个生命周期的标准制定和检验操作等提出了细致的要求,包括要求船舶被设计为安全和环境友好型,应具有并保持足够的强度、完整性和稳性,以减少因为结构问题导致浸水或破坏水密完整性,进而导致船舶灭失或污染环境。

GBS 的推出,标志着未来 SOLAS 和其他 IMO 技术标准的制定将使用新的模式和思路,成为海上安全的下一站。

二、《1974 年国际海上人命安全公约》(SOLAS 1974)的意义

SOLAS 公约的产生是世界航海史上的一件大事,开创了航海史上国际技术标准的先河,总结了历史的经验,汲取了历史的教训,为世界的航运技术提供了一个框架,提出了最低的安全标准。

SOLAS 1974 的出台,更是海运技术史上的重要里程碑,为缔约国的国内法提供了范例,为保证航行更安全、水域更清洁提供了技术支持。港口国监督条款的引进,是保证海上航运安全的有力措施,为淘汰低标准船舶、防止不正当的竞争做出了积极的贡献。

SOLAS 1974 的修正,从不同层次、不同侧面提出了更高的要求,把单纯的结构和设备要求,扩展到公司和船舶的安全管理要求,扩展到船舶保安的要求,从硬件到软件、从船舶到公司、从水上到岸上,为船舶安全营运提供了有力的保证。

三、SOLAS 1974 的发展动态

(一)近年来 IMO 关注的涉及 SOLAS 公约的热点问题

随着海上航运业的发展,船舶逐渐向大型化方向发展。IMO 大会多次关注大型客船和散货船的建造,不断提出技术标准。大会仍十分关注船舶营运安全管理,提出海上安全、海洋环境保护和保安文化,补充了 ISM 规则对船舶股东的指导,加快了海上保安规则的实施。现将近期热点问题简要介绍如下:

1. IMO 成员国自愿审核机制(Voluntary IMO Member State Audit Scheme,VMSAS)

近年来,为了促进国际海上安全和海洋环境保护公约的有效统一实施,国际海事组织研制并即将全面推行"IMO 成员自愿审核机制"(以下简称审核机制)。审核机制是在成员国自愿的基础上,由 IMO 组建审核组对成员国履行六个国际海事条约(SOLAS 1974 及其 1978 年和 1988 年议定书、MARPOL 73/78、LL 1966、TONNAGE 1969\COLREG 1972、STCW 1978)的义务情况进行审核。通过审核,找出成员国履约存在的不足并提出合理化的建议和意见,同时,交流各国履约成功的经验,共同吸取失败的教训,促进全球海上安全和海洋环境保护以及主管机关海事行政管理水平的共同提高。目前审核机制包括三个部分,即审核框架、审核程序和审核标准。

该机制并非要暴露各国主管机关的薄弱点,而是帮助各国提高履约水平。IMO 成员国自愿审核机制,是衡量"缔约国政府承担公约义务,颁布一切必要的法律法定命令和规则,并采取一切必要的措施,使公约充分和完全产生效力"。就 SOLAS 1974 而言,该自愿审核机制的实施将促进各缔约国履约立法、完善履约机制、强化履约效果。

2. 目标型新船建造标准(GOAL-BASED NEW SHIP CONSTRUCTION STANDARDS,GBS)

经 IMO 海上安全委员会第 78、79、80 届会议及工作组会议的讨论,形成 GBS 的基本框架方案,目前原则上分为五个层次。顶层为 IMO 确定的基于目标的标准(GBS),是一组与船舶结构有关的安全目标,包括设计寿命、环境条件、结构安全、结构可抵达性、建造质量等,船舶设计和建造阶段以及营运过程中都应按照 GBS 验证其符合安全要求。第二层是功能要求,包括疲劳寿命、涂层寿命、腐蚀附加量、结构强度、剩余强度、通道、建造质量程序。第三层为执行标准的验证。第四层为技术要求和导则以及船级社规范和航运界标准。工业界的技术规格、操作规程、维护保养、培训等则为最低层要求。IMO 应确定的是处于"high level"的策略和目标,即仅涉及第一层和第二层,而不是具体的规范。

3. 综合性安全评价(FSA)

FSA 是一种关于工程技术和工程运行管理中用于制定合理的规则和提供风险控制的综合性、结构化和系统性的分析方法。其主要内容涉及危险识别、风险评估、提出控制分析的措施、降低风险措施的费用效益评估、提出降低风险措施的决策建议。FSA 将逐步在制定海上安全、保安和环境保护规则中,在船舶的安全营运管理中,以及船舶设计中得到越来越广泛的应用。

由于英国牵头的国际散货船 FSA 联合研究项目和日本 LACS 等同时开展的散货船 FSA 研究得出了不同的结论,LACS 提议 IMO 成立常设小组对具体的 FSA 研究结果进行独立的审议,这样便可以根据唯一被国际承认的建议做出决策。对于海难事故和 FSA 在 GBS 中的运用问题,MSC 79 届会议主席建议成立专家组并同时提出了专家组的工作内容。对此,大多数代表发言认为,成立专家组的建议虽然很好,但不宜仓促行事。美国代表认为应首先研究专家组的组成、资金和工作范围,其他一些国家还提出了小组的性质、独立性、专家的选择、如何保证透明度以及 FSA 与 GBS 之间的关系等问题。委员会最后同意 MSC 80 成立工作组讨论上述问题及 LACS 的提案,并同意目前继续成立由日本牵头的会间通信组。

4. 海上保安

(1)加强海上保安

近期正在研究如下问题:港口设施保安履约自评单;船舶到港前提供的标准保安信息;船舶保安等级的设定和法律地位;关于船舶远程识别跟踪系统(LRIT)的评估;保安误报警和遇险期保安双重报警、船舶自动识别系统(AIS)信息的保密、保安信息的提供和共享;SOLAS 第 XI-2 章和 ISPS 规则;MSC 77 和 MSC 78 进行了大量的补充讨论和规定,并发布一系列通函;IMO 开展了一系列的技术合作和支持等。

(2)船舶远距离识别与跟踪系统(LRIT)

自 ISPS 规则生效执行以来,LRIT 一直是 IMO 各成员国讨论的热点,经过历次海安会及相关工作组会议的讨论,确定对于 LRIT 船上系统,只基于船上现有的 GMDSS、AIS 等设备,并更新相关软件;对于缔约国政府则可能需要增建相应的新的岸基设施。LRIT 系统涉及政治、经济、法律、外交和海运科技等诸多方面,其背景已经远远超出国际海运管理的范畴,因此各国对此都非常慎重,而且经过多次争论,已经越来越被更多的发展中国家所认识。由于 LRIT 与

GMDSS 以及其他国际通信和信息系统紧密相连,目前各成员争论的热点为:吨位适用问题,海区适用问题,LRIT 系统的技术要求,LRIT 信息的接收、发送、使用和保密等。

有关 LRIT 的 SOLAS 1974 修正案确定船旗国和港口国有权获得 LRIT 信息,该信息主要用于海上保安的目的,同时兼用于海上安全和海洋环境保护的目的。至今尚未确定沿岸国可获得 LRIT 信息的距离,但在紧急情况下沿岸国可通过协商或其他合法的形式向相关缔约国当局获取信息,船旗国有权决定悬挂其船旗的船舶向任一沿岸国发送 LRIT 信息。

(3)避难地的提出

自 2000 年 12 月以来,这成了另一个主要的议题,内容涉及安全与环保、海上避难与沿岸国自我保护、船舶带着危险航行与沿岸国主权等一系列的矛盾等,MSC、MEPC 和 LEG 都在进行考虑,并出台了两个大会决议,这些有可能会进一步出台新的国际法。

(4)海盗和武装抢劫船舶

2004 年前 9 个月,海盗和武装抢劫船舶事件数量最多的是远东(特别是南中国海和马六甲海峡地区)、印度洋、加勒比海地区、南非、西非和东非。与 2003 年同期相比,事件数量呈下降趋势,但马六甲海峡和南美地区的事件数量则有所上升,多数事件发生在船舶锚泊于领水内或靠泊期间。近年来,MSC 历届会议都请各国及时向 IMO 报告包括船舶 IMO 识别号码在内的海盗和武装抢劫船舶事件的信息。

5.搜寻和救助(SAR)服务

通过救助建立覆盖全球的协调的 SAR 服务,建立全球搜救发展顾问组,正在研究内容涉及:搜救发展项目的各方协同;建立搜救发展项目的优先性排序机制;确定并获取实施项目所需的专项知识与资源;确定必然搜救项目行动提议影响的有关方并促进其相互间的合作安排;促进资金安全运转机制的建立以确保保证金的绝对安全和资金管理的完整性,并确保依照经认可的国际财务与审计程序将保证金合理地直接分配给搜救者。

6.客船安全(Passenger Ship Safety)

IMO 开始着手从危机和人群管理、安全处所、保持可居住的时间、获救时间以及营救时间等方面开展深入研究,以便提出进一步加强客船安全的具体措施。SOLAS 1974 拟通过提高客船破舱稳性、消防主竖区、人员撤离、救生设备等方面的技术标准进一步加强了客船安全。

7.海上事故调查的强制性

由于澳大利亚、加拿大和瓦努阿图建议修改海上事故调查规则并修正 SOLAS 使其成为强制性要求的联合提案,但大部分国家建议交船旗国履约分委会(FSI)进一步审议。此问题列入 FSI 工作计划并于 2007 年完成。

(二)SOLAS 公约发展趋势

从近几年公约修正案的出台与实施以及当前涉及的安全热点问题来看,海上人命安全公约的发展趋势呈如下特点:

1.更加注重高新科技的应用

科学技术的发展很大程度上影响着海上安全标准的提高。一项成熟的技术发明和海上安全的迫切需求,往往会直接导致新的安全航行设备的配备要求。例如:SOLAS 公约 2000 年 12 月修正案对船舶提出安装船载自动识别系统(AIS)和船舶航行数据自动记录仪(VDR)的新要求。

2. 就船舶设计和建造制定全球统一的规范要求

由于船级社和船级社规范发展的历史早于 IMO 的成立和国际海上安全公约的发展,因此海事界普遍承认船级社的规范,即国际公约着重于船舶和船上人员的安全和防止海上环境污染方面的要求,通常称之为法定要求,而对船舶的结构和机械等方面的建造要求,则执行船级社的规范标准。

但是近年来,由于一些船舶事故反映出船舶结构方面的缺陷,使 IMO 的一些成员对各船级社执行规范标准不统一提出了质疑,认为船级社出于市场竞争的压力,有可能降低船舶结构的标准,其后果则是导致船舶发生严重事故。因此,IMO 第 23 届大会已将制定"基于目标的新船建造标准"(GBS)纳入了 IMO 战略计划,即 IMO 在国际公约的框架内,要求以后新造的国际航行船舶必须满足基本的结构建造标准。

3. 注重公约实施和履约监督

虽然海上安全标准不断提高,但海上安全事故仍然时有发生,究其原因,其中有很大一部分是没有真正执行 IMO 公约的要求。因此,IMO 认识到不能只制定公约,还要采取措施保证船舶执行公约的要求。在促进成员履约方面,IMO 成立了船旗国履约分委会,引入技术合作计划,强化港口国监督,逐步从各个环节强化和监督履约。现在 IMO 正在推行"成员国自愿审核机制",即 IMO 要对各成员就其加入的几乎所有 IMO 公约的履约状况进行审核,也就是对成员国海事主管机关进行审核。

4. 将抑制人为因素的负面影响引入公约的发展

20 世纪 90 年代的研究数据表明,80% 以上的海难事故与人的因素有关。从规范公司管理的角度出发,IMO 强制实施了 ISM 规则。此外,根据 2002 年 MSC 75 的决定,在 ISM 第二阶段实施后,要就 ISM 对安全和环保产生的影响进行评估。为此,秘书处已成立了由挑选的成员代表以及有关组织、大学和航运界人员组成的独立的专家组,搜集信息,进行深入分析,从人的因素分析程序、人的可靠性分析以及影响人的因素等三个方面展开研究。这些研究将对海上安全标准(包括船舶建造标准)产生深刻的影响。IMO 秘书长的致辞中多次提出海上安全文化,呼吁整个海运界关注安全问题。

第二章　公约的概况及主要内容

第一节　公约的概况

在当今世界上,海运是国际贸易中最主要的运输方式。据统计,在当今国际贸易中,超过 90% 的货物运输是通过海运的方式完成的。早在 1958 年 IMO 成立之前,蓬勃发展的国际贸易就已促使国际社会缔结了一些国际航运条约,其中,在所有关于海上安全的国际公约中,最重要的是《国际海上人命安全公约》,即 SOLAS 公约。它是世界上最早的海上安全公约之一,它的制定与"泰坦尼克号"事故有着密不可分的关系。

SOLAS 公约主要关注的是人命安全,但随着油类海上运输量的大幅增长和油船尺度的迅速增大,以及化学品海上运输量的增加和人们对海洋环境的日益关注,许多国家意识到防止海洋污染的重要性。为此,《1973 年国际防止船舶造成污染公约》(简称 MARPOL 公约)出台,它的一个重要特点是提出了"特殊区域"的概念。由于在特殊区域内油污染对海洋环境威胁极大,因此 MARPOL 公约完全禁止在特殊区域内排放油类,这些特殊区域包括地中海、黑海、波罗的海、红海和海湾区域。

SOLAS 公约与 MARPOL 公约是国际海事公约中最重要的两个,与其同期的海上安全公约还有《国际载重线公约》《国际海上避碰规则公约》等,它们分别对船舶装载后的吃水深度以及航道、航速等做了限制。而随着世界航运形势的不断变化,IMO 为了适应航运技术的发展,也在不断对旧有公约进行技术上的修订和完善。

进入 21 世纪,国际海事安全理念进一步深入,尤其是在"9·11"事件之后,IMO 逐步从关注单船技术和海洋污染演变到关注人的因素的影响。在美国"反恐"大旗的倡导下,为海事反恐量身定做的 ISPS 规则最终被纳入 SOLAS 公约,成为所有缔约国必须遵守的国际公约。

SOLAS 公约是为保障海上航行船舶上的人命安全,在船舶结构、设备和性能等方面规定统一标准的国际公约。根据公约的规定,各缔约国所属船舶需要经过本国政府授权的组织或人员检查,符合公约规定的技术标准,取得合格证书,才能从事国际航运。

第二节　公约的主要内容及修正案

一、公约的内容构成及其重要发展

现行的 1974 年 SOLAS 公约包括:(1)公约正文;(2)1978 年 SOLAS 议定书和 1988 年 SOLAS 议定书;(3)公约附则(技术规则)以及附属于公约附则的单项规则。其中,SOLAS 公约的附则是公约的主体,它包括以下内容:第 I 章:总则;第 II 章:构造、分舱与稳性、机电设备、防火、探火和灭火;第 III 章:救生设备与装置;第 IV 章:无线电通信;第 V 章:航行安全;第 VI 章:货物装运;第 VII 章:危险货物装运;第 VIII 章:核动力船舶;第 IX 章:船舶安全营运管理;第 X 章:高速船的安全措施;第 XI 章:加强海上安全的特别措施;第 XII 章:散货船的附加安全措施;第 XIII 章:符合性验证;第 XIV 章:极地水域作业船舶安全措施。其中,从第 IX 章至第 XIV 章是近十年来新增的内容,是适应技术进步和体现时代特征的新篇章。

鉴于公约内容的迅速扩充,1974 年 SOLAS 公约的附则现多采用简单明了的附则,而将其技术细则集中成单项规则置于公约文本之外的做法,使公约的结构产生了革命性的变化,现简要叙述其中 4 个最具代表性的规则。

1.《国际安全管理规则》(简称 ISM 规则)

20 世纪 80 年代以来,世界上船舶海难事故不断发生,且呈上升趋势,尤其是 1991 年全损船舶数达 182 艘(171 万总吨),为历史最高纪录。据权威统计分析表明,船舶安全和污染事故的 80% 是人的因素造成的,且重点在于公司和船员对船舶的管理和操作不当,为此,IMO 致力于寻找有效地控制公司和船员的人的因素的途径。1992 年 4 月,IMO 的海上安全委员会(MSC)草拟了《国际安全管理规则》。1993 年 11 月 4 日,IMO 第 18 届大会通过了 A.741(18)决议,即《国际安全管理规则》。1994 年 5 月,SOLAS 公约缔约国大会通过了公约附则新增第 IX 章(船舶安全营运管理),把 ISM 规则纳入 SOLAS 公约,从而使 ISM 规则的各项规定成为强制性实施的要求。

ISM 规则现由前言和 16 条要素组成,这些要素包括两部分。A 部分为实施部分,包括:总则(定义、目标、适用范围、安全管理体系的功能要求);安全和环境保护方针;公司的责任和权力;指定人员;船长的责任和权力;资源和人员;船上操作方案的制定;应急准备;不符合规定的情况;事故和险情的报告和分析;船舶和设备的维护;文件;公司审核;复查和评价。B 部分为发证与审核部分,包括:发证和定期审核、临时证书、审核和证书格式。

几十年来,IMO 制定和实施了一系列有关海上安全和防止海洋污染的国际公约、规则、标准和决议,但 ISM 规则与 IMO 以往的强制性文件有明显的不同,以前的强制性文件都是针对船舶构造、船舶设备和船员的技术性的要求或标准做出的,而 ISM 规则却是要求负责船舶运营的公司和其所运营的船舶建立起一套能使公司人员有效实施公司的安全与环境保护方针的结构化和文件化的安全管理体系,并要求船旗国主管机关对公司和船舶的安全管理体系进行审核和发证。从性质上区分,以前的强制性文件则偏重于硬件管理,而 ISM 规则偏重于软件管理,主要对公司涉及船舶安全和防止污染管理的船岸人员的责任、权力和各种工作程序提出要求。

ISM 规则采用国际通行的质量保证过程控制原理,将船公司安全营运和船舶安全操作的各项活动归纳成一套适合本公司和船舶的安全管理体系,达到工作程序化、活动规范化、行为文件化,并根据过去的经验教训制定预防措施,通过内部定期审核和外来审核、监督、不断改进不断完善,从而将一切与安全和防污有关的管理活动置于严格控制之下,实现船舶安全营运和防止海上污染,减少海上人命伤亡和财产损失的目标。

2.《高速船安全规则》(简称 HSC 规则)

1994 年的修正案还引入了《高速船安全规则》,并于 1996 年 1 月 1 日实施。2000 年 12 月的修正案对 1994 年的 HSC 规则进行了修改,修改后的规则适用于 2002 年 7 月 1 日及以后建造的高速艇筏,并于 2002 年 7 月 1 日起强制执行。HSC 规则的安全原理建立在控制和减少风险,以及发生事故的被动保护的传统原理基础上。尽管如此,HSC 规则较多地运用了安全科学的原理和方法,在营运要求、人的因素控制、风险评估、防护和救援概念等方面,较其他规则有明显进步。

3.《国际船舶和港口设施保安规则》(简称 ISPS 规则)

2002 年 12 月召开的 IMO 海上保安外交大会通过了 1974 年 SOLAS 公约第 XI-2 章的新规定(修正案)和《国际船舶和港口设施保安规则》,同时,大会通过了 SOLAS 公约最新修正案。以加速实施安装自动识别系统的要求,还将 SOLAS 公约原第 XI 章重新编排为第 XI-1 章,并进行了相应的增删。

因此,自 2004 年 7 月 1 日起,从事国际航行的客船(包括高速客船)、油船、化学品液货船、气体运输船、散货船和高速货船等应当符合 SOLAS 公约的下述要求:所有 300 总吨及以上的国际航行船舶安装自动识别系统(AIS);所有 100 总吨以上的客船以及 300 总吨以上的货船,应不迟于 2004 年 7 月 1 日以后的第 1 次计划干坞检验之日在船体和内部舱壁上标记船舶永久识别号,所有 300 总吨及以上的国际航行船舶均需配备记录船舶历史的《连续概要记录》,所有 500 总吨以上的国际航行船舶均需配备船上保安警报系统。公约适用的所有国际航行船舶,在船上应备有经批准的《船舶保安计划》和经保安审核并取得国际船舶保安证书,各缔约国将对国际航行船舶是否符合海上保安规定进行检查,对有明确理由相信船舶不符合要求的,将采取检查、延误、滞留、限制船舶操作、拒绝船舶进入港口、将船舶驱逐出港、要求船舶开往指定位置等强制性措施。经营国际航线的船舶所有人或经营人、管理人,按照 SOLAS 公约和 ISPS 规则的规定,在 2004 年 7 月 1 日前,应当编制本单位国际航行船舶的保安计划,指定并培训公司保安员及船舶保安员,为所属国际航行船舶配备规定的设备、文件和标识,申请船舶保安评估,并取得国际船舶保安证书。

4.《国际极地水域作业船舶航行安全规则》(简称《极地规则》)

在环境极度恶劣却又极度脆弱的两极地区,船舶的航行安全以及对未开发的环境的保护一直是国际海事组织关注的重点。多年来,国际社会也出台了许多关于在极地地区进行海洋开发的要求、规定和建议。早在 20 世纪 30 年代,芬兰、瑞典政府就颁布了《芬兰—瑞典冰级规则》;2002 年 12 月国际海事组织颁布了《在北极冰覆盖水域内船舶航行指南》,2009 年 12 月通过了《在极地水域内船舶航行指南》;国际船级社协会(IACS)也于 2006 年颁布了《极地船级要求》。2009 年,国际海事组织大会通过了 A. 1024(26)决议,发布了在极地水域船舶营运准则。该准则是在 SOLAS 公约和 MARPOL 公约现有规定要求之外,针对极地水域的气候条件、符合海事安全的合理标准以及防止环境污染而提出一些必要的额外要求(见图 3-2)。但该准则为建议性文件,不具备强制力。

图 3-2　极地水域船舶营运

因此继 2009 年后,国际海事组织开始着力制定一部具有强制力的极地航运法律规则——《极地水域船舶航行安全规则》[International Code of Safety for Ships Operating in Polar Waters,简称《极地规则》(Polar Code)],涵盖在两极水域同船舶营运相关的船舶设计、建造、设备配备、操作、培训、搜索搜救以及环境保护等相关事宜。

2014 年 5 月,国际海事组织海事安全委员会(MSC)通过了新版 SOLAS 公约第 14 章,关于"船舶在极地水域营运的安全措施"的规定草案。该部分引入了《极地规则》的第 I -A 部分内容,这在原则上一并通过了《极地规则》草案。

为增进船舶在偏远、脆弱和潜在严酷的极地水域操作安全，并减轻对极地地区居民和环境的影响，国际海事组织分别在 2014 年 11 月召开的海上安全委员会第 94 届会议和在 2015 年 5 月召开的海上环境保护委员会第 68 届会议分别以 MSC.385(94)决议和 MEPC.264(68)决议共同通过了《国际极地水域船舶航行安全规则》，并分别以 MSC.386(94)决议和 MEPC.265(68)决议通过了使极地规则强制化的 SOLAS 第 ⅩⅣ 章"极地水域操作船舶安全措施"修正案和 MARPOL 公约附则 Ⅰ、Ⅱ、Ⅳ 和 Ⅴ 修正案，于 2017 年 1 月 1 日生效，适用于所有按 SOLAS 第 Ⅰ 章发证的和适用于 MARPOL 附则 Ⅰ、附则 Ⅱ、附则 Ⅳ 和附则 Ⅴ 要求的极地水域航行的船舶。

《极地规则》主要包括引言、PART Ⅰ 安全措施和 PART Ⅱ 防污染措施。PART Ⅰ 和 PART Ⅱ 又各自分成 A、B 两部分，A 部分是强制性要求，B 部分是建议性指南。极地航行船舶分 A、B 和 C 三类，其中 A 类和 B 类船舶冰级分别满足 IACS 极地级统一要求规定的 PC1－5、PC6－7 的要求；C 类船舶适用于开敞水域或结冰程度低于 A 类和 B 类船舶所适用的水域营运的船舶。极地规则 PART Ⅰ-A 部分共有 12 章。第 1 章：通则，第 2 章：极地水域操作手册，第 3 章：船舶结构，第 4 章：稳性与分舱，第 5 章：水密和风雨密完整性，第 6 章：机械装置，第 7 章：消防安全，第 8 章：救生设备与布置，第 9 章：航行安全，第 10 章：通信，第 11 章：航行计划，第 12 章：船员和培训，并分别对冰区操作、低温操作、结冰状态、高纬度操作、极昼或极夜、水文资料局限、应急响应局限、船员操作经验不足、气候恶劣多变等操作条件做出目标、功能要求和对应的规定要求。极地航行船舶根据预定的操作条件应用相关的规则要求。《极地规则》PART Ⅱ-A 部分共有 5 章：第 1 章：防止油污染，第 2 章：防止有毒液体物质污染，第 3 章：防止海运包装有害物质污染(留空白)，第 4 章：防止生活污水污染，第 5 章：防止垃圾污染。这五个方面的章节内容，是在 MARPOL 公约附则 Ⅰ、Ⅱ、Ⅳ 和 Ⅴ 的基础上，对极地水域营运的船舶提出了更严格的操作和构造保护要求。

在检验与发证方面，分别从 SOLAS 公约和 MARPOL 公约两个方面进行了规定。

SOLAS 公约下的检验与发证规定：(1)极地水域航行船舶应符合适合其操作条件的《极地规则》第 Ⅰ-A 部分安全措施的适用要求，考虑第 Ⅰ-B 部分的附加指南，经检验后签发极地船舶证书，规定船舶类型、冰级及冰区操作吃水、极地服务温度(PST)、操作限制及引用的评估方法，并附设备记录。(2)C 类货船，如经评估认为不要求船舶按《极地规则》额外加装设备或改造结构，可基于文件确认《极地规则》符合性后签发极地船舶证书，下次计划检验时进行船上检验。(3)极地船舶证书的有效期、检验日期和签署应按 SOLAS 公约第 Ⅰ/14 条规定与相关 SOLAS 证书相协调。(4)极地航行船舶应制定并配备适合该船操作能力和限制的《极地水域操作手册》。

MARPOL 公约下的适用范围及检验与发证规定：(1)《极地规则》适用于 MARPOL 公约各相关附则下所适用的船舶。(2)极地水域航行船舶的各种防污染证书的检验和发证应按照 MARPOL 公约各相应附则的证书要求进行，应在符合 MARPOL 公约各相关附则的基础上，还要符合《极地规则》第 Ⅱ-A 部分防污染措施的要求，并考虑第 Ⅱ-B 部分的附加指南。

二、公约的修正案

所有涉及海上安全公约的国际公约中最重要的、历史最悠久的是《国际海上人命安全公约》。第一版 SOLAS 公约是 1914 年于伦敦以外交大会的形式通过的，该版 SOLAS 公约用法文和英文两种字母书写，目前保存在大英图书馆中。从那时起，另有四个版本的 SOLAS 公约被通用;第二版于1929年通过,1933年起生效;现行版本于1974年通过,并于1980年起生效。

现行生效的SOLAS 1974是国际海事组织(IMO)于1974年11月1日在国际海上人命安全会议上讨论通过的,并于1980年5月25日生效。该公约经两次议定书修正,并按SOLAS 1974第Ⅷ条的规定,以海上安全委员会扩大会议的形式,或以SOLAS 1974年缔约国政府间会议的形式,做了多次修改。下面将SOLAS 1974及历次修正的主要内容分别介绍如下。

(一)《1974年国际海上人命安全公约》

国际海事组织于1974年10月21日—11月1日在伦敦召开SOLAS公约外交大会,71个国家的代表出席了会议,通过了《1974年国际海上人命安全公约最终议定书》,其《1974年国际海上人命安全公约》附件包括了《1960年国际海上人命安全公约》及其以后通过的6个修正案的内容,即1966年、1967年、1969年、1971年、1973年(总则)和1973年(谷物)修正案。我国于1980年1月7日加入公约,公约于1980年5月25日对我国生效。

SOLAS 1974的主要目的是规定与安全相应的船舶构造、设备及操作的最低标准,由船旗国负责确保悬挂其国旗的船舶达到这一要求;还规定船舶须持有公约规定的证书,作为该船舶已达到公约标准的证明。

SOLAS 1974是各缔约国政府共同制定原则和相关的规定,以增进海上人命安全的目的而缔结的。该公约由13个条款和1个附则组成。各缔约国承担义务实施该公约及其附则的各项规定,附则是公约的组成部分。凡是引用该公约时,同时也就是引用该附则。各缔约国承担义务颁布一切必要的法律、法令、命令和规则,并采取一切必要的其他措施,使该公约充分和完全有效,以便从人命安全的观点出发,保证船舶适合其预定的意图。该公约适用于有权悬挂缔约国政府国旗的船舶。在出航时不受该公约规定约束的船舶,并不因为天气恶劣或任何其他不可抗力的原因偏离原来的航线而受本公约规定的约束;由于不可抗力或因船长负有搭载失事船舶人员或其他人员义务而登上船的人员,在确定公约的任何规定适用该船舶时,都不应该计算在内。

为了避免对人命安全的威胁而撤离人员时,缔约国政府可批准他的船舶载运多于该公约规定所允许的人数,但上述许可不剥夺其他缔约国政府根据该公约享有的对到达港的这种船舶的任何监督权。各缔约国政府有义务将授权代表缔约国政府管理海上人命安全措施的非政府机构的名单和根据该公约规定所颁发证书的足够数量的样本送交国际海事组织保存,并由国际海事组织秘书长通报各缔约国;就该公约范围内各种事项所颁布的法律、法规、命令和规则的文本也应该送交国际海事组织保存。所有或某些缔约国政府之间,通过协议而按照本公约订立特殊规则时,应将这种规则通知海事组织秘书长,以便分发给所有缔约国。在缔约国政府之间,SOLAS 1974代替并废止SOLAS 1960。缔约国政府以前订立的条约、公约或议定书与SOLAS 1974的规定有抵触时,应以SOLAS 1974为准,但该公约未予以明文规定的一切事项,则仍受缔约国政府的法律管辖。各国政府可按下列方式之一参加该公约:(1)签字并批准,或接受或认可无保留;(2)签字而有待批注、接受或认可,随后再予以批准、接受或认可;(3)加入。该公约正式文本一份用中文、英文、法文、俄文和西班牙文写成,各种文本具有同等效力;阿拉伯文、德文和意大利文的官方译本译就,并与签署的原本一起保存。

SOLAS 1974的公约附则是公约的主体,它包括附则及1个附录。

1974年通过的公约则是现行的SOLAS 1974。由于该公约第Ⅷ条中引入了"默认接受"的新修正程序,所以该公约不大可能再被新文件取代。由于1960年公约所采用的修正程序规定,任何一个修正案只有在被三分之二的缔约国接受时才能生效。它要求缔约政府主动采取行动接受修正案。这通常意味着延误,因为在主动采取接受行动前需要国内立法,而海运公约往往不是缔约国政府优先处理的事务,特别是看到其他国家接受的步子比较慢时更是如此。

SOLAS 1974采用相反的程序来努力解决这一问题。该程序假设缔约国政府赞成某修正案,除非他们主动采取行动提出反对意见。第Ⅷ条规定,对附则中有关技术性条款的章节的修正在两年或在通过时规定的期限内视为已被接受,除非在指定时间内有三分之一的缔约国或合计商船总吨位不少于世界商船总吨位的一半的缔约国政府反对该修正案。实践证明,上述默认接受程序是修正技术性附则并使之生效的最迅速、最有效的方法,目前在制定国际公约方面得到了广泛的应用。

(二)SOLAS公约1978年议定书

SOLAS 1974生效的条件是拥有世界商船总吨位至少50%的25个国家接受,这意味着公约的生效需要好几年的时间,该公约最终于1980年5月25日生效。在这期间发生了一系列的海上事故,其中包括1976年—1977年冬季发生的一些油船事故,迫使国际社会采取进一步行动。国际海事组织于1978年2月6日—2月17日在伦敦召开国际邮轮安全和防污染会议,会议对SOLAS 1974和《1973年国际防止船舶造成污染公约》做了一些重要修改,通过了《1978年国际油船安全和防污染会议最终议定书》(含3个附件),其附件一就是《关于1974年国际海上人命安全公约1978年议定书》。该议定书规定拥有世界商船总吨位不少于50%的15个国家批准后六个月生效(但不早于SOLAS 1974的生效时间),议定书于1981年5月1日生效。我国于1982年12月17日加入该公约,公约于1983年3月17日对我国生效。

该公约议定书的主要内容如下:

(1)要求20 000载重吨及以上的新建原油油船和成品油油船安装惰性气体系统。(第Ⅱ-2章)

(2)要求70 000载重吨及以上和20 000载重吨的现有油船分别在1983年5月1日前安装惰性气体系统。(第Ⅱ-2章)

(3)对20 000~40 000载重吨的原油油船,当船旗国认为安装惰性气体系统不合理或不切合实际,且油船不使用高排量的固定洗舱机时,可免予安装惰性气体系统。(第Ⅱ-2章)

(4)从1983年5月1日起现有成品油船,从1985年5月1日起40 000~70 000载重吨的油船和装有高排量洗舱机的20 000~40 000载重吨的油船须安装惰性气体系统。(第Ⅱ-2章)

(5)所有1 600总吨及以上的船舶都要求安排配备雷达,所有10 000总吨及以上的船舶必须配备两套独立工作的雷达。(第Ⅴ章)

(6)10 000总吨及以上的油船必须配备两套遥控操舵装置系统。每一系统都能从驾驶台独立操作。(第Ⅱ-2章)

(7)10 000总吨及以上的新油船的主机装置须由两台或两台以上的相同动力设备组成,并且能够通过一台或一台以上的动力设备操舵。(第Ⅱ-2章)

(8)议定书还通过了一些改进船舶检验和发证的重要规则。这些规则对检验和检查期限的规定进行了修改,规定了对货船救生设备和其他设备期间检验的要求以及对货船船体、轮机和设备进行定期检查和对 10 年以上的油船进行期间检验的要求,同时也规定了不定期检查和年度检验的要求。另外还改写了港口国监督条款。(第 I 章)

(三)SOLAS 公约 1988 年议定书

通过日期:1988 年 11 月 11 日

生效日期:2000 年 2 月 3 日

我国加入时间:1995 年 2 月 3 日

对我国生效时间:2000 年 2 月 3 日

1988 年对公约做出的其他修改是多年来仔细研究的结果,它包括两个方面——引入了全球海上遇险与安全系统(GMDSS)和检验与发证协调系统(HSSC),后者是根据 1978 年油船安全和防止污染外交大会的建议制定的,主要是为了解决 SOLAS 1974、《1966 年国际载重线公约》和《经 1978 年议定书修订的 1973 年国际防止船舶造成污染公约》所要求的检验和发证所带来的问题。

这三个公约均要求颁发证明船舶符合要求的证书,颁发证书前必须进行检验,而这种检验会造成船舶数天停运。然而,各种检验的日期和间隔不尽一致。结果是一艘船舶按某个公约要求必须进行检验,稍后不久又必须按照另一个公约的要求进行同样的过程。1988 年外交大会要求国际海事组织制定协调系统以使检验能在同一时间进行。

尽管 MARPOL 73/78 可以用默认接受程序进行修正,但默认接受程序不适用于 SOLAS 1974 和载重线公约关于检验和发证的部分。于是国际海事组织决定对这两个公约采用议定书的形式引进检验与发证的协调系统(HSSCO)。这样一来,两个议定书的生效条件是合计商船吨位不少于世界商船总吨位的 50% 的 15 个国家接受后 12 个月生效,且两个议定书必须同时生效。经过 11 年多的时间,两个议定书于 2000 年 2 月 3 日生效。

检验和发证协调系统规定的货船所有证书的有效期最长为 5 年,客船安全证书的有效期为 12 个月,该系统要求对货船必须进行年度检查,取消了不定期检查,对检验间隔和要求也做了调整。

1988 年 SOLAS 议定书业经 2000 年 5 月修正案做了修正,该修正案由 MSC.92(72)决议通过并于 2002 年 1 月 1 日生效,且经 MSC.124(75)决议通过的 2002 年 5 月修正案做了修正,其生效条件于 2003 年 7 月 1 日达到,该修正案于 2004 年 1 月 1 日生效。1988 年 SOLAS 议定书还经过 MSC.154(78)决议通过的 2004 年 5 月修正案做了修正。海上安全委员会在通过该修正案时决定,该修正案于 2006 年 1 月 1 日应视为已被接受,除非在此日期以前,三分之一以上的 SOLAS 1988 年议定书缔约国政府,或商船合计吨位不少于世界商船总吨位数 50% 的缔约国政府通知反对该修正案。这些修正案被接受并于 2006 年 7 月 1 日生效。

(四)其他重要修正案

1. 1994 年修正案

1994 年 5 月召开的第 63 届海安会以 MSC.31(63)号决议通过了对 SOLAS 公约附则第 II-2 章"构造—防火、探火和灭火"和第 V 章"航行安全"的修正案。中文本见附件 1。

第 63 届海安会以 MSC.32(63)号决议通过了对《国际散装运输液化气体船舶构造和设备规则》(IGC 规则)关于液货舱充装极限的修正案。中文本见附件 2。

1994 年 5 月召开的 SOLAS 公约缔约国大会以第 1 号决议通过了对该公约附则的修正案,

增加了新的第Ⅸ章"船舶安全营运管理"。根据该章的规定,《国际安全管理规则》成为强制性规则。中文本见附件3。

2.1996 年修正案

1996 年6月召开的第66届海安会以 MSC.47(66)号决议通过了对 SOLAS 公约附则第Ⅱ-1章"构造—分舱和稳性、机电设备"、第Ⅲ章"救生设备与装置"、第Ⅵ章"货物的装运"和第Ⅺ章"加强海上安全的特别措施"的修正案。同时海安会还以 MSC.48(66)号决议通过了强制性规则《国际救生设备规则》。中文本见附件4。

第66届海安会以 MSC.49(66)号决议通过了 SOLAS 公约强制性导则《散货船和油船检验期间的加强检验计划导则》[大会 A.744(18)号决议]的修正案。中文本见附件5。

另外,第66届海安会以 MSC.50(66)号决议,第38届环保会以 MEPC.69(38)号决议分别通过了对 SOLAS 公约和 MARPOL 73/78 强制性规则《国际散装运输危险化学品船舶构造与设备规则》(IBC 规则)的修正案。中文本见附件6。

1996 年7月召开的第38届环保会以 MEPC.70(38)号决议通过了 MARPOL 73/78 强制性规则《散装运输危险化学品船舶构造与设备规则》(BCH 规则)的修正案。中文本见附件7。

1996 年12月召开的第67届海安会以 MSC.57(67)号决议通过了关于 SOLAS 公约第Ⅱ-1章"构造—分舱和稳性、机电设备"、第Ⅱ-2章"构造—防火、探火和灭火"、第Ⅴ章"航行安全"和第Ⅶ章"危险货物运输"的修正案。同时还以 MSC.61(67)号决议通过了强制性规则《国际耐火试验程序应用规则》。中文本见附件8。

第67届海安会以 MSC.58(67)号决议,第39届环保会以 MEPC.73(39)号决议分别通过了 SOLAS 公约和 MARPOL 73/78 强制性规则《国际散装运输危险化学品船舶构造与设备规则》(IBC 规则)的修正案。中文本见附件9。

第67届海安会还以 MSC.59(67)号决议通过了对《国际散装运输液化气体船舶构造和设备规则》(IGC 规则)的修正案。中文本见附件10。

我国是 SOLAS 公约和 MARPOL 73/78 的缔约国,且未对上述修正案提出反对意见,因此,这些修正案将对我国具有约束力。

附件:

附件1:《1974 年国际海上人命安全公约》1994 年5月修正案(第Ⅱ-2章和第Ⅴ章)

附件2:《国际散装运输液化气体船舶构造和设备规则》(IGC 规则)1994 年5月修正案

附件3:《1974 年国际海上人命安全公约》1994 年5月修正案(增加新的第Ⅸ章)和《国际安全管理规则》

附件4:《1974 年国际海上人命安全公约》1996 年6月修正案(第Ⅱ-1章、第Ⅲ章、第Ⅵ章、第Ⅺ章和《国际救生设备规则》)

附件5:《散货船和油船检验期间的加强检验计划导则》[大会 A.744(18)号决议]1996 年6月修正案

附件6:《国际散装运输危险化学品船舶构造与设备规则》(IBC 规则)1996 年6月修正案

附件7:《散装运输危险化学品船舶构造与设备规则》(BCH 规则)1996 年7月修正案

附件8:《1974 年国际海上人命安全公约》1996 年12月修正案(第Ⅱ-1章、第Ⅱ-2章、第Ⅴ章、第Ⅶ章和《国际耐火试验程序应用规则》)

附件9:《国际散装运输危险化学品船舶构造与设备规则》(IBC 规则)1996 年 12 月修正案

附件10:《国际散装运输液化气体船舶构造和设备规则》(IGC 规则)1996 年 12 月修正案

3.2012 年生效的修正案

▶目标型标准

油船和散货船 GBS 国际标准[MSC. 287(87)]及使该标准成为强制性文件的关于 SOLAS 公约第Ⅱ-1 章修正案[MSC.290(87)]生效。新的 SOLAS 第Ⅱ-1/3-10 条将适用于 150 m 及以上长度的油船和散货船,要求为特定设计寿命而设计和建造的新船在完整稳性和特定的破损条件下能够安全和环境友好。据此,船舶应具备适当的强度、完整性、稳性以减小由于结构损坏造成的船舶损失和海上环境污染的风险。

▶腐蚀和防火

有关原油船货油舱防腐蚀的新的 SOLAS 公约第Ⅱ-1/3-10 条生效,要求所有的货油舱必须采取耐腐蚀的防护措施,相关的性能标准也获得了通过。

有关气体测量和探测的 SOLAS 公约第 Ⅱ-2/4.5.7 条修正案、有关固定式防火探测与防火警报系统的 SOLAS 第Ⅱ-2/7.4.1 条修正案及《国际消防安全系统规则》(FSS 规则)修正案生效。

▶SOLAS 公约第Ⅴ/18 条修正案,涉及有关对 AIS 进行年度检验的要求

▶SOLAS 公约第Ⅴ/23 条修正案,涉及有关引航员登离船装置的内容,以更新和改善引航员登离船的安全状况

▶对 SOLAS 公约附录和 SOLAS 1988 年议定书中安全证书的修订,涉及替代设计和安排的表示方法

4.2013 年生效的修正案

SOLAS 公约第Ⅲ/1 条增加了第 5 款(即新第Ⅲ/1.5 条),要求所有船舶在 2014 年 7 月 1 日之后第一次坞内检验时,并且最晚不迟于 2019 年 7 月 1 日,对不符合经修订的《国际救生设备规则》(LSA Code)规定的救生艇自动脱钩设备予以更换或者改造。

SOLAS 公约修正案旨在为救生艇释放和回收系统建立新的更为严格的安全标准,以防止在放艇时发生事故,要求对大量救生艇钩进行评估和可能的更换。

5.2014 年生效的修正案

(1)2014 年 1 月 1 日生效的修正案

▶SOLAS 公约第Ⅱ-1 章修正案[MSC.325(90)]第Ⅱ-1/8-1 条:客船进水事故后的系统性能和操作资料

修订内容:应配备船上稳性计算机或岸基支持向船长提供进水事故后安全返港的操作资料(参见 MSC.1/Circ.1400),将现有的脚注①修改为《客船发生火灾或进水事故后系统性能评估的暂行解释性说明》(MSC.1/Circ.1369)。

适用范围:2014 年 1 月 1 日或以后建造的客船。

▶SOLAS 公约第Ⅲ章修正案[MSC.325(90)]第 20 条:自由降落救生艇释放操作试验

修订内容:新增 11.2.4,明确对自由降落救生艇释放操作试验时,应仅搭载操艇船员进行自由降落,或者按防止救生艇发生事故的措施(MSC.1/Circ.1206/Rev.1)进行模拟降落。

适用范围:2014 年 1 月 1 日起适用于所有船舶(新建及营运)进行拆检后的释放操作试验的自由降落救生艇。

▶SOLAS 公约第 V 章修正案[MSC.325(90)]第 14 条:船舶配员

修订内容:对 SOLAS 公约第 V/14.2 条进行了修改,要求按 A.1047(27)决议通过的《最少安全配员原则》确定适当的最少安全配员。

适用范围:2014 年 1 月 1 日起适用于所有船舶(新建及营运)。

▶SOLAS 公约修正案第 VI 章[MSC.325(90)]A 部分第 5-2 条(新增)

新增内容:禁止船舶航行过程中混合散装液体货品(对两种或多种货品进行混合形成新货品)和进行生产(船上货品与其他物质或货品发生化学反应)。

如货物混合或生产是用于科研和海底资源勘探开采目的,则可不受上述限制。

适用范围:涉及船舶营运中的货物操作与生产,以及包装危险品装运的文件准备,应自 2014 年 1 月 1 日起适用于所有船舶(新建及营运)。

▶IMDG 规则[MSC.328(90)]

修订内容:对 35-10 英文版 IMDG 规则的编辑性修订,包括对 3.1.4 章隔离组、4.1.4 章包装导则、第 5 章托运程序中的单证要求以及第 7.1 章积载的修订。同时对纸版和电子版 IMDG 规则的不协调内容进行了修订。IMDG 规则与《联合国危险货物运输建议书》的协调和修订,包括对柔性散货集装箱的使用要求,增加了对锂电池的新要求,对 3.4 章限量包装的修订,对特殊要求 SP924 的修订,对货物运输组件中运输 UN 2211 和 UN3314 新增了 SP965,对正确运输名称(Proper Shipping Names)进行了协调,对货物一览表中第 17 栏进行了澄清便于使用。修订 IMDG 规则第 7 章,针对集装箱船、滚装船和普通货船分别制定相应的积载和隔离要求,其他部分的相应协调修订。

适用范围:载运危险货物的任何船舶。

▶SOLAS 公约修正案[MSC.325(90)]第 XI-1 章 加强海上安全的特别措施 第 2 条:加强检验

修订内容:由"本组织大会 A.1049(27)决议通过的《2011 年国际散货船和油船检验期间加强检验程序规则》(2011 年 ESP 规则)"替代了原来的"本组织大会 A.744(18)决议通过的指南"。

适用范围:任何日期建造的 500 总吨及以上的油船和散货船。

▶FSS 规则修正案[MSC.327(90)]第 6 章修正

修订内容:全文修改第 6 章"固定式泡沫灭火系统"的有关技术要求。

适用范围:2014 年 1 月 1 日以后安放龙骨适用 SOLAS 公约的船舶。

(2)2014 年 6 月 1 日生效的修正案

IBC 规则 2012 修正案 MSC.340(91)、MEPC.225(64)。

修订内容:根据对化学品货物的最新评估结果,对 IBC 规则第 17 章、18 章部分货品调整了设备分类和温度等级的要求,并对第 19 章货物索引进行相应更新。

适用范围:1986 年 7 月 1 日以后安放龙骨的化学品船。

(3)2014 年 7 月 1 日生效的修正案

▶SOLAS 公约第 II-1 章修正案[MSC.338(91)]第 3-12 条噪声的防护(新增)

新增内容:MSC.338(91)新增 SOLAS II-1/3-12 条,要求船舶构造应符合 MSC.337(91)决议通过的《船上噪声等级规则》;删除原第 36 条"噪声防护"。

适用范围:1 600 总吨及以上的国际航行船舶;2014 年 7 月 1 日或以后签订建造合同;或

如无建造合同,2015 年 1 月 1 日或以后安放龙骨或处于类似建造阶段;或 2018 年 7 月 1 日或以后交付;对于重大改建船舶,适用于现有船舶修理、修改和改装的变动区域。

▶SOLAS 公约第Ⅱ-2 章修正案[MSC.338(91)]第 9 条 火灾的限制

新增内容:提高了载客不超过 36 人客船和货船的滚装处所和车辆处所与其他处所之间的耐火等级的数值。

适用范围:2014 年 7 月 1 日及以后建造的船舶。

▶救生艇释放和回收系统评估

修订内容:为防止因救生艇钩设计缺陷导致的救生艇事故频发,2011 年 5 月 IMO 通过了关于两舷降落的具有承载释放功能救生艇钩技术要求的 SOLAS 公约和救生设备规则修正案[MSC.317(89),MSC.320(89)]以及《救生艇释放与回收系统评估和更换导则》(MSC.1/Circ.1392)。

适用范围:2014 年 7 月 1 日及以后建造的船舶的救生艇钩应符合新要求;2014 年 7 月 1 日以前建造的国际航行船舶的承载释放救生艇钩应于 2014 年 7 月 1 日之后的第一次计划进坞期间但最晚不迟于 2019 年 7 月 1 日符合有关追溯要求。

▶SOLAS 公约第Ⅲ章修正案[MSC.338(91)]第 17-1 条回收落水人员(新增)

新增内容:每艘船舶均有在紧急情况下营救落水者的义务与责任。为了使落水人员能得到及时与安全的营救,船上应配备必要的营救设备并制订相应的营救计划。

所有船舶应配备回收落水人员的计划和程序(根据 MSC.1/Circ.1447 制定)。该计划和程序应列出拟用于营救的设备和为最大限度减小对船上从事营救人员造成的风险而拟采取的措施。对已设有救助设备的客滚船(即符合 26.4 条规定)可视作符合上述要求。

适用范围:2014 年 7 月 1 日及以后的新建客船与 500 总吨及以上的货船;应不迟于 2014 年 7 月 1 日后的第一个定期检验或安全设备更新检验时(以先到者为准)满足本要求。

6.2015 年 1 月 1 日生效的修正案

SOLAS 第Ⅲ章修正案[MSC.350(92)]第 19 条应急培训与演习

修订内容:

(1)对乘客在船上时间预计超过 24 h 的船舶,应在开航前或开航后立即召集新上船的乘客,向其介绍救生衣的使用方法及在紧急情况下应采取的行动。

(2)当有新的乘客上船时,应在船舶开航前或开航后立即召开一次乘客安全简要介绍会。介绍应包括应变须知并以一种或几种易被乘客听懂的语言进行宣讲。宣讲应使用船上的公共广播系统或其他等效的方式,该等效方式至少应使在航行中尚未听到的乘客易于听到。

(3)对船上承担封闭处所进入及救助责任的船员,要求至少每两个月在船上进行一次演习。

(4)封闭处所进入及救助演习,应有计划和安全管理规定,参考 A.1050(27)决议,且按该决议考虑相关的风险。

适用范围:所有客船;500 总吨及以上的货船(包括现有船)。

7.2016 年生效的修正案

▶SOLAS 公约第Ⅱ-2 章第 10 条灭火设备修正

将 SOALS 公约第Ⅱ-2 章第 10 条 5.2 的标题"设有内燃机的机器处所"修订为"设有内燃机的 A 类机器处所"。

生效日期:2016 年 7 月 1 日

▶SOLAS 公约第Ⅵ章集装箱强制称重要求

明确所有的载货集装箱(短程国际航行的由拖车或平板运输车载运的集装箱并通过滚装船运输的情况除外)应由托运人验证集装箱毛重,验证方式用经过校验和认证的设备对集装箱进行称重,或者用经过装箱国家主管机关认可的称重方法对集装箱的所有包装和货物的重量进行称重。

生效日期:2016 年 7 月 1 日

▶新增 SOLAS 公约第Ⅺ-1/7 条封闭处所气体检测仪

新增该条"封闭处所气体检测仪",要求配备至少能够测量氧气、易燃气体、硫化氢(H_2S)和一氧化碳(CO)浓度的便携式装置,以便确保进入封闭处所人员的安全。

生效日期:2016 年 7 月 1 日

8.2017 年生效的修正案

▶新增公约第Ⅻ章(极地水域操作船舶安全措施)

MSC.386(94)通过时间:2014 年 11 月 21 日 默认接受:2016 年 7 月 1 日

新增的第Ⅻ章要求极地水域营运船舶应符合《国际极地水域船舶航行规则》;此外要求极地水域营运船舶替代设计、布置及证书签发应该符合 SOLAS 公约的相关条款。

生效时间:2017 年 1 月 1 日

▶《国际极地水域船舶航行安全规则》

MEPC.264(68)通过时间:2015 年 5 月 15 日

强调航行于极地水域的船舶除满足 MARPOL 公约相关附则下的适用要求外,还应满足规则中关于含油污水、燃料舱双壳保护、生活污水、食品废弃物等要求。

生效时间:2017 年 1 月 1 日

▶修订公约第Ⅱ-1 章、第Ⅱ-2 章

MSC.392(95)通过时间:2015 年 6 月 11 日 默认接受:2016 年 7 月 1 日

修订公约第Ⅱ-1 章(构造—结构、分舱与稳性、机电设备)A 部分、F 部分、G 部分、新增强制实施 IGF 规则(《使用气体或低闪点燃料船舶国际安全规则》)要求。

修订公约第Ⅱ-2 章(构造—防火、探火和灭火)。①为与 IGF 规则相协调新增对不适用于Ⅱ-1 章 Part G 的货船可准许使用闪点低于 60 ℃ 的燃油的要求。②进一步明确"液货舱隔离措施应允许大量的蒸气、空气或惰性气体混合物充分释放"。明确液货舱辅助压力/真空释放装置在隔离措施发生故障时应防止超压。③明确液货舱压力释放口应满足液货装卸和压载的透气出口的相关要求。④明确客船、货船上车辆处所、特种处所、滚装处所如果装设的空气控制系统对可燃气体浓度进行监控,可减少通风系统的换气次数。

生效时间:2017 年 1 月 1 日

▶修订 IMSBC(《国际海运固体散装货物规则》)

MSC.393(95)通过时间:2015 年 6 月 11 日 默认接受:2016 年 7 月 1 日

①细化部分易流态化货物,当含水量超过 TML(适运水分极限)防止货物移动相关措施。

②对 MHB(仅在散装时有危害的物质)货物给予 7 种危险标识。

③对现有货物细目进行修订,新增部分细目;新增部分货物易流态化实验方法。

生效时间:2017 年 1 月 1 日

▶证书附录

MSC.394(95) 通过时间:2015 年 6 月 11 日 默认接受:2016 年 7 月 1 日

1974 年 SOLAS 公约 1978 议定书附录:货船构造安全证书增加"使用低闪点燃料"选项。

生效时间:2017 年 1 月 1 日

▶1974 年 SOLAS 公约 1988 年议定书附录

MSC.395(95) 通过时间:2015 年 6 月 11 日 默认接受:2016 年 7 月 1 日

货船构造安全证书、货船安全证书和客船安全证书增加"使用低闪点燃料"选项。

生效时间:2017 年 1 月 1 日

（五）SOLAS 公约各版本之间的关系

SOLAS 公约自 1974 年通过后(替代了 1960 年的公约),又经历了 1978 年议定书、1988 年议定书以及十几次修正案的修正。之后,IMO 陆续出版了 SOLAS 公约 1992 综合文本、1997 综合文本、2001 综合文本、2004 综合文本等。各种版本的 SOLAS 公约都是有效的,并非新的综合文本取代旧版的综合文本。在 2004 综合文本的前言中有段说明:"一般来说,本综合文本所包含的作业方面的要求(Operational requirements)适用于所有船舶,而有关船舶构造和设备的要求(Requirements for ship construction and equipment)只适用于各个条款所规定的日期或及其后建造的船舶。为确定适用于 2001 年以前建造船舶的构造和设备要求,应查阅以前的 1974 年 SOLAS 公约,1988 年 SOLAS 议定书以及本公约修正案。"SOLAS 公约 2001 综合文本前言中规定,"关于现存客船的特殊要求应参照原版 1974 年 SOLAS 公约的第Ⅱ-2 章中的 F 部分而不在 SOLAS 公约 1981 年修正案的Ⅱ-2 章中,也不在 2001 综合文本中"。

掌握各版本及修正案的要义有利于理解各版本公约的适用。如与 1997 综合文本相比,2001 综合文本在第Ⅱ-2 章、第Ⅲ章中关于建造日期的适用有所不同。另外,2001 综合文本增加了第Ⅻ章,即散货船的附加安全措施。

第三章　SOLAS 公约的实施情况

第一节　公约的监控机制

SOLAS 公约是关于船舶在海上航行时保障人命安全的基本公约,包括为改进航运安全的各种各样的强制性措施,其主要目的是提供船舶构造安全、设备安全和安全操作的最低标准,同时要求缔约国政府有义务确保悬挂其国旗的船舶达到这一要求。公约规定船舶必须持有公约规定的有效证书,并作为达到公约标准的证据。当缔约国政府认为抵港的外国籍船舶不能充分履行公约时,有权对其进行监督检查。SOLAS 公约附则第 I 章(总则)中规定了船舶法定检验的种类、检验的内容和签发证书以证明这些船舶符合公约要求,以及缔约国政府对抵港船舶的监督等有关条款。简而言之,SOLAS 公约的监控机制,对缔约国政府而言,首先是通过船旗国来实施,而后通过港口国对到港的外国船舶实施监控。对船舶(或公司)而言,通过申请并接受检验(或审核),取得并保持各种法定证书有效。

一、检验与证书

SOLAS 公约强调:缔约国无论采取何种方式,都应充分保证船舶检验和检查的全面性和有效性,保证船舶及其设备在各方面都适合该船预定的用途,缔约国所属船舶,经检验合格并取得相应证书后才能从事国际航行。对非缔约国船舶,保证不给予更为优惠的待遇。由此,船舶检验成为海上安全的第一道防线,船舶检验侧重于对船舶及其设备的检查与检验,包括5个方面:(1)初次检验:在船舶投入营运前进行。(2)定期检验:客船每 12 个月检验一次,货船船体、机器和设备的检验间隔期由主管机关规定,但最长不超过 5 年;货船救生设备和其他设备的检验间隔期为 24 个月。(3)期间检验:除定期检验外,对于船龄 10 年及以上的液货船,在货船构造安全证书的有效期内,至少进行一次,如果在该证书的有效期内只有一次期间检验,则应在该证书有效期的期中之日前或后 6 个月内进行,在货船设备安全证书的每周年日期前或后 3 个月内进行。(4)附加检验:在船舶发生重要修理或换新等情况下进行。(5)年度检验或不定期检查:在证书有效期间,应对船舶进行不定期检查,以保证船舶及其设备在各方面都适合该船预定的用途,如主管机关制定法定年度检验时,则不定期检查就不是强制性的年度检验,在相应证书每周年日前或后 3 个月内进行。船旗国政府是公约所定义的主管机关,是 IMO 实现海上安全目标的关键环节。

中华人民共和国海事局为我国沿海水域交通安全和防止船舶污染损害的主管机关,负责中国籍海船的法定检验,但具体的检验事务则授权中国船级社进行,通过船旗国实施对船公司、船舶、船员的管辖,通过船旗国政府验船机构,要求其授权的船级社加强对船舶建造和技术状况维持的控制,即所谓的船旗国管理(FSC)。船舶经初次检验或定期检验,符合公约要求的,主管机关签发下列证书:客船安全证书、货船构造安全证书、货船设备安全证书、货船无线电安全证书、免除证书、货船构造安全证书的补充、货船设备安全证书的补充(均用于油船和载油的非油船,永久地附于相应安全证书之后)、核动力客船安全证书、核动力货船安全证书。

货船构造安全证书的有效期自签发之日起不得超过 5 年,该证书的 5 年有效期不得展期。货船设备安全证书的有效期自签发之日起不得超过 24 个月。免除证书不得超过与该证书相关的证书的有效期。其他证书的有效期自签发之日起不得超过 12 个月。

二、港口国监督(控制)

通过港口国对到港的外国船舶采取监控行动,来达到约束船旗国、船级社、船公司和船舶的安全管理效果,即所谓的港口国监督(PSC)。PSC 最初是设想协助船旗国对船舶进行管理,现被公认是保障公约全面实施的最有效手段;而且,地区性 PSC 具有很大的优越性,可以避免当局对挂靠该地区港口的同一船舶的重复检查或遗漏。第一个区域性 PSC 协议是 1982 年巴黎谅解备忘录(Paris MOU),由于"巴黎备忘录"组织在防止和减少低于标准船继续航行方面成效显著,IMO 在 1991 年通过了关于在船舶排放和控制方面加强地区合作的决议,该决议要求全球各地区建立与"巴黎备忘录"类似的 PSC 备忘录组织,并且要求各备忘录组织成员国及实施 PSC 的其他国家应做出安排,相互合作,从而建立全球性的 PSC 网络。目前,地区性 PSC 组织有巴黎备忘录(1982 年 7 月 1 日)、拉美 PSC 协定(1992 年 11 月 5 日)、亚太地区 PSC 谅解备忘录(1993 年 12 月 2 日)、加勒比地区 PSC 谅解备忘录(1996 年 2 月 9 日)、地中海地区

PSC 谅解备忘录(1997 年 7 月 11 日)、印度洋地区 PSC 谅解备忘录(1998 年 6 月 5 日)、中西非地区 PSC 谅解备忘录(1997 年 10 月 22 日)和黑海地区 PSC 谅解备忘录(2000 年 4 月 7 日)等。我国是亚太地区 PSC 谅解备忘录的成员国。1996 年 1 月,SOLAS 公约关于 IMO 船舶识别号的修正案生效,从事国际航行的 100 总吨及以上的客船和 300 总吨及以上的货船都要在安全证书中标以 IMO 船舶识别号,目的是给每艘船舶一个永久不变的标识,该标识将有助于 PSC 官员识别低于标准船,PSC 滞留船舶的主要原因是船舶的保养和管理的落后、不可信的检验水平、不适当的船旗国管理、消防设备和航海设备的缺陷等。各地区备忘录定期公布被滞留船舶名单(黑名单),内容包含船名、IMO 船舶识别号、船旗国、船级社和船公司名称以及主要原因,这促使各方为维护其声誉和经济利益,努力改善管理,从而使船舶营运安全、港口国水域的交通安全和海洋环境得到保障,使港口国监督成为海上安全的最后一道防线。

第二节 缔约国的权利与义务

一、缔约国的一般义务

1. 缔约国的一般义务(1978 年和 1988 年议定书)

各缔约国政府承担义务实施公约及其附则的各项规定,该附则应构成本公约不可分割的部分。凡引用本公约时,同时也就是引用该附则。

各缔约国政府承担义务实施公约及其附则的各项规定,并承担义务颁布一切必要的法律、法令、命令和规则,并采取一切必要的其他措施,使本公约充分和完全生效,以便从人命安全的观点出发,保证船舶适合其预定的用途。

2. 法律、法则——信息通报(1978 年和 1988 年议定书)

各缔约国政府承担义务将下列各项文件送交国际海事组织(政府间海事协商组织)的秘书长保存:

(1)被授权代表缔约国政府管理海上人命安全措施的非政府机构的名单,以便分送各缔约国政府,供其官员参考;

(2)就本公约范围内各种事项所颁布的法律、法令、命令和规则的文本;

(3)根据本公约规定所颁发的足够数量的证书样本,以便分送各缔约国政府,供其官员参考。

3. 紧急情况下载运人员——报告

为了避免对人命安全的威胁而撤离人员时,缔约国政府可准许它的船舶载运多于本公约其他规定所允许的人数。给予此项许可的缔约国政府应将任何这种许可的通知连同对当时情况的说明送交国际海事组织秘书长。

4. 经协议订立的特殊规则

所有或某些缔约国政府之间,通过协议而按照本公约订立特殊规则时,应将这种规则通知国际海事组织的秘书长,以便分发给所有缔约国政府。

5. 退出(1988 年议定书)

(1)任何缔约国政府,在本公约对该政府生效满 5 年后,可随时退出本公约。

(2)退出本公约应向本组织秘书长交存一份退出文件,秘书长应将收到的退出本公约的任何文件和收到日期以及退出生效日期通知其他缔约国政府。

（3）退出本公约，应在本组织秘书长收到退出文件1年后，或在该文件中所载较此为长的期限届满后生效。

6. 他国政府签发证书或签署（1988年议定书）

缔约国政府可应主管机关请求对船舶进行检验，如认为该船符合本公约的要求，应按照本公约规定发给或授权发给该船证书，或如适用，对船上证书进行签署或授权签署。如此签发的任何证书必须载明是受船旗国政府的委托而签发的。此证书与根据第12条所发的证书具有同等效力，并受同样的承认。

7. 证书的承认

缔约国政府根据其职权所签发的证书在本公约规定范围内使用时，其他缔约国政府应予承认；各缔约国政府应视为这种证书与由其本国政府所签发的证书同等有效。

8. 事故——报告

各缔约国政府有义务将此项调查所获得的适当资料提供给国际海事组织。该组织根据此项资料所做的报告或建议，一律不得泄露有关船舶的辨认特征或国籍，或以任何方式确定或暗示任何船舶或个人承担的责任。

9. 无线电通信业务的规定及有关该规定的信息通报

（1）每个缔约国政府应承诺，在其认为可行和必要时，充分考虑国际海事组织的建议案，单独或与其他缔约国政府合作，为空间和地面无线电通信业务提供适当的岸基设施。这些业务是：

①在海上移动卫星业务中利用对地静止卫星的无线电通信业务；

②在移动卫星业务中利用极轨道卫星的无线电通信业务；

③在156~174 MHz频带内的海上移动业务；

④在4 000~27 500 MHz频带内的海上移动业务；

⑤在415~535 MHz及1 605~4 000 MHz频带内的海上移动业务。

（2）各缔约国政府承诺向国际海事组织提供关于在其沿海指定海区建立的海上移动业务、移动卫星业务和海上移动卫星业务的岸基设施的有关资料。

10. 全球海上遇险和安全系统身份识别——保证合适的布置

（1）本条适用于所有航行的船舶。

（2）每个缔约国政府承担义务，确保做出适当安排以登记全球海上遇险与安全系统（GMDSS）识别码，并使救助协调中心全天24 h能获得这些识别码。如适合，缔约国政府应向保存这些识别码登记的国际组织通报所授予的识别码。

11. 航行警报

各缔约国政府应采取所有必要的步骤，确保其从任何可靠的来源获悉危险的情报时，迅速通知各有关方并传送到其他相关的国家政府。

12. 气象服务和警告

各缔约国政府承担义务，鼓励海上船舶收集气象资料，并用最适宜于助航目的的方式安排这些资料的审查、传播和交换。主管机关应鼓励使用高度精确的仪器，并应于请求校核此种仪器时给予便利。国家相应的气象服务机构可做出安排，免费向船舶提供这种校核。

13. 冰区巡逻服务

各缔约国政府承担义务,继续担任北大西洋冰区巡逻和研究与观测冰情的服务。于整个冰季内,在纽芬兰大浅滩附近冰山区的东南、南及西南界限应予以警戒,以便将该危险区的范围通知过往船舶,研究浮冰的一般情况以及对巡逻船活动区内的船舶和船员提供所需要的援助。在一年其余时间内也应适当保持对冰情的研究与观测。

14. 水文服务

各缔约国政府承担义务,安排水文资料的收集和编制,并且出版、传播以及不断更新为安全航行所必需的所有航海资料。各缔约国政府尤应承担义务尽可能进行合作,以最合适于助航目的的方式进行导航和水文服务。

15. 船舶定线

船舶航路的划定。缔约国政府应将对通过船舶航线划定系统的提案送交国际海事组织。船舶航线划定系统的初次建立是各有关政府的责任,为使国际海事组织通过该系统,在建立这类系统时应考虑国际海事组织建立的指南和衡准。缔约国政府应遵守国际海事组织通过的关于船舶航线划定系统的措施,应公布安全有效的使用船舶航线划定系统所必需的资料。缔约国政府应在其权力范围内采取任何措施确保适当使用国际海事组织通过的船舶航线划定系统。强制性的船舶航线划定系统应由有关缔约国政府按照国际海事组织制定的指南和衡准审核。

16. 船舶报告系统

缔约国政府应将通过船舶报告系统的提案送交国际海事组织。船舶报告系统的初次建立是各有关政府的责任,在建立这类系统时,应考虑国际海事组织制定的指南和衡准。采用船舶报告系统后,相关的政府应采取必要的措施公布安全有效使用该系统所需的任何资料。

17. 船舶交通管理服务

缔约国政府承担义务,在其认为交通量或风险程度证明需要船舶运输服务时,安排提供这种服务。缔约国政府规划和实施船舶运输服务,应尽可能遵循国际海事组织制定的指南。缔约国政府应努力确保悬挂其国旗的船舶加入船舶运输服务并符合该服务的规定。

18. 助航设备的设置和运行

各缔约国政府承担义务,在其认为可行和必要时,根据交通量和危险程度的需要,单独或与其他缔约国政府合作提供助航设备。为尽最大可能达到助航设备的一致性,缔约国政府承担义务在设置这些助航设备时,注意到国际上的建议和指南。缔约国政府承担义务,安排向所有有关方面提供与助航设备有关的信息。

19. 危险信息——让关注方了解并通报有利害关系的政府

各缔约国政府应采取所有必要的步骤,确保其在获悉船舶遇到危险冰、危险漂浮物,或其他任何对航行的直接危险,或热带风暴,或遇到伴随强风的低于冰点的气温致使上层建筑严重积聚冰块,或未曾收到暴风警报而遇到蒲福风级 10 级或 10 级以上的风力等任何危险的情报时,迅速通知有关各方并传送到其他相关的国家政府。

20. 遇险信息:义务和程序——协调与合作

缔约国政府应协调合作,确保帮助救助海上遇险人员上船的船长免除最低程度继续偏离船舶原定航线的责任。负责对搜救区域进行援助的缔约国政府应考虑具体情况和本组织编写的导则,并主要负责确保这种协调合作,以便使被救援的幸存者从救助船上岸,并转移至安全地带,为此,有关缔约国政府应尽可能做好有效安排。

21. 货物安全运载的适当信息

每一缔约国政府应保证提供有关货物及其堆装和系固的适当资料,特别说明安全装运此类货物所必需的预防措施。

22. 国际船舶和港口设施保安

缔约国政府应为其境内的港口设施和进入其港口前的船舶或在其港口内的船舶规定保安等级并确保向其提供保安等级方面的信息。当保安等级发生变化时,保安等级信息应根据情况予以更新。

23. 签发有关紧急反应的指令

各缔约国政府应参考国际海事组织制定的指南,颁布或促使颁布关于固体散装危险货物的安全装运的细则,其应包括对涉及固体散装危险货物事故的应急反应和医疗急救的细则。

二、缔约国作为船旗国时的权利和义务

1. 免除

(1)对于通常不从事国际航行的船舶,在特殊情况下需要进行一次国际航行时,主管机关可予免除本规则中的任何要求,但该船应符合主管机关认为适合于其所担任航次的安全要求。

(2)对于具有新颖特性的任何船舶,如应用本规则第Ⅱ-1章、第Ⅱ-2章、第Ⅲ章和第Ⅳ章的任何规定会严重妨碍对发展这种特性的研究和在从事国际航行的船舶上对这些特性的采用时,主管机关可予免除这些要求。允许任何这种免除的主管机关应把此次免除的细节和理由通知国际海事组织。

2. 等效

(1)凡本规则要求船上所应装设或配备的专门装置、材料、设备或器具,或其型式,或本规则要求应设置的任何专门设施,主管机关可准许该船上装设或配备任何其他的装置、材料、设备或器具,或其型式,或其他设施,至少与本规则所要求者具有同等效能。

(2)准许采用这种替代装置、材料、设备或器具,或其型式,或其他设施的任何主管机关,应将其细节连同所做的任何试验报告送交国际海事组织,国际海事组织将上述细节转发给其他缔约国政府,以供其官员参考。

3. 检查与检验

(1)为执行及为准予免除本规则而对船舶进行的检查和检验,应由主管机关的官员执行,但主管机关可将这些检查和检验委托为此目的而指定的验船师或由其认可的组织办理。

(2)主管机关应做出安排,以便在证书的有效期间对船舶进行不定期的检查。

(3)主管机关可对所指定的验船师或认可的组织进行授权,并将有关授权给指定的验船师或认可的组织的具体职责及条件通知国际海事组织。

(4)检验包括客船检验,货船救生设备和其他设备的检验,货船无线电设备的检验,货船船体、机器和设备的检验等。

4. 证书的签发或签署

(1)主管机关或主管机关所指定的验船师或认可的组织在对船舶进行检验后,应按照规定向船舶签发有关检验证书。

(2)签发客船安全证书的有效期限不超过 12 个月。签发货船构造安全证书、货船设备安

全证书和货船无线电安全证书的有效期限应由主管机关规定,但不得超过 5 年。免除证书的有效期限不应长于其有关证书的有效期限。

(3)各种证书和设备记录应按本公约附则的附录中给出的相应格式制定。如果使用的文字既非英文又非法文,则文本应包含其中一种文字的译本。

(4)如船舶在某一特定航次中所载人数少于客船安全证书中所载的总数,从而按照本规则规定可配置少于证书中所载的救生艇和其他救生设备,主管机关或主管机关所指定的验船师或认可的组织可签发一份证书附件。上述附件应附于证书之后,并仅在救生设备方面代替该证书。这种附件仅对该特定航次有效。

5.事故调查

各主管机关对其所属的受本公约规定约束的任何船舶所发生的任何事故,当其认为调查该项事故有助于确定本规则可能需要的何种修改时,即应承担义务进行调查。

6.构造——结构、分舱与稳性、机电设备,构造——防火、探火和灭火

(1)主管机关根据 IMO 制定和指南对某些涉及船舶构造——结构、分舱与稳性、机电设备,构造——防火、探火和灭火安全的事项进行批准或认可。

批准、认可的事项主要包括以下内容:①海水压载舱防腐系统的选择的批准;②进入液货船船首的安全通道的批准;③液货船应急拖带装置的批准;④船舶结构通道手册的批准;⑤客船双层底的批准;⑥滚装客船上电缆的批准;⑦燃油管及阀件和附件的批准;⑧生活用气体燃料布置的批准;⑨对特殊用途船舶的控制和限制火灾的等效装置的批准;⑩对易燃液体储藏室的灭火布置的批准;⑪考虑到热传递危险对防火细节的认可;⑫消防水不腐蚀材料的认可;⑬自动喷火器、探火和失火报警系统的型式认可;⑭评估和批准替代设计和布置的工程分析。

(2)主管机关应采取相应措施,以保证有关涉及船舶安全的各项规定能得到统一的执行和利用,船舶有关构造、设备和装置的配备、布置及性能和采取的有效措施等应使主管机关满意。

主要包括:①客船的压载;②客船和货船的水密舱壁等的构造与初次试验;③客船限界线以下外板上的开口;④客船和货船的水密门、舷窗等的构造与初次试验;⑤操舵装置;⑥对油船、化学品船和气体船有关舵执行器的要求;⑦电气装置——保证统一;⑧客船应急电话;⑨货船应急电源;⑩自动起动的应急发电机;⑪触电、电气火灾及其他电气灾害的预防措施;⑫周期性无人值班机器处所的附加要求;⑬机器、锅炉和电气装置的特殊要求;⑭如果设有边货油舱油管系的安装;⑮透气系统的安全装置;⑯化学品船惰性气体系统要求的制定;⑰驱气或除气的布置;⑱所要求的灭火系统的控制装置的定位;⑲对保持周期性无人值班机器处所的耐火完整性的特别考虑;⑳固定式探火和失火报警系统功能的初始试验和定期试验;㉑客船上货物处所的保护;㉒机器处所烟气的排放;㉓载运 36 人以上的客船舱壁和甲板耐火完整性;㉔机舱边界开头的保护;㉕周期无人值班机器处所的固定式灭火装置的规定;㉖消防水带数量和直径的规定;㉗灭火器的布置;㉘用于普通货物的固定式气体灭火系统;㉙准于免除时签发免除证书;㉚控制站、起居处所和服务处所的脱险通道;㉛确保灯光或荧光设备的鉴定、试验和适用符合《消防安全系统规则》;㉜组成逃生线路的通常门;㉝客船特种处所和所载任何乘客均能进入的开式滚装处所的脱险通道;㉞固定式探火和失火报警系统。

(3)可以接受变通的布置——向 IMO 通报

对某一特定船舶,如果主管机关确信至少能达到与本规则同等的安全程度,可以接受变通

的布置。凡允许采取这一变通布置的任何主管机关均应将其详细情况通报 IMO。

（4）替代的设计和布置——信息通报

主管机关应将其所批准的替代设计和布置的有关信息送 IMO，以分发给所有缔约国政府。

（5）符合证明

主管机关应向船舶提供 1 份适当的证明，作为其构造和设备符合本条要求的证据。除固体散装危险货物外，对于被确定为第Ⅶ/2 条所定义的第 6.2 和 7 类的货物和数量有限的危险货物，不要求危险货物证书。

三、缔约国作为沿岸国时的权利和义务

1. 搜寻和救助服务——必要的安排

（1）各缔约国政府承担义务，确保为其负责区域内的遇险通信和相互协调并为营救其海岸附近的海上遇险者做出必要的安排。这些安排，考虑到海上交通的密度和航行障碍物的密度，应包括视为实际可行和必要的搜救设施的建立、运转和维护并应尽可能提供足够的寻找和营救遇险人员的设备。

（2）各缔约国政府承担义务，向国际海事组织提供其现有搜救设施的资料以及对其中内容所做的更改方案（如有）。

2. 救生信号

各缔约国政府承担义务做好安排，使从事搜救工作的搜救设施在与遇险船舶或遇险人员通信时使用救生信号。

3. 涉及危险货物事故的报告

（1）包装危险货物

①在发生包装危险货物从船上落入海中灭失或可能灭失的事故时，船长或负责该船的其他人员应立即将此类事故的详细情况尽可能全面地向最近的沿岸国报告，该报告应根据国际海事组织制定的一般原则和指南做出。

②当①中所述的船舶弃船时，或从该船发出的报告不完整或不能得到时，由第Ⅸ-1、2 条中所定义的公司应在最大可能的范围内承担本条对船长规定的义务。

（2）固体散装危险货物

①在发生涉及固体散装危险货物从船上落入海中灭失或可能灭失的事故时，船长或该船的其他负责人应立即将此类事故的详细情况尽可能全面地向最近的沿岸国报告，该报告应根据国际海事组织制定的一般原则和指南做出。

②当①中所述的船舶弃船时，或从该船发出的报告不完整或不能得到时，由第Ⅸ-1、2 条中所定义的公司应在最大可能的范围内承担本条对船长规定的义务。

四、缔约国作为港口国时的权利和义务

1. 港口国监督

（1）当每艘船舶在另一缔约国的港口时，应受该国政府正式授权官员的监督。这种监督的目的，仅在于查明该船根据第Ⅰ章第12 条及第 13 条所签发的各种证书是否有效。

（2）除有明显的理由使人相信该船或其设备的情况实质上与任一证书所载情况不符，或该船及其设备不符合第Ⅰ章第 11（a）及（b）条的规定外，这些证书如属有效，即应被承认。

（3）在（2）所述情况下或当证书过期或失效时，执行监督的官员应采取措施，以保证该船在未具备对船舶或船上人员都无危险的条件前，不得不开航或离港驶往适当的修理厂。

（4）如因这种控制而引起干涉，执行监督的官员应将认为必须进行干涉的一切情况，立即书面通知船旗国的领事，或当领事不在时，则通知其最近的外交代表。此外，还应通知负责发证的指定验船师或认可组织。有关干涉的事实应向国际海事组织报告。

（5）如未能按（3）及（4）的规定采取措施，或如已允许该船驶往下一港时，港口国的有关当局应将所有有关该船的情况，除通知（4）所述的有关方面外，还要通知下一停靠港当局。

（6）根据本规定执行控制时，应尽一切努力避免对船舶做出不适当的扣留和延误。如船舶被不适当地扣留和延误，应有权对所受的任何损失或损害提出赔偿要求。

2. 单证使用

每艘装运固体散装危险货物的船舶应具有一份特别清单或舱单，列出船上危险货物及其位置。标明所有危险货物的类别并表明其在船上位置的详细的配载图，可用来代替上述特别清单或舱单。船舶驶离前应备有一份这些单证的副本，以供港口国当局指定的人员或组织使用。

3. 特殊控制

除按第 Ⅰ 章第 19 条所规定的控制外，核能船舶在进入各缔约国港口之前以及在港时均应受到特殊控制，其目的是为证实船上已具备有效的核能船舶安全证书，并证实在海上或港内，该船对船员、乘客或公众，或对水道或食物或水源没有不当的辐射或其他的核能危害。

4. 关于操作要求的港口国控制

（1）当船舶停靠在另一缔约国政府港口时，如有明显理由认为该船船长或船员不熟悉船上与船舶安全有关的主要操作程序时，该船应接收该国政府正式授权的官员对有关船舶安全方面的操作要求的控制。

（2）在本条（1）定义的情况下，进行这种控制的缔约国政府应采取措施，确保该国已按本公约的要求调整至正常状态下才准其开航。

（3）第 Ⅰ/19 条规定的港口国控制程序适用于本条。

（4）本条的任何内容均不应理解为限制缔约国政府对本规则具体规定的操作要求进行控制的权利和义务。

第三节　SOLAS 1974 对我国的生效

1974 年 SOLAS 公约外交大会于该年 10 月 21 日—11 月 1 日在伦敦召开，通过了《海上人命安全公约》。我国作为缔约国签字加入了该公约。

1978 年国际海事组织召开了国际油船安全和防污染会议。由于 SOLAS 1974 未生效，所以 1978 年国际海事组织的会议不能对 SOLAS 1974 进行修正，于是通过了 1978 年议定书。会上要求各国促使 SOLAS 1974 按预定日期生效和执行。在第 11 届国际海事组织大会上，我国政府派团参加了会议，并同意按 1978 年会议的要求去努力。

SOLAS 1974 于 1980 年 5 月 25 日生效。我国作为缔约国，自然同时对我国生效。

1980 年 1 月 7 日，交通部发布了《关于执行〈1974 年国际海上人命安全公约〉和试行〈1973 年国际防止船舶造成污染公约〉以及两个议定书的通知》（交船检字〔1980〕36 号），该文件明确了 SOLAS 1974 于 1980 年 5 月 25 日对我国生效,同时声明我国接受 SOLAS 1974 公约 1978 年议定书的内容。

第四节 SOLAS 1974 与我国国内相关立法的关系

一、《中华人民共和国海上交通安全法》和《中华人民共和国内河交通安全管理条例》的颁布是 SOLAS 1974 的要求

SOLAS 1974 第 I 条规定:"各缔约国政府承担义务颁布一切必要的法律、法令、命令和规则,并采取一切必要的其他措施,使本公约充分和完全生效,以便从人命安全的观点出发,保证船舶适合预定的用途。"我国作为缔约国政府制定了《中华人民共和国海上交通安全法》《中华人民共和国内河交通安全管理条例》,是对履行 SOLAS 1974 的本国立法体现;同时《中华人民共和国海上交通安全法》和《中华人民共和国内河交通安全管理条例》从船舶检验与发证管理、船员配备、危险货物监管、航行资料的配备、船舶救助、船舶报告系统等方面做出了相关的规定,符合 SOLAS 1974 的要求。

二、《中华人民共和国海上交通安全法》和《中华人民共和国内河交通安全管理条例》为充分和完全履行 SOLAS 1974 提供了保障

由于 SOLAS 1974 是一部主要从技术、管理角度规定船舶安全从事国际航行最低要求的国际公约,如果没有国内法律法规做保障,该公约就很难得到充分和完全履行,达到保证海上人命安全的目标。如 SOLAS 公约附则第 I 章第 19 条规定:"如船舶或设备情况与证书所载情况不符,或当证书过期或失效时,执行监督的官员应该采取措施,以保证该船在符合出海时对旅客和船员都无危险的条件前不开航。"《中华人民共和国海上交通安全法》第 19 条规定:"主管机关认为有船舶处于不适航或不适拖状态等情况,主管机关就有权禁止其离港,或令其停航、改航、停止作业。"同时根据《中华人民共和国海上交通安全法》与《中华人民共和国内河交通安全管理条例》规定,主管机关可对违反相关规定的船舶实施行政处罚、采取行政强制措施。《中华人民共和国海上交通安全法》与《中华人民共和国内河交通安全管理条例》为 SOLAS 1974 的充分和完全实施提供了有力的保障。

三、《中华人民共和国海上交通安全法》和《中华人民共和国内河交通安全管理条例》与 SOLAS 1974 的主要区别

SOLAS 公约主要从技术角度对营运船舶进行了规定,规定了与安全相适应的船舶构造、设备、操作及安全管理的最低标准,大部分内容属于技术性规范;《中华人民共和国海上交通安全法》与《中华人民共和国内河交通安全管理条例》对加强交通安全管理、保障船舶航行安全做出了原则性的规定,属于法律性规范。

SOLAS 公约附则第 I 章第 3 条规定除另有明文规定外,该规则适用于总吨位 500 总吨及以上的国际航行船舶(军舰和运兵船、非机动船、制造简陋的木船、非营业游艇、渔船除外);而《中华人民共和国海上交通安全法》和《中华人民共和国内河交通安全管理条例》则适用于在中华人民共和国沿海、内河水域航行、停泊、作业的一切船舶、设施和人员以及船舶、设施的所

有人、经营人。

拓展阅读　沉船事故催生的革新[①]

2014 年 4 月 16 日，一艘载有 477 名乘客的"岁月（SEWOL）号"客船（6 825 t）（见图3-3）在韩国全罗南道珍岛郡屏风岛以北 20 km 的海上发生浸水事故，致 2 人遇难，107 人下落不明。

图 3-3　倾覆的"岁月号"

"泰坦尼克号"（见图3-4）沉没百年后，悲剧启发了人类对海事活动进行众多创新。更加规范的国际法规和科技持续改善着人类陆上和水上生活。

图 3-4　"泰坦尼克号"

1. 海上通信设备的改进

"泰坦尼克号"上最值得炫耀的技术就是先进的莫尔斯电码无线通信设置，这在当时是最强大的设置。如果"泰坦尼克号"配备了声呐和雷达技术，这种悲剧可能不会发生，然而，在

---

① 网易新闻盘点 http://news.163.com/special/improvement/.

1912 年,声呐技术仍然处于实验阶段,而雷达的发展出现在 20 年以后。

全球最大的科技专业人员组织 IEEE(国际电气与电子工程师协会)主席 Gordon Day 表示:"'泰坦尼克号'是 1912 年人类海洋时代科技的顶峰之作。它配备了当时最先进的船上无线电设备,如果没有这些设备,我们预计事故的幸存者将会更少。如果当时在事故海域附近有类似装备的船只经过,又或者当时的船只已形成全天候使用通信系统的习惯,也许将有更多乘客获救。"

2. 海上通信协议和国际海上通信标准的规范

"泰坦尼克号"配备了较完善的无线电报装置,在它发出"SOS"国际无线电呼救信号时,在距它 40 km 的洋面上恰好有一艘货轮经过,但是这艘货轮却未曾安装无线电报设备。等到距离"泰坦尼克号"100 km 的"卡尔巴夏号"轮船接到信号赶赴出事地点时,只抢救出 700 多人,在死难的 1 000 多人中,有不少是因为久久没有得到救助而经受不住饥寒袭击,惨死于漂浮在冰海的救生艇上。

1913 年由英国政府倡议在伦敦召开了第一次关于海上人命安全的国际会议,讨论了船舶救生设备、无线电通信、冰区附近航行的减速或转向等事项,会后于 1914 年制定了第一个《国际海上人命安全公约》。公约规定,无线电通信要保持 24 小时开通,加上一个二级备用电源,这样就不会漏掉呼救的信号。公约也同意,从船上发射的火箭必须被解释为求救信号。

起初,公约规定了救生艇和其他救生设备的数量以及安全规则,包括持续的无线电守听。在 1929 年、1948 年、1960 年、1974 年、1988 年和 2002 年的国际海事组织大会中陆续修订本公约。在 1974 年的大会决议案中,通过了新版本的条约,现在仍然被统称为《1974 年国际海上人命安全公约》(International Convention for the Safety of Life at Sea 1974,简称 SOLAS 1974)。

1987 年,"自由企业先驱号"惨案促使国际海事组织于 1993 年通过了《国际安全管理规则》,该规则已为航行安全的改善做出了很大贡献。

3. 海上灾害预测的技术跃进

在声呐和雷达还没出现的年代,"泰坦尼克号"只能依靠瞭望员用肉眼监测航道中的潜在障碍物。当瞭望员看到冰山时,冰山距离大约只有 457 m,像"泰坦尼克号"这样的巨轮根本无法在如此短的距离实现转向。

国际电气与电子工程师协会广播技术协会副会长、美国艾奥瓦州公共电视台工程与技术总监 William Hayes 说:"现今,大部分船舶都已经配备了水面监视雷达,可以在远超瞭望台监测半径的范围内轻易地探测到冰山。凭借雷达、声呐、全球定位系统(GPS)等现代无线通信技术,船只几乎不可能被突然出现的冰山吓到。科技能够为我们的生活带来跃进,但是科技只能让我们走得更远,却无法阻止人为错误的发生,这一切都可以在最近的'歌诗达协和号'邮轮事故中得以印证。""歌诗达协和号"邮轮于 2012 年 1 月 13 日在意大利海域触礁,发生意外时,邮轮载员 4 232 人。该次意外导致 30 名乘客及船员遇难。

国际电气与电子工程师协会的学报 Proceedings of IEEE 载文介绍了"泰坦尼克号"沉没引发的技术进步及创新。该学报的第二期刊载了一篇关于能提高未来海上无线电通信安全与功效之技术标准的文章。125 年以来,该协会致力改善全球人类的生活水平,引领着包括安全、通信、深海探索等领域的科技进步,并不断寻找体验地球的新方法。

4. 深海探索的技术革新

"泰坦尼克号"沉没 73 年后,罗伯特·巴拉德(Robert Ballard)因使用其海洋机器人 Argo

而成功发现"泰坦尼克号"残骸而名垂史册。近代以来,设备小型化、机器人及全球定位系统(GPS)应用等技术进步以及水下技术顾问服务的诞生已彻底改变了深海探索活动的形态。这些创新使巴拉德自发现"泰坦尼克号"后得以多次进入残骸,同时也对詹姆斯·卡梅隆得以深潜至马里亚纳海沟底部起到了关键的作用。

　　"自动海底行驶器现在已经成了探测海洋深度的基本工具,每次下潜都让我们进一步了解这个世界的未知领域。探索大洋底部将成为海洋梦想家们继续追求的目标。随着科技进步,深海载人潜水器也将在可见的未来诞生,使得人工深海探索得以实现,改变以往只由机器人完成探测的历史。"

　　(资料来源:国际电气与电子工程师协会网站,《北京日报》,Popular Science,文字有改动)

项目二
国际载重线公约

内容摘要

◆《1966 年国际载重线公约》产生的背景

◆《1966 年国际载重线公约》的概况及主要内容

◆《1966 年国际载重线公约》在我国的实施情况

案例导入

2011 年 4 月 11 日,张家港新港海事处滞留首艘船舶质量监督检查不合格船舶。

图 3-5 "皖灵璧××"船检查现场

新港海事处在接到上级下达的《关于做好 2011 年度船舶检验质量监督管理工作的通知》后,统筹安排,精心部署,结合网格化管理,将船舶检验质量监督检查与船舶安全检查工作一并开展,力保 2011 年度船舶检验质量监督检查艘次数达到该处本年度实施的船旗国监督检查艘次数的 15% 以上。当天,新港海事处船舶安检员在对"皖灵璧××"船进行质量监督检查时,发现该船存在"船舶载重线标识位置与船舶载重线证书不符"等多项缺陷,鉴于该船存在的问题,新港海事处依法将其滞留,目前该船缺陷正处于整改过程中。

第一章　公约产生的背景

船舶究竟装多少货物,装到什么样吃水,留出多少干舷才算既保障安全又充分发挥船舶的载装能力?这是几个世纪以来人们始终试图解决的问题。随着科学技术的进步和发展,船舶载重线的核定方式也在逐步完善。

在1774—1835年,虽然英国劳氏船舶登记册内曾有船舶载重吃水记录,但都是船舶所有人视其船舶和贸易情况而定的,船舶所有人、货主和保险商之间,迫切要求有一个统一的确定吃水的方法。劳氏委员会最早于1835年提出关于干舷标准的"劳氏规范",英国造船学会于1867年研究干舷问题时提出建议"干舷为船宽的1/8",1873年劳氏委员会对干舷规范进行了修改,此后,各国也纷纷指定和采用自己的干舷规范。随着制定统一国际规则的时机趋于成熟,1930年7月5日各国在伦敦举行国际会议,签订了最早的载重线国际公约——《1930年国际船舶载重线公约》(1930年公约),该公约于1993年1月1日生效。制定这部公约时,虽然人们认识到干舷也能保证足够的稳性,避免超载引起船壳过度的压力,但是公约主要基于储备浮力的原理。1957年10月23日,我国全国人大常委会第28次会议通过决议,宣布承认该公约。

随着科技的发展,船舶向大型化、专业化发展,原有的1930年公约的技术越来越陈旧。为此,1966年3月3日—4月5日,政府间海事协商组织(1982年5月22日改为国际海事组织)在伦敦召开了国际船舶载重线外交大会,修改了1930年公约。新公约考虑了不同航区和季节的需求,补充了有关门、排水口、舱口等附加技术措施,以确保船壳的完整性低于干舷甲板,修改了船舶载重线的勘绘和船舶装载限额等。新公约于1966年4月5日在伦敦签订,1968年7月21日正式生效,同时《1930年国际船舶载重线公约》被废止。

第二章　公约的概况及主要内容

第一节　公约的概况

《1966年国际载重线公约》(The International Convention on Load Lines 1966, LL 1966)是社会为保障海上人命和财产安全而制定的关于国际航行船舶载重限额的统一原则和规则。该公约又译作《1966年国际船舶载重线公约》。截至2016年3月10日,LL 1966有161个缔约国,占世界船队总吨位的98.52%。

凡适用本公约的船舶,只有已按照本公约的规定进行检验和勘绘标志,保证具有公约规定的最小干舷,并备有国际载重线证书,或者合乎本公约规定的条件,备有国际载重线免除证书,方被允许从事国际航行。公约强调,各缔约国应保证对悬挂非本公约和1988年议定书缔约国国旗的船舶不予优惠对待;即使经1988年议定书修订的《1966年国际载重线公约》已经生效,任何船舶原持有的国际载重线证书(1966)在其失效前仍继续有效。

本公约由正文和3个附则组成。正文共34条,主要有定义、适用范围、检验、证书的颁发机关和有效期限,以及对公约实施情况的监督等。附则Ⅰ为"载重线核定规则",按航区季节和船舶类型规定了勘绘载重线的技术规则,并根据船舶结构、强度、水密性和稳定性等规定了相应的标准。附则Ⅱ为"地带、区域和季节期",规定了各种载重线的使用航区和季节。附则Ⅲ为"证书",规定了国际载重线证书和国际载重线免除证书的格式。公约正式生效后,国际海事组织分别于1971年、1975年、1979年、1983年、1988年、1995年、2003年和2004年做过八次修正,1971年、1975年、1979年、1983年修正案的内容均已纳入公约1988年议定书,该议定书于2000年2月3日生效。

1.本公约适用于从事国际航行的下列船舶

(1)在各缔约国政府国家登记的船舶;

(2)在根据本公约第32条扩大适用的领土内登记的船舶;

(3)悬挂缔约国政府的国旗但未登记的船舶。

除另有明文规定外,附则Ⅰ的规定适用于新船。

2.本公约不适用于下列船舶

(1)军舰;

(2)长度小于24 m的新船;

(3)小于150总吨的现有船舶;

(4)非营业性游艇;

(5)渔船。

另外,本公约不适用于专门在本公约特别指定的,如里海、北美洲五大湖等某些水域航行的船舶。

第二节 公约的主要内容

一、检验

凡适用本公约的船舶,应接受下列检验:

1.初次检验

在船舶投入营运前进行的对船舶和设备的全面检查。

2.换证检验

保证船体结构由主管机关、设备、布置、材料和构件尺寸完全符合本公约的要求。换证检验(原称定期检验)的间隔期由主管机关决定,除另有规定外,不得超过5年。

3.年度检验

在证书周年日期前或后3个月内进行,可以保证:

(1)船体和上层建筑没有发生影响计算和确定载重线位置的变化;

（2）开口防护装置和设施、栏杆、排水舷口和船员舱室出入口的设施等保持有效状态；

（3）干舷标志正确和永久标示着；

（4）备有船舶重大的修理、改造或建造以及与之有关的舾装材料。

年度检验应在国际载重线证书免除证书上签署。

对船舶进行的上述任何检验完成以后，凡经检验的船体结构、设备、材料或构件尺寸非经主管机关许可不得变动。

二、证书

1. 证书的签发与格式

对按照本公约进行检验和勘绘标志的船舶，应签发国际载重线证书；对依照本公约有关规定进行免除的船舶，应签发国际载重线免除证书。上述证书应由主管机关或由主管机关正式授权的任何人员或组织签发，还可请求另一缔约国政府依照本公约规定对船舶进行检验，并签发或授权签发国际载重线证书，或在该船已有的证书上签署或授权签署，即由他国政府代发或签署证书。此类证书必须载明该证书是船旗国政府或即将悬挂的国旗所属国政府的请求颁发的，并应受到同样承认。无论属于何种情况，主管机关应对证书完全负责。各缔约国按照本公约颁发的证书，其他缔约国应承认。

2. 证书的有效期

（1）国际载重线证书应由主管机关规定有效期限，但不得超过 5 年。

（2）如果所发证书的有效期限少于 5 年，主管机关可延长证书的有效期限至 5 年。

（3）船舶换证检验后，如果新证书在现有证书失效前不能发给船舶，则进行这次检验的人员或机构可延长现有证书的有效期限，但不得超过 5 个月。该项延期应该在证书上签署，并只有在影响船舶干舷尺度的船体结构、设备、布置、材料或构件尺寸无变动的情况下才能准许。

（4）如果证书失效时船舶不在预定检验的港口，主管机关可延长证书的有效期，以允许船舶完成到达预定检验港口的航次，而且仅在正当和合理的情况下才可办理。延期不得大于 3 个月，被同意延期的船舶到达预定检验的港口后，必须取得新证书后方可离港。换证检验完成后，新证书的有效期从统一现有证书延期前的失效期起不超过 5 年。

（5）发给短途船舶的证书未曾按上述各项规定延期，主管机关可对证书上写明的失效期延期宽限一个月。换证检验完成后，新证书的有效期从统一现有证书延期宽限前的失效期起算不得超过 5 年。

3. 证书的中止有效

如果存在下列任一情况，国际载重线证书中止有效：

（1）船舶的船体或上层建筑已发生实质性的变动，以致有必要增大干舷时；

（2）上述检验、证书所述的装置和设备未能保持有效状态时；

（3）证书上没有签署表明船舶已进行了规定的年度检验时；

（4）船体结构强度下降到不安全的程度时。

4. 证书的失效

主管机关颁发的证书在该船舶改悬另一国国旗时失效。

5. 免除证书

（1）主管机关根据本公约规定颁发的国际载重线免除证书，应遵守与国际载重线证书的

换证、签署、延期和吊销相同的程序,该证书有效期最长为 5 年;

（2）对仅在特殊情况下需要进行一次国际航行的船舶,只要主管机关认为该船舶满足所承担航次安全的要求,即可免除本公约对该船要求的任何约束,颁发国际载重线免除证书,其有效期仅限于该航次。

三、载重线的浸没

除下述两种情况外,船舶两舷相对于该船所在季节及其所在地带或区域的载重线不论船舶在出海时、在航行中或在到达时都不应被水浸没。

船舶在相对密度为 1.000 g/cm³ 的淡水中时,其相应载重线可以被浸没到国际载重线证书上指出的淡水宽限。若该相对密度不是 1.000 g/m³ 时,此宽限应以 1.025 g/cm³ 和实际相对密度的差数按比例决定。

船舶从江河或内陆水域的港口驶出时,准许超载量至多相当于从出发港至港口间所需消耗的燃料和其他一切物料的重量。

四、附则

附则一:载重线核定规则

本附则根据不同航区和季节,针对不同类型的船舶,规定了勘绘船舶载重线的技术规则,同时针对船体结构、强度、水密性、稳性等,制定了相应的技术标准。本附则分 4 章共 45 条。制定本附则的目的是规定货物的性质和装载、压载等是处于保证船舶有足够稳性,并避免过度的结构应力。如果有稳性或分舱的国际要求时,本规则也假定已经符合这些要求。

第一章:总则

第 1 条　船体强度条款,规定在新核定干舷吃水时,主管机关应查明其相应船体一般结构强度,并认为按照认可的船级社要求所建造和维修的船舶具有足够的强度。

第 2 条　适用范围条款,规定本附则适用于机动船、非机动船、运载木材甲板货船和帆船等,木质和混合结构船舶另有规定等。

第 3 条　名词解释条款,规定了长度、垂线、干舷等 12 个名词定义,规定勘定的干舷是在船中处从甲板线的上边缘,向下量到载重线的上边缘的垂直距离。规定风雨密是指在任何风浪情况下,水都不得透入船内。

第 4 条　甲板线条款。

第 5 条　载重线标志条款,规定载重线标志是包括外径为 300 mm 和宽为 25 mm 的一标圈,标圈与长 450 mm 和宽为 25 mm 的一条水平线相交,水平线的上边缘通过标圈的中心,标圈的中心位于船中处,从甲板线上边缘垂直向下量至标圈中心的距离等于所核定的夏季最小干舷。

第 6 条　标志所用的各线段说明条款规定,夏季载重线标有 S,冬季标有 W,木材载重线标有 L 等,见图 3-6。

第 7 条　核定载重线当局标志条款,载重线当局标志是主管机关的标志,或是由其授权组织的标志。中国船级社的标志为 CS。

第 8、9 条　系勘绘标志的细节条款。

第二章:核定干舷的条件

中国标记	国际标记	表示意义
X	S	夏季载重线
D	W	冬季载重线
BDD	WNA	北大西洋冬季载重线
R	T	热带载重线
Q	F	淡水载重线
RQ	TF	热带淡水载重线

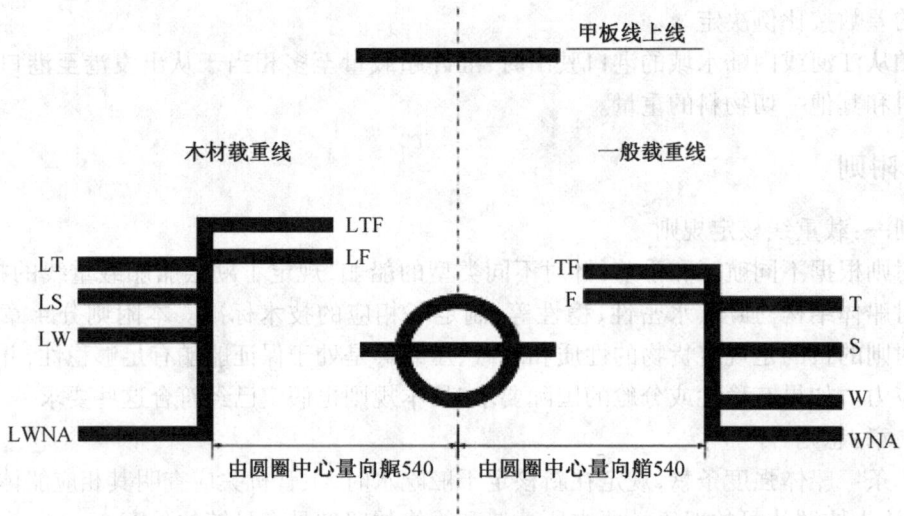

图 3-6　标志所用的各线段说明

第 10 条　规定应提供给每艘新船的船长以足够的资料,使它能在装货或压载时避免船舶结构承受过分的应力和在不同营运条件下作为船舶稳性的依据。

第 11 条　规定了封闭的上层建筑的露天端壁应得到主管机关的认可和结构坚固。

第 12 条　规定了有关部门的要求,例如门槛高度应高出甲板 380 mm 等。

第 13—23 条　规定了有关机舱开口,干舷甲板和上层建筑甲板的各种开口、通风筒、气管、货仓舱门和其他类似开口、泄水孔、进水孔以及舷窗等方面的强度、刚度、结构尺寸,风雨密、材料以及设备的要求。

第三章:干舷

第 29—32 条　对长度在 100 m 以下船舶方形系数,计算型深以及甲板线位置修正计算方法的规定条款。

第 33—37 条　对上层建筑标准高度、长度和有效长度以及对围蔽室结构和尺寸规定和对上层建筑和围蔽室的干舷修正计算方法的规定条款。

第 38—39 条　系对弦弧的要求和对舷弧和最小船首高度计算方法的规定条款。

第 40 条　对夏季干舷、热带干舷、冬季干舷、北大西洋冬季干舷以及淡水干舷要求和计算方法的规定条款。

第四章:核定木材载重线的特殊要求

第 42 条 规定了木材甲板货定义为在干舷甲板和上层建筑甲板的露天部分运载木材货物,不包括木制纸浆或类似货物。规定了木材载重线是考虑到木材甲板货具有一定的附加浮力和增加抗御海浪的能力,为此允许此类船根据要求减少干舷,勘绘特殊干舷标志,但是木材甲板货与船舶构造必须符合特殊要求。

第 43、44 条 是对船舶构造和装载要求的条款。

第 45 条 有关干舷计算的一些条款。

附则二:地带、区域和季节期

本附则共有 7 条,规定了各种载重线的适用区和对风力的依据标准。例如,规定了北半球冬季季节地带和区域、南半球冬季季节地带、热带地带、季节热带地域、夏季地带、封闭海域、北大西洋冬季载重线的适用地理方位及季节起止期。

附则三:证书

本附则规定了国际载重线证书及国际载重线证书的标准格式。

第三节 公约的议定书与修正案

一、1988 年议定书

通过日期:1988 年 11 月 11 日

生效日期:2000 年 2 月 3 日

为了将载重线公约的检验和发证要求与 1974 年 SOLAS 公约和 MARPOL 73/78 公约的要求进行协调,国际海事组织于 1988 年 11 月 11 日通过了《〈1966 年国际船舶载重线公约〉1988 年议定书》(含经 1988 年议定书修正的《1966 年国际船舶载重线公约》,以下简称"1988 年载重线议定书")。该议定书于 2000 年 2 月 3 日生效,截至 2015 年 3 月 10 日,该议定书的缔约国有 98 个,约占世界商船总吨位的 95.22%。

1988 年议定书将 1971—1983 年修正案的内容纳入并加上此次新增的一些条款形成了整个议定书。该议定书引入了全球统一实施检验发证协调系统(HSSC),HSSC 将逐步消除因检验日期和期限不一致所产生的问题。议定书除了引进 HSSC 外,还将"默认接受"程序引入载重线公约,并对 LL 1966 附则 I 及附则 II 的技术条款做了修正,检验与发证协调系统也从该日对悬挂 1988 年载重线议定书缔约国国旗的船舶生效。

1988 年议定书正文第 4 条对加入该议定书设定了准入条件,规定只有已加入《1966 年国际载重线公约》的国家,才可以加入 1988 年议定书。同时正文第 2 条明晰了 1988 年议定书与《1966 年国际载重线公约》的关系,规定加入 1988 年议定书的缔约国不得按 1966 年 4 月 5 日通过的《1966 年国际载重线公约》的规定颁发证书。我国于 1995 年 2 月 3 日加入了 1988 年议定书,该议定书于 2000 年 2 月 3 日对我国生效,我国按其要求进行载重线证书的发放工作。

1988 年议定书生效后,船舶因为悬挂的国旗不同,分别执行两个安全机制,这不利于保障全球海上安全,为此,2004 年 3 月 8 日 IMO 第 23 届大会通过了 A.961(23)决议,敦促尚未加入 1988 年议定书的载重线公约的缔约国及早成为 1988 年议定书缔约国。

二、近期修订情况

1. 2013 年修正案[MSC. 356(92)]

通过日期:2013 年 6 月 21 日

生效日期:2015 年 1 月 1 日

该修正案主要对附则Ⅰ第 1 章第 2-1 条对被认可组织的授权进行了修订,规定主管机关应按照 MSC. 349(92)通过的《RO 导则》对被认可组织进行授权。

2. 2014 年修正案[MSC. 375(93)]

通过日期:2014 年 5 月 22 日

生效日期:2016 年 1 月 1 日

该修正案与《1966 年国际载重线公约》2013 年修正案[A. 1083(28)]的内容一致,对附则符合验证,规定了缔约国应接受 IMO 的周期性审核,以检查是否履约。

第三章 公约在我国的实施情况

第一节 我国对公约的保留

适用本公约的船舶应符合附则Ⅱ所列适用于该船所在地带和区域的要求。位于两个地带或区域上的港口应被当作处于船舶驶来的或驶往的地带或区域。

1973 年我国政府宣布接受本公约时做了如下保留:"关于中国沿海区域的划分,不受公约附则Ⅱ第 49 条和第 50 条有关规定的约束。"

公约附则Ⅱ将中国香港至吕宋岛苏阿尔港的恒向线的以西和以南海域划分为季节热带区域,而将该恒向线的以东和以北海域划分为夏季地带。我国则用该恒向线划分中国沿海(包括台湾海峡、东海、黄海和渤海)和中国南海为两个季节热带区域,季节划分如下:(1)中国沿海自 4 月 16 日—9 月 30 日为热带区域,其余时间为夏季区域;(2)中国南海自 1 月 21 日—9 月 30 日为热带区域,其余时间为夏季区域。

第二节 我国的相关立法及实施情况

一、国内相关立法

1.《中华人民共和国海上交通安全法》

该法不仅规定船舶和船上有关航行安全的重要设备必须持有船舶检验部门签发的有效技术证书,而且还规定主管机关发现船舶实际状况同证书中所载的不相符时,有权责成其申请重新检验或通知其所有人、经营人采取有效的安全措施。对于船舶、设施处于不适航或不适拖状态等情况时,主管机关有权禁止其离港或令其停航、改航、停止作业等。

2.《中华人民共和国内河交通安全管理条例》

该条例做了与《中华人民共和国海上交通安全法》类似的规定,并且明确了未标明载重线等违法行为应受处罚等。

3.《中华人民共和国船舶与海上设施检验条例》

该条例规定涂改检验证书、擅自更改船舶载重线或者以欺骗行为获取检验证书的,主管机关或者其委托的检验机构有权撤销已签发的相应证书,并可以责令改正或者补办有关手续;对于伪造船舶检验证书或者擅自更改船舶载重线的,由主管机关给予通报批评,并可以处以相当于相应的检验费一倍至五倍的罚款;构成犯罪的,由司法机关依法追究其刑事责任。

4.《中华人民共和国船舶与海上设施法定检验规则》

1992 年 10 月我国颁布实施了《国际航行海船法定检验技术规则》,并于 1999 年 9 月 1 日正式开始颁布实施《中华人民共和国船舶与海上设施法定检验规则》(以下简称《法规1999》)。《法规 1999》是在《法规 1992》的基础上进行了修改,将国际航行船舶和非国际航行船舶分开,分别规范检验技术标准。国际航行船舶的载重线规则与公约相同,非国际航行船长20 m 及以上船舶,载重线要求与《法规 1992》相同,不应用公约条款。2004 年 3 月 1 日我国开始实施《法规 1999》,其载重线要求根据 LL 1966 的 2003 年修正案进行了修改,即我国的国内和国际航行海船在勘绘船舶载重线技术规则上的要求与公约基本一致。

5.《中华人民共和国船舶安全检查规则》

海事管理机构规定,对中国籍船舶的安全检查,以我国有关法律、规章、技术规范和我国认可的有关国际公约为依据;对外国籍船舶的安全检查,以我国有关法律法规和我国加入的有关国际公约以及《亚太地区港口国监督谅解备忘录》为依据。该规则还规定了对船舶载重线等方面的安全检查内容、船舶缺陷的处理以及相关法律责任。

二、公约在我国的实施情况

1. 检验发证机构情况

成立于 1986 年的中国船级社(CCS)是中国海事局授权从事我国国际航行船舶法定检验和唯一从事船舶入级检验业务的专业机构,是国际船级社协会(IACS)10 家正式会员之一,承担国内外船舶、海上设施、集装箱的入级检验,经中华人民共和国海事局授权,可以代行上述船舶、海上设施和集装箱的法定检验。截至 2004 年底,中国船级社在国内沿海、沿江主要港口设有 39 个分社或办事处,在国外 14 个国家或地区设有 19 个分社或办事处或站。

2. 检验发证实施情况

中国船级社对我国国际航行船舶按照 LL 1966 及国内立法检验并签发国际载重线证书或国际载重线免除证书。

(1)根据《国际航行海船法定检验技术规则》第 7 章规定,签发国际航行载重线证书或国际载重线免除证书时应进行初次检验、年度检验、换证检验。

(2)根据《国际航行海船法定检验技术规则》第 7 章"2 初次检验""3 年度检验""4 换证检验"的要求进行了检验。

(3)船舶初次检验合格后,签发国际载重线证书(有效期不超过 5 年)或国际载重免除证书;船舶年度检验合格后,在国际载重线证书或国际载重线免除证书上进行签署;船舶换证检验合格后,签发国际载重线证书或国际载重线免除证书。

拓展阅读 你所知道和不知道的船舶载重线

为保障船舶航行安全和发生海损时仍能保持一定的航海性能,并使船舶具有尽可能大的装载能力,《1966 年国际载重线公约》(The International Convention on Load Lines, 1966) 及《国际航行海船法定检验技术规则》均规定必须在船舶两舷勘绘载重线标志,以限制船舶满载时的最大吃水(见图3-7)。

图 3-7 勘绘船舶载重线

载重线标志由外径 300 mm、宽为 25 mm 的圆圈与长为 450 mm、宽为 25 mm 的水平线相交组成。水平线的上边缘通过圆圈中心。

圆圈中心应位于船舶两舷按《1966 年国际载重线公约》1988 年议定书附则 B 修正案 [MSC. 143(77)] 所规定的船长中点处,从甲板线上边缘垂直向下量至圆圈中心的距离等于所核定的夏季干舷。

勘绘载重线时,应在载重线圆圈两侧并在通过圆圈中心的水平线上方或圆圈的上方和下方加绘表示勘定当局的简体字母。

所勘绘的载重线的各线段,均为长 230 mm、宽 25 mm 的水平线段,这些线段与标在圆圈中心前方长 540 mm、宽 25 mm 的垂线成直角,为不同区带、区域和季节期的最大吃水限制线,度量时应以载重线的上边缘为准。对圆圈、线段和字母,当船舷为暗色底者,应漆成白色或黄色;当船舷为浅色底者,应漆成黑色。

国际航行非木材甲板货船舶载重线标志(见图3-8):

CS(China Classification Society)——中国船级社;

S(Summer Loadline)——夏季载重线,其上边缘通过圆圈中心;

T(Tropical Loadline)——热带载重线;

W(Winter Loadline)——冬季载重线;

F(Fresh Water Loadline)——夏季淡水载重线;

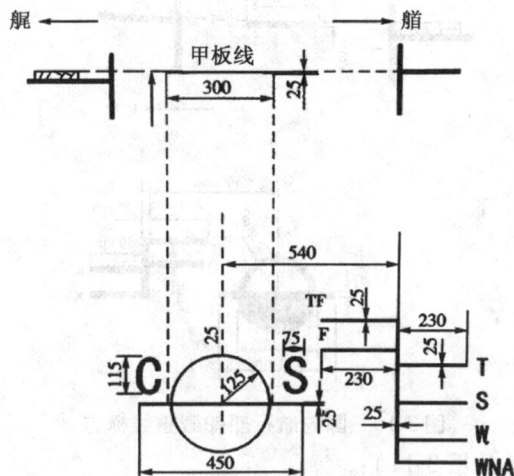

图3-8 非木材甲板货船舶载重线标志

TF(Tropical Fresh Water Loadline)——热带淡水载重线;

WNA(Winter North Atlantic Loadline)——北大西洋冬季载重线;

国际航行木材甲板货船的载重线标志(见图3-9):

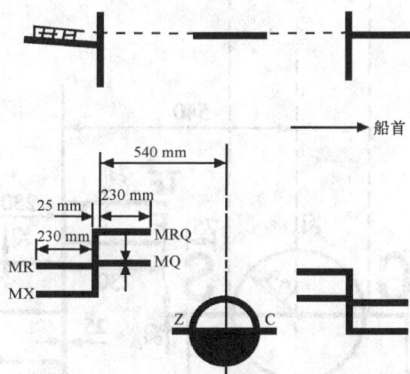

图3-9 木材船载重线标志

由于木材甲板货给船舶提供了一定的附加浮力,增加了抗御海浪的能力,因而木材最小干舷比相应的其他船舶最小干舷小些。木材载重线在通常载重线以外另行勘绘,位于载重线圈后方一定距离处。各载重线一端在规定字母前加标"L"。LT载重线对应的干舷较LS载重线对应的干舷小1/48的夏季木材吃水;LW载重线对应的干舷较LS载重线对应的干舷大1/36的夏季木材吃水;LWNA载重线对应的干舷与WNA载重线对应的干舷相同。对于淡水木材干舷的规定同其他货船。

国内航行船舶载重线标志(见图3-10):

对于国内沿海航行的船舶,由于沿岸海面风浪较小,对稳性、强度、抗沉性等的要求可低于国际航行船舶,储备浮力也可相应减小,因此,根据《法定规则》规定,其干舷可降低要求。

国内航行船舶载重线下半圈与标志同色,两侧标以字母ZC,共有夏季、热带、淡水和热带淡水4条载重线,并在各载重线一端分别标有X、Q、R、RQ的汉语拼音缩写。

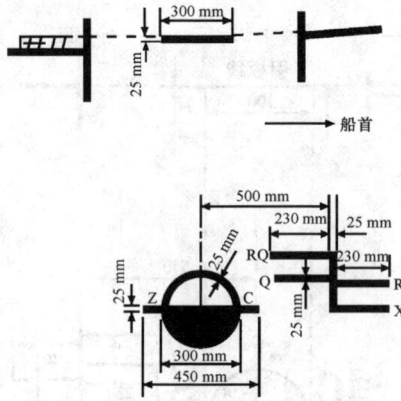

图 3-10　国内航行船舶载重线标志

客货船的载重线标志(见图 3-11):

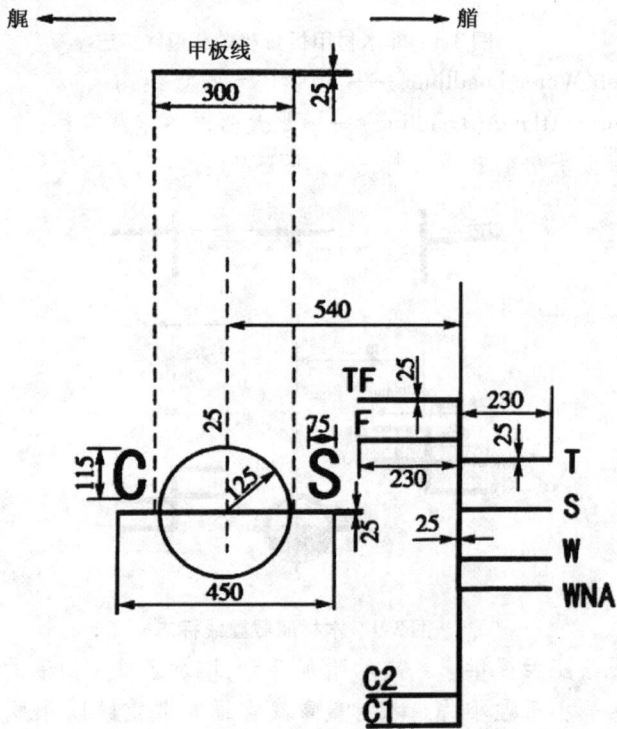

图 3-11　客货船的载重线标志

C1——客船分舱载重线;

C2——交替运载客货分舱载重线;

载重线标志的使用:

船舶在营运期间使用载重线标志时,应注意以下事项:

(1)船舶所勘绘的载重线位置与证书所载相符。

(2)保持载重线标志清晰可见。

(3)保持证书在有效期内,展期不超过 5 个月。

（4）保证船体和上层建筑、有关装置和设备无实质性变动。

（5）封闭的上层建筑所有出入口关闭设备应当能够保持风雨密，其出入口的门槛高度应至少为 380 mm（干舷甲板上门槛严重锈蚀或破损是 PSC 扣船的原因之一）。

（6）船舶载重量应受到限制以保证船舶无论在出港时、航行中还是到港时，由区带或区域、季节期所确定的载重线不被水线浸没。

（7）当船舶处于载重线海图中的区带或区域分界线港口装货且驶向使用较高载重线的海区，则适用较高载重线；反之，适用较低载重线。

（8）当船舶处于密度为 1.000 g/cm³ 的淡水中，应根据水域位置及季节期使用淡水或热带淡水载重线。若密度大于 1.000 g/cm³，此宽限量应以 1.025 g/cm³ 和实际密度的差值按比例决定。

国际船舶吨位丈量公约

内容摘要

◆《国际船舶吨位丈量公约》产生的背景

◆《国际船舶吨位丈量公约》的概况及主要内容

◆《国际船舶吨位丈量公约》的实施情况

案例导入

2011年3月28日,石湾处执法人员在佛山新港码头查获一船名为"海邦达×"的集装箱船,总吨位为996,而该船适航证书记事栏中明确规定该船最大装箱量为120个标准集装箱空箱,并且该船船舶完整稳性计算书中也对此种装载状态的稳性进行了校核(见图3-12)。执法

图3-12 执法人员检查现场

人员根据专业判断,认定该船存在"大船小证"的嫌疑,随即对其开展详细检查并进行吨位丈

量。丈量计算结果显示,该船的量吨甲板上固定装载货物的开敞处所(V4)值为 3 386.92 m³,与该船内河船舶吨位证书中的 616.04 m³ 存在重大差异,差值达 2 270.88 m³。

第一章　公约产生的背景

早在 20 世纪初期,世界海运界就着手制定国际船舶吨位丈量规则,但迟迟未获成功。随着船舶制造业和航运业的发展,船舶尺度越来越大,结构、设备等方面也随之越来越复杂,产生了各种各样丈量商船吨位的计算方法,虽然最后都追溯到 1854 年英国贸易部所采用的乔治·摩逊(George Moorson)提出的船舶吨位丈量法,但是它们之间的计算结果却有很大出入。因此,大家一致认为需要一个统一的国际吨位丈量系统。1959 年政府间海事协商组织(简称海协,现更名为国际海事组织)在成立大会上做出决议,设立一个专门的船舶吨位丈量专家小组,起草国际船舶吨位丈量公约。经过 10 年的准备,海协于 1969 年 5 月 27 日—6 月 23 日在伦敦召开了国际船舶吨位丈量会议,制定了《1969 年国际船舶吨位丈量公约》。该公约是国际海事组织在世界范围内统一吨位丈量的首次成功。

第二章　公约的概况及主要内容

一、公约的概况

《1969 年国际船舶吨位丈量公约》(International Convention on Tonnage Measurement of Ships,1969,以下简称 TONNAGE 1969)是国际海事组织为统一国际航行船舶的吨位丈量原则和规则而制定的国际公约。TONNAGE 1969 已经成为一个为其他国际海事公约适用生效提供吨位丈量依据,颇为重要、基础性的国际海事公约。

该公约由缔约国于 1969 年 6 月 23 日在伦敦订立,于 1982 年 7 月 18 日生效,同时对 47 个国家或地区(阿尔及利亚、阿根廷、奥地利、巴哈马、孟加拉国、比利时、巴西、中国、哥伦比亚、捷克斯洛伐克、斐济、芬兰、法国、德国、加纳、几内亚、匈牙利、冰岛、印度、伊朗、伊拉克、以色列、意大利、日本、利比里亚、墨西哥、摩纳哥、荷兰、新西兰、挪威、巴拿马、菲律宾、波兰、韩国、罗马尼亚、苏联、沙特阿拉伯、西班牙、瑞典、瑞士、叙利亚、汤加、特立尼达和多巴哥、土耳其、英国、也门、南斯拉夫、中国香港)生效。

我国于 1980 年 4 月 8 日接受该公约,该公约于 1982 年 7 月 18 日生效,同时也对我国生效。截至 2016 年 3 月 10 日,TONNAGE 1969 成员已有 153 个国家和地区,所属商船总吨位占世界商船总吨位的 98.40%。

TONNAGE 1969 规定了用总吨位反映船舶大小和用净吨位反映船舶营运舱容的基本原则。公约提出了总吨位和净吨位的概念,两者均可各自独立计算,相互没有依赖关系。总吨位是以船舶封闭处所的型容积为依据,即船体内及上层建筑内的总容积。净吨位是船舶全部装货、载客空间的型容积，即从总吨中扣除非营业处所的容积。非营业处所指：船员居住舱室（包括走廊、卧室、盥洗室、浴室、图书馆、食品库、上甲板以下的厨房、厕所，船员与旅客共用的餐室、走廊、梯道等不扣除）；驾驶室、电台、舵机室、锚链舱、物料间、消防器具室、机炉舱及轴隧等；货船的上甲板以下的淡水舱，双层底以外的压载水舱、深水舱；油船的隔离空舱和泵舱（但上甲板下的冷藏机如位于冷冻货舱内，则不从总吨位中减除）。商船净吨位不能小于总吨位的30%。

二、公约的内容

TONNAGE 1969 正文分为一般义务、定义、适用范围、除外、吨位的测定、证书的发给、证书的格式、检查、权利、生效、退出等22个条款，另有2个附则和8个附件。2个附则分别是《测定船舶总吨位和净吨位规则》《国际吨位证书(1969)》。8个附件包括：

附件1：《对某些船舶吨位丈量修正的暂行办法》

附件2：《与1978年海员培训、发证和值班标准国际公约有关的某些船舶的吨位丈量》

附件3：《在履行〈73/78防污公约〉时对某些船舶吨位丈量的暂行办法》

附件4：《敞口集装箱船减少的总吨位的暂行计算方法》

附件5：《关于油船专用压载舱吨位丈量的建议》

附件6：《1969年国际船舶吨位丈量会议第2号建议书的应用》

附件7：《对1969年国际船舶吨位丈量公约条款的解释》

附件8：《1969年国际船舶吨位丈量公约对现有船舶的应用》

三、公约的适用

TONNAGE 1969 适用于从事国际航行的下列船舶：1982年7月18日及以后建造的新船；经过改建并使总吨位有实质性变更的现有船舶；公约生效之日起12年以后的所有现有船舶，但不包括因其他国际公约的要求而需保留其原有吨位船舶。《公约》附则对船舶总吨位和净吨位的计算以及国际吨位证书的具体格式做了明确规定。

四、公约最新修正案

A.1084(28) 通过时间：2013年12月4日。默认接受：2015年7月1日。生效时间：2017年2月28日。

修订公约附则Ⅰ和附则Ⅲ，使《国际海事组织文件实施规则》强制化。

第三章 公约的实施情况

第一节 公约在国际范围内的实施要求

一、根据实际,提出一个过渡方案

按照公约适用范围规定,公约生效之日起12年以后(即自1994年7月8日起)适用所有现有船舶。但实际情况是,为了实施SOLAS公约、MARPOL公约、STCW公约,根据国际海事组织通过的A.492(12)号决议(《对某些船舶吨位丈量修正的暂行办法》)、A.540(13)(《与1978年海员培训、发证和值班标准国际公约有关的某些船舶的吨位丈量》)、A.541(13)号决议(《在履行〈73/78防污公约〉时对某些船舶吨位丈量的暂行办法》)及A.758(18)号决议,有一个过渡方案,即应船东的请求,主管机关允许如下船舶,继续使用《1969年国际船舶吨位丈量公约》生效前的国内规定丈量的船舶吨位:

1. 为实施SOLAS 1974(见附件1)

(1)1985年12月31日以前安放龙骨的船舶。

(2)对于SOLAS 1974第4章第3条,1985年12月31日以后、1994年7月18日以前安放龙骨的船舶。

(3)在履行小于1 600总吨货船的规定方面(按国家吨位规则丈量),1985年12月31日以前安放龙骨的货船,可以继续使用过渡方案至1994年7月18日止。

2. 为实施STCW 1978,上述的三种船舶适用于过渡方案,但过渡方案不适用于STCW 78/95(见附件2)

3. 为实施MARPOL 73/78(见附件3)

(1)1985年12月31日以前安放龙骨的小于600总吨(按国家吨位规则丈量)的船舶。

(2)1985年12月31日以后安放龙骨的小于400总吨(按国家吨位规则丈量)的船舶,可继续使用至1994年7月18日。

二、公约所涉及的国际海事组织决议案、通函

《1969年国际吨位丈量公约》是因其"为国际航行船舶的吨位丈量制定统一原则和规则"的目的而制定的,决定了其发展趋势,即使公约成为船舶的吨位丈量的唯一的统一标准,每艘船只有唯一的吨位。但随着航运业和船舶制造业的飞速发展,船舶吨位越来越大,船舶结构越来越复杂,要求配备的设备也越来越复杂,所以相应地出现了一些改变。到目前为止,该公约没有任何修正案,但国际海事组织适时地提出了一些决议、通函、解释等,以适应现代航运业、船舶制造业以及其他相关公约的发展。

附件1:《对某些船舶吨位丈量修正的暂行办法》[A.494(12)号决议,1981年11月19日通过],为履行SOLAS 1974第4章第3条的规定,对某些船舶吨位丈量的办法进行暂行修正。

附件 2:《与 1978 年海员培训、发证和值班标准国际公约有关的某些船舶的吨位丈量》[A.540(13)决议,1983 年 11 月 17 日通过]同意经 A.494(12)决议通过的《对某些船舶吨位丈量经修订的暂行办法》也应适用于《1978 年海员培训、发证和值班标准国际公约》的规定。

附件 3:《在履行〈73/78 防污公约〉时对某些船舶吨位丈量的暂行办法》[1983 年 11 月 17 日通过的 A.541(13)决议],为履行 MARPOL 73/78,对某些船舶吨位丈量采用暂行办法。

附件 4:《敞口集装箱船减少的总吨位的暂行计算方法》(1993 年 6 月 23 日通函 TM.5/Circ.4),由于敞口集装箱船的总吨位较常规集装箱船的总吨位大,为减少对敞口集装箱船征收费用方面的不利经济影响,对敞口集装箱船减少的总吨位的暂行计算方法。

附件 5:《关于油船专用压载舱吨位丈量的建议》[1993 年 11 月 4 日通过的 A.747(18)号决议的附件]及实施附件 4 的解释(海安会与 1996 年 12 月 6 日以 MSC/Circ.792,环保会于 1997 年 5 月 14 日以 MEPC/Circ.382 批准的通函),是关于油船专用压载舱的吨位丈量建议及其解释。

附件 6:《1969 年国际船舶吨位丈量会议第 2 号建议书的应用》[1993 年 11 月 4 日通过的 A.758(18)决议的附件],解释了 1994 年 7 月 18 日以后的"现有船舶"《国际吨位证书(1969)》的规定。

附件 7:《对 1969 年国际船舶吨位丈量公约条款的解释》(1994 年 6 月 1 日通函 TM.5/Circ.5)

附件 8:《1969 年国际船舶吨位丈量公约对现有船舶的应用》[1995 年 11 月 23 日以 A.791(19)决议通过],对于 1982 年 7 月 18 日以前安放龙骨船舶的总吨位是根据 1969 年吨位公约生效前的国家吨位规则确定的,并在该船的国际吨位证书(1969)的"备注"栏内已对此种总吨位进行了陈述的现有船舶,则可在主管机关颁发的有关安全的证书、国际防油污证书或其他此类官方证书的有关栏目内仅填写原有总吨位并附加脚注。

三、发展趋势

TONNAGE 1969 的制定目的,决定了其发展趋势:跟随国际航运业和船舶制造业的发展,紧密联系相关海事公约及文件的修订,逐步完善吨位丈量方法;为船舶、船型标准化提供完善的标准和体系,以更好地促进航运的发展,更好地保障海上人命、财产安全和保护海洋环境;使公约成为全球国际航行船舶的唯一的统一标准,最终使每艘船舶只有唯一的吨位。

第二节 公约在我国的实施情况

一、我国的相关立法情况

我国是《1969 年国际船舶吨位丈量公约》缔约国成员之一,并于 1980 年 4 月 8 日批准加入,1982 年 7 月 18 日起对我国同期生效。为履行《1969 年国际船舶吨位丈量公约》及其他国际海事公约,保障船舶和水上人命、财产安全,防止水域环境污染,我国相继制定了一系列相关的法律、法规、规章和规范性文件,通过直接适用该公约或通过已修改或者新制定的国内的法律、法规、规章来履行公约。如:《中华人民共和国海上交通安全法》《中华人民共和国内河交通安全管理条例》《中华人民共和国船舶最低配员规则》《中华人民共和国船舶和海上设施检验条例》《中华人民共和国船舶和海上设施法定检验规则》《中华人民共和国国际航行船舶法定检验技术规则》《中华人民共和国船舶安全检查规则》《船舶检验管理办法》《船舶检验机构资质管理规定》《船舶检验人员资质管理规定》。

自 2011 年 9 月 1 日起，《船舶吨位丈量统一管理实施方案》（以下简称《方案》）正式实施。这标志着全国船舶吨位丈量工作统一管理的长效机制已经建立，对抑制"大船小证"现象的发生将发挥重要作用。

此次船舶吨位丈量统一管理规定的实施范围为在我国登记或拟在我国登记的船长 20 m 及以上的国内航行船舶，具体做法是：2011 年 9 月 1 日及以后建造的船舶在建造检验过程中需进行船舶吨位丈量复核；2011 年 9 月 1 日前已下水营运的船舶结合修理进坞情况进行船舶吨位丈量复核。自 2011 年 9 月 1 日起，各级船舶检验机构不再对国内航行船舶签发船舶吨位证书。

根据《方案》，吨位丈量改变了现有的由船检机构单独进行船舶吨位丈量的模式，除船检机构进行的船舶吨位丈量以外，设立在各直属海事局、省级地方海事局的船舶安全技术分中心统一对船舶吨位丈量进行相关复核，最终确定船舶吨位并报局船舶安全技术中心签发船舶吨位证书。《方案》中还明确规定，国内航行船舶吨位丈量复核发证要经过申请受理、复核提请、下水前实船复核和完工前复核等严密的程序，进而才能完成船舶吨位证书的签发和发放工作，以确保船舶吨位丈量工作严谨、科学。另据了解，1992 年 9 月 30 日前安放龙骨的船舶及在"大船小证"综合治理期间经过复核不存在"大船小证"问题的船舶可直接换发新版证书。

此外，对于新建、改建和初次检验的国内航行船舶的吨位复核按照检验地进行管辖，各直属海事局船舶安全技术分中心负责各自辖区（与直属海事局船检管理辖区相同）内在直属海事系统登记或拟在直属海事系统登记的新建、改建和初次检验的国内航行船舶的吨位复核和临时船舶吨位证书的签发工作；各省级地方海事局船舶安全技术分中心负责各自辖区内在地方海事系统登记或拟在地方海事系统登记船舶的吨位复核和临时船舶吨位证书的签发工作。

现阶段在履行公约的过程中，我国的立法主要体现在以下方面：

（一）明确主管机关

根据《1969 年国际船舶吨位丈量公约》第 2 条定义，"主管机关"是指船旗国政府。具体到我国国内的主管机关：在《中华人民共和国海上交通安全法》总则第 3 条明确"中华人民共和国港务监督机构（海事管理机构）是对沿海水域的交通安全实施统一监督管理的主管机关"。《中华人民共和国内河交通安全管理条例》总则第 4 条明确"国务院交通主管部门主管全国内河交通安全管理工作。国家海事管理机构在国务院交通主管部门的领导下，负责全国内河交通安全监督管理工作"。只有明确主管机关，才能有效履行公约。

（二）明确适用范围

1.《1969 年国际船舶吨位丈量公约》适用范围是公约第 3 条规定的从事国际航行的船舶，例外情况为：

（1）军舰；长度小于 24 m（79 ft）的船舶。

（2）本公约的任何规定，不适用于专门航行在下列区域的船舶：（1）北美洲各大湖和圣劳伦斯河向东到从罗歇尔角至安蒂科斯底岛的两点之间所绘恒向线，以及到安蒂科斯底岛北面的西经 63°子午线；里海；拉普拉塔河、巴拉那河和乌拉圭河从阿根廷的彭塔—腊萨与乌拉圭的埃斯特角之间所绘恒向线。

2.《中华人民共和国海上交通安全法》第 2 条明确"本法适用于在中华人民共和国沿海水域航行、停泊和作业的一切船舶、设备和人员以及船舶、设备的所有人、经营人"。《中华人民共和国内河交通安全管理条例》第 2 条明确"在中华人民共和国内河通航水域从事航行、停泊和作业以及与内河交通安全有关的活动,必须遵守本条例"。

从以上分析可以看出,适用《1969 年国际船舶吨位丈量公约》的船舶进入中国沿海及内河通航水域,关于吨位的丈量和计算应遵照公约。不适用《1969 年国际船舶吨位丈量公约》的船舶进入中国沿海及内河通航水域,关于吨位的丈量和计算必须遵照船旗国有关吨位丈量方法办理。

二、公约为国内吨位丈量留有一定的自主性

《1969 年国际船舶吨位丈量公约》附则中关于"新奇型式船艇的总吨位和净吨位,由于其构造的特点,以致不能合理应用或难以适用本规则各条规定时,应由主管机关决定其总吨位和净吨位。如果吨位是这样决定的,主管机关应将为此所采用的方法细节通知海协(国际海事组织),以便分送各缔约国政府,供其参考"。这条规定为国内主管机关对新奇型式船艇的总吨位和净吨位的丈量留有一定的自主性。

第三节　海事机构履行职能及工作开展情况

海事管理机构作为国家水上交通安全主管机关,根据法律、法规的授权,负责行使船舶及海上设施检验、航海保障管理和行政执法,履行船旗国及港口国监督管理义务,依法维护国家主权的职责。

涉及《1969 年国际船舶吨位丈量公约》的海事管理职能主要有两个方面,即检验、发证方面和监督检查方面。

一、检验、发证

中国海事局负责行使国家水上安全监督和防止船舶污染、船舶及海上设施检验、航海保障管理和行政执法,并履行交通运输部安全生产等管理职能。负责船舶、海上设施检验行业管理以及船舶适航和船舶技术管理,管理船舶及海上设施检验、发证工作,审定船舶检验机构和验船师资质、审批外国验船组织在华设立代表机构并进行监督管理是中国海事局在船旗国管理方面的职责之一,因仅有国际航行海船的检验、发证涉及《1969 年国际船舶吨位丈量公约》,故本章节所讲检验、发证特指中国籍国际航行海船的检验、发证。

实际上,中国海事局在检验、发证方面更侧重于对船舶、海上设施检验行业进行监督管理,而把中国籍国际航行海船的检验、发证职能授权给了中国船级社,包括船舶吨位的丈量和发证。这样做符合 TONNAGE 1969 有关条款的规定。TONNAGE 1969 第 6 条规定:"吨位的测定:总吨位和净吨位的测定,应由主管机关办理,但主管机关可以将这种测定工作委托它认可的人员或组织办理。不论采用何种方式,该主管机关应对总吨位和净吨位的测定负完全责任。"第 7 条规定:"证书的发给:1. 按照本公约测定总吨位和净吨位的每艘船舶,应发给国际吨位证书(1969);2. 这种证书应由主管机关发给,或由该主管机关正式授权的人员或组织发

给。不论属于哪一种情况,该主管机关应对证书完全负责。"

我国《国际航行海船法定检验技术规则》(2004)总则中明确说明,为了贯彻中华人民共和国政府的有关法律、法令、条例和中华人民共和国政府批准、接受、承认或加入的国际公约、规则和决议等,为保障船舶和海上人命、财产的安全,防止水域环境污染以及保障起重设备安全作业等,特制定《国际航行海船法定检验技术规则》。因为我国已加入《1969 国际船舶吨位丈量公约》,且该公约已于 1982 年 7 月 18 日对我国生效,所以《国际航行海船法定检验技术规则》关于船舶吨位丈量的规定应与《1969 国际船舶吨位丈量公约》的要求一致。

因此,为了切实履行 TONNAGE 1969,中国海事局应加强对船舶、海上设施检验行业的管理,保证船舶检验机构及其从业人员符合规定要求。督促船舶检验机构建立有效的质量管理体系,通过审核机构的认证,并采取相应的措施,确保质量管理体系有效地运行。加强对船舶检验机构及船舶检验分支机构的管理,规范船舶检验工作秩序,并在加强对船舶监督检查中得以保证船舶检验的正常履行。

二、监督检查

吨位检查主要是为了统一全球船舶吨位计量;使船舶及船检机构严格履行公约和法规规定;防止出现大船小吨位,造成设备低配、船员低配,产生安全隐患;规范船舶市场,打击不正当竞争。吨位检查应成为海事机构对船舶进行现场监督、船舶安全检查、港口国监督检查的主要内容之一。

海事管理机构实施与《1969 年国际船舶吨位丈量公约》相关的监督管理职责,主要有两个方面,即港口国监督管理(对进入中国水域的外籍船舶的管理)和船旗国管理(对中国籍国际航行船舶的管理)。

(一)吨位检查的依据

港口国监督管理中吨位相关方面检查的依据来源于《1969 年国际船舶吨位丈量公约》,具体如下:

"第十二条　检查

1. 挂缔约国政府国旗的船舶在其他缔约国港口时,应该接受该国政府正式授权的官员检查。这种检查以核实下述目的为限:

(1)该船是否备有有效的国际吨位证书(1969)。

(2)该船的主要特征是否与证书中所载的数据相符。

2. 任何情况下,不得因施行这种检查而滞留船舶。

3. 如果经检查发现船舶的主要特征与国际吨位证书(1969)所载不一致,从而导致增加总吨位或净吨位,则应该及时通知该船的船旗国政府。"

(二)国内的有关规定

国内有关港口国监督的法律、法规对吨位相关事项有如下规定:

"登轮后应向船长或其他负责的高级船员说明来意,出示船舶安全检查员证,查验有关船舶证书和文书、船员证书和以往的《亚太地区港口国监督检查报告》,并根据船舶尺度、吨位、建造日期和适用的公约条款,判断船舶的安全状况。

如果根据总体印象和船上的目测观察存在明显依据认为该船、设备或船员实质上不符合要求,应开展详细检查。"

（三）检查内容

在监督检查中,对于吨位相关事项,安全检查员需要检查四项主要内容:

船舶是否配备了有效的国际吨位证书(1969);该船的主要结构和尺度特征是否与证书中所载的数据相符;该船配备的其他证书是否与吨位证书所载的吨位相符;该船配备的设备是否与吨位证书所载的吨位相符。

对于前两项缺陷的处理应按照《1969 年国际吨位丈量公约》第 12 条第 2 款"在任何情况下,不得因施行这种检查而滞留船舶"、第 3 款"如果经检查发现船舶的主要特征与国际吨位证书(1969)所载不一致,从而导致增加总吨位或净吨位,则应及时通知该船的船旗国政府"的相关规定执行。

对于该船配备的其他证书、文书是否与吨位证书所载的吨位相符这一项,主要检查内容有 DOC、SMC、IOPP、SE、SR、SC 等证书。

对于该船配备的设备是否与吨位证书所载的吨位相符,涉及的主要设备(参考 2004 年 SOLAS 1974 综合文本)有:

（1）自动识别系统(AIS):所有 300 总吨及以上的国际航行船舶和 500 总吨以上的非国际航行货船,以及不论尺度大小的客船,应在规定的时间之前配备 1 台自动识别系统。

（2）航行数据记录仪(VDR):从事国际航行的客船、客滚船和在 2002 年 7 月 1 日及以后建造的除客船以外的 3 000 总吨及以上的从事国际航行的船舶应在规定的时间之前安装 VDR。

（3）雷达:所有客船和大于或等于 300 总吨的货船应设有 1 台 9 GHz 的雷达;2002 年 7 月 1 日之后建造的 3 000 总吨及以上的船舶还应设有 1 台 3 GHz 雷达或第二台 9 GHz 雷达。

（4）陀螺罗经:1984 年 9 月 1 日或以后建造的 500 总吨及以上的船舶应配备 1 台陀螺罗经;1984 年 9 月 1 日以前建造的 1 600 总吨及以上的船舶也应配备。在 1 600 总吨及以上的船舶应装设 1 具或数具陀螺罗经复示器,并置于适当位置上,以便在水平面 360°范围内,测得尽量接近实际的方位。

（5）磁罗经:所有船舶,不论其尺度大小,均应设有 1 台经过适当校正的标准磁罗经。150 总吨及以上的船舶和不论尺度大小的客船,应装设 1 具标准磁罗经、1 具操舵磁罗经(设有反射磁罗经的船舶可免除)、1 具备用磁罗经(有操舵罗经或陀螺罗经的除外)。

（6）自动雷达标绘仪:所有 10 000 总吨及以上的船舶,应配备 1 台自动雷达标绘仪或其他装置,与 1 台指示船舶相对于水的航速和航程的装置相连,用于自动标绘至少 20 个其他目标的距离和方位,以确定碰撞和模拟实验性操纵。

（7）信号灯:所有 150 总吨及以上的货船和不论尺度大小的客船,均应设有 1 套白昼信号灯或其他装置,用于在白天和夜晚通过灯光进行联络,使用电源,但非唯一依靠船上电源供电。

（8）测深设备:1980 年 5 月 25 日以前建造的 1 600 总吨及以上的船舶,1980 年 5 月 25 日及以后建造的 500 总吨及以上的船舶,2002 年 7 月 1 日以后建造的 300 总吨及以上的船舶均应装设 1 具回声测深仪。

（9）速度和距离显示:1984 年 9 月 1 日或以后建造的 500 总吨及以上的船舶,均应装设显示航速和航程的仪器,要求装设自动雷达标图仪的船舶应装设 1 台能显示航速和航程的仪器;

2002 年 7 月 1 日以后建造的 300 总吨及以上的船舶和所有客船,还应配备 1 台船舶自动识别系统。

（10）舵角指示器:1984 年 9 月 1 日以前建造的 1 600 总吨及以上的船舶,1987 年 9 月 1 日或以后建造的 500 总吨及以上的船舶,都应装设能显示舵角及每个推进器转速的指示器。此外,在装有可变螺距推进器或侧向推进器时,指示器也应能显示其工作状态,所有这些指示器均应在指挥的地点能够读数。

（11）回转速率指示仪:1984 年 9 月 1 日或以后建造的 10 000 总吨及以上的船舶,2002 年 7 月 1 日以后建造的 50 000 总吨及以上的船舶,应装设 1 具回转速率指示仪。

（12）消防泵:

所有船舶应按下述要求设置独立驱动的消防泵:

①4 000 总吨及以上的客船至少设置 3 台;

②4 000 总吨及以下的客船和 1 000 总吨及以上的货船至少设置 2 台;

③1 000 总吨及以上的货船至少设置 2 台;

④1 000 总吨以下的货船至少设置 2 台动力泵,其中之一应为独立驱动。

（13）消防水带:

①对 1 000 总吨及以上的货船,所需的消防水带数目应为每 30 m 船长设一根,备用 1 根,但总数不得少于 5 根。此数目不包括任何机舱或锅炉舱所需的消防水带。符合 SOLAS 1974 第Ⅱ-2 章第 19 条要求载运危险货物的船舶除应满足上述要求外,还应备有 3 组水带和水枪。

②对于 1 000 总吨以下的货船,应配备的消防水带的数量应根据上款的规定进行计算。但在任何情况下,水带的数量不得少于 3 根。

（14）国际通岸接头:500 总吨及以上的船舶应设有至少 1 个符合《消防安全系统规则》的国际通岸接头。

（15）双向甚高频无线电话设备:每艘客船和每艘 500 总吨及以上的货船,应至少配备 3 台双向甚高频无线电话设备。每艘 300 总吨及以上但小于 500 总吨的货船,应至少配备 2 台双向甚高频无线电话设备。

（16）雷达应答器:每艘客船和每艘 500 总吨及以上的货船,每舷应至少配备 1 台雷达应答器。每艘 300 总吨及以上但小于 500 总吨的货船,应至少配备 1 台雷达应答器。该雷达应答器应不低于国际海事组织通过的性能标准。

在船舶安全检查、港口国监督及开航前检查中,上述相关项目存在缺陷,可以认为"该船及其设备或船员实质上不符合要求",可以认为其"严重危及船舶、船上人员的安全或水域环境保护,表明该船低于相关标准",采取"详细检查"和"对船舶实施滞留"。

拓展阅读　船舶吨位丈量法的由来①

吨是计量船舶装载能力的单位,可是为什么称吨而不叫其他什么名称呢?原来这与运酒有关。

---

① 培德:《船舶吨位丈量法的由来》,《青年科学》,2005 年 10 期,第 46—46 页。

早在 13 世纪初期,波罗的海和北海各港口是用"拉斯特"(Last)来计算船舶运载能力的。1 个拉斯特等于 4 000 磅。到 15 世纪的时候,西欧各国酒类贸易相当发达,法国以装酒的桶数计算船舶载重能力和征税,规定每个酒桶的容积为 252 加仑,相当于 2 240 磅。船舶的大小也就以装载酒桶的多少来表示。这种酒桶当时叫作"TUNS",译音就叫"吨"。后来用"吨"来表示船舶大小的单位,就为各国所接受了。

"吨"的由来如此,那么船舶的总吨位又是怎样产生的呢?这就得从 17 世纪说起了。1678 年,英国议会通过了用船舶的主要尺度来计算船舶载重量的 B.O.M 丈量法,并被当时各国商船所接受。但到 18 世纪末,人们发现这个丈量法只涉及长度和宽度,尤其宽度对吨位影响特别大,船东为了多载货少纳税,把船造得又深又窄,不但船形不美,而且稳定性不好,弊病很多。所以英国政府任命几个专家对丈量法进行研究,直到 1849 年才由英国总丈量师乔治·摩逊提出以 100 ft³ 作为一个吨位的"摩逊法"。它是以船舶总容积除以 100 ft³ 计算出来的吨位,以此产生了船舶的总吨位。英国政府于 1854 年将它纳入商船法规,并被各国引进修改或补充,几乎成为国际船舶吨位丈量的规则。

计算国际船舶的吨位直接关系到各国贸易平等互利的经济利益。科学家们经过 800 多年的努力,制定出各种吨位的计量方法,直到 1969 年,才在国际海事组织大会上通过了《国际船舶吨位丈量公约》,规定在 1982 年 7 月 18 日生效,这样就有了今天海洋国家公认的国际船舶吨位的计量方法。

项目四
国际海上避碰规则公约

内容摘要

◆《国际海上避碰规则公约》的产生和发展

◆《国际海上避碰规则公约》的概况及主要内容

◆《国际海上避碰规则公约》在我国的实施情况

案例导入

2004年12月7日晚9时35分,2万多吨的巴拿马籍"现代促进"轮和7万余吨的德国籍"地中海伊伦娜"轮在珠江口担杆岛东北约8 n mile处发生碰撞。

"现代促进"轮船首在碰撞中受损严重,其船鼻向左舷倾斜约90°,周围船皮也已脱落。溢油主要是从"地中海伊伦娜"轮尾部油舱溢出,燃油舱破损溢出燃油约1 200 t,在水面形成了一条约9 n mile的溢油带(见图3-13)。这是中华人民共和国成立以来发生的最大一起船舶碰撞溢油事故和海洋石油污染事故。这次油污绵延到海南北部海域至少70 km,海口、澄迈、临高等海岸线遭受不同程度的污染。为了清除处理这些油污,海南就出动4 000余人,历时十多天,回收的含油废物超过400多吨。

第一章　公约产生的背景

人们的生活离不开衣食住行。"行",就是交通。水上交通,开始于独木舟,以后发展为摇橹和风力扬帆,进而发展为机动船舶。由于航海事业不断发展,海上发生碰撞事故随着舟船数量的增加而增加。

将人们的航海经验和个人记载的亲身体会编辑成册,同行业者互相交流,取长补短,形成了船舶航行中避免碰撞的操纵习惯。当时各国从事航海者有一套经验,而无统一的习惯。英

图 3-13　两外轮相撞后在水面形成了一条长长的溢油带

国和地中海、西欧及北欧的沿海国家,各有各的习惯。本国的习惯不能运用于他国的水域,所以在发生事故时,无法做出统一的结论,以致发生矛盾,造成混乱的状态。有鉴于此,航海驾驶人员集中讨论协商,统一欧洲各国的航海操纵习惯,这就是《国际海上避碰规则》的萌芽。

　　船舶航行规则,由习惯演变为文字条文,其发展情况与共同海损理算规则发展的情况相似。远在 12 世纪的时候,法国《奥列隆惯例集》(Rolls of Oleron)中曾记载"双方船长和船员在群众面前盟誓,说明船舶发生事故并非操纵船舶的过失,碰撞的原因无法预见,属于意外,两船的损失各半负担"。

　　13—14 世纪时,属于瑞典的小岛果特兰岛为当时波罗的海航行的中心,船只往来频繁。在波罗的海韦斯俾法典中有下列记载:"一条船在港口抛锚停靠,另一条船在航行时碰伤了停靠的船舶,所有一切损失,由航行的船舶承担责任。"此项记载,1505 年英国将其复印下来作为通告,散发给该国的各有关船舶。

　　德国汉萨同盟对船舶发生的事故,在《汉萨法典》中均有记载,并规定了过失方船舶赔偿的责任限制,以本船和船上设备的价值为赔偿的依据,货物不参加赔偿。

　　荷兰阿姆斯特丹法典中记载:"航行的船舶碰伤停泊的船舶,应负全部责任;如果抛锚的船舶对于所抛的锚失去控制,碰伤其他船舶,负半数赔偿责任。"

　　1863 年丹麦法典中记载:"双方争执不下时,由第三者调解解决,在航的船舶碰伤停泊的船舶,造成的损失由在航的船舶承担三分之二的责任。"

　　法国的法典,有路易十四统治法国的时候颁布的手谕,其中规定:"船舶发生碰撞所受到的损失,除非事出意外,或者由于恶劣天气所造成的事故,由双方各半负担。"

　　1938 年,航运界从经验中分析总结出碰撞事故的责任,有下列三种情况:(1)两船均无过失;(2)两船均有过失;(3)一船单独有过失。

　　欧洲大陆国家以罗马帝国制定的《十二铜表法》为基础,逐渐发展,编纂为罗马法典,即所谓大陆法系(即成文法)。

英国未受到罗马法典的影响,以法院的判例作为判决纠纷案件的根据,形成英美法系(即判例法),或者所谓不成文法。1851 年,对于船舶航行的规则和灯光的设备,英国国会制定了《机动船航行法令》,又在 1854 年初步制定了《商船法》。1869 年英国航运业方面制定了《船舶灯号规定》。其后英国海军部、贸易局和领港公会制定了"海上航行规则"(草案)。1880 年英国贸易局召集航行有关各方商讨从事拖网和漂网捕鱼的规定,并订立"国际海上避碰规则"。1883 年、1889 年和 1990 年三次在美国华盛顿召开国际海事会议,商讨"国际海上避碰规则"。

1894 年英国正式颁布《商船法》,1895 年英国又重新制定了《船舶灯号的规定》,1897 年制定了《渔船灯号的规定》,1899 年又制定了机动船在航行时应给正在捕鱼的渔船让路的规定,还规定了领港船的灯号、渔船的声号。

1888 年,美国政府以"国际海上避碰规则"中有不妥之处,于同年 7 月 30 日(光绪十四年六月二十二日)照会各主要海运国家开会讨论,我国亦受邀参加。1889 年国际海事会议在华盛顿举行,研讨航海问题及海上贸易有关事宜。当时我国政府也派海关负责人员和海事管带(舰长)赴美参加会议,历时两月有余。所有海上避碰规则和国际信号均经修改,并拟定海上船只遭难生命和财产救捞办法、航海阻碍物位置之报告、设立标记与移动撤除之规定,以及飓风警报播告制度等。

随后,又几经增删与修改,至 1910 年(宣统二年)世界各海运国将航海避碰规则颁布施行。我国政府亦于 1912 年(中华民国元年)命令海关总税务司译印中英合订本海上避碰规则,颁发给各海关和中国江海中各兵舰与商船一律奉行。唯帆船因不能在此例,故未依照规定办理。

1910 年,国际上正式公布了海上避碰规则。经过长时间经验的总结和对规则的修改,1948 年起采用修订的规则。1960 年和 1972 年又根据当时的需要,两次对规则进行了修改,修改过的新规则代替了旧有的规则。

在《1960 年国际海上避碰规则》公布时,因我国在联合国的合法席位尚未恢复,台湾当局派遣代表参加了会议。这次联合国通过的"国际海上避碰规则",我国不予承认。最近一次修订的《1972 年国际海上避碰规则》,因我国在联合国的合法席位已恢复,联合国海事协商组织不准台湾派遣代表,而是邀请我国政府派遣代表参加,我国正式派遣了代表参加讨论并签署了该规则。

第二章 公约的概况和主要内容

一、公约的概况和主要内容

《国际海上避碰规则》原是政府间海事协商组织制定的《国际海上人命安全公约》1948 年文本的第二个附件,1972 年修改后成为《1972 年国际海上避碰规则公约》的附件。它是为确保船舶航行安全,预防和减少船舶碰撞,规定在公海和连接于公海的一切通航水域共同遵守的海上交通规则。

公约规定缔约国的一般义务要求,即各缔约国应保证实施构成公约所附《1972 年国际海上避碰规则》的各项条款及其他附录;规定了签署、批准、接受、核准和加入的程序和条件,本条约保持开放到 1973 年 6 月 1 日为止供签署,此后继续开放供加入;联合国或其任何专门机构或国际原子能机构的会员国,或国际法院规约的当事方,可以适当方式参加本公约,同时向 IMCO 交存相应文件;规定公约可扩大适用范围,并可酌情撤销;并对公约生效条件、公约或/和规则修订、缔约国退出公约的程序和要求进行了规定。

《国际海上避碰规则》规定凡船舶及水上飞机在公海及与其相连可以通航海船的水域,除在港口、河流实施地方性的规则外,都应遵守该规则。规则主要是有关定义、号灯及标记、驾驶及航行规则等。规则对船舶悬挂的号灯、号型及发出的号声,在航船舶自应悬挂的号灯的位置和颜色,锚泊的船舶悬挂号灯的位置和颜色,失去控制的船舶必须使用的号灯和号型表示,船舶在雾中航行以及驾驶规则等,都做了详细的规定。

该公约及其所附的规则于 1977 年 7 月 1 日在国际上生效。截至 2016 年 3 月 30 日,该公约有 156 个缔约国,其船舶总吨位占全球商船总吨位的 98.76%。我国于 1957 年同意接受《国际海上避碰规则》。

公约由正文和附则(《1972 年国际海上避碰规则》)两部分构成。

二、公约附则

作为《1972 年国际海上避碰规则公约》附则的《1972 年国际海上避碰规则》(以下简称 COLREG 1972),共分 5 章 38 条,另有 4 个附录。

(一)COLREG 1972 的结构与概况

1. 第一章总则(第 1 ~ 3 条):适用范围、责任、一般定义。

2. 第二章驾驶和航行规则(第 4 ~ 9 条,共 3 节):

(1)第一节船舶在任何能见度情况下的行动规则:适用范围、瞭望、安全航速、碰撞危险、避免碰撞的行动、狭水道、分道通航制。

(2)第二节船舶在互见中的行动规则:适用范围、帆船、追越、对遇局面、交叉相遇局面、让路船的行动、直航船的行动、船舶之间的责任。

(3)第三节船舶在能见度不良时的行动规则:船舶在能见度不良时的行动规则。

3. 第三章号灯和号型(第 20 ~ 31 条):适用范围、定义、号灯的能见距离、在航机动船、拖带和顶推、在航帆船和划桨船、渔船、失去控制或操纵能力受到限制的船舶、限于吃水的船舶、引航船舶、锚泊船舶和搁浅船舶、水上飞机。

4. 第四章声响和灯光信号(第 32 ~ 37 条):定义、声号设备、操纵和警告信号、能见度不良时使用的声号、招引注意的信号、遇险信号。

5. 第五章豁免(第 38 条):豁免。

6. 附录

附录一:号灯和号型的位置和技术细节;

附录二:在相邻附近处捕鱼的渔船额外信号;

附录三:声号器具的技术细节;

附录四：遇险信号。

三、公约的历次修正案

《1972 年国际海上避碰规则公约》（以下简称《规则》）自 1977 年 7 月 15 日生效以来，国际海事组织（IMO）于 1981 年、1987 年、1989 年、1993 年、2001 年和 2007 年分别对其进行了修正。其中，前五次修正都已陆续生效，2007 年的修正案于 2009 年 12 月 1 日正式生效。

1981 年修正案主要对"条款的用词上以及有关号灯、号型的规定"做出了修改。修改内容如下：

（1）第 1 条第（3）款：本款有 4 处增加"号型"一词，分别插于"信号灯"和"号灯"之后；（2）第 3 条第（7）款：将第三段"下列船舶应作为操纵能力受到限制的船舶"改为"操纵能力受到限制的船舶一词应包括，不限于下列船舶："；把"水雷"一词改为"清除水雷"；（3）第 10 条第（2）款：把"但从分道的一侧驶进……"改为"但从分道的任何一侧驶进或……"；（4）第 10 条第（4）款：在原来条文后面加上了"但长度小于 20 m 的船舶和帆船在任何情况下都可使用沿岸通航带"；（5）第 10 条第（5）款：本款修改为"除穿越船或驶进或驶出通航分道的船舶外，船舶通常不应进入分隔带或穿越分隔线"；（6）第 10 条第（11）款：新增加条文，即"11. 操纵能力受到限制的船舶当在分道通航制区域内从事维护航行安全的作业时，在执行该作业所必需的限度内，可免受本条规定的约束"；（7）第 10 条第（12）款：新增加条文，即"12. 操纵能力受到限制的船舶，当在分道通航区域内从事建设，维修或起捞海底电缆时，在执行该作业所必需的限度内，可免受本规定的约束"；（8）第 13 条第（1）款：把"不论本节各条"改为"不论第二章第一节和第二节的各条"；（9）第 22 条第（4）款：增加一款，"4. 不易察觉的，部分淹没的被拖船舶或物体：——白色环照灯，3 n mile"。

1987 年修正案主要对第 10 条（分道通航制）与增添第 8 条第 6 款（"不妨碍条款"）做出了修改。1989 年修正案对第 10 条（分道通航制）做出了修改。修改内容如下：

用下列文字取代现有的（d）项：

"（d）（i）当船舶可安全使用邻近分道通航制区域中相应通航分道时，不应使用沿岸通航带。但长度小于 20 m 的船舶、帆船和从事捕鱼的船舶可使用沿岸通航带。

（ii）尽管有上述（i），当船舶抵离港口、近岸设施或建筑物、引航站或位于沿岸通航带中的任何其他地方或为避免紧迫危险时，可使用沿岸通航带。"

1993 年修正案做出了如下修改：

（1）第 26 条中第 2（1）段删去"长度小于 20 m 的船舶，可以显示一个篮子，代替这种号型"等词；（2）第 26 条中第 3（1）段删去"长度小于 20 m 的船舶，可以显示一个篮子，代替这种号型"等词；（3）第 26 条中第 4 段修正如下"4. 本附则附录 2 中规定的额外信号适用于在其他捕鱼船舶附近从事捕鱼的船舶"。（4）附录一中第 3 段：号灯的水平位置和间距增加新的第（4）小段"（4）当机动船按规定仅有一盏桅灯时，该灯在船中之前显示；长度小于 20 m 的船舶不必在船中之前显示该灯，但应在尽可能靠前的位置上显示"。

2001 年修正案做出了如下修改：

（1）第 3 条——第（a）款修正如下：（a）"船舶"一词系指用作或者能够用作水上运输工具的各类水上船筏，包括非排水船舶、地效船和水上飞机；——增加新的第（m）款如下：（m）"地效船"一词系指多式船艇，其主要操作方式是利用表面效应贴近水面飞行。

(2)第8条——第(a)款修正如下:(a)应根据本章各条规定采取避免碰撞的任何行动,如当时环境许可,应是积极地,并且及早地进行和注意运用良好的船艺。

(3)第18条——增加新的第(f)款如下:(f)(i)地效船在贴近水面起飞、降落和飞行时应宽裕地让清所有其他船舶并避免妨碍它们的航行;(ii)在水面上操作的地效船作为动力船舶遵守本章各条。

(4)第23条——增加以下第(c)款并相应重新编号:(a)除本条第(a)款规定的号灯外,地效船只有在贴近水面起飞、降落和飞行时才应显示高密度的环照红色闪光灯。

(5)第31条——31条修正案如下:当水上飞机或地效船不可能显示按本章各条规定的各种特性或位置的号灯和号型时,则应显示尽可能近似于这种特性和位置的号灯和号型。

(6)第33条——第33条(a)条修正如下:(a)长度为12 m或12 m以上的船舶应配备一个号笛,长度为20 m或20 m以上的船舶,除了号笛以外还应配备一个号钟,长度为100 m或100 m以上的船舶,除了号笛和号钟外还应配备一个号锣。号锣的音调和声音不可与号钟相混淆。号笛、号钟和号锣应符合本规则附则3所载规格。号钟、号锣或者二者均可用与其各自声音特征相同的其他设备代替,在任何时候都要能以手动鸣放规定的号声。

(7)第35条——增加新的第(i)款并相应重新编号:(i)长度为12 m或12 m以上但小于20 m的船舶,不要求鸣放本条第(g)款和第(h)款规定的声号。但如不鸣放上述声号,则应鸣放他种有效的声号,每次不超过2 min。

2007年修正案对"附录四 - 遇险信号"做出了如下修改:

下列信号,不论是一起或分别使用或显示,均表示遇险需要救助:

1. 每隔约1 min鸣炮或燃放其他爆炸信号一次;

2. 以任何雾号器具连续发声;

3. 以短的间隔,每次放一个抛射红星的火箭或信号弹;

4. 以任何发信号方法发出的由《莫尔斯信号规则》中的"· · · — — — · · ·"(SOS)信号组构成的信号;

5. 无线电话发出"梅代"(MAYDAY)语音信号;

6.《国际简语信号规则》中表示遇险的信号"N. C.";

7. 由一个球体或任何类似球体的物体及其在上方或下方的一面方旗所组成的信号;

8. 船上的火焰(如从燃着的沥青桶、油桶等发出的火焰);

9. 火箭降落伞式或手持式的红色突耀火光;

10. 放出橙色烟雾的烟雾信号;

11. 两臂侧伸,缓慢而重复地上下摆动;

12. 在下列频道或频率上发出的数字选择性呼叫(DSC)遇险报警信号:

(1)甚高频第70频道;

(2)2 187.5 kHz,8 414.5 kHz,4 207.5 kHz,6 312 kHz,12 577 kHz,16 804.5 kHz频率上的中频/高频;

13. 船舶的Inmarsat或其他移动卫星业务提供商的船舶地球站发出的船到岸遇险报警信号;

14. 由无线电应急示位标发出的信号;

15. 由无线电通信系统发出的经认可的信号,包括救生艇筏雷达应答器。

除为表示遇险需要救助外,禁止使用或显示上述任何信号以及可能与上述任何信号相混淆的其他信号。

应注意《国际信号规则》《商船搜寻和救助手册》的有关部分,以及下述的信号:

(1)一张橙色帆布上带有一个黑色正方形和圆圈或者其他合适的符号(供空中识别);

(2)海水染色标志。

第三章　公约在我国的实施情况

第一节　我国对公约的批准情况

1957年12月23日全国人民代表大会常务委员会第88次会议决定接受《1948年国际海上避碰规则》,但做了如下保留:"属于中华人民共和国的非机动船不受海上避碰规则的约束。"

为了保障中国非机动船舶在海上航行的安全,我国制定了《中华人民共和国非机动船舶海上安全暂行规则》,于1958年8月16日由交通部和水产部联合颁布。

1973年3月,中国政府恢复了在联合国的合法席位,并于1975年6月2日起正式接受了《1960年国际海上避碰规则》,但对非机动船舶做了保留。

经国务院批准,1980年1月7日我国政府正式接受COLREG 1972,《1960年国际海上避碰规则》同时废止。同年4月1日零点宣布实施该规则,但仍对非机动船舶做了相应的保留。从当年开始,作为COLREG 1972的缔约国,我国参加了COLREG 1972的1981年、1987年、1989年、1993年、2001年等历次规则修订大会,并与该组织成员国同步实施COLREG 1972的各项修正案。

COLREG 1972及其后的修正案,对中国香港和中国澳门特别行政区都继续有效。

第二节　公约的实施及对我国立法的影响

作为COLREG 1972的缔约国,为了更好地履行公约,我国在国内进行了相应的立法,直接引用或采用了COLREG 1972中的概念或主要精神。另外,在我国沿海和内河某些水域实施的船舶分道通航制或船舶定线制,以及船舶报告制,也充分体现了我国发挥政府监督和服务职能,为确保水上交通安全而积极履约的行为。

一、COLREG 1972与船舶定线制规定

1. 两者的区别和联系

船舶定线制是指在船舶航线汇合区域和通航密度大或船舶行动受限的区域,规定或推荐航行路线供过境船舶使用的海上安全措施。即在上述区域建立的以分道通航制为主的各种定线系统。分道通航制的实施,对改善水上交通秩序、避免碰撞事故的发生起到了非常重要的作

用,收到了显著的效果。分道通航制尤其适用于狭水道、沿岸海域以及江河、港口的出海处等通航密度大的海区,它对于确保船舶在不良能见度下的安全航行的效果尤为突出。

2.《长江江苏段船舶定线制规定》与 COLREG 1972

2003 年 7 月 1 日生效的《长江江苏段船舶定线制规定》吸收了 COLREG 1972 的原则和方法,它是根据长江江苏段地理水文条件、船舶航行条件、港口的发展和船舶航行技术等情况而制定的。在制定《长江江苏段船舶定线制规定》时已充分注意到了 COLREG 1972 的适用,但该水域船舶的航行规则应以《长江江苏段船舶定线制规定》为主要依据,而 COLREG 1972 能否适用于长江江苏段,按照 COLREG 1972 的精神可以适用,但应结合该航段的特殊情况进行特殊规定。

因此,在长江江苏段水域中,船舶的航行、停泊与避让行动和海事管理中优先适用《长江江苏段船舶定线制规定》;海船有关号灯、号型、声响和灯光信号的要求则应遵守 COLREG 1972 的相关规定。

二、执行措施、监督

1. COLREG 1972 的法律规范特点

普通法律可分为实体法和程序法。实体法规定该法所调整关系的权利和义务,程序法是为保证实体法所规定的权利、义务关系的实现而制定的有关诉讼程序。COLREG 1972 规定了当事船舶的权利和义务,主要表现为船舶的让路义务和直航船的直航权利,故应属于实体法的范畴。

2. COLREG 1972 法律规范性质的体现

国内对规范海上航行、停泊和作业安全的法律是《中华人民共和国海上交通安全法》。该法第 9 条规定,"船舶、设施上的人员必须遵守有关海上交通安全的规章制度和操作流程,保障船舶航行、设施航行、停泊和作业的安全",并规定了相关的制裁措施。第 10 章法律责任第 44 条中提出:"对违反本法的,主管机关可视情节,给予下列一种或几种处罚:一、警告;二、扣留或吊销职务证书;三、罚款。"上述三种处罚都是追究当事人行政违法的责任。

由此我们可以看出,当船舶之间发生了碰撞事故而进行责任追究时,COLREG 1972 成为法律判断的标准,判定当事双方应承担的责任和义务,并据此追究当事双方的行政和民事责任,具有了法律规范的性质。

拓展阅读　新幽灵船时代:无人驾驶船舶将给航运业带来怎样变化?[①]

空无一人的"幽灵船"在海上漂荡,这曾是船员们的噩梦,因为那些船只遇到了海难;而在未来,完全自动驾驶的"新幽灵船"或成为主流。目前多家公司正在挪威进行技术测试,数年内航运业可能发生翻天覆地的巨变(见图 3-14)。

夜半时分,北大西洋上,一艘巨型集装箱货轮收到了最新的气象报告——前方正酝酿着一

---

① 引自网易新闻 http://news.163.com/17/0326/11/CGF0BH2Q000187VE.html.

场可怕的风暴。船只静悄悄地改变了航线和速度,以便躲过危险,及时到达目的地。船只所属公司和下一个港口的港务长也收到了航线更改通知。当它逐渐靠岸之时,再次调整航线,这次是为了躲开右方一艘渔船。

听上去这只是一次跨大西洋航行中普通的一天,而事实并非如此。因为船上一个人也没有,掌控它的是位于世界另一端的指挥中心,那里的技术人员通过卫星数据,监管着众多船只(见图3-15)。

图3-14 劳斯莱斯公司无人驾驶船舶设计图

图3-15 无人驾驶船舶的应用将给航运业带来一系列改变

1. 好处不止一个

电子传感器、远程通信和计算机技术的进步已经刺激了一系列自动化交通工具的发展,如汽车、飞机、火车,现在轮到了船舶。许多企业和研究机构正努力把它变成现实。劳斯莱斯在芬兰上马了"高级自动水运应用"（简称 AAMA）的合作项目，希望能在十年内开发出在沿海区域航行的遥控船或全自动船；欧盟的"网络智能水运项目"（MUNIN）由设在汉堡的弗朗霍夫水运物流和服务中心领导，正在评估无人驾驶商船远洋航行在技术、经济和法律上的可行性；权威国际船舶认证组织 DNVGL 在研究利用无人电动船沿着挪威海岸线运货的可行性。除此之外，中国、韩国等也在进行相关研究。

事实上，几个世纪以来，船上人员的数目一直在下降。人们对无人驾驶船只感兴趣，原因很简单：这样的船更安全、更高效，运行成本更低。总部位于慕尼黑的 Allianz 保险公司 2012 年公布报告说，75%～96% 的海上事故是人类失误导致，而失误往往是因为疲劳。遥控和自动驾驶可以减少这样的失误，降低伤亡和损失。此外，海盗对船只和海员的威胁也将减弱。无人驾驶船可以通过设计，让海盗难以上船；哪怕是已经登船，也极难对控制室进行操作。事实上，在需要时，控制室的电脑可让船只停止工作或者原地打转，方便海军舰船前往现场处理；而索回船只也更加容易，因为没有船员被扣为人质。

遥控船和自动船的另一个好处是可以设计出更大的载货量、更低的风阻。没有船员在上面吃喝拉撒，船只现在必须包含的一些功能就可以取消，比如舱面室、船员宿舍，还有一些通风、加热和下水系统。船只因此变得更加轻便，线条更加流畅，从而降低燃料消耗，减少操作和建造成本，并让出更多载货空间。

最后，智能船将更好地适应一个现实：拥有必备航海技能的人力资源日益稀缺。伴随越来越多机械和电子设备的出现，船舶变得越来越复杂，操作它们需要精通专业的技术人员。但与此同时，航海作为一项职业，吸引力却越来越差，尤其来自发达国家的人员，越来越不愿意一次离家数周甚至数月，在茫茫大海上度过。远程控制和自动驾驶方便航海职位向着陆上呼叫和操作中心转移，对年轻人更有吸引力（见图 3-16）。

图 3-16　在无人驾驶航运时代，陆上控制中心的设置极为重要

2. 法规需要"升级换代"

建造和控制"新幽灵船"的技术已经有了，更有挑战性的其实是监管问题。目前，对于这样的船只是否允许出海、如何进行保险、出现事故时由谁来负责，全球航运管理规定并不清晰。

除了 AAWA 项目成员国，欧洲至少还有两个组织正在探索如何改变法规，明确这些问题。其一是欧洲无人驾驶水运系统安全和管理组织（SARUMS），由瑞典牵头，另有六个国家参与；在英国，自动水运系统管理工作组（MASRW）也在进行类似的努力。它们的目标是当《国际海上人命安全公约》下次修订时能有实质性的"升级换代"。

3. 技术核心是"感知"和通信

而监管者在进行关于法规的讨论时,会很想知道无人驾驶船舶安全性到底如何,所以工程师面对的挑战就是将既有技术综合利用,达到最佳效果。

当新幽灵船时代真的到来,其控制中心可能会类似劳斯莱斯的 Unified Bridge 舰桥。其桥楼可以提供全景式视野,配有操作方便的电脑化控制和监测系统,具有良好的情境感知能力(见图 3-17)。

图 3-17　相对"娇小",时速约 20 kn,可载货 3 t

事实上,对遥控和自动驾驶船来说,最关键的就是它对周围环境的感知能力及通信能力,这样才能平安驶向目的地,途中避免碰撞,并完成复杂的操作(比如靠岸)。劳斯莱斯正在研究情境感知系统,它将高清可视光和红外成像技术与光达、雷达测定技术结合起来,就船只周围环境提供详细的图像资料,这些信息可被传回远程操作中心,或提供给船上电脑使用,作为船舶下一步行动的依据。

船舶远程指挥或自动航行系统也将利用其他很多数据来源,比如卫星定位系统的修正信息、天气预报、其他船只关于自身位置和身份的广播,等等。其实,作为日常操作的一部分,如今海员已经在使用多样化的数据信息及电子辅助系统,标记其他船只、辅助导航、监控船上主要机器以保证发动机及其他关键机械部件运行的系统也已存在。而在未来,更多数据将来自嵌在船舶重要系统内部的传感器。这些系统包括发动机、吊机和其他甲板机械,还有螺旋桨、艏推进器、发电机、油滤装置,等等。这些数据将帮助了解系统是否正常,是否达到最高效状态。如有关键部件发生故障,可以预定在下一个港口进行预防性维修;如有需要,当船只还在海上航行时,就派人登船维修。

当然,当船只自动驾驶或受远程控制时,及时将数据传输到岸上极为重要,它们需要不间断地实时通信。虽然卫星通信多年前就已应用于远洋船舶,但现在服务质量提升很多。特别是 2015 年 8 月,AAWA 的合作伙伴 INMARSAT 发射了第三颗 Global Xpress 卫星,有能力在几乎世界任何地方支持宽带通信。

当然,保护这些数据以及与船舶通信系统不被黑客侵入,也是至关重要的。你当然不希望那些好事者通过自己的路由,就让船只偏航,或者更糟,让它们跟什么撞到一起。提供数据连接可能是小菜一碟,但安全保护是大事。

4.人类仍然是中心

哪怕船只可以自主航行,陆地上仍然必须有人,好在出现异常时接管控制权。不同的船只需要雇佣不同数量的监控和操作人员。远洋货轮一般无需太多人力监控,一名"船长"可以同时监控多艘船只。而在拥挤的航线上行进的轮船,或者离海岸近的,以及进港或出港的时候,可能需要多名专业人员更多的关注。因此,远程控制或自动驾驶船舶所有相关技术里,一个重要部分就是远程控制系统和控制中心的设置。研究人员根据航空、核能源、太空探索,还有制造海员训练模拟器的经验,琢磨如何设计这样的中心,其装配不仅要考虑到人机工程学,还要考虑操作便利性和实用性。前面提到的劳斯莱斯 Unified Bridge 舰桥可以说是"先锋",相对传统船舶舰桥,它进行了彻底的重新设计。2014 年 8 月,其第一代产品装在钻井平台船 StrilLuna 上出海,此后该系统被引入了拖船、超大型游艇、极地研究船,甚至一种新型的邮轮上。

5.数年内见分晓

在建造和操作无人驾驶船舶方面,肯定不只有一种方式。有的可能不需要任何员工,看上去跟现有船只设计截然不同;有的则是自动驾驶和远程控制混合操作———在远洋公海时自动驾驶,需要更高级操作时回归远程控制;还有一些船舶,比如邮轮,则可能一直需要人类员工,哪怕只是为了给客户提供服务、安全和保障。但它们的共同点则是拥有更好的情境感知技术,更加安全。

第一艘投入商用的智能船将主要使用现有技术。这艘船可能往来于单一船旗国沿海水域,可能是渡轮、拖船,或其他沿海船型,在非常有限的区域航行。

实际上,试航就在眼前。(2016 年—编者注)底,挪威航海和海滨管理部分开放了特隆赫姆湾的一处地点,允许进行相关测试,这是世界首例。目前多家公司正在那里测驶无人驾驶船舶导航、防碰撞系统、操作安全和风险管控项目。有专家预测,"新幽灵船"2020 年就会出现。到 2025 年,一些航运公司就会在公海运营远程控制船。再过 5 年,无人驾驶远洋货轮船将司空见惯。

这种变革是连锁式的。从有人驾驶船舶到靠陆地技术人员控制船只,无疑会让全球物流链发生革命性改变,创造出新的服务,带来更高效的船只出租和共享方案,催生海上货运在线市场,以及种种更加聪明的创新。当新的玩家进入这个有些古板守旧的市场,可能掀起一股摧枯拉朽的浪潮,就像 Uber 和 Airbnb 做过的那样。

(来源:IEEE SPECTRUM,编译:Dawn,原载《南方都市报》2017 年 3 月 26 日,有删改)

国际海上搜寻和救助公约

内容摘要

◆《国际海上搜寻和救助公约》产生的背景

◆《国际海上搜寻和救助公约》的主要概况及主要内容

◆我国海上搜救管理制度

案例导入

2015 年 5 月 28 日,"东方之星"客船从南京出发开往重庆,中途还停靠了多个港口。事发时,船舶位于长江中游的湖北水域。据了解,该水域距南京 1 400 km。2015 年 6 月 1 日 21 时 30 分许,载有 400 多人的巨大客船突然翻沉。2015 年 6 月 1 日 22 时 10 分左右,长江海事局下属岳阳海事局指挥中心接到一个船员来电,其所在船只因暴风雨抛锚时他看到两个人沿江往下漂,一个穿着救生衣,一个抱救生圈,因风雨太大无法施救,特报警。后来这两个人被海巡船救起,告知"东方之星"客船沉没。2015 年 6 月 1 日 23 时 51 分,湖北省委省政府接到自救上岸的船上落水人员电话报警后,立即启动应急预案。2015 年 6 月 2 日 1 时许,长江干线水上搜救协调中心接报,重庆东方轮船公司所属旅游客船"东方之星"轮在长江湖北监利段突遇龙卷风瞬间翻沉。2015 年 6 月 2 日凌晨 5 时许,湖北省政府应急办发布消息:"东方之星"客船上行至长江水域湖北省荆州市监利县大马洲水道 44 号过河标水域处(长江中游航道里程 299.9 km),突遇龙卷风翻沉。

2015 年 6 月 1 日凌晨,华容消防等部门人员和装备已经赶赴现场,在现场附近的湖南华容洪山头新江渡口等沿江地带全力展开搜索。2015 年 6 月 2 日凌晨,武警湖北总队抽调武汉、荆州、荆门、宜昌等支队共 1 000 多名官兵、40 艘冲锋舟,赶赴现场展开搜救和外围警戒等任务。6 月 2 日早上,接到国家卫计委通知,湖南湘雅附二医院组建紧急医疗救援队赶往事发现场。截至 2015 年 6 月 2 日 8 时,长江干线水上搜救协调中心已协调 34 艘公务船及多艘过往船舶在现场搜寻,现场已救起 9 人。舟桥旅出动 100 余人和 20 台车,携带 18 艘冲锋舟和 2 艘救护汽艇,以及部分应急救援器材,正在火速赶往事故发生地。截至 2015 年 6 月 2 日 9 时,

14 艘海巡艇、8 艘航标艇、9 艘冲锋舟、2 艘长航公安艇、2 艘地方海事艇、17 艘社会船只、100 艘渔船,正在事发江段开展搜救,5 艘打捞船和 20 名潜水员正赶往事发地点,荆州军分区组织 300 人赶到现场。2015 年 6 月 2 日上午,长江防总对三峡水库进行三次调度,减少出库流量,从 17 200 m³/s 减少到 7 000 m³/s,紧急减少水库出库流量可以减缓水位上涨趋势,为长江沉船救援创造有利环境。当日晚间,调度的影响到达事故发生地监利江段。海军从北海舰队、东海舰队、南海舰队和海军工程大学抽调潜水兵力组成 140 余人的搜救力量,携作业装备紧急赶赴湖北。2015 年 6 月 2 日上午,北海舰队 53 人应急救援分队已乘军机前往;14 时左右,东海舰队队伍也登机启程。到 20 时,海军已救起 2 名遇险群众。海军工程大学潜水员官东为顺利救出被困人员,将潜水器具给了对方,自己出水后双眼通红,鼻孔流血。2015 年 6 月 2 日上午,救援指挥部开辟了专用通道,对救援车辆实行快速放行。事发地附近的荆岳大桥主线收费站、白螺匝道收费站、监利收费站实施救援通道免费放行。2 日下午,空降兵派出 3 架直升机巡视现场以及运送潜水员、物资。工信部也调集应急通信车 12 辆、应急抢修车 20 辆以及卫星电话、发电油机等应急设备,救援现场通信保障正在全力开展。

图 3-18　"东方之星"轮扶正现场

第一章　公约产生的背景

人们很早就认识到营救海上遇险人员的重要性和道义责任,并认识到只有通过国际合作,营救工作才能更有成效。1906 年,第一次国际无线电通信会议制定了关于海难和其他紧急情况下使用无线电通信的规则,为海上搜救工作奠定了国际合作的基础。1910 年,关于海上救助打捞的国际公约责成每个船长要对遭遇生命危险的人,包括已放下武器或失去战斗力的敌人,提供救助。1914 年,第一次国际海上人命安全会议进一步制定了在发生海难时船长的职责,并对各沿海缔约国政府规定了开展在其海岸周围的海难营救工作的要求。1948 年、1960 年、1974 年的国际海上人命安全公约都规定了船长对提供营救的责任和为促进沿海国家在搜救服务中制定共同协议的要求。政府间海事协商组织(简称海协,现改称国际海事组织)于 1971 年和 1979 年先后通过了推荐《商船搜寻和营救手册》(MERSAR)和《海协搜寻和营救手册》(IMCOSAR)的决议,并于 1979 年 4 月汉堡会议上通过了《1979 年国际海上搜寻救助公约》(SAR 1979),使各国救援中心和赴援单位与遇险船在从事搜救工作时有了一个统一的行动标准和一整套指导性的具体方法。

缔约国履行 SAR 1979 的义务主要体现在对海上人命的救助方面。海上航行的船舶对来自其他船舶的遇险信号做出响应是一个古老的传统,也是法律所规定的一项义务。《1910 年统一于海上救助打捞若干规则的国际公约》是最早涉及海上救助义务的一个国际公约;SOLAS 1974 第 5 章第 10 条也做出了明确的规定:"海上船舶的船长,在收到船舶、艇或救生筏遇险信号时必须全速驶向遇险者并提供援助,可能时,应通知遇险者他正在前往。如果船长不能前往援助,或因情况特殊,认为前往不合理或不必要时,他必须将未能前往援助遇险人员的理由载入航海日志。"

与此同时,有关海上救助义务的规定不仅约束海上的船舶,而且也约束沿海国家及沿岸的相关机构。《1985 年公海公约》第 12 条款即进行了规定:每个沿岸国应促进建立和维护与海上安全有关的有效的搜救设施,如情况需要,与邻国就这一目的进行相互的区域性合作。1960 年 SOLAS 公约大会上通过的要求 IMO 采取适应的行动改进海上搜寻和搜助的一系列建议案中,对海上遇险搜寻和救助的规范和标准提出了相应的要求。SOLAS 1974 第 5 章第 15 条规定:"各缔约国应承担义务安排必要的沿岸值守并救助其沿岸海上的遇难者。这些安排包括海上安全设施的建立、管理和维护,而这些设施在考虑到海上交通的密度和航海的危险后认为,是实际的和必要的,并尽可能采取足够的措施找到并救助这些遇难者""各缔约国政府应提供其现有救助设施及计划的信息以供交换。"

为了最大限度地发挥各国搜救力量的作用,使搜寻和救助标准化和规范化,促进相关国家提供搜救组织的基本架构,承担搜寻和救助的责任,协调国家及组织间的广泛合作,建立搜寻和救助的服务基础设施,提高搜救人员的水平,保证搜救中的海面单位与空间单位之间有效合作,国际海事组织(IMO)于 1979 年 4 月在德国汉堡召开了国际海上搜寻救助大会,通过了 SAR 1979 及其附则,同时通过了 8 个相应的大会决议。

按照相应的法定程序,SAR 1979 于 1986 年 6 月 22 日正式生效。

第二章　公约的概况及主要内容

第一节　公约的概况

《1979 年国际海上搜寻和救助公约》(International Convention on Maritime Search and Rescue,1979,简称 SAR 1979)是协调以救助在海上遇险人员为目标的国际公约,也是世界上第一个专门为搜救目的而制定的国际公约。该公约要求每一缔约国对在自己所负责的搜救区域内发生的海难事故能够做出快速、有效的反应,建立搜救组织和部署搜救力量,建立和健全海上搜救法规和搜救体系,规范海上搜救工作,提高搜救效率和搜救服务能力;同时,公约要求缔约国最大限度地使搜救程序标准化,以利于各缔约国搜救组织之间的直接联系和保证搜救中的海面单位与空中单位之间有效合作。

截至 2016 年 3 月 10 日已有 107 个国家参加了公约,拥有的船舶总吨位合计占全世界商船总吨位的 80.50%。SAR 1979 于 1985 年 6 月 22 日正式生效。1998 年 5 月 18 日国际海事组织第 69 届海上安全委员会以 MSC.70(69)决议通过了该公约的 1998 年修正案。按照默认程序,该修正案已于 1999 年 7 月 1 日被视为接受,并于 2000 年 1 月 1 日生效。中国于 1985 年 6 月 24 日核准了公约,1985 年 7 月公约对我国生效。

国际海事组织第 69 届海上安全委员会把世界海洋划分为 13 个搜寻救助区,每个搜寻救助区有一个或几个国家充当信息搜集国,在每个搜寻救助区内的缔约方都有责任搜寻和救助遇险船舶和人员。

我国是国际海事组织的 A 类理事国、SAR 1979 的缔约国。海难搜救工作是我国政府应承担的国际义务,是一项需搜救机构快速反应的政府行为,是一项国际性公益事业;履约能力大小直接关系到我国的对外声誉,是一个国家综合国力和公共服务能力的集中体现,也是我国政府全面履行政府职能、提高行政能力的迫切要求。

第二节　公约的主要内容及修正案

一、公约的主要内容

本公约由 8 条法律条款和 1 个附则组成,凡引用本公约,同时也就包括引用其附则。公约的附则共分 6 章:名词和定义;组织机构和安排;国际合作,包括国家间的合作及与航空服务的协调;施救前的准备措施;工作程序;船舶报告制度。

公约的主要目的是通过建立国际搜救计划,促进各国政府之间以及参与海上搜救活动者之间的合作,《1974 年国际海上人命安全公约》鼓励此种合作。该公约的缔约国在公约中承诺"保证做出一切必要的安排进行海岸值守及对沿其海岸的海上遇险者进行救助,这些安排必须包括建立、操作和维护实际可行的、必要的海上安全设施"。

搜救公约的技术要求放在附则中,公约要求缔约国确保做出安排以在其沿海水域提供足够的搜救服务。公约鼓励各缔约国与其邻国签订搜救协定,建立搜救区,合作使用设备,建立共同的搜救程序,进行培训和互访。公约要求各缔约国采取措施,便利其他缔约国救助设备快速进入其领水。

公约要求采取预防性措施,如建立救助协调中心和分中心。公约还规定了在紧急情况下或在发出报警后以及在搜救作业中应遵守的操作程序,包括指定现场指挥员并规定其职责。

公约建议缔约国建立船舶报告系统。船舶可通过该系统向海岸无线电台报告其船位。这可以缩短从船舶失去联系到启动搜救作业之间的间隔,同时也有助于迅速确定一些船舶前往出事地点提供帮助,其中包括医疗帮助。

按照该公约,海洋被划分为若干地区性搜救区域,在每一搜救区域内,各国又商定每一国家所负责的搜救区。1998 年 9 月澳大利亚弗里曼特尔(Fremantle)会议后,这一全球性的搜救网络已基本形成。

二、公约的修正案

1.1998 年修正案

1998 年修正案修订后的公约澄清了政府的责任,并进一步强调了区域性做法和海上与空中搜救作业的相互协调。修订后的公约与原公约相比,更易于被那些尚未批准《1979 年国际海上搜寻和救助公约》的国家接受。

修正案对公约的主体及附则进行了修改。修正案更新了第 1 章的术语和定义,重新改写了关于组织和协调的第 2 章,使政府的责任更加明确。新的文字要求缔约国政府独自或与其他国家合作,建立搜救服务的基本设施。修订后的公约还规定了如何安排搜救服务以及如何发展国家救助能力。此外,公约还要求缔约国建立全天候工作的救助协调中心,工作人员须经过培训,并能够用英语交流。修订后的第 2 章要求缔约国"确保海上与航空服务间最密切、可行的协调"。国际海事组织和国际民航组织(ICAO)联合制定了《国际航空和海事搜救手册》(IAMSAR),用以代替早期的《商船搜救手册》(MERSAR)和《海协搜救手册》(IMCOSAR)。

MERSAR 于 1971 年首次出版,IMCOSAR 于 1978 年首次出版。修订后的搜救公约的其他章节涉及国家间的合作(第 3 章)和工作程序(第 4 章),第 4 章包括了原公约第 4 章(准备措施)和第 5 章(工作程序)的内容,规定了在初步行动、紧急阶段、搜寻目标位置不明情况下开始搜救行动和协调搜救行动期间须遵守的程序。修订后的第 4 章还规定"在可行时,搜救行动须继续进行,直至救助幸存者的所有合理希望均已破灭"。原第 6 章(船舶报告系统)更新后重新编排为第 5 章。该章要求船舶报告系统应提供船舶动态的最新信息,以便在船舶遇险时帮助救助行动。

2.2004 年修正案

2004 年修正案对公约附则的修正包括:在第 2 章(组织和协调)增加新的关于遇险人员定义的一段;在第 3 章(政府间合作)增加新的关于协助船长转移遇险人员的一段;在第 4 章(操作程序)增加新的关于救助协调中心启动识别遇险人员最佳登陆地的程序的一段。我国是搜救公约的缔约国,在上述修正案通过后未对其内容提出任何反对意见,因此修正案对我国具有约束力。

第三章 我国海上搜救管理制度

一、我国的搜救体制

1973 年,为使在我国沿海遇险的人员、船舶得到及时救助,国务院、中央军委成立全国海上安全指挥部,其办事机构设在交通部,海上安全指挥部主要负责统一部署和指挥海上船舶防台风、防止船舶污染海域,以及海难救助工作。我国沿海省、自治区、直辖市组成了相应的海上安全指挥机构,领导本地区的海上安全工作。从而初步形成了符合我国当时国情的海上搜救格局。

1989年，根据《1979年国际海上搜寻救助公约》要求，国务院、中央军委联合发文，在交通部建立中国海上搜救中心，负责全国海上搜救工作的统一组织和协调，日常工作由交通部海事局承担，并要求国务院有关部门和军队配合中国海上搜救中心做好海上搜救工作。我国沿海省、自治区、直辖市建立了相应的海上搜救机构。

2005年，为加强我国应对海上突发事件应急工作的能力，加强国务院各相关部委和军队在海上搜救工作上的协调配合，经国务院批准，建立了由交通部牵头的国家海上搜救部际联席会议制度，指导全国海上搜救和船舶污染应急反应工作。明确中国海上搜救中心作为国家海上搜救部际联席会议制度的办事机构，负责组织、协调、指挥重大海上搜救和船舶污染事故应急处置行动，指导地方搜救工作。

二、加强海上搜救"一案三制"建设

2005年，国务院批准了《国家海上搜救应急预案》，作为国家25个专项预案之一，在全国范围内全面实施。沿海各省市区及长江干线搜救预案相继编制完成，形成比较完整的预案体系。通过建立预防预警机制、险情报送制度、搜救保障机制、科学的决策机制、完善搜救的支持系统，提高我国政府应对海上突发事件和海上搜救的能力，确保海（水）上人命财产的安全。

2006年，交通部在国家海上搜救部际联席会议的框架下，不断完善并指导地方政府加强海上搜救"一案三制"建设，签署了"交通部、中国气象局关于共同做好海上搜救气象服务的协议"；与卫生部、信息产业部建立了联动机制；就海上搜救力量的协调、获救人员安置、青年搜救志愿者、军地联动机制建设等与有关部门达成了一致意见，初步形成了"专群结合、军地结合"的海上搜救应急反应格局；联合气象局建立灾害性天气预防预警机制，取得了防抗台风期间水上运输船舶人员零死亡率的佳绩。特别是在防抗台风"珍珠"期间，成功组织了对22艘越南遇险渔船和330名遇险渔民的救助，取得了良好的社会效果，树立了我国政府良好的国际形象，得到了社会的充分肯定。

为做好中国公民和船舶在外国搜救责任区遇险时的应急搜救工作，按照《1979年国际海上搜救公约》的要求，中国海上搜救中心加强了与国外搜救机构的联系与合作。如中国海上搜救中心与美国搜救机构密切合作，成功救助了在距美国关岛500多千米遇险的中国渔船上的18名渔民。交通部先后与日本、韩国、越南开展了关于加强海上搜救合作的会谈。

交通部加强了海上搜救立法工作，根据《中华人民共和国海上交通安全法》《中华人民共和国安全生产法》《1979年国际海上搜寻救助公约》要求，组织起草了《中华人民共和国海上搜寻救助条例》，拟以法律形式规范我国海上搜救的组织、指挥、协调和保障工作。

三、加强海上搜救应急信息平台建设

为及时准确获得各类海上遇险报警和搜救现场信息，提高搜救行动的成功率，近年来交通部加强了海上搜救应急信息平台建设，建成了海事卫星系统（INMARSAT）、海上安全信息播发系统（NAVTEX）、数字选择性呼叫系统（DSC）和搜救卫星系统（COSPAS-SARSAT）等海上遇险与安全信息系统，形成了我国海上遇险与安全信息接收与播发网络，使各海上搜救中心具备自动接收海上遇险信息的能力。同时，交通部海事局在全国沿海主要港口和长江江苏段建设了船舶交通管理系统（VTS）和海事电视监控系统（CCTV），在渤海湾、长江口、珠江口、琼州海峡及沿海重要港口等海域建立了船舶自动识别系统(AIS)。此外,在电信部门的大力支持下,交通部海事局在中国沿海各主要城市开通了"12395"公众海上险情报警电话,方便公众及时报告船舶遇险信息。

交通部海事和救助系统装备的 INMARSAT-F 和 CCTV 系统可实时接收遇险现场视频图像信号,可以实施海上搜救的远程直接指挥。为提高海难救助效率,迅速协调遇险现场附近船舶参与海难救助工作,交通部海事局建立了"中国船舶报告系统",要求在北纬9°以北,东经130°以西航行的中国籍船舶向中国船舶报告中心报告船舶相关信息,以便中国船舶报告中心推算在航船舶位置,协调参与救助。

此外,交通部还开发了"船舶识别码查询系统""船舶运输危险品查询系统""险情上报与查询统计分析系统",与国家海洋局协商开发了"海洋气象资料查询系统",为海上搜救提供支持。

四、我国搜救力量资源情况

我国海上搜救力量主要由交通部海事监管和专业救助力量、国家海上搜救部际联席会议中的政府公务力量、军队和其他社会力量构成。

交通运输部海事执法船舶是海难救助的重要力量之一,在海上搜救中承担现场的组织协调和救助任务。近年来,交通部加强海事执法队伍的建设,先后建造了 3 000 吨级、1 500 吨级和 60 m、45 m、35 m 级海事执法船,基本形成了能覆盖我国管辖海域的海事执法船队。

交通部救捞系统是我国海上救助专业队伍。2003 年以来,分别在烟台、上海、广州成立了3 个救助局及所属18 个沿海救助基地,在大连、烟台、上海、厦门、湛江等地建立了交通部海上救助飞行队,共安排52 艘专业救助船和9 架救助飞机执行救助值班任务,初步建成了我国专业立体救助网。目前交通运输部根据季节气候变化及海上运输情况,适时调整专业救助待命网点,以适应不断变化的海上运输和作业生产需要。

为提升长江干线水上搜救能力,2004 年交通部根据长江沿线水域海事机构站点多、海事部门巡航力量强的情况,决定在长江实行"海事巡航与救助一体化"的管理格局,建立了长江干线救助网络。军队、政府部门及涉海各企事业单位的船舶、飞机是我国海难救助的重要保障力量,在海难救助中发挥着重要作用。气象、海洋、通信等部门则为海上搜救提供必要的信息支持和保障。交通运输部正在编制中国海上搜救力量资源数据库,便于协调国家海上搜救部际联席会议中的政府公务力量、军队力量参加海上搜救行动。

五、我国搜救工作主要成绩和搜救事业展望

30 多年来,全国各级海上搜救中心在党中央、国务院和各级人民政府的领导下,在全体海事管理机构和从事海上人命救助工作的广大干部、职工的共同努力下,海上搜救工作取得了巨大的成就,每年在沿海和内河水域,为遇险人员提供了大量的救助服务,挽救了遇险船员的生命,并为国家减少了大量的经济损失,有效地保障了我国的经济建设。近年来中国海上搜救中心和各省、自治区、直辖市海上搜救中心年组织、协调、指挥各类搜救行动 1 500 多次,救助遇险人员 16 000 余人,救助成功率保持在90% 以上。

随着我国经济的发展,特别是加入 WTO 后,对外贸易日益增长,海上交通运输、海洋渔业和海洋资源开发等海洋活动不断增加,我国沿海及内河水域从事各类水上活动的国内外船舶

剧增,水上事故和险情的发生概率也随之增加。为实现党和国家对海上搜救工作的要求,保证海上人命财产的安全,中国海上搜救中心将以科学的发展观为指导,进一步加强搜救法律、法规建设,加大搜救基础设施等方面的投入力度,提高搜救科技研发水平,达到"以最快捷的速度获取最准确的信息情报;以最科学的决策制定最完善的施救方案;以最有效的手段配备最精干的搜救力量;以最满意的效果回馈最关切的社会期待"的要求。

拓展阅读 救生会:现代救助的起源①

宋代的救生性质的官渡船,明末的救生"红船",清朝初年的京口救生会,清末的焦山救生总局——从民间的慈善之举到官民合力形成有规模的救助组织,本文的介绍会让你了解我国现代水上救助相续发展的鲜为人知的传统脉络。

世界最早的水上救助组织——救生会遗址的所在,称得上是鲜为人知。

在江苏省镇江市云台山北麓的古官道上,有一条1 000多米长的青石古街。历经六朝、唐、宋、元、明、清历代的风雨,略显破旧、颓败,只有两扇分别刻着"层峦耸翠""飞阁流丹"的石门,让人猜想昔日的热闹繁华。

这条古街就是西津渡街,在生活气息浓郁的镇江城中尤显静谧。倒是江水退去之后,过去舟楫如织的西津渡口,如今车水马龙。

在这条古街上,有江南唯一现存的喇嘛式过街塔——昭关塔,人们依然相信从塔下经过一次即是礼佛一次,于是在塔下来往穿越,祈求一世平安。离古渡口不到50 m处,有一座观音洞和一座天妃庙,同样承载了来往渡口百姓的平安祈愿。

神佛的保佑毕竟太过虚妄!拜塔也罢,观音也罢,天妃也罢,给予那些处于危难之中的人们实实在在的帮助和关怀的,却是数十米之外的救生会。

救生会是一幢不起眼的砖木建筑,门楣上镶嵌着三个苍劲有力的大字:"救生会"。推门而进,迎面是一座六角凉亭,左转便是一栋总面积不足200 m²的两层建筑,楼对面则是三开门面的平房。整个大院没有曲径通幽的胜景,更没有雕梁画栋的豪华,倒像小富人家的寓所。这里就是镇江西津古渡救生会——现代救助的发源地(见图3-19)。

1. 救生会雏形

镇江枕山临水,素有"黄金水道"之称,自六朝始,大江南北的各种物资就经由西津渡转运至全国各地,至隋唐,随着京杭大运河的全线贯通,镇江随之成为朝廷南北漕运的咽喉,西津渡也日益繁忙。那时还处江中的金山寺见证了当年水上运输的盛况:"西津渡乃南北冲要之地,江浙闽海悉由此以达京师,使命客旅,络绎往回,日不暇给。"

据《镇江志》记载,镇江西津古渡北对瓜洲,江面开阔达40余里,"每遇疾风卷水,黑浪如山,樯倾楫摧,呼号之声惊天动地"。唐代诗人孟浩然就留下了"江风白浪起,愁煞渡头人"的诗句。唐天宝十年(722年),一次就有数十艘渡船沉没;南宋绍兴六年(1136年),一艘渡船离岸不久即遇上风浪波涛,连艄公在内的46名渡客无一生还;明万历十年(1582年)的一阵狂风竟摧毁了千余艘漕船和民船。

---

① 中国海上搜救中心 http://zizhan.mot.gov.cn/sj/zhongguohshsjzhx/soujiuwhjsh_sjzhx/201408/t20140804_1660559.html.

图3-19 镇江救生会旧址

由于西津渡特殊的交通位置和军事地位,宋朝时,镇江沿岸渡口已星罗棋布,绵延数十里,加强安全管理就显得尤其重要。到了南宋乾道年间,渡船死人的事件还在延续,活生生的事实让时任镇江郡守的蔡洸寝食不安,他决意做一件好事。这一年,蔡郡守建造了5艘抗风能力很强的大型摆渡船,各船分别竖立"利、涉、大、川、吉"作为标志,并限定载客人数,摆渡船"身兼两职",既渡人又救人,这就是首次见诸史册的官渡和救生性质的渡船,也是后来救生会的雏形。从此以后,西津渡口很少发生人命事故,百姓也不再担惊受怕了。

到了元代,战事纷乱,污吏横行,这时的西津渡口监渡官吏中有人滥用职权,敲诈勒索,致使渡江客取道私渡。然而,"天下乌鸦一般黑",私船主大多为无业游民,索财更是心切,手法毒辣无比,载客船常常驶抵江心,故意停航,威胁旅客交钱,一时间闹得过江者人人自危。正直的官员再也看不下去了,元延佑至泰定年间,镇江路总管段廷圭下令在西津渡新增救生渡船15艘,每船配备艄公1名、水手9名,要求竖立旗号,并标明艄公的姓名,实行"实名上岗",接受老百姓的监督。段廷圭规定,路、县级正职官员必须每10天轮流一次亲自到渡口巡检,严查私渡小船。他还规定,各渡船摆渡费由官方统一收取。江面上还常年派出巡逻船监督,发现官方渡船不插旗号,严加处罚,对私渡船则予以坚决打击。泰定二年(1325年),段廷圭又果断地取消了历年来设在码头上的"监渡员",根除了滋生渡口贪官的土壤。泰定三年(1326年)10月,他又大胆地采纳了镇江路经历皇甫祥、知事翟思忠的建议,取消了西津渡官渡船的船票,受到了百姓的拥戴。

西津渡口的一系列变革,对改变当时长江水域事故频发、保障老百姓的生命财产安全发挥了积极意义。但是,由于经济社会条件的制约,救生行动往往被动进行。

2. 救生"红船"

明朝正统年间,巡抚侍郎周忱打造了两艘救生专用船,并向社会招募水手30余人"济渡救生"。他还亲自率领民工修建西津渡石堤,使救生船直抵码头,大大方便了旅客登船。这是真正意义上的长江水域救助专业队伍。

民间救生慈善事业也随之涌现。明末崇祯年间,兴化士绅李长科、悯风涛自费在玉山下建造"避风馆",由超岸寺僧长主持,往来江上旅客从此有了临时休息的地方。后来,他们又募捐款项建造了10艘"红船"。为了鼓励救人,还按所救者生死,分别予以奖励。就这样,由僧民结合的"避风馆"活跃了50年之久。

到了明末清初,金山寺僧和邑中士绅集资建造了多艘救生"红船"。救生"红船"船体为鲜红色,船头有虎头雕刻,"红船"出航救助时,敲锣鸣号,船旗迎风飘扬,十分威武壮观。康熙皇帝得知后,大为赞扬,又于康熙二十五年(1686年)在金山寺立《御制操舟说碑》以彰其功。

"红船"的出现,促进了清朝官府对人命救生的重视。康熙二十六年(1687年),清政府责令沿江官府文武官员关注过往船只安全,如遇到大风,江心船只不能靠岸的要给予救助,并动用国库打造10艘护航船分布在沿江两岸,船只遇风,立即护航。

3. 京口救生会

康熙四十二年(1703年),镇江京口蒋元鼎、朱永载等15名乡绅牵头,"劝邑中输钱,救涉江复(覆)舟者",捐白金若干,在西津渡观音阁成立了京口救生会。时值江上大风,有一艘船遭遇风浪倾覆,救生会闻讯后立即派出救生"红船"前往救助,救助人员勇猛无比,当即控制住难船,救活一人,京口救生会旗开得胜。救人的消息不胫而走,一时成为美谈。

京口救生会还立下了规矩,对救助船实行论功行赏;对无家可归的被救人员留在会中收养;对有家者则发给路费;遇难而死者,由救生会打捞沉尸置棺装殓。

京口救生会的诸多义举引起了社会各界的关注和支持,纷纷捐款资助。5年后,救生会购得西津渡韶关晏公庙旧址,建屋三间作为会址。会中祀晏公像,后又建楼祀文昌神。如果参加共创救生会的善士辞世,立牌位于楼西祀之。会员还公举公正者为救生会会首,具体负责金钱的收支。

京口救生会义士们的善举感人肺腑。乾隆初年(1736年),京口义士蒋豫召集了乐善好施人士全力振兴救生会,他们商定救生人员凡于江中救活一人给赏钱1 200文,找到浮尸一具奖赏1 150文。他和他的后人连续七代苦心经营京口救生会,时间长达140年。

救生会的成立对清代漕运管理产生了很大的影响。康熙二十六年(1687年),清政府"责令镇江道督率文武官,催趱漕船,酌看风色令渡",同时要求京口总兵官巡视河道,如遇到大风,要求官兵在船上准备,如有江心船只不能靠岸,就前去营救。这就有些类似于今天的救助待命点了。当时的官府还仿效民间救生船的形式,建造护漕船,停泊于长江南北两岸,如有漕船遇到风浪,立即出动救助。每船招募技艺精湛的水手、舵手10名,在冬春之际漕船过江的3个月中,每人每月发薪银一两。同时,他们也规定,如过往商客遇险,也要一起救助,不准作壁上观。

京口救生会的善举也影响到了沿江官府的作为。丹徒县令冯咏十分关注救生,经常在大风天气亲自乘坐救助"红船"巡江。康熙四十七年(1708年),江苏巡抚奏请皇上建造救生船12艘;乾隆四十三年(1778年),城壕又增设8艘救生船。镇江府则征集民船补充。道光六年(1826年),包良丞督造的大型救生船使镇江沿江的救生力量得到加强。道光二十八年(1848

年），长江沿岸数省连遭水灾，他又在汉口倡导设立"红船"救生。嘉庆年间，仪征人阮元任江西巡抚时所督造的"红船"速度最快，各地纷纷效仿，一时间，江西、安徽以至大江南北到处都有救生"红船"的踪影。

咸丰战乱后，救生会房屋全毁，船只荡然无存。同治三年（1864年），蒋豫后人蒋宝在韶关建造两间房屋作为救生会会所。英国侵略者占领了镇江，洋人将救生会所强行当作领事馆。蒋宝力保会所，拒绝领取租金。光绪二年，洋人只得将会所归还。

比起宋、元、明时期设立的官渡来说，清代的京口救生会的诞生是一个进步。官渡主要负责南北客商和货物的渡江运输，有时兼做救生，而京口救生会则是民间士绅兴办的专业从事江中沉船打捞和救生的机构。作为民间士绅兴办的慈善机构和民间兴办的水难救助机构，它的出现无疑具有重要意义。

京口救生会还产生了强大的辐射力，据《镇江志》记载，雍正九年（1731年）镇江附近的瓜洲江口和息浪庵就设有救生"红船"。道光四年（1824年），京都义士陈忠联感到西津渡救生船距离江北岸较远，"红船"出动救生受到时间限制，于是就创立了瓜洲救生分会，与京口救生会形成南北呼应之势，会所设在瓜洲江神庙。当时已经拥有47艘救生渡船的扬州盐院决定调拨10艘船支援瓜洲，使江北的救生力量得到有效加强。后来，瓜洲救生分会会址几经搬迁，所需费用都来自于民间。

雍正六年（1728年），扬州张柘园、程封延捐地60亩，在焦山设立一艘救生"红船"，到了乾隆和嘉庆年间，又先后添置救生"红船"3艘。道光年间，焦山救生总局成立。同治初，常镇道观察赵吟蕉了解到长江船只失事频繁，决定筹款接济救生会。同治甲子（1864年），曾国藩任两江总督，训导徐国桢去南京拜见曾国藩，曾国藩便委任他接手焦山救生总局事务。徐国桢到任后，大力整顿，修订章程，杜绝了当时曾经出现的救生谋私的问题。徐国桢领导有方，管理严格，每日天明，即派船到江况险要的水域锚泊待命，"预防风浪，以便援救"，这样的做法有点像当今海上锚泊待命救助。焦山救生总局还规定，冬季救活人口先换给棉衣，后用姜汤米去寒果腹，再发给路费；对已死者则用棺木掩埋，而对破损船舶则代为修理。由于章程周全，措施得力，焦山救生会十分兴旺。

光绪十九年（1893年），蒜山以东江面沙滩露出水面，救生会专门打造了木浮筏，以方便渡江旅客上下。两年后，救生会重修昭关会所。1923年，为了改善西津渡至瓜洲江面经常出事的状况，镇江和瓜洲的士绅合力倡议开创轮渡，这样，在马隽卿等人的努力下，成立了普济轮渡局，购置了"普济号"轮渡船。这时，中国开始进入了资本工业初级时代，镇江的小火轮业逐渐发展，江上船舶航行管理得到加强，至民国年间，京口救生会这才渐渐退出历史舞台。

项目六
国际便利海上运输公约

内容摘要

◆《国际便利海上运输公约》产生的背景
◆《国际便利海上运输公约》的概况和内容
◆《国际便利海上运输公约》在我国的实施情况

案例导入

据美联社最新报道,欧洲部分大型航运企业受地中海地区日益严重的偷渡现象所累,当地政府无奈只能在其中为航运企业分担一些过多的营运成本。

某航运业官员称,针对日益加剧的偷渡问题,欧洲各国政府并未充分调配资源来应对,所以大量的商船被派去应对一些营救行动,但问题是这些被调派支援的商船往往本身并没有配备安全营救设施,导致这些企业面临着高昂的营救费用支出。

国际船运商会的资料显示,2014 年共有 20 万名移民被成功营救,这里面有 4 万名移民是被商船营救的。针对现状,欧洲和全球船东协会已经向欧盟发起地中海搜救能力提升的需求申请。国际船运商会和欧洲船东协会呼吁欧盟应尽快采取措施,对偷渡、人口走私等活动进行严厉打击。

第一章　公约产生的背景

21 世纪初,统计学需求和航运企业本身的日益复杂引起了越来越多的国家对挂靠港口的船舶和到港人员的注意。

在过去的几十年里,缺乏国际标准文书给航运业的人员造成了沉重的负担,无论从船上还是从陆上都造成了相当大程度的延误。为了解决这些问题,政府间海事协商组织(IMCO)于

1965 年 3 月 24 日—4 月 9 日在伦敦召开了国际便利海上旅行和运输会议,审议并通过了《1965 年国际便利海上运输公约》。为了更好地实施该公约,会议还通过了 5 项决议。该公约于 1967 年 3 月 5 日生效。

公约的宗旨是防止对海上运输造成不必要的延误,促进政府间的合作,以保证在最大可行的程度上实现手续和其他程序的统一,便利国际海上运输。

公约的附件包括对船舶和人员的抵达、停留和离港、健康和检疫以及动植物的卫生措施等方面的有关规定。

这些规定被划分为标准和推荐做法两类,各政府应要求的文书也在附件中列出。

第二章　公约的概况和内容

一、公约的概况

《1965 年国际便利海上运输公约》(Convention on Facilitation of International Maritime Traffic,1965),是 1965 年 4 月 9 日在政府间海事协商组织召集的会议上制定的公约,1967 年 3 月 5 日生效。随着海上贸易的发展,便利国际海上运输越来越受到人们的关注。为此,国际海事组织制定了《1965 年国际便利海上运输公约》,截至 2016 年 3 月,共有 116 个国家加入了该公约,商船总吨位合计占世界商船总吨位的 92.30%。1969 年、1977 年、1986 年、1987 年、1990年、1992 年、1993 年、1996 年、1999 年、2002 年、2005 年和 2009 年对公约附则进行了修订。

我国于 1994 年颁布了《国务院关于决定加入〈1965 年国际便利海上运输公约〉的函》,1995 年正式加入该公约,成为经修正的《1965 年国际便利海上运输公约》的成员国,同时接受了 1993 年及以前几次通过的修正案。1996 年国务院批准成立中国便利海上运输委员会,主要负责跟踪研究便利海上运输的相关问题,如制订国家海上运输便利计划等。中国海事局作为与海上便利运输密切相关的主管机构之一,一直关注便利国际海上运输问题,不断加强对《1965 年国际便利海上运输公约》的研究,并结合我国的实际情况采取了许多切实有效的措施,不断为挂靠中国港口的国际航行船舶提供便利,促进了国际海上运输的发展。

《国际海事组织公约》1991 年修正案正式规定,便利运输委员会成为国际海事组织组织常设机构。但到目前为止该修正案尚未生效,所以便利运输委员会还是 IMO 的附属机构。便利运输委员会的职责是审议本组织方面有关便利国际海上运输的任何事宜。

二、公约的内容

该公约正文共 16 条,还有 2 个附件。公约所涉及的"标准"系指各缔约国政府为便利国际海上运输,根据本公约所采取的必须统一实行的切实措施;"推荐做法"系指各缔约国政府为便利国际海上运输而实行的合乎需要的措施。公约的附件 1 分为 5 节,包括:定义和一般规定;船舶到达、停留和离开;人员的抵离港口;公共卫生检疫;其他规定。附件 2 为决议,有 6个,包括:鼓励接受和加入公约;标准的接受;建立国家和地区委员会;建立特别工作组;关于便利方面今后的工作;便利国际旅游业。

该公约的目的是简化和减少从事国际航行船舶的抵达、逗留和离开的手续、文书要求和程序，为国际海上运输提供便利。此后，国际海事组织便利运输委员会于 2002 年 1 月 10 日以 FAL.7(29)决议通过了经修正的《1965 年国际便利海上运输公约》的修正案。截至 2003 年 2 月 1 日，只有芬兰、意大利和西班牙三国政府正式表示不接受该修正案。因此，该修正案已于 2003 年 5 月 1 日正式生效。

中国是《1965 年国际便利海上运输公约》的当事国，且在上述修正案通过后，没有对其内容提出过任何反对意见，因此，该修正案对中国具有约束力。

三、历次修正案的内容

在我国办理加入该公约期间，在国际海事组织召开的便利运输委员会第 21、22 届会议上，通过了《1965 年国际便利海上运输公约》的 1992 年和 1993 年修正案（附件 1、附件 2），此后，在便利运输委员会第 24 届会议上，又通过了该公约的 1996 年修正案（附件 3）。以上 3 个修正案均是对公约附件的修正。根据公约第 7 条的规定，对附件的修正案一经通过，将在海事组织秘书长将其通知各缔约国政府之日起 15 个月后生效，除非在发出通知后 12 个月内，至少有三分之一缔约国书面通知秘书长表示反对。在公约规定的时间内，秘书长没有收到缔约国提出的任何反对意见，所以上述 3 个修正案已分别于 1993 年 9 月 1 日（1992 年修正案）、1994 年 9 月 1 日（1993 年修正案）和 1997 年 5 月 1 日（1996 年修正案）生效。

国际海事组织便利委员会第 32 届会议于 2005 年 7 月 7 日以 FAL.8(32)决议通过了经修正的《1965 年国际便利海上运输公约》（以下简称《便运公约》）附件修正案。该修正案对附件中船舶进出港时须向有关口岸检查机关提交的国际海事组织标准的国际航行船舶进出港检查单证（包括总申报单、货物申报单、船舶物品申报单、船员物品申报单、船员名单、旅客名单）的格式进行了修改，并新增了危险货物舱单的格式。新的修正案于 2006 年 11 月 1 日对根据《便运公约》第Ⅶ(2)(b)条关于修正案默认接受程序的规定，上述修正案已于 2006 年 11 月 1 日生效。

国际海事组织（IMO）便利运输委员会第 35 届会议于 2009 年 1 月 12 日—16 日在英国伦敦召开。交通运输部国际合作司、海事局、水运司，会同公安部出入境管理局、边防局，国家质检总局通关司和驻英使馆海事处人员组成中国代表团出席了会议。会议主席由马耳他海事局查尔斯·阿贝拉先生担任。包括中国在内的 65 个 IMO 成员国、25 个国际组织及联系会员香港派代表出席了会议。会议以 FAL.10(35)便运决议一致通过了对《便运公约》附件第 2 节（船舶抵达、逗留和离开）和第 3 节（人员的抵达和离开）及附录 1 便运表格的修正案。

第三章　公约在我国的实施情况

第一节　公约在我国的实施情况

为了更好地履行《便运公约》，我国制定了相关的海事法律、法规，将便利海上运输融入其中,以便满足日益发展的航运业的需求。同时,我国在加强海上保安的同时也关注海上保安与便利运输的平衡。

1994 年,我国在加入公约时,结合我国海事管理和航运实践,对我国与公约标准和推荐做法存在的差异做出了声明。

自 1995 年以来,我国经济建设取得了巨大成果,国情与当年相比已经发生了翻天覆地的变化。当年提出的保留或与《便运公约》的不同做法现在也发生了变化,原来的保留已经明显过时。为向国际社会展示中国改革开放的成果和加入 WTO 后中国与国际社会紧密接轨的态度,我国更需积极跟踪和应对国际社会的发展。

一、我国国内相关立法及采取的应对措施

1979 年,我国以国务院令下发了《中华人民共和国对外国籍船舶管理规则》。对外轮"进出港和航行、停泊、信号和通信、危险货物、航道保护、防止污染、消防和救助、海损事故及违章处罚"做了明确的规定,进一步促进和保障了海上运输业的发展。

1983 年,为加强海上交通管理,保障船舶、设施和人命财产的安全,维护国家权益,我国制定了第一部关于海上交通安全的大法——《中华人民共和国海上交通安全法》。

1995 年 3 月 21 日,为了加强对国际航行船舶进出中华人民共和国口岸的管理,便利船舶进出口岸,提高口岸效能,国务院以 175 号令颁布了《国际航行船舶进出中华人民共和国口岸检查办法》,规定了"进出中华人民共和国口岸的国际航行船舶(以下简称船舶)及其所载船员、旅客、货物和其他物品,由规定的机关依照本办法实施检查"。

1996 年,我国加入《便运公约》后,国务院办公厅下发了《关于同意成立中国便运海上运输委员会的复函》(国办函[1996]74 号),其主要内容是规定了中国成立便利海上运输委员会,并具有以下职能:

(1)根据国际海事组织《1965 年便利国际海上运输公约》的要求,结合我国的实际,会同有关部门制订国家海上运输便利计划,负责组织实施。

(2)按照《中华人民共和国缔结条约程序法》的有关规定,向国家有关部门提出我国对《便运公约》的修正案(草案)和对国际海事组织有关该公约的意见(包含保留意见)的建议。

(3)研究与国际海上运输出入境手续有关的政策问题,向与国家海上运输便利计划有关的部门、组织和企业提出建议,并督促检查各相关部门有关便利海上运输的落实情况。

(4)研究国际海事组织的有关情况,做好参加国际海事组织便利运输委员会的各项准备工作。

(5)向有关部门、组织和企业通报有关国际海运领域的重要情况。

2005 年,为了更好地实施公约,中国便利海上运输委员会草拟了《中国便利海上运输委员会章程》和《中国便利海上运输委员会办公室工作制度》,进一步完善和加强了中国便利海上运输委员会的组织机构和职责,确立了中国便利海上运输委员会在国内的日常工作制度,使中国的便利海上运输制度得以更好地贯彻和实施。

2017 年 3 月 21 日,中国便利海上运输委员会在交通运输部召开会议,总结便利委成立以来的工作,研究即将生效的《便运公约》附件修正案,部署下一步工作。要求进一步完善便利委工作机制,健全《便运公约》履约机制,加快国际航行船舶进出港电子信息交换系统建设,加强国际贸易"单一窗口"标准版推广应用,扎实推进我国海上便利运输各项工作,为国家"一带

一路"倡议提供支撑和保障。

二、IMO便运表格在我国的应用情况

IMO现行便运表格共7份,我国海关、国家质量监督检验检疫局、边防、海事等船舶进出口岸检察机关要求船方填报的表格共11份。

自1995年《国际航行船舶进出中华人民共和国口岸检查办法》实施以来,我国在IMO便利表格的应用方面取得了显著进展,7份IMO便运表格中已有6份得到应用,船舶申请格式基本得到统一,提高了工作效率,方便了国际海上运输。但比较而言,我国要求船舶填报的格式仍然比较多,由此给船舶带来的负担较重。我国船舶进出口申报表与IMO便利表格还存在一些差异。

为了切实做好履约工作,便利船舶、旅客进出港,中国海事局根据公约要求,结合我国的具体情况,对原先总申报单、货物申报单、船用物品申报单、船员物品申报单、船员名单、旅客名单的内容进行了修改,同时还新增了危险货物舱单。

三、检察机关对我国提出的保留声明的修改意见

海关总署、国家质量监督检验检疫局、公安部以及中国海事局等船舶进出口岸检察机关按照各自的职责,对于我国声明的国内做法与公约标准和推荐做法存在的差异进行了审议。除了建议进行下列调整外,其他条款的保留声明继续有效。

（1）在2.4.1标准的保留声明中,"船舶物品申报和船员物品申报"增加"动植物及其产品、医疗和卫生处理药械、特殊物品等"。

（2）撤销关于2.6.1标准的保留声明。

（3）关于3.47标准的保留声明修改为"在中国外国船员要持有船员登陆证或船员住宿证"。

（4）关于3.39推荐做法的保留声明调整为"在中国公共当局要求在船舶停靠期间登陆的外籍旅客需持有入境签证,旅客持有证件的种类属于与中国互免签证协议范围的除外"。

四、管理相对人对我国提出的保留声明的修改意见

海上便利运输委员会办公室收到《中国化工进出口总公司关于〈便利公约〉的修改意见的函》（〔2003〕中化规字第067号）,对我国声明的各项保留条款提出了如下修改建议,请有关检查机关予以考虑。

1. 建议2.4.1标准有关船舶物料申报内容的保留声明修改为:

（1）酒精含量超过30°的饮料、烟和烟草制品;

（2）每种价值超过100美元的现金钞票;

（3）每件价值超过200美元的金、银或其他制品以及珠宝;

（4）价值超过200美元的物品;

（5）麻醉品（建议给予明确定义）;

同时增加如下内容:

（6）武器或弹药;

（7）动植物信息;

（8）到达港口时的船存燃油和润滑油数量（允许有一定的数量差异,如10%）;

（9）到达港口时的船存油漆数量。

2. 关于2.5.1标准保留声明的修改意见同2.4.1标准的修改意见。

3. 对于2.2.2推荐做法保留声明,建议将船舶、船员携带武器(弹药)以及动植物或相关产品的信息纳入船舶物料和船员物品申报中。相关内容详见对2.4.1标准和2.5.1标准的修改意见。

4. 建议撤销关于2.6.1标准、2.10标准、2.11标准、2.22标准、2.7.3推荐做法、2.6.7.1推荐做法、3.24推荐做法、3.30推荐做法、3.35标准做法、3.39标准做法、3.40标准做法、5.11标准做法的保留声明。

拓展阅读　联合国关于建立国际贸易单一窗口的实施指南

本指南为UN/CEFACT建议书33号关于建立单一窗口的附件,旨在协助政府和商界计划并建立一个针对国际进口、出口和转口相关监管规定的单一窗口措施。本指南对于那些必须设法解决的主要问题进行了概要说明,并提供了一些适用的方法和应当采取的步骤。

如UN/CEFACT建议书33号中所述,本指南涵盖的单一窗口概念指的是一项措施,使涉及贸易和运输的各个参与方在单一登记处递交标准资料和单证,以履行所有进口、出口和转口相关的监管规定。如果为电子信息,则只能一次性地提交各项数据。

尽管建立单一窗口有许多途径,由UN/CEFACT国际贸易程序工作组(ITPWG/TBG15)对目前投入使用或行将完成开发的不同系统进行的核查中归纳出三种基本模式。但在考虑这些基本模式之前,还是要指出以下的重要事项:

（1）尽管许多业务和贸易惯例在所有国家都很常见,但每一国家都还有其自身所特有的要求和条件。

（2）单一窗口应当成为所有相关政府部门和机构与商界之间密切合作的典范。

（3）尽管在政府认同并采用针对单一窗口的相关信息和通信技术(ICT)时往往会对便利化有极大改善,单一窗口也不必一定要包含高科技ICT技术的实施和使用。

单一窗口的三个基本模式为:

1. 单一管辖系统

该系统集中收取资料,无论是书面的还是电子的,并将其向政府各个相关部门传递,协调监管,以防在物流环节中不当受阻。例如,在瑞典的单一窗口中,海关就要为某些部门[主要为国家税务局(进口增值税)、瑞典统计局(贸易统计)、瑞典国家农业管理局和国家贸易署(进口许可证)]代行所选事务。

2. 针对资料收集和递送的单一自动系统

该系统既面向官方,也面向民间,它集成了跨境贸易相关电子数据的收集、使用和递送(及存储)。例如,美国建立的一套程序,贸易商只需一次性提交标准数据,就会由系统进行处理并分送关注该项交易的机构。有以下几种可选方式:

（1）集成系统。通过系统进行数据处理。

（2）接口系统(分散处理)。将数据送往机构进行处理。

（3）（1）和（2）的结合。

3. 资料自动处理系统

贸易商通过这一系统可以单独为一份申请书的处理和审批向不同部门提交电子化的贸易申报。

在这一方式中，审批以电子方式从政府部门传输到贸易商的计算机。这一系统在新加坡和毛里求斯得到使用。而且，在新加坡的系统中，对关税和税费进行自动计算并从贸易商的银行账户中扣缴。在建立这类系统时，可能要对标准数据集的使用加以考虑，因其含有专门的身份识别机制，在进行所有相关交易之前都要预先进行识别和验证。

单一窗口的主导机构：

建立和运行单一窗口的主导机构在各国都有所不同，主要视各国的法律、政治和组织方面的情况而定。主导机构必须是一个非常有实力的组织，具有必不可少的洞察力、管辖权（法定）、政治背景、财务和人力资源以及与其他关键部门的协调配合能力。在某些情况下，海关和口岸当局可能就是主导单一窗口开发和实施最适合的机构，因其在收取资料和单证以及处于边境等关键位置起到重要作用。它们还可以成为"输入"端点，接收和协调相关信息流，实施各项跨境监管规定。

然而，主导机构却并非必须是一个政府部门，它可以是一个民间实体（如商会），或半官方机构（如贸易理事会）。但民间机构往往缺乏签发和受理资料与单证的法定授权以及强制执行法规的权力。因此在某些场合，民间机构可能就有必要寻求有权进行处理的政府机构直接的正规支持。

官方－民间合作主导建立单一窗口的例子是毛里求斯的网络服务有限公司。这是一个三方合资的公司，由官方和民间各领域代表和一家国外技术伙伴加入。

在本指南开发过程中所核查的 12 个单一窗口中，主要由海关主导，其分布如下：

● 海关主导（包括财政部）：7 个；

● 口岸当局主导：2 个；

● 其他政府部门主导：1 个；

● 官方/民间合作主导：2 个。

策划并实施单一窗口切实可行的步骤：

单一窗口的实施是一项重大而艰巨的任务，涉及利益相关的各个方面，并要求来自政府和企业双方众多业内人士的参与。因此，从一开始就采用一种系统化的方式是绝对必要的。但实施方法可能会受到所在国家政治、社会和文化环境以及传统的重大影响。

1. 初步形成单一窗口概念

在一个国家建立单一窗口需要慎重考虑的工作就是通常作为开始的制定概念或基于初步研究的书面简介，编制一方可能大多为主导的政府部门或机构，或是涉及项目最终实施很深的民间组织。

2. 考察单一窗口可行性的初步决策

在政府与商业界之间开放合作的框架中，通常要组织来自各个贸易相关组织以及政府部门和机构的高层代表会议，以讨论单一窗口概念（或概念文件）。这一会议的目标是达成关于项目概念并发起可行性研究的共识，可行性研究应当包括详细的需求分析和技术评估。

假定做出了继续可行性研究的肯定决策，会议就应当建立一个由关键机构资深代表组成的项目管理组,直接参与单一窗口的实施和运用。会议还应当组建一个由技术和管理代表组成的特别工作小组,以完成项目所需的组织和实施工作。

3.着手进行可行性研究

可行性研究是整个单一窗口开发的关键因素。该项研究应当确定单一窗口可行的范围、需求的层次和性质、合理的实施场合(包括恰当的实施阶段)、试点实施的可能性及性质、不同场合的实施成本、所需的其他资源(人力、技术等)、潜在的利益与风险、实施及管理策略。

4.仔细考虑可行性研究报告

特别工作小组应当对可行性研究的结果进行认真考虑和审核(或其他确定程序),最终提交项目管理组审议。应当为这一过程留有足够的时间,为取得最大投入和效益,这在报告定稿之前是必不可少的。随后,商定推荐单一窗口的选择及其所补充的实施方案选择则会在更大范围呈交政府和商业团体,可能召开关于建立单一窗口的全国性专题讨论会。

5.实施

无论是选择试点、分阶段还是整体实施的方式,创立一项贯穿整个项目实施的明确的项目管理方针是必不可少的。项目管理计划必须经项目管理组和特别工作小组双方正式同意,应当纳入一组明确定义相互关联任务和事件的标志性时点,这就可以帮助特别工作小组和项目管理组计划、执行、监督、评估和调整项目的实施。

辅助单一窗口实施的标准和工具:

强烈建议政府和商界在实施单一窗口过程中考虑使用由国际机构和国际组织(如 UN/CEFACT、UNCTAD、WCO、IMO、ICAO 和 ICC)多年来已经开发的建议书、标准和现有工具。

标准及适用工具的使用将有助于确保为实施单一窗口所开发的系统更加有可能兼容其他国家的类似开发,而随着时间的推移,还能促进这些设施之间的信息交换。另外,使用现有工具和最佳实例,还会有助于降低实施的总体成本,因为项目利用了已经由其他国际标准化组织完成的工作。

建立单一窗口的关键因素:

成功引进和实施单一窗口概念在相当程度上依赖于某种前提条件和成功因素,国家与国家、项目与项目都各不相同。本指南最后的章节列出了一些成功因素,是由 UN/CEFACT 对不同国家单一窗口运行和开发所进行的审核中收集的。这些因素的列表并未进行任何顺序上的特别安排,因为在不同国家和地区的运行情况可能有相当大的变化。要注意的是,尽管若干地点已经在本指南中提到过,为了完整性以及强调在此重新提及。

(1)政治意愿。由政府和企业双方表现出来对实施单一窗口所形成的强烈政治意愿,是其成功引进最为关键的因素之一。要取得这样的政治意愿,需要对建立单一窗口的目标、影响、效益和障碍等方面明白和全面的知识进行正确的宣传。建立单一窗口的可用资源往往与政治意愿和项目投入的水平直接相关。确立必要的政治意识是其余所有成功因素的基石。

(2)强有力的主导机构。与所需要的政治意愿相关,无论是对于启动还是渡过不同的项目开发阶段,都需要一家强有力的、资源充沛的、授权充分的主导机构。这一机构必须得到适当的政治支持、法定授权、人力和财力资源以及与企业界的联系。另外,组织内部有一个推动项目的强大个体是绝对必要的。

(3)政府与商界之间的合作。单一窗口模式对于政府内部机构之间的合作,同样对于政府与商界之间的合作都是切实可行的。在这一系统的建立和运行中,为官方－民间的合作提供了很好的机会。因此,从一开始就应当邀请来自所有政府和民间行业机构的代表参与这一系统的开发。这包括参与项目的各个阶段,从初期开发的项目目标、环境分析和项目设计直到安装启用。单一窗口的最终成功在很大程度上都取决于这些参与方的参与、投入和意愿,要确保系统能够成为其业务流程的常规功能。

(4)确立明确的项目范围和目标。像任何项目一样,从一开始就为单一窗口确立定义明确的目标和任务将有助于自始至终在各个不同开发阶段对项目的引导驾驭。这些都应基于对关键参与方需求、意向及资源的认真分析,还要基于现有基础结构和向政府机构提交贸易相关资料的现行方式。如前文所述,这一分析应当是政府和商界双方所有关键参与方的共同需要。通常认为单一窗口是一个国家改进贸易便利化总体战略的组成部分。

(5)用户友好和存取便利。这也是单一窗口项目成功的一个关键因素。应当为用户编写全面的操作手册和指南;应当设立求助服务和用户支持服务,包括培训的制度,尤其在项目的前期实施阶段。求助服务是在系统难点和瓶颈领域收集反馈信息的有效途径,这些信息在其进一步开发中可能会成为有价值的工具。对于用户实用培训课程的必要性和实用性不可过分强调,尤其在项目实施阶段的前期。在一些国家中,设法解决多语言的需求也是非常重要的。与本国或本地区 ICT 实际运用能力相适应的系统设计非常重要。要放眼这一领域未来可能的技术发展,单一窗口从开始启用那一刻就应当按最大用户数投入使用。在某些情况下,对于围绕着某一特定地区有限的联机存取能力所进行的设计,可能会要求使用基于书面的系统或书面/联机双轨方式。

(6)合法的环境。设定必要的法律环境是单一窗口实施的前提。必须明确并认真研究相关的法律及法定约束。例如,为了推进电子数据的提交/交换或电子签名系统,有时就可能需要在法规方面进行某些修改。另外,关于部门和机构之间共享信息以及运行单一窗口的机构安排方面的限制,可能都需要加以克服。并且,还需要审核主导机构在法律问题方面的授权及其管辖。

(7)国际标准和建议。单一窗口的实施通常都必须对相关单证和数据进行协调和标准化。为确保与其他国际体系和应用的兼容,这些单证和数据模型必须以国际标准和建议为基础,即使单一窗口被设计为不使用电子数据交换的运行方式也是如此。

只有涉及电子数据交换,用于国际贸易的所有数据的协调、简化和标准化才是为单一窗口顺利进行自动化运行的一项基本要求。对不同参与方遗留系统所用数据进行协调可能对自动化单一窗口的实施是一项最为艰巨的任务。UN/CEFACT 贸易便利化建议书(如 UN/CEFACT 建议书 1 号和 18 号)含有对单一窗口系统实施极具价值的信息。

(8)确定可能的阻碍。有可能政府或商界的所有用户都会不欢迎单一窗口的实施。在这种情况下,应当找到反对一方顾虑的实际原因,并在项目中尽快设法解决。应当对所确定的障碍分别加以考虑,重视当地的环境和需求。显然,成本可能会是一个主要障碍,但必须将其与未来收益进行权衡。无论如何,重要的是要消除项目所涉资金问题的影响,以便能够对整体还是分阶段实施做出决定。法律问题也被认为是一个潜在的影响重大的问题领域。

(9)融资模式。项目中应当尽早达成单一窗口融资模式的决定。从政府全额拨款制(如荷兰)到完全自给自足模式(如毛里求斯)都可以。另外,如果认为是更好的方式,还应当探索官方-民间的合作。明确这一点,会对支持系统实施的决策产生重大影响。

(10)支付功能的选择。一些单一窗口系统(如泰国)纳入了一套支付政府税费和关税及其他费用的系统。这对政府和商界都是十分具有吸引力的功能,在要求系统产生收入时尤其重要。但是,应当注意添加支付功能往往在协调尤其是安全方面需要相当大的额外工作量。

(11)宣传和推广。单一窗口的宣传和推广非常重要,应当认真计划。所有来自该系统政府和商界关键参与方的代表都应参加推广活动,因为这些参与方可以提供关于用户群期望值的宝贵信息,以及直接帮助宣传和推广报文。应当制定一份清晰的实施时间表并尽可能在单一窗口项目早期阶段进行宣传,因为这将有助于项目的推广,并协助潜在用户根据这份时间表计划其自身的业务和投资。推广应当清楚地确定效益及节约的成本以及从单一窗口业务实施中所取得的具体的效率增长点。

(12)沟通策略。制定适当的长效机制协调所有参与方了解项目的目标、任务、指标、进展(和困难),建立互信,避免可能导致的干扰其他好项目之类的误解。在这一背景下,正确对待参与方的期待就极为重要,"承诺越少兑现越多"(而非反之)的商业格言值得记取。同样重要的是,参与方往往不指望发生奇迹——解决简单的实际问题可能对项目渡过难关、沿着发展方向推进产生良好的信誉。

模块四

海员职业保障类公约

项目一
海员培训、发证和
值班标准国际公约

内容摘要

◆《1978 年海员培训、发证和值班标准国际公约》产生的背景
◆《1978 年海员培训、发证和值班标准国际公约》的结构及主要内容
◆2010 年马尼拉修正案的背景及主要内容
◆我国海事管理机构的履约职能
◆《1978 年海员培训、发证和值班标准国际公约》在我国的实施情况

案例导入

数据统计:2008 年 5 月英国德鲁里航运咨询公司(Drewry)发布的研究报告称,2008 年全球高级船员供给数量为 49.9 万人,需求数量为 53.3 万人,这充分表明高级船员数量仍然不足,尚短缺 3.4 万人。2009 年 2 月,英国德鲁里航运咨询公司发布了 2009 年人力资源研究报告(Manning 2009)。报告使用全球人力资源模型(Global Manpower Model),数据为 2008 年经济危机尚未全面爆发之前的数据。该报告的结论是 2009 年高级船员的供应量为 51.7 万人,比 2005 年增长 11%,比 1990 年增长 28%。2013 年高级船员的供应量增至 57.3 万人,届时,高级船员的短缺将达到 5.6 万人,考虑到新船订单 10% 的取消量和拆船量 10% 的增幅,短缺量估计减少为 4.2 万人。由于报告测算依据是 2005—2009 年的平均数据,其测算出的船员短缺情况比 BIMCO/ISF 2005 年的预测更严重。到 2012 年,全球高级船员的供给数量为 54 万人,需求数量为 63 万人,短缺数量将由 2008 年的 3.4 万人增至 8.39 万人。

为了引起全球对海员问题的更加关注,国际海事组织将 2010 年"世界海事日"的主题确定为"2010 年:世界海员年",并在马尼拉召开的最后审定 STCW 公约修正案的缔约国外交大会上通过大会决议,确定今后每年 6 月 25 日为"海员日",使全世界每年都关注海员问题,关心和关爱海员。

案例:2010 年 1 月 18 日 0618 时,某运沙船从峙头装载黄沙驶往宁波途中,在甬江口锚泊候潮时发生自沉,造成 2 人死亡、1 人失踪。

18 日凌晨,该轮从峙头行驶至三星重工(宁波)有限公司码头前沿水域,随后该轮就地抛锚,准备涨潮后进奉化江卸货。

凌晨 1 点左右,4 名船员均返回生活区休息,未安排船员值班,直至事发时,船员也均未起床对全船进行巡视。事后,当调查人员问及"请描述一下事发时的情形"时,获救船长回答说:"临沉没前,听到缆绳崩断的响声后,以为是船走锚了,起床后发现本船船首进水导致右倾下沉,随后不到 1 分钟船舶即沉没。"

事故教训:该轮本航次在事发水域抛锚完毕后,船长未能按照法律规定和海员通常做法的要求安排锚泊值班,锚泊候潮期间 4 名船员均在房间内休息,错失了及早获得遇险信息和采取自救措施的有利时机,酿成船沉人亡的惨剧。

第一章　公约产生的背景

从历来发生的海上事故看,由于船舶自身原因所导致的并非多数,相反,绝大多数是由于人的过失造成的。国际海事组织(以下简称 IMO)制定的《国际海上人命安全公约》《国际载重线公约》《国际船舶吨位丈量公约》等,主要是从船舶设计、设备、管理等方面做出规定。国际上海员管理工作长期没有统一的准则,各国对海员培训、发证和值班标准各行其是。然而,船舶技术、航海技术、航运业越是发展,海员素质与海上航行安全和海洋环境保护的关系越是密切。因此,提高海员素质就更为必要。为实现保证国际海上人命财产安全和保护海洋环境的目标,IMO 在长期研究制定一个"以提高海员素质来保障航行安全"的国际公约,规范海员培训、发证和值班的标准。

1960 年国际海上人命安全外交大会通过一项决议,呼吁各国为加强海员教育和培训,建议 IMO、国际劳工组织(以下简称 ILO)及缔约国政府为此共同努力。为此,ILO 国际劳工局理事会(Governing Body)与 IMO 海上安全委员会(以下简称 MSC)成立了一个培训联合委员会,于 1964 年召开第一次会议,形成了"1964 年指导文件"。该文件就船长、驾驶员和船员在助航仪器、救生设备、防污装置、探火和灭火设备以及其他船舶航行安全设备方面的教育和培训给予指导。联合委员会随后于 1975 年、1977 年和 1985 年对该文件进行了修正、细化和补充。尽管该指导文件已取得了成效,但在 1971 年 IMO 决定仍需要采取进一步的措施和提高改进标准,并指定 MSC 抓紧考虑建立海员培训、发证和值班国际标准。同年召开的 IMO 大会决定就建立海员培训、发证和值班国家标准召开一次大会。MSC 培训和值班分委会(以下简称 STW 分委会)负责会议筹备工作,并起草了一份公约草案文本,一些有关培训、发证和值班的要求以及一些建议案。

1978 年 6 月 14 日—7 月 7 日,IMO 在伦敦召开了外交大会,72 个国家的代表参加,是截至当年 IMO 召集的最大规模的一次会议,此次会议通过了 STCW 1978。STCW 1978 于 1983 年 4 月 27 日达到生效条件,于 1984 年 4 月 28 日正式生效。截至 2016 年 3 月 10 日,该公约已经被 160 个国家接受,其拥有的商船合计总吨位占全球商船合计总吨位的 98.55%。STCW 1978 是 IMO 约 50 个公约中最重要的一个,从被普遍接受的程度看(缔约国数量居第四位),从被统一实施的程度看("白名单"制度),都是如此。

STCW 1978 第一次尝试建立全球性的海员最低职业标准。此前,各国自行制定的本国海员培训、发证和值班标准各式各样,一般在实践上对他国没有多少参考意义。此前各国的标准,或高于公约的要求,但更多的是低于其要求,且大多未得到较好实行。因而,STCW 1978 的通过和实施,目标就是在全球范围内整体提高标准。

STCW 1978 未涉及配员标准。IMO 在这方面的规定已经体现在 SOLAS 1974 第 Ⅴ 章第 14 条中。这些要求在 1981 年 IMO 大会 A.481(12)决议中进行了明确。

第二章　公约的结构及主要内容

一、公约的结构

经 1995 年修正的 STCW 1978 的编纂结构已然"完形"。兹据 1995 年修正案,讲述 STCW 1978 的结构。

1995 年修正案只保留了 STCW 1978 的公约正文;STCW 附则、附属大会决议经全面修订,篇幅增加了几倍;通过了新制定的《海员培训、发证、值班规则》(STCW 规则)。STCW 规则 A 部分作为规则的补充,属于强制性要求;B 部分作为附则的解释和指导,属于建议性要求。编纂体例完全改变,内容详尽,层次分明。

因为几乎是全部重写,经 1995 年修正的 STCW 1978 一度被称为 STCW 78/95 公约。STCW 1978 又经 1997 年、1998 年修正后,严格地说,这个称谓已不准确。但因 1995 年修正案使得 STCW"基本成熟",仍然使用这个称谓也并无不可。

技术性条款全部列在 STCW 附则、STCW 规则中。这种编排,使得监督与实施更容易,也使得修改与更新更简单:从拟订上,从程序上,都不必经全体大会通过。

STCW 1978 的公约正文共 17 条,依次为:一般义务,定义,适用范围,资料交流,其他条约与解释,证书,过渡规定,特免,等效(至少相当于公约要求的某些安排),监督,促进技术合作,修正案,签字、批准、接受、核准和加入,生效,退出,保管和登记,文字。

STCW 附则共 8 章,依次为:总则,船长和甲板部,轮机部,无线电通信和无线电人员,液货船舶船员特殊培训的要求,应急、职业安全、医疗及救生功能,可供选择的发证,值班。

STCW 规则 A、B 部分各 8 章,分别是对 STCW 规则对应章节的补充、解释和指导。

引用 STCW 1978 的公约正文,也就引用 STCW 附则和 STCW 规则 A 部分,同时充分考虑 STCW 规则 B 部分给予的解释和指导。

二、历次修正案的主要内容

到目前为止,STCW 1978 已有 5 个修正案生效,其中影响最大的是 1995 年修正案。

(一)1991 年修正案

考虑到国际电信联盟(ITU)《无线电规则》1978 年修正案、《1974 年国际海上人命安全公约》1988 年修正案已就全球海上遇险与安全系统(GMDSS)做了相应修正,STW 分委会第 22

次会议决定,将 STCW 公约修正案草案连同其他有关草案提交 MSC 审定。1991 年 5 月 22 日,MSC 第 59 次会议通过决议,对 STCW 1978 做出修改,即 1991 年修正案。根据该公约规定,1991 年修正案被默认接受,于 1992 年 12 月 1 日生效。

1991 年修正案的重要内容之一是 GMDSS,主要涉及 STCW 1978 的附则第 1 章 I/5"试验的实施",是使夜间单人瞭望合法化的等效条款。这一条款就夜间单人瞭望试验的法律责任、适用范围、豁免条件以及应遵循的原则做了全面阐述。中国就该试验持反对态度:中国籍船舶不进行该试验,进入我国沿海水域的外国籍船舶不要进行该试验。

为了履行 1991 年修正案,1993 年 6 月我国曾颁布《全球海上遇险与安全系统船舶无线电人员考试发证办法》,后来被新规定取代。

(二)1994 年修正案

1994 年 5 月,MSC 第 63 次会议以 MSC.33(63)决议通过了 STCW 1978 的 1994 年修正案。根据该公约规定,1994 年修正案于 1995 年 7 月 1 日被默认接受,于 1996 年 1 月 1 日正式生效。

1994 年修正案的重要内容是以"液货船人员的特殊培训要求"取代了该公约附则第 5 章"对槽管轮的特别要求"。目的是将该公约附属大会决议 11、12、13(即对油船、化学品船、液化气船船长、高级船员和一般船员的培训和资格的建议案)提升为强制性要求,列入该公约附则。

液货船人员的特殊培训要求,由于其特殊性,必然趋向强制性。我国曾于 1987 年 1 月、1991 年 5 月、1993 年 9 月先后颁布了《关于开展油船安全管理和原油洗舱专业训练工作的通知》《散装液化气船船员特殊培训、发证办法》《散装液体化学品船船员特殊培训、发证办法》,早已使液货船人员的特殊培训成为国内强制性要求。它们后来被新规定取代。

(三)1995 年修正案

在 1995 年 6 月 26 日—7 月 7 日 IMO 召开的修正 STCW 1978 缔约国外交大会上通过了经修正的 STCW 附则、附属大会决议和新制定的 STCW 规则,即 1995 年修正案。在 STCW 1978 签订日十七周年的 1995 年 7 月 7 日,各缔约国代表在通过 1995 年修正案的缔约国大会最终文件上签字。根据该公约规定,1995 年修正案被默认接受,于 1997 年 2 月 1 日生效,于 1998 年 8 月 1 日全面实施,于 2002 年 2 月 1 日前完成过渡期安排(使用以前的规定签发的证书同时应不再使用)。

STCW 1978 此次全面修订的主要目的是:将所有详细的、技术上的要求归入一个相应的规则;阐明必需的技能和适任能力;要求各国主管机关对批准在其船舶上服务的船长、驾驶员以及无线电人员的资格进行直接控制和认可;通过 IMO 使各缔约国对其全面履行 STCW 1978 以及培训和发证活动的质量相互负责;确定修正案在各缔约国生效的最短延期期限。

1995 年修正案主要有以下特点:

1. STCW 附则第 1 章总则的规则 I/4"监督程序"、规则 I/10"证书的承认"特别是规则 I/7"资料交流",对缔约国所签发证书的监督、认可的规定,不完全采用等效或等同承认的惯例,在所有 IMO 文件中第一次建立了严苛的国际遵章核实体制。

经 1995 年修正的 STCW 1978 强化了对各缔约国履约情况的监督。根据规则 I/7"资料交流"的要求,各缔约国应在规定的时间内按规定的内容和要求,向 IMO 递交关于该国为充分和完全实施公约而采取的有关措施的履约报告材料,由 MSC 按照有关程序对该国是否能充分和完全实施公约进行评价和确认,对通过评价和确认的缔约国将列入"白名单"。列入"白名单"缔约国签发的证书,原则上将被认可,否则不被认可;并且,按照 STCW 附则的规则Ⅰ/8 以及 STCW 规则第 A-Ⅰ/8 节的要求,各缔约国在每隔最多不超过五年的时间内,对知识、理解、技能和适任能力的获得和评估活动以及对发证体系的管理进行一次独立评价,并向 IMO 递交独立评价报告。MSC 经审核认为某缔约国不能有效保证 STCW 1978 得以充分和完全实施时,会将该缔约国从"白名单"中去除。根据 MSC/Circ. 1134,截至 2004 年 12 月 10 日,144 个缔约国中,被 MSC 审核认可能够全面实施 STCW 1978 的缔约国已达 115 个,即有 115 个国家被列入"白名单"。严苛的国际遵章核实体制不止于白名单制度,另外还有:

(1)当一缔约国向秘书长呈索据以确认(列入"白名单")的资料时,秘书长或其指示的其他有关缔约国得向提出呈索的缔约国交流此等资料,对于列入"白名单"的一缔约国所签发的证书,其他缔约国原则上应予承认,但(理论上)也不能排除由于资料交流、"自主"评估等关系而不予承认的可能性,即使这种可能性几乎为零。

(2)持有一缔约国所签发的证书上另一缔约国船上服务的人员,其证书得经过另一缔约国主管机关用以证明承认的签证(但在情况需要时,主管机关可允许该人员在其船上担任无线电报务员或无线电操作员以外的职务,为期不超过 3 个月)。由一主管机关为承认或证明承认另一缔约国所发证书而签发的证书和签证,不作为另一主管机关进一步承认的基础。

(3)个别海员适任能力评估。如果船舶发生碰撞、搁浅、触礁、非法排放、以不稳定或不安全方式以及其他危及人命财产安全或环境的方式操纵操作,缔约国经正式授权的监督官员得根据 STCW 规则 A-Ⅰ/4 对船上海员保持公约要求的值班标准的能力进行评估(审核海员的证书、与值班有关的技能、与事件有关的必要技能、安全实施与 ISM 规则有关的船上程序的能力、紧急情况下执行任务的能力),可能会认定该海员不适任,从而事实上不承认其证书(虽然该海员持有有效证书)。

2. STCW 附则第 1 章总则Ⅰ/8"质量标准"对质量标准体系的建立、运行和评价的规定,提高了对缔约国政府机关或组织或者其授权的非政府组织进行培训、适任评估、发证、签发和再有效工作,以及进行此等工作的教员和评估人员的资格和经历的要求。

根据前述两点,各缔约国得将历来在本质上属于内政的海员事务管理权部分地让渡给 IMO。1995 年修正案第一次授予 IMO 对各缔约国的某些监督权力。通过 IMO,一国可以核实他国在实施公约以及培训和发证等行为方面的履约程度,缔约国相互间负有责任。

3. 充分考虑了 SOLAS 第 9 章 ISM 规则的要求,STCW 附则第 1 章总则Ⅰ/14、STCW 规则 A-Ⅰ/14 节和 B-Ⅰ/14 节关于"公司的责任"的条款,规定公司保持并随时可查阅其船上雇佣的所有海员的文件和数据(包括但不限于其经历、培训、体格、适任等),保证被指派到任一艘船上工作的海员持有相应的证书并按安全配员的要求配备,熟悉其具体职责以及与之相关船员的船舶布置、装置、设备、程序和船舶特性,能有效协调紧急状态下的、至关重要的安全与防污的行为。这些规定的合目的性,得由作为组织、领导、使用和监控船员的基础性主体的公司最终正确体现。

4. STCW 附则第 1 章总则Ⅰ/6、STCW 规则 A-Ⅰ/6 节就"培训和评估"引进了质量保证机制,要求培训和评估全过程受到控制,确保教员、监督员和评估员完全胜任公约所规定的培训,对海员适任能力的评估以及对在职人员培训的方法、手段、程序和教程得由经主管机关评估合格的人员进行评估、实施和监督。

5. STCW 附则第 7 章是可供选择的发证的规定，或称备选功能发证制度。功能发证相对于按划分部门和职务的传统考试发证，即打破传统部门和职务而将船上的全部航海技术工作划分为 7 种功能，将责任级别划分为管理级、操作级和支持级，按功能进行考试发证。持有某种功能和某种责任级别证书的人，在具有相当服务资历和完成附加教育培训后，可以申请考核取得另一种证书。功能发证的最大特点是适应现代高科技的现代化船舶，这种船舶的自动化程度高，船上工作部门界限被打破，值班船员的岗位、职能和值班安排也随之变化：

（1）3 个责任级别：船长、大副、轮机长、大管轮为管理级；负责航行值班和轮机值班的高级船员、周期性无人机舱的值班轮机员、无线电操作员为操作级；组成航行值班和轮机值班的水手、机工为支持级。

（2）7 项功能：航行，货物装卸与积载，船舶作业管理和人员管理，轮机工程，电气、电子和控制工程，轮机维护与修理，海上无线电通信。

（3）功能发证的要求应该等同于 STCW 规则 A 部分 Ⅱ、Ⅲ、Ⅳ 章的有关规定，培训、教育、海上服务资历等同于 STCW 附则的有关规定。功能发证、传统发证的持证人应该可以在不同组织形式的船舶上服务，不妨碍其技能发挥。履行操作级航行职责的海员并视情况履行《无线电规则》所规定的无线电职责。

（4）功能发证并非旨在、也不得解释为减少配员、削弱专业完整性、降低海员技能要求，不表明一个人持多证就可以普遍适用于任何特定的值班，不影响船长的法律地位。

功能发证仅在少数国家开展不久。对其如何符合传统发证特别是安全配员和海上资历方面的要求，因缔约国间意见不一致（这将导致具体执行中不一致），但考虑到功能发证的原则性要求大体形成，为了不前功尽弃，经妥协和折中，不必等待意见一致和功能发证制度完全成熟，将功能发证列入经 1995 年修正的 STCW 1978 的附则第 Ⅶ 章，但要求 MSC 经常审议该章的执行情况。

6. STCW 附则第 8 章、STCW 规则 A-Ⅷ 章关于值班的条款，所体现的内容，诸如适于值班的作息时间，防止吸毒、酗酒，值班安排及应遵循的原则，航次计划和交接班，航行值班和在港值班，不同海况和载运危险货物等情况下注意和执行的事项，可谓人类航海实践的经验总结与提炼。船员适任，不只是适当持证，还要正确履职。这些关于值班的条款，正是船员做到遵守海上交通安全、海洋环境保护的规定，遵守船上安全操作规程的行动指南。当然，有限的科学知识和常识解决不了所有问题，海上情况的千变万化还需要海员的胆识、意志、勇气等不属于知识技能范畴的素质。

7. 培训项目增列，内容细化：

（1）特定类型船舶船员特殊培训，包括液货船、大型船舶、特殊操作性能船舶、客船、滚装客船、高速船、装载危险或有害货物船舶船员特殊培训，虽然除液货船船员特殊培训（STCW 附则第 Ⅴ 章）之外其余各项是建议性的，但正是由于特殊性，各缔约国多在国内规定中强制要求。

（2）附则第 Ⅵ 章规定涉及应急、职业安全、医疗及救生功能的培训，包括熟悉和基本安全培训、精通救生艇筏和救助艇业务培训、船舶高级消防培训、船上急救和医护培训。

（3）基于模拟器的培训，包括雷达操作和模拟器培训、船舶操纵模拟器培训、轮机模拟器培训，虽然公约中未具体指明该等项目，但对使用模拟器进行培训、评估做了强制要求。应用模拟器及其他现代培训技术和装备,探索适任标准更新、适任能力考核新方法,海上服务资历有限替代方式是发展趋势(见 STCW 规则 A-Ⅰ/13)。

(4)STCW 规则 A-Ⅱ/1、A-Ⅲ/1 规定了船上培训(在职培训)。海员在船上服务期间,受高级船员监督和指导,得到将来担任预期的高级船员职位方面的系统的、实际的培训。

培训项目增加和内容细化,是 IMO 对系列的或重大的事件、事故的反应。比如客船、滚装船、高速客船船员特殊培训,就缘起于 1994 年 9 月欧洲发生的"爱沙尼亚号"滚装客船沉没的惨痛事故。调查该事故的专家组查找了滚装客船的安全隐患,提出了滚装客船船员应该接受人群和危机管理、人的行为等方面的培训。

8. 比较详尽的强制性最低适任标准取代了"使主管机关满意"的含糊措辞。适任标准的框架为细分的适任能力及其相应的知识、理解和熟练,表明适任的方法、评价适任的标准。新增适任标准亦将采用这一框架。适任标准体现了对实际操作能力培养与考核的重视。

9. 意识到培训和发证的过程的总体有效性得通过船员在船期间所表现出的技术、能力和适任性予以确定,通过了"促进海员技术知识、训练和职业作风"的决议,建议主管机关做出适任的安排,促使公司在船员的选拔、监视船员履职能力的表现、鼓励高级船员参加培训初级人员、检查普通船员在船上取得知识技能的进步、适时的知识更新培训、增进海员职业荣誉感和良好作风等方面采取有效行动。

认识到船长和船员的总体健康对于海上人命财产安全和海洋环境保护的重要性,通过了"制定海员健康国际标准"的决议,敦请 IMO 与 ILO 和世界卫生组织(WHO)协作,制定海员健康国际标准。

认识到海上引航员、船舶交管人员和在移动式近海装置上服务的海事人员对于海上人命安全、财产安全和海洋环境保护的贡献,通过了"海上引航员、船舶交管人员在移动式近海装置上服务的海事人员的培训"的决议,敦请 IMO 考虑制定该等人员的培训和发证规定,纳入STCW 1978 或者其他合适的类似文件。

(四)1997 年修正案

1997 年修正案是针对客船船员培训的。在 STCW 附则第 5 章新增规则 V/3"对除滚装客船外其他客船的船长、高级船员、普通船员和其他人员的培训和资格的强制性最低要求",STCW 规则做了相应条目的增加,内容包括:拥挤人群管理培训,熟悉培训,在旅客舱室为旅客提供直接服务的人员的安全培训,旅客安全,危机管理和人的行为培训。1997 年 6 月通过,1999 年 1 月 1 日起生效。

(五)1998 年修正案

1998 年修正案主要涉及 STCW 规则 A-Ⅱ/1 和 A-Ⅱ/2,目的是提高船员(特别是散货船员)处理货物装卸、积载、系固的最低适任标准,因为这些作业可能给船舶结构造成不适当的应力。1998 年修正案于 1998 年 12 月 9 日通过,2003 年 1 月 1 日起生效。

(六)2010 年 STCW 公约马尼拉修正案

根据航海技术及航运业发展的需要,公约进行了多次修正。其中,1995 年修正案对 STCW公约的附则进行了全面修改,同时新制定了《海员培训、发证和值班规则》(STCW 规则),作为对 STCW 公约附则的补充。随着全球经济一体化的进程,船舶正朝着大型化、快速化、专业化、现代化的方向发展,全球对海洋环境的保护更严格,包括信息技术(IT)在内的新技术的应用越来越广泛与深入,对海员的培训与值班标准的要求越来越高。同时,由于海盗猖獗,海运安全受到严重的挑战,对海员的培训与值班标准又提出了新的保安要求。1995 年修正案生效后,国际海事组织又对 STCW 公约和 STCW 规则进行了多次的修正。1995 年修正案通过 10 年后,国际海事组织认为需要对 STCW 公约和 STCW 规则进行全面的回顾,从而对 STCW 公约与 STCW 规则进行系统的修正。2006 年,应 STW 分委会第 37 次会议的请求,海上安全委员会(MSC)第 81 次会议指示 STW 分委会在工作计划中加入对"STCW 公约和规则全面回顾"的高优先权议题。

2007 年 STW 分委会第 38 次会议确定了对 STCW 公约和规则全面回顾的 8 项原则,即:

(1)保留 1995 年修正案的结构与目标;

(2)不降低现有标准;

(3)不修改公约条款;

(4)解决不一致的问题、清理过时的要求及体现技术发展的需求;

(5)确保有效的信息交流;

(6)由于技术的创新,在履约培训、发证与值班要求方面提供一些灵活性;

(7)考虑短航线船舶与近海石油工业的特点与环境;

(8)考虑海上保安。

在很长一段时间内,国际海事组织将"航行更安全,海洋更清洁(Safer Shipping,Cleaner Oceans)"确定为其追求的目标。但是,现在该目标已改变为"清洁海洋上安全、保安和高效的航运(Safe,Secure and Efficient Shipping on Clean Oceans)"。可以看出,国际海事组织已将"保安"与"安全""防污染"这两个传统主题并列,将"保安职责"全面纳入海员的培训内容。同时,"高效的航运"已经成为国际海事组织追求目标的新内容,国际海事组织已经认识到航海科技发展是实现"高效的航运"的重要技术保障。对 STCW 公约全面回顾的 8 项原则的前 3 项原则是马尼拉修正案的基础。马尼拉修正案保留了 1995 年修正案的结构与目标,不降低现有标准,不修改公约正文条款,仅对公约规则(Regulations)与 STCW 规则进行全面回顾与修正。STW 分委会在对 STCW 公约和 STCW 规则进行全面回顾时,要求每个提出修正的文件或提案必须明确说明该修正内容是根据第几条原则提出的。由于海盗猖獗,海运安全受到了严峻的挑战,根据第 8 项原则,修正案增加了保安职责的新要求。由于近海石油工业的发展,根据第 7 项原则,相应提出了新的培训要求。根据第 5 项原则,明确了独立评价报告的内容,并提出电子查询的要求。根据第 6 项原则,提出远程教育和电子教育。第 4 项原则在全面回顾中应用最多,主要体现在包括信息技术在内的技术发展的需求。

2010 年初,STW 分委会第 41 次会议在通过 STCW 公约 2010 修正草案的同时,确定把电子航海战略实施计划作为 STW 分委会一项新的重要议题。因此,可以说 STW 分委会已经意识到包括信息技术在内的新技术发展将是其今后关注的重要方向。

(七)2014 年修正案

▶通过日期:2014 年 5 月 23 日　生效日期:2016 年 1 月 1 日

2014 年修正案包括对 STCW 公约的修正案[MSC. 373(93)]和对 STCW 规则的修正案[MSC. 374(93)]。修正案在 STCW 公约附则第 Ⅰ 章中新增了第 Ⅰ/16 条(符合验证)并在第 Ⅰ/1 条(定义和说明)中新增了与审核相关的 4 个概念;在 STCW 规则 A 部分新增第 A-Ⅰ/16

节,规范了审核的范围。上述修订内容使 IMO 文书实施规则(Ⅲ 规则)转化为 STCW 公约和 STCW 规则下的强制性规定。

2014 年修正案还对海员最低在职视力标准表 A-Ⅰ/9 进行了修订,授权主管机构可继续使用当前认可的其他等效视力测试方式(见[MSC.374(93)])。

(八)2015 年修正案

▶MSC.396(95)通过时间:2015 年 6 月 11 日 默认接受:2016 年 7 月 1 日 生效时间:2017 年 1 月 1 日

修订公约第Ⅰ章(总则)、第Ⅴ章(若干类型的船舶上的人员的特殊培训要求),新增低闪点燃料船舶的船员培训要求。规定了所有相关责任人(燃料的照料、使用和应急响应)须参加基本培训;船长、轮机员和所有直接责任人(照料和使用燃料与燃料系统)须参加高级培训。

▶MSC.397(95)通过时间:2015 年 6 月 22 日 默认接受:2016 年 7 月 1 日 生效时间:2016 年 1 月 1 日

修订《国际海员培训、发证和值班规则》A 部分(关于 STCW 公约附则的规定的强制性标准),新增低闪点燃料船舶的船员培训标准。

(九)2016 年修正案

2016 年修正案包括对 STCW 公约的修正案和对 STCW 规则的修正案。公约附则第Ⅰ章第Ⅰ/1 条(定义和说明)中新增了"极地规则"的概念,新增第Ⅴ章第Ⅴ/4 条极地船舶船员最低资格要求;STCW 规则 A 部分新增第 A-Ⅴ/4 节对基地船舶船长、负责值班的高级船员的培训与资格的强制性最低要求。上述修订内容将马尼拉修正案中关于极地船舶船员的建议性培训标准变为强制性培训与资格要求的规定。

三、STCW 公约马尼拉修正案的主要修正内容

STCW 公约马尼拉修正案主要修正内容经过 4 次 STW 分委会会议及 2 次特别会间会议的审议,2010 年 1 月召开的 STW 分委会第 41 次会议基本完成对 STCW 公约和规则进行全面回顾的议题,形成 STCW 公约和规则的修正草案。该修正草案于 2010 年 6 月 21 日—25 日在菲律宾马尼拉召开的 STCW 公约缔约国外交大会上获得通过,该修正案称为 STCW 公约马尼拉修正案,并将于 2012 年 1 月 1 日生效。

(一)第Ⅰ章"总则"的主要修正内容

1.新增"适任证书""培训合格证书""书面证明""电子员""电子技工""高级值班水手""高级值班机工""保安职责"等定义。明确证书分为 3 层:适任证书(COC)、培训合格证书(COP)、书面证明。适任证书系指依据本附则第Ⅱ、Ⅲ、Ⅳ或Ⅴ章的条款向船长,高级船员以及 GMDSS 无线电操作员签发或签注的证书。培训合格证书系指向海员签发的除适任证书以外的,说明符合本公约要求的相关培训、能力和海上服务资历的证书。书面证明系指除适任证书或培训合格证书以外的,用来证明已符合本公约的相关要求的文件。新修正案提高了证书的签发、签证、认可的审查要求,规定适任证书、根据规则第Ⅴ/11 条和规则第Ⅴ/1-2 条规定签发给船长和船员的培训合格证书仅应由主管机关签发。强调现代化船舶中电子员的必要性。适应海上运输保安的需要增设船舶保安方面的强制性培训要求。

2.新增证书的签发和登记条款,对海上服务资历的认可、培训课程的确认、登记的电子查

询、证书注册数据库的开发都做了明确的规定。

3. 在控制近岸航行原则中新增缔约国应与相关缔约国就有关航区和其他相关条件的细节达成一致的条款。

4. 增加了独立评价报告内容的明确要求,对最初资料交流(履约报告)、后续报告(独立评价报告)及有资格人员的小组做出了明确的规定。

5. 明确了海员健康标准及健康证书的签发要求。要求海员健康检查均应由缔约国认可的完全合格的有经验的从业医生完成;缔约国应制定认可从业医生的规则,对从业医生进行登记,并根据请求向其他缔约国、公司及海员提供。

6. 增加了公司的责任。公司应确保其指派到任一船上的海员均接受了本公约要求的知识更新的培训,任何时候都必须按 SOLAS 公约第 V 章第 14 条第 3 款的规定确保其在船上能进行有效的口头交流。

7. 明确了过渡期的安排。过渡期为生效日加 5 年。

(二)第 II 章"船长和甲板部"的主要修正内容

1. 强调电子海图显示与信息系统(ECDIS)的应用。新增使用 ECDIS 保持安全的航行值班(操作级)和使用有助于指挥决策的 ECDIS 和附属系统以保持安全航行(管理级)的要求。

2. 简化天文航海的知识、理解和熟练要求,提倡使用电子航海天文历和天文航海计算软件。

3. 新增领导力和团队工作技能的使用(操作级)和领导力和管理技能的使用(管理级)的强制性适任能力。驾驶台资源管理成为强制性适任标准。

4. 新增海洋环境保护意识方面的知识、理解和熟练要求。

5. 新增按照船舶报告系统和 VTS 报告程序的一般规定进行报告的内容。

6. 新增高级值班水手发证的强制性最低要求。

(三)第 III 章"轮机部"的主要修正内容

1. 删除"至少 30 个月的认可的教育与培训"的要求。

2. 提高普通船员晋升轮机员的要求,从 1995 年修正案的"不少于 6 个月的轮机部海上服务资历"提高到"完成不少于 12 个月的机工实习和认可的海上服务资历",其中包括不少于 6 个月的机舱值班(在轮机员的指导下)服务资历。

3. 新增领导力和团队工作技能的使用(操作级)和领导力和管理技能的使用(管理级)的强制性适任能力。机舱资源、管理成为强制性适任标准。

4. 新增电子员和电子技工发证和资格的强制性最低要求。

5. 新增高级值班机工发证的强制性最低要求。

(四)第 IV 章"无线电通信和无线电操作员"的修正内容

本次修订对第 IV 章的有关概念进行了修改。将第 IV 章标题"无线电通信和无线电人员"修改为"无线电通信和无线电操作员"。本章中出现的"无线电人员"全部被改为"无线电操作员",此外,在第 I 章 I/1(定义和说明)中增加了 GMDSS 无线电操作员的定义。

(五)第 V 章"特定类型船舶的船员特殊培训要求"的修正内容

1. 对 1995 年修正案的液货船船长、高级船员和普通船员培训和资格强制性最低要求做了重大的调整,由Ⅶ"液货船(油船、化学品船、液化气船)船长、高级船员和普通船员培训和资格强制性最低要求"分解为"Ⅴ/1-1 油船、化学品船船长,高级船员和普通船员培训和资格强制性最低要求"及"Ⅴ/1-2 液化气船船长、高级船员和普通船员培训和资格强制性最低要求"两部分。证书调整为 5 种:油船和化学品船货物操作基本培训证书、油船货物操作高级培训证书、化学品船货物操作高级培训证书、液化气船货物操作基本培训证书、液化气船货物操作高级培训证书。

2. 新增承担货物装卸、积载、洗舱、过驳或其他与货物有关操作有直接责任的人员强制性适任能力的要求。

3. 将原来的Ⅴ/2"滚装客船的船长、高级船员、普通船员和其他人员的培训和资格的强制性最低要求"和Ⅴ/3"除滚装客船以外的客船的船长、高级船员、普通船员和其他人员的培训和资格的强制性最低要求"修改为新的第Ⅴ/2 条。第Ⅴ/2 条标题相应改为"客船船长、高级船员、普通船员和其他人员的培训和资格的强制性最低要求",不再突出滚装客船的特殊要求。

4. 在 B 部分,增加:B-Ⅴ/e"对近海供给船上的船长、负责航行值班驾驶员培训和资格的指导";B-Ⅴ/f"对操作动力定位系统的人员的培训和资历的指导";B-Ⅴ/g"对航行极地水域船舶船长和高级船员培训的指导"。

(六)第Ⅵ章"应急、职业安全、保安、医护和求生职能"的主要修正内容

1. 明确所有船员的熟悉和基本安全培训及训练的强制性最低要求,增加海洋环境保护基本知识、船上有效沟通、团队工作、理解并采取措施控制疲劳等新内容。

2. 保安培训分为 4 类培训:船舶保安员培训、熟悉保安培训、保安意识培训、负有指定保安职责人员的培训。船舶保安员必须持有船舶保安员培训合格证书,所有船员必须持有保安意识培训合格证书,被指定负有保安职责的海员则还应持有负有保安职责培训合格证书。

3. 对船员保持包括基本安全、熟练救生艇操作、高级消防等适任能力的方式修改为每 5 年需要提供保持适任的证据;对于那些可以在船上实施的训练项目,主管机关可以接受船员在船上的训练和实践经历。但对于"如何保持不能在船上实施的训练项目的适任能力的方式与方法"并没有达成一致。

(七)第Ⅶ章"可供选择的发证"的主要修正内容

增加了高级值班机工申请高级值班水手和高级值班水手申请高级值班机工应符合的适任标准,支持级船员发证资历要求和甲板部、轮机部特殊综合培训项目的指导。

(八)第Ⅷ章"值班"的主要修正内容

规定主管机关为防止负有安全、防污染及保安职责的值班人员疲劳,应制定与实施保证足够休息时间的措施;规定主管机关为防止滥用药物和酗酒,应制定适当的措施。增加了负有保安职责的值班人员的规定、值班时间和休息时间的要求及防止药物和酒精滥用的指导。此外,在 STCW 公约中引用的一些法规的变化也体现在此次修正案中。例如,以《国际航空和海上搜寻救助手册》取代《商船搜寻和救助手册》,以《IMO 标准航海通信用语》取代《标准航海用语》,以 IMSBC 规则取代 BC 规则等。

第三章 我国海事管理机构的履约职能

中华人民共和国海事局是代表中国政府负责 STCW 1978 在我国全面履约的主管机关。为了确保 STCW 1978 在我国得以全面有效地实施,根据该公约、《中华人民共和国海上交通安全法》和其他适用的国际国内相关规定,海事管理机构应该履约的主要职能和义务有[①]:

一、立法职能

中华人民共和国海事局有责任参与包括船员管理在内的海事管理相关法律、行政法规、规章的立法活动,也有权依照相关国际公约和国内法规发布有关规范、标准及规范性文件。立法是中国海事局的一项重要职能。(参见 STCW 1978 的公约正文第Ⅰ条(2)款)

二、培训管理职能

根据 STCW 1978 的公约正文第Ⅵ条"证书"、STCW 附则的规则Ⅰ/6"培训和评估"以及 STCW 规则第 A-Ⅰ/6 节等条款的要求,各缔约国应对海员培训机构的培训资质、从事培训和评估的各类人员的资格实施认可,对培训的计划、手段、程序等实行监督管理,以确保培训和评估是按照 STCW 规则的有关要求进行管理、监督和检查的,确保负责海员培训和评估的人员完全胜任公约的有关要求。(参见《中华人民共和国船员培训管理规则》)

另外,根据 STCW 附则Ⅰ/8"质量标准"的相关要求,要确保对从事海员教育和培训的机构,通过一个质量标准体系进行连续的监控,并按照 STCW 规则的有关要求对其质量标准体系进行定期评价,从质量控制上保证培训的资源、活动和效果。(参见《中华人民共和国船员教育和培训质量管理规则》)

三、考试和评估职能

海员教育和培训人员是否达到 STCW 1978 规定的培训、考试和发证的强制性最低要求和值班标准,如何考核与甄别?考核和评估是必需的,也是有效的方法和手段,根据 STCW 1978 公约正文第Ⅵ条"证书"(1)款,证书只应"签发给主管机关满意地认为在服务、年龄、健康状况、培训、资格和考试各方面都符合要求的证书申请人"。考试和评估是我国签发 STCW 1978 证书所采取的一项重要措施。(参见《中华人民共和国海船船员适任考试、评估和发证规则》《中华人民共和国船员培训管理规则》)

四、发证和签证的职能

证书是指由主管机关签发,或经主管机关授权签发,或为主管机关所认可的有效文件。不论该文件名称如何,该文件准许其合法持有人担任该文件中所指出的或国家法律所规定的职务(职能)。我国海事管理机构签发的适任证书就表明,持证人业已完成相应的培训并经考试

---

① 许维安:《我国海洋法体系的缺陷与对策》,《海洋开发与管理》,2008 年 1 期。

和评估合格，达到《中华人民共和国海船船员适任考试、评估和发证规则》和 STCW 1978 的相关规定，具备在相应航区、等级、种类的船舶上担任相应适任级别的职务或职能的能力。发证职能是培训管理、考试和评估以及船员持证任职情况监督职能的综合反映和最终体现。

对其他缔约国签发的证书的认可，即承认签证。根据 STCW 附则 I/10"证书的承认"，持有其他缔约国签发或授权签发的适任证书的外国籍船员在中国籍船舶上任职的，应按照 STCW 1978 的有关规定，取得由我国主管机关签发的承认该国证书的签证。

另外，根据 STCW 附则 I/8"质量标准"的有关要求，作为海事机构自我管理的一项事务，船员考试、评估和发证也得实行质量控制。[①]（参见 STCW 1978 公约正文第 VI 条"证书"、《海船船员适任考试、评估和发证规则》《船员培训管理规则》及《船员考试、评估和发证质量管理规则》）

五、船员持证任职及值班情况的监督管理职能

根据 STCW 1978 公约正文第 X 条、STCW 附则 I/4 以及 STCW 规则 A-I/4 节，船舶在一缔约国的港口时，应接受该缔约国正式授权的官员的监督，以核实所有在船上服务而又要求按该公约规定发证的海员是否持有适当证书，或有效特免证明，或已递交签证申请的证明，并可同时对船上海员进行显示其适任能力的操作性检查，核实在船上服务的海员的人数和所持证书是否符合主管机关规定的安全配员的要求。

在监督检查时，当有明显理由认为未能保持值班标准时，可以按照该公约的相关要求对船上海员保持该公约要求的值班标准的能力进行评估。当有明显理由认为证书系骗取的、伪造的、编造的、失效或低于规定要求的，或者持证人不是该证书原来发给的人，当然认定海员未持有适当证书。当危及人员、财产和环境的缺陷未能纠正时，执行监督的缔约国应采取措施，以保证船舶在消除危险并符合要求后方可航行，意味着可能对船舶实施滞留。

执行监督检查时，不给予有权悬挂非缔约国国旗的船舶比有权悬挂缔约国国旗的船舶以更为优惠的待遇。

六、监督公司履责的管理职能

根据 STCW 附则 I/14"公司的责任"，缔约国的主管机关有责任监督公司按照该公约的有关要求做。

第四章　公约在我国的实施情况

一、国内相关立法

我国是 STCW 78/95 公约的签字国，后于 1980 年 6 月 8 日向 IMO 递交了批准 STCW 1978 的文件，是 STCW 78/95 公约的缔约国之一。

---

① 《STCW 公约_百度文库》。

我国政府一直对履行 STCW 1978 给予高度重视。交通部于 1979 年即按照 STCW 1978 的基本要求,颁布了《中华人民共和国轮船船员考试发证办法》。此后三十多年里,为充分和完全实施甚至是高于标准实施 STCW 1978,我国颁布了一系列法律、法规、规章和技术规范,如 2007 年《中华人民共和国船员管理条例》、2013 年《中华人民共和国船员培训管理规则》。其中,2011 年《中华人民共和国海船船员适任考试和发证规则》,为履行 STCW 78/95 马尼拉修正案出台的全新规定具有标志意义。

1.《中华人民共和国船员管理条例》

为了加强船员管理,提高船员素质,维护船员的合法权益,保障水上交通安全,保护水域环境,《中华人民共和国船员管理条例》对船员注册和任职资格、船员职责、船员职业保障、船员培训和船员服务、监督检查和法律责任进行了规定。该条例于 2007 年 3 月 28 日国务院第 172 次常务会议通过,自 2007 年 9 月 1 日起施行。

2.《中华人民共和国船员培训管理规则》

为了满足履约要求,交通运输部对《中华人民共和国船员培训管理规则》(交通运输部令 2009 年第 10 号)进行了修改,2013 年第 15 号《关于修改〈中华人民共和国船员培训管理规则〉的决定》于 2013 年 12 月 16 日经第 13 次部务会议通过,自 2014 年 4 月 1 日起施行。该规则对船员培训的种类和项目、船员培训的许可、船员培训的实施、监督检查、法律责任进行了规定,以加强船员培训管理,保证船员培训质量,提高船员素质。

3.《中华人民共和国海船船员适任考试、评估和发证规则》

交通运输部根据国际公约和国内法规的变化,以及近年航运形势的发展,对《中华人民共和国海船船员适任考试、评估和发证规则》(2004 年第 6 号部令,简称“04 规则”)做了修改,于 2011 年 12 月 27 日颁布了《中华人民共和国海船船员适任考试和发证规则》(交通运输部令 2011 年第 12 号,以下简称“11 规则”),“11 规则”于 2012 年 3 月 1 日起施行。“11 规则”的颁布实施,为我国履行 STCW 公约马尼拉修正案,促进船员队伍可持续发展起到了巨大的推动作用。

二、STCW 公约马尼拉修正案实施情况介绍及履约过程中的问题

为充分有效履行 STCW 公约马尼拉修正案,全面实施《中华人民共和国海船船员适任考试和发证规则》(交通运输部令 2011 年第 12 号,简称“11 规则”),主管机关设立了一定的过渡期限(从《STCW 公约马尼拉修正案过渡规定实施办法》颁布之日起至 2016 年 12 月 31 日),让“11 规则”生效前已经从事海员的职业人员或接受航海教育和培训的学员,有足够的时间通过补差培训、考试、换证等方式满足新公约和法规要求,保障船员管理政策的有效衔接。同时,还要最大限度地确保不影响船员的正常工作,保障航运公司、船舶正常运营。

1. STCW 公约马尼拉修正案实施重要时间节点

(1)2012 年 7 月 1 日起:

开始举行按照“11 规则”进行的海船船员适任考试。

“11 规则”生效前入学的中专和两年制航海教育的学生完成过渡期适任培训并通过考试,或在完成满足“11 规则”要求的岗位适任培训后,可以申请无限航区的三副、三管轮考试。

(2)2013 年 2 月 1 日起:

停止举行按照“04 规则”进行的海船船员适任考试(初考)。

（3）2013 年 7 月 1 日起：

停止举行按照"04 规则"进行的海船船员适任考试补考，逾期成绩未全部通过者，成绩全部作废。

过渡办法颁布之日起至 2013 年 6 月 30 日，按照"04 规则"进行的补考不受 60 天间隔限制；2012 年 3 月 1 日—2013 年 6 月 30 日，按照"04 规则"进行的补考次数不得超过 5 次。

已取得海船船员适任培训资质的航海院校和培训机构，满足《关于做好 STCW 公约马尼拉修正案履约准备工作有关事项的通知》（海船员［2011］923 文号）的要求后，方可进行航海类学员的招生。

（4）2014 年 1 月 1 日起：

停止直接申请签发保安意识培训合格证、负有指定保安责任船员培训合格证；所有在国际航线船舶上任职的船员，必须持有保安意识培训合格证、负有指定保安责任船员培训合格证。

（5）2016 年 7 月 1 日起：

停止按照"04 规则"进行海船船员适任证书发证、签证和换证工作；旧版培训合格证换证截止期限。

（6）2016 年 12 月 31 日：

按"04 规则"签发的适任证书的有效期截止期限；有效的旧版培训合格证使用截止期限。

（7）2017 年 1 月 1 日起：

海船船员上船任职，必须持有"11 规则"适任证书和新版培训合格证。

2. 马尼拉修正案实施过程中出现的问题

（1）"04 规则"更换"11 规则"适任证书的问题

为有效履行"11 规则"，主管机关对"04 规则"适任证书更换"11 规则"适任证书设立了一定的过渡期限，即从 2012 年 7 月 1 日起至 2016 年 12 月 31 日，对于从事海员的职业人员或接受航海教育和培训的学员，有充裕的时间通过补差培训、考试等以换取满足新公约和法规要求的新的适任证书。截止到 2017 年 7 月 1 日，仍有少量持有"04 规则"适任证书的海员有换证需要，而过渡期培训已截止，面临无法换证。

（2）增加培训投入

新规则中增加了 ECDIS（电子海图）、BRM（驾驶台资源管理）和 ERM（机舱资源管理）三项内容，同时对团队处理紧急事故培训项目增加了场地、设备等更多要求，这意味着需要大量的师资、资金投入。由于费用过高，根据各相关培训机构和海事类院校反馈，BRM 和 ERM 培训场地建设投入一般为 2～4 个培训室，此种情况造成换证培训不能同期大量进行，而在 2016 年 11 月、12 月造成许多需要换证的海员履约培训报名难度加大，从而造成部分海员未能如期完成履约换证。

三、关于船舶保安的特别说明

2012 年 1 月 1 日前已在船上任职的船员，申请之日前 3 年内具有不少于 6 个月海上服务资历并按保安计划履行过保安职责的，可在 2014 年 1 月 1 日前直接申请签发保安意识培训合格证、负有指定保安职责船员培训合格证。

从 2012 年 3 月 1 日起，对于不满足上述条件的船员，应在完成保安意识和负有指定保安职责船员培训，并取得保安意识培训合格证、负有指定保安职责船员培训合格证后，方可上船任职。

上述规定仅适用于在国际航线船舶上任职的船员,在国内航线船舶上任职的船员按照《中华人民共和国国内船舶保安规则》的要求执行。

四、国际海事组织颁布实施《2010年STCW公约马尼拉修正案》指导意见

2017年6月7日—16日举行的国际海事组织海事安全委员会(MSC 98)认可了国际海事组织人力资源、培训和当值小组委员会(HTW 4)已批准缔约方、主管部门、港口国管制当局的关于实施《1978年STCW公约修订案》要求的临时指导性文件(STCW. 7 / Circ. 24)。因此,MSC 98同意撤销MSC / Circ. 1030和MSC / Circ. 1032的通告,并指示国际海事组织秘书处将STCW. 7 / Circ. 24号文件作为STCW. 7 / Circ. 24 / Rev. 1重新发布,从标题中删除"临时"的字样。

内容归结如下:提供证明和证明文件;提交《STCW公约》证书和认可的参考资料;与EC-DIS相关的培训和熟悉的要求;与第Ⅱ／5条(甲板一级水手)、Ⅲ／5(机舱一级轮机员)、Ⅲ／6(高级电机员)和Ⅲ／7(普通电机员)有关的证书。

该指导意见建议各航运公司如可能,在船上备妥修订版通知的副本,以便在港口国监控或其他检查过程中进行参照。

拓展阅读 《2016中国船员发展报告》("海船船员"摘录)

截至2016年,我国共有注册船员1 392 751人,其中海船船员672 961人,内河船舶船员719 790人,与2015年同比分别增长1.64%、5.32%和下降1.57%。我国船员队伍在规模上总体满足航运发展的要求,但在结构上仍需要根据市场需求进一步优化。各类别注册船员数量示意图如图4-1所示。

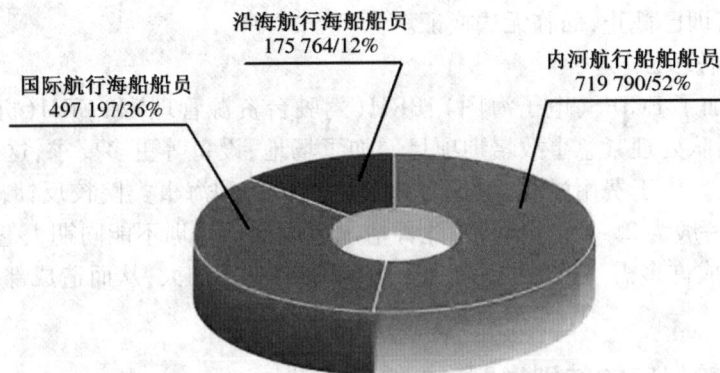

沿海航行海船船员
175 764/12%

国际航行海船船员
497 197/36%

内河航行船舶船员
719 790/52%

图4-1 各类别注册船员数量示意图

一、国际航行海船船员

2016年,我国新增注册国际航行海船船员26 685人。截至2016年,我国共有注册国际航行海船船员497 197人(见表4-1、图4-2)。国际航行海船船员出生分布如表4-2所示。

表 4-1　2012—2016 年我国国际航行海船船员注册人数（单位：人）

类型	2012 年	2013 年	2014 年	2015 年	2016 年
国际航行海船船员	383 045	417 924	447 054	470 512	497 197

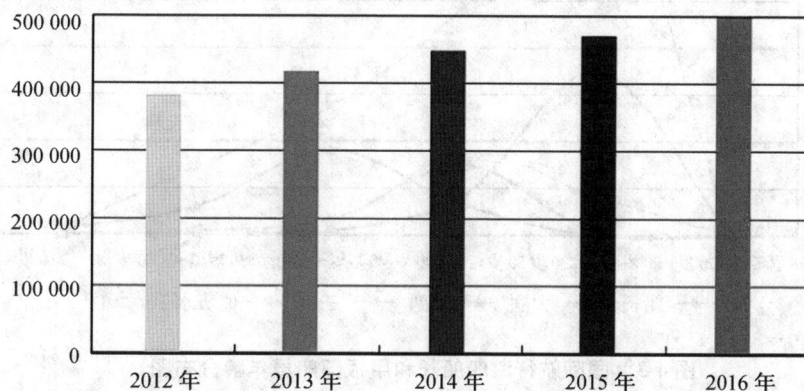

图 4-2　2012—2016 年国际航行海船船员注册人数示意图

表 4-2　国际航行海船船员出生分布表（单位：人）

序号	出生地	人数	序号	出生地	人数
1	山东	89 181	9	河北	31 193
2	江苏	63 351	10	上海	15 519
3	浙江	21 523	11	天津	13 825
4	福建	36 109	12	安徽	12 989
5	广东	28 449	13	湖南	12 408
6	辽宁	36 126	14	海南	3 829
7	湖北	36 696	15	黑龙江	8 905
8	河南	36 548	16	广西	6 307

（一）持有国际航行海船适任证书船员

截至 2016 年，我国持有国际航行海船适任证书的船长 15 426 人，持有国际航行海船适任证书的轮机长、大副、大管轮、二副、二管轮、三副、三管轮等高级船员 100 943 人，值班水手和值班机工 146 957 人。国际航行海船船长和甲板部船员年龄分布如图 4-3 所示；国际航行海船轮机部船员年龄分布如图 4-4 所示。

2016 年持有有效国际航行海船适任证书的船员数量比 2015 年下降 47 022 人，主要是由于《海员培训、发证和值班标准国际公约》马尼拉修正案过渡期（截至 2016 年 12 月 31 日）结束后，原先持有《中华人民共和国海船船员适任考试、评估和发证规则》（2004 年）适任证书的部分船员，尚未更换《中华人民共和国海船船员适任考试和发证规则》（2011 年）要求的适任证书。持有国际航行海船适任证书船员等级、职务分布及船员年龄分布如表 4-3、表 4-4 所示。

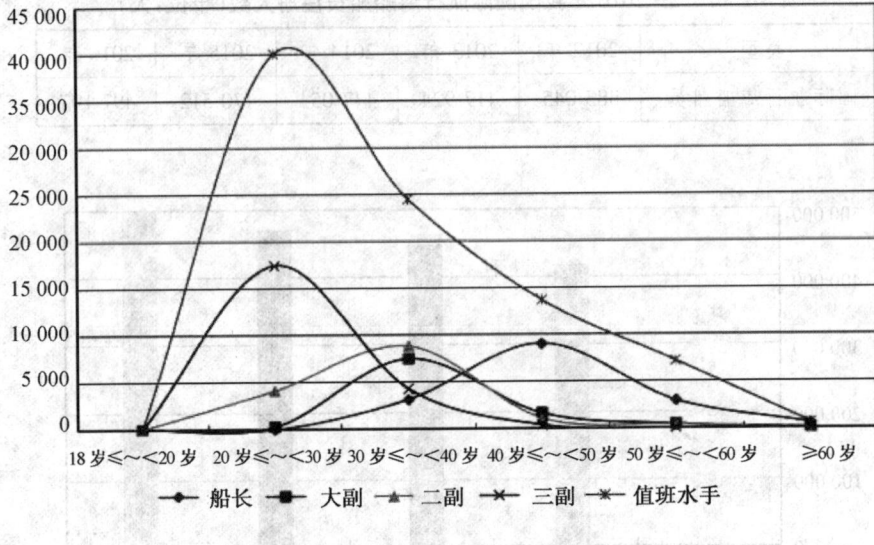

图 4-3　国际航行海船船长和甲板部船员年龄分布图

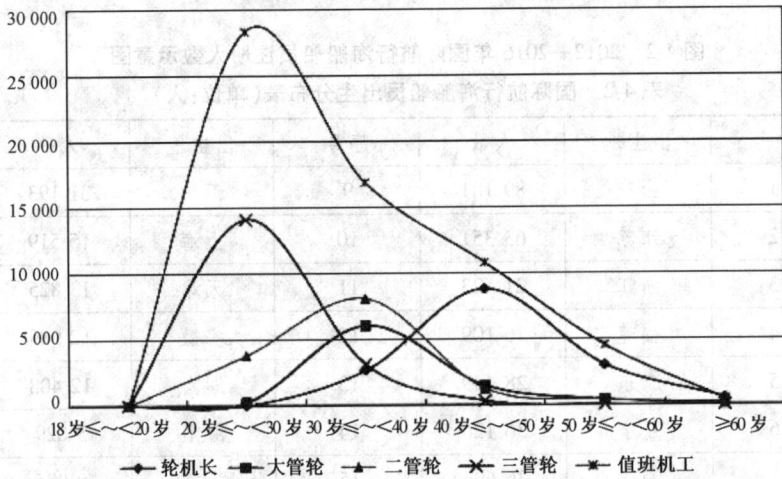

图 4-4　国际航行海船轮机部船员年龄分布图

表 4-3　持有国际航行海船适任证书船员等级、职务分布（单位：人）

等级	职务	人数	等级	职务	人数
3 000 总吨及以上	船长	15 426	500 ~ 3 000 总吨	船长	258
	大副	9 663		大副	231
	二副	14 269		二副	110
	三副	22 080		三副	8

续表

等级	职务	人数	等级	职务	人数
500 总吨及以上	值班水手	85 993		轮机长	509
3 000 kW 及以上	轮机长	14 469	750 ~ 3 000 kW	大管轮	330
	大管轮	7 950		二管轮	230
	二管轮	13 278		三管轮	14
	三管轮	17 544	750 kW 及上	值班机工	60 964
总计			263 326		

表 4-4　持有国际航行海船适任证书船员年龄分布(单位:人)

职务	18 岁≤ ~ <20 岁	20 岁≤ ~ <30 岁	30 岁≤ ~ <40 岁	40 岁≤ ~ <50 岁	50 岁≤ ~ <60 岁	≥60 岁	合计
船长	0	0	3 147	9 035	2 941	561	15 684
大副	0	278	7 469	1 619	445	83	9 894
二副	0	4 098	8 792	1 071	394	24	14 379
三副	0	17 464	4 247	362	15	0	22 088
轮机长	0	1	2 644	8 782	3 023	528	14 978
大管轮	0	241	6 044	1 468	410	117	8 280
二管轮	0	3 770	8 080	1 226	402	30	13 508
三管轮	0	14 122	3 095	325	16	0	17 558
值班水手	30	40 017	24 471	13 712	7 159	604	85 993
值班机工	13	28 332	16 902	10 801	4 507	409	60 964
总计	43	108 323	84 892	48 409	19 303	2 356	263 326

1. 持有特殊类型国际航行海船适任证书船员

截至 2016 年,我国具有在国际航行海船上任职资格的客船船长 515 人,轮机长、大副、大管轮、二副、二管轮、三副、三管轮等高级船员 2 542 人;油船船长 2 485 人,轮机长、大副、大管轮、二副、二管轮、三副、三管轮等高级船员 16 489 人;化学品船船长 2 498 人,轮机长、大副、大管轮、二副、二管轮、三副、三管轮等高级船员 16 519 人;液化气船船长 711 人,轮机长、大副、大管轮、二副、二管轮、三副、三管轮等高级船员 3 120 人。特殊类型国际航行海船持证船员人数如表 4-5 所示。

表 4-5 特殊类型国际航行海船持证船员人数(单位:人)

等级	职务	持证船员人数			
		客船	油船	化学品船	液化气船
3 000 总吨及以上	船长	509	2 470	2 482	710
	大副	285	1 611	1 619	294
	二副	469	2 539	2 548	432
	三副	458	3 245	3 249	620
500~3 000 总吨	船长	6	15	16	1
	大副	4	11	11	0
	二副	1	14	13	1
	三副	0	0	0	0
3 000 kW 及以上	轮机长	485	2 455	2 456	622
	大管轮	185	1 409	1 411	244
	二管轮	371	2 305	2 310	407
	三管轮	270	2 729	2 733	446
750~3 000 kW	轮机长	6	65	64	14
	大管轮	4	72	72	23
	二管轮	3	31	30	17
	三管轮	1	3	3	0
500 总吨及以上	值班水手	2 914	11 696	11 712	1 635
750 kW 及以上	值班机工	1 664	9 054	9 055	1 220
总计		7 635	39 724	39 784	6 686

2. 外派海员

2013—2016 年外派海员数量如表 4-6 所示。2016 年,我国外派海员 142 738 人次,同比增长 7.06%(见图 4-5)。

表 4-6 2013—2016 年外派海员数量(单位:人次)

职务 / 年份	2013 年	2014 年	2015 年	2016 年
船长	5 748	5 767	6 016	6 497
大副	4 852	4 952	5 458	6 075
二副	4 909	5 527	6 067	6 767
三副	7 172	7 515	7 615	7 805
轮机长	6 872	7 206	5 959	6 474

续表

年份＼职务	2013 年	2014 年	2015 年	2016 年
大管轮	5 683	5 664	4 929	5 482
二管轮	3 955	4 362	5 982	6 640
三管轮	4 771	5 381	7 346	7 525
值班水手	20 885	19 324	21 410	23 057
值班机工	14 367	12 647	14 031	14 855
其他	40 372	45 933	48 513	51 561
合计	119 316	124 278	133 326	142 738

注：外派海员是指派往外国船籍海船或中国港澳台地区籍海船的海员。

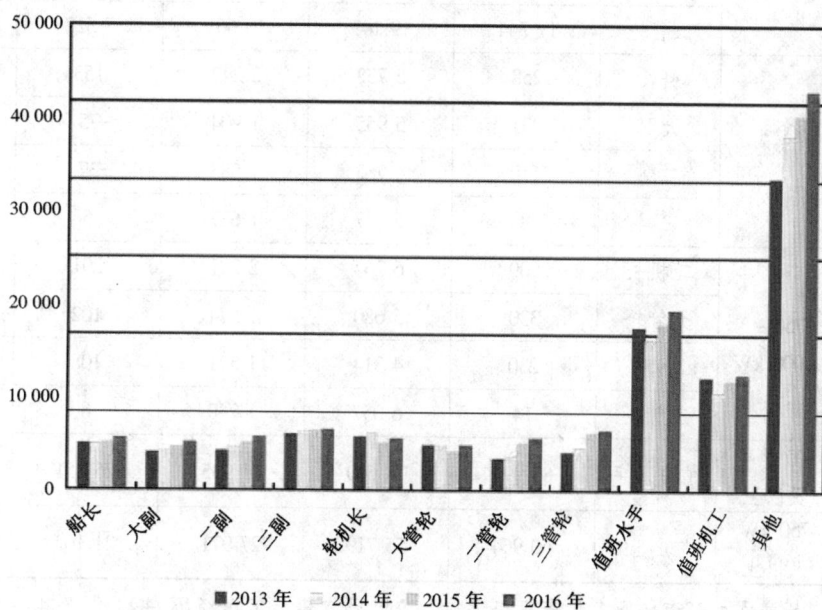

图 4-5　2013—2016 年外派海员数量示意图

（二）国际航行海船船员供需状况（见表4-7）

表4-7　国际航行海船船员供需状况（单位：人次）

类别	等级	职务	持有效适任证书人数	2014—2016年具有海上资历人数	2016年具有海上资历人数	2016年外派海员人数	中国国际航海海船最低安全配员人数
国际航行海船（无限航区）	3 000总吨及以上	船长	15 426	13 071	8 546	4 824	909
		大副	9 663	14 806	8 861	3 389	908
		二副	14 269	18 326	10 297	6 007	909
		三副	22 080	22 412	11 558	8 096	904
	3 000 kW及以上	轮机长	14 469	12 048	8 490	4 432	921
		大管轮	7 950	12 397	8 204	2 970	919
		二管轮	13 278	15 506	9 406	5 762	341
		三管轮	17 544	19 143	10 664	7 517	326
国际航行海船（无限航区）	500 ~ 3 000总吨	船长	258	5 732	2 242	153	191
		大副	231	5 955	1 904	75	181
		二副	110	4 762	1 583	37	68
		三副	8	5 777	1 627	5	187
	750 ~ 3 000 kW	轮机长	509	6 264	2 221	291	194
		大管轮	330	5 680	1 574	102	193
		二管轮	230	4 314	1 571	108	5
		三管轮	14	6 057	1 740	8	145
	500总吨及以上	值班水手	85 993	78 640	41 935	26 551	2 960
	750 kW及以上	值班机工	60 964	55 719	27 971	21 165	1 844

注：有海上资历或在外籍海船服务仅表示船员在相应时段有船上工作经历，并不代表其实际担任职务与所持适任证书职务一致。

二、沿海航行海船船员

2016年，我国新增注册沿海航行海船船员7 286人。截至2016年，我国共有注册沿海航行海船船员175 764人（见表4-8、表4-9）。

表4-8　2012—2016年沿海航行海船船员注册人数（单位：人）

类型	2012年	2013年	2014年	2015年	2016年
沿海航行海船船员	146 513	153 281	161 413	168 478	175 764

180 000
175 000
170 000
165 000
160 000
155 000
150 000
145 000
140 000
135 000
130 000

2012 年　　2013 年　　2014 年　　2015 年　　2016 年

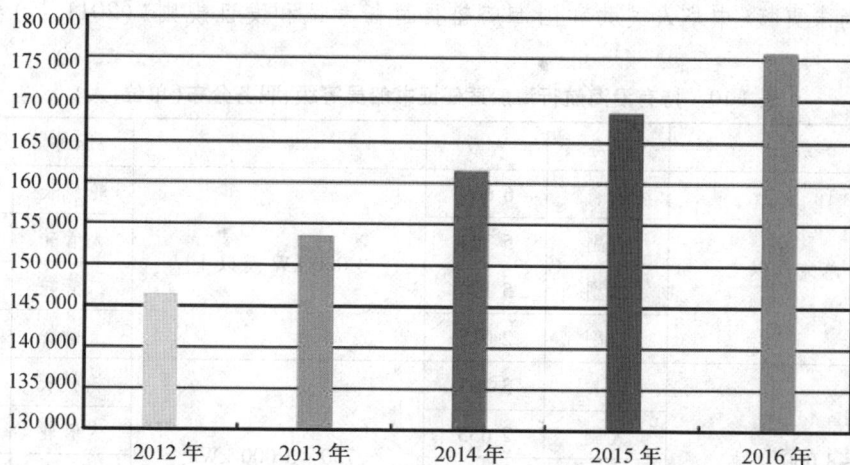

图 4-6　2012—2016 年沿海航行海船船员注册人数示意图

表 4-9　沿海航行海船船员出生分布表（单位：人）

序号	出生地	人数	序号	出生地	人数
1	山东	19 986	17	吉林	679
2	江苏	51 391	18	江西	927
3	浙江	14 079	19	四川	1 218
4	福建	22 297	20	陕西	747
5	广东	15 956	21	重庆	1 393
6	辽宁	8 383	22	山西	330
7	湖北	6 372	23	内蒙古	239
8	河南	3 077	24	贵州	208
9	河北	6 518	25	甘肃	166
10	上海	4 331	26	云南	87
11	天津	2 890	27	北京	84
12	安徽	2 759	28	新疆	87
13	湖南	1 855	29	宁夏	34
14	海南	5 593	30	青海	27
15	黑龙江	1 408	31	西藏	0
16	广西	2 261	32	港澳台	382
总计					175 764

（一）持有沿海航行海船适任证书船员

截至 2016 年，我国具有沿海航行海船船员适任证书的船长 16 605 人，轮机长、大副、大管轮、二副、二管轮、三副、三管轮等高级船员 57 690 人，值班水手和值班机工 55 413 人（见表 4-10、表 4-11，图 4-8、图 4-9）。

2016 年持有有效沿海航行海船适任证书的船员数量比 2015 年下降 28 070 人，主要是由于《海员培训、发证和值班标准国际公约》马尼拉修正案过渡期（截至 2016 年 12 月 31 日）结束后，原先持有《中华人民共和国海船船员适任考试、评估和发证规则》（2004 年）适任证书的部分船员,尚未更换《中华人民共和国海船船员适任考试和发证规则》(2011 年)要求的适任证书。

表 4-10　持有沿海航行海船适任证书船员等级、职务分布(单位:人)

等级	职务	人数	等级	职务	人数
3 000 总吨及以上	船长	6 669	3 000 kW 及以上	轮机长	4 492
	大副	5 324		大管轮	2 736
	二副	5 174		二管轮	3 952
	三副	2 015		三管轮	2 568
500 ~ 3 000 总吨	船长	3 793	750 ~ 3 000 kW	轮机长	5 625
	大副	2 633		大管轮	2 808
	二副	2 127		二管轮	2 110
	三副	101		三管轮	196
未满 500 总吨	船长	6 143	未满 750 kW	轮机长	5 033
	大副	3 734		大管轮	2 966
	二副	2 321		二管轮	1 403
	三副	249		三管轮	123
500 总吨及以上	值班水手	30 451	750 kW 及以上	值班机工	20 358
未满 500 总吨		3 465	未满 750 kW		1 139
总计			129 708		

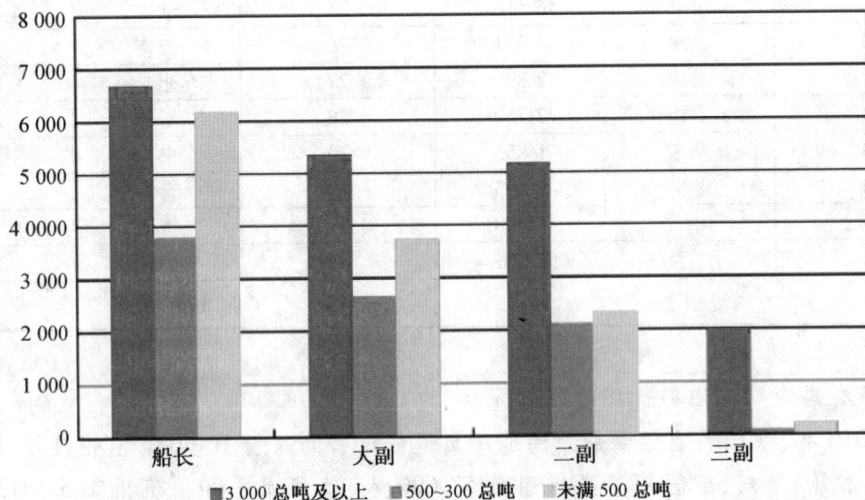

图 4-7　沿海航行海船船长和甲板部船员等级职务分布图

表 4-11　沿海航行海船持证船员年龄分布(单位:人)

职务	18 岁≤~<20 岁	20 岁≤~<30 岁	30 岁≤~<40 岁	40 岁≤~<50 岁	50 岁≤~<60 岁	≥60 岁	合计
船长	0	10	1 787	5 991	6 188	2 629	16 605
大副	0	392	3 869	3 847	2 802	781	11 691
二副	0	1 347	3 498	2 432	2 000	345	9 622
三副	0	1 177	772	308	90	18	2 365
轮机长	0	1	1 293	6 164	5 954	1 738	15 150
大管轮	0	168	2 517	3 388	2 081	356	8 510
二管轮	0	983	3 325	1 920	1 093	144	7 465
三管轮	0	1 653	858	305	63	8	2 887
值班水手	39	6 264	8 121	8 275	9 051	2 166	33 916
值班机工	9	5 135	6 157	5 429	4 142	625	21 497
总计	48	17 130	32 197	38 059	33 464	8 810	129 708

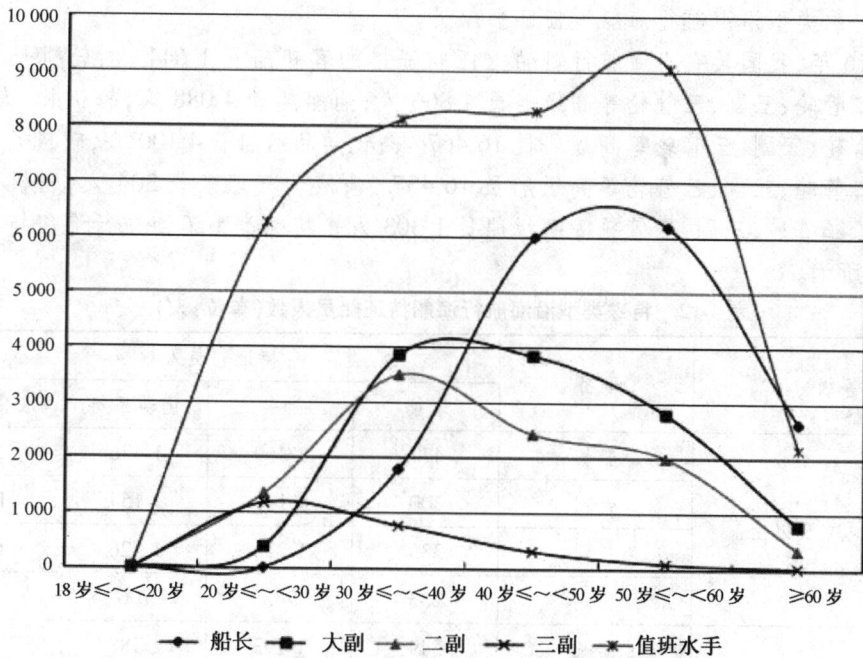

图 4-8　沿海航行海船船长和甲板部船员年龄分布图

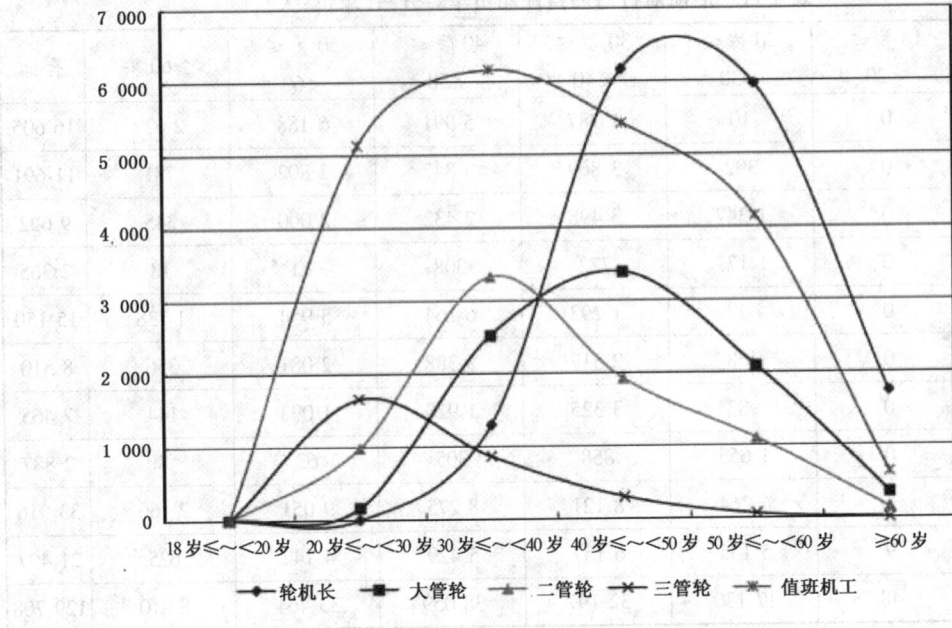

图4-9 沿海航行海船轮机部船员年龄分布图

1. 持有特殊类型沿海航行海船适任证书船员

截至2016年,我国具有沿海航行船舶上任职资格的客船船长1 644人,轮机长、大副、大管轮、二副、二管轮、三副、三管轮等高级船员4 866人;油船船长4 088人,轮机长、大副、大管轮、二副、二管轮、三副、三管轮等高级船员16 467人;化学品船船长4 100人,轮机长、大副、大管轮、二副、二管轮、三副、三管轮等高级船员16 457人;液化气船船长304人,轮机长、大副、大管轮、二副、二管轮、三副、三管轮等高级船员1 303人。特殊类型沿海航行海船持证船员人数如表4-12所示。

表4-12 特殊类型沿海航行海船持证船员人数(单位:人)

等级	职务	持证船员人数			
		客船	油船	化学品船	液化气船
3 000总吨及以上	船长	477	1 469	1 476	215
	大副	300	1 149	1 154	144
	二副	335	1 228	1 226	136
	三副	253	705	706	56
500~3 000总吨	船长	349	1 193	1 188	86
	大副	160	1 072	1 070	72
	二副	179	770	769	43
	三副	24	43	43	2

续表

等级	职务	持证船员人数			
		客船	油船	化学品船	液化气船
未满 500 总吨	船长	818	1 426	1 436	3
	大副	261	907	906	6
	二副	208	480	482	6
	三副	31	62	61	2
3 000 kW 及以上	轮机长	389	905	907	170
	大管轮	149	462	465	87
	二管轮	330	637	639	104
	三管轮	259	695	693	83
750～3 000 kW	轮机长	497	2 096	2 090	187
	大管轮	149	1 180	1 177	73
	二管轮	200	891	888	108
	三管轮	30	104	103	8
未满 750 kW	轮机长	756	1 729	1 725	7
	大管轮	191	935	938	8
	二管轮	141	377	376	1
	三管轮	24	40	39	0
500 总吨及以上	值班水手	2 755	7 311	7 292	327
未满 500 总吨	值班水手	323	346	348	2
750 kW 及以上	值班机工	1 542	4 918	4 905	276
未满 750 kW	值班机工	147	210	210	1
总　计		11 277	33 340	33 312	2 213

（二）沿海航行海船船员供需状况（见表4-13）

表4-13 沿海航行海船船员供需状况（单位：人次）

类别	等级	职务	持有效适任证书人数	2014—2016年具有海上资历人数	2016年具有海上资历人数	中国国际航海海船最低安全配员人数
沿海航行海船（沿海航区）	3 000总吨及以上	船长	6 669	4 432	3 963	2 562
		大副	5 324	5 178	4 462	2 562
		二副	5 174	5 847	4 897	2 560
		三副	2 015	6 264	5 065	2 267
	3 000 kW及以上	轮机长	4 492	3 702	3 029	1 626
		大管轮	2 736	3 585	2 859	1 605
		二管轮	3 952	4 603	3 622	1 557
		三管轮	2 568	4 771	3 583	1 296
	500 ~ 3 000总吨	船长	3 793	5 526	4 442	4 274
		大副	2 633	6 067	4 758	4 196
		二副	2 127	4 393	3 487	146
		三副	101	4 355	2 960	3 101
	750 ~ 3 000 kW	轮机长	5 625	6 370	5 319	4 191
		大管轮	2 808	6 311	5 130	4 070
		二管轮	2 110	4 161	3 344	351
		三管轮	196	4 045	3 005	1 804
	未满500总吨	船长	6 143	8 105	6 684	6 519
		大副	3 734	6 184	4 320	193
		二副	2 321	6 707	4 750	2 379
		三副	249	5 958	3 502	4 397
		值班水手	3 465	18 106	13 393	12 296
沿海航行海船（沿海航区）	未满750 kW	轮机长	5 033	5 580	4 389	4 118
		大管轮	2 966	3 886	2 891	23
		二管轮	1 403	2 748	1 973	697
		三管轮	123	2 928	1 625	3 508
		值班机工	1 139	8 082	5 733	6 638
	500总吨及以上	值班水手	30 451	36 758	30 445	18 394
	750 kW及以上	值班机工	20 358	28 346	23 505	13 843

注：有海上资历或在外籍海船服务仅表示船员在相应时段有船上工作经验，并不代表其实际担任职务与所持适任证书职务一致。

（三）与我国签署海员适任证书或互认或单边承认协议的国家（地区）名单（见表4-14）

表4-14　与我国签署海员适任证书或互认或单边承认协议的国家（地区）名单

序号	国家/地区	互认/单边承认	序号	国家/地区	互认/单边承认
1	新加坡	互认	13	印尼	承认我国证书
2	马来西亚	互认	14	巴哈马	承认我国证书
3	韩国	互认	15	伯利兹	承认我国证书
4	英国	互认	16	希腊	承认我国证书
5	丹麦	互认	17	荷兰	承认我国证书
6	约旦	互认	18	多米尼加	承认我国证书
7	瓦努阿图	承认我国证书	19	挪威	承认我国证书
8	巴拿马	承认我国证书	20	伊朗	承认我国证书
9	马耳他	承认我国证书	21	牙买加	承认我国证书
10	利比里亚	承认我国证书	22	塞浦路斯	承认我国证书
11	安提瓜和巴布达	承认我国证书	23	圣基茨和尼维斯联邦	承认我国证书
12	圣文森特和格林纳丁斯	承认我国证书	24	中国香港	直接为内地持证船员签发香港证书

项目二
国际海事劳工公约

内容摘要

◆《1976 年商船最低标准公约》
◆国际劳工组织其他有关公约
◆《2006 年海事劳工公约》
◆《2006 年海事劳工公约》在我国的实施情况
◆我国在履约方面面临的挑战和差距

案例导入

近几年来,我国船员劳动争议案件逐年增加,在各类海事案件中占有相当大的比重。根据相关统计数据,上海海事法院 2010—2011 年一审受理案件 2 757 件,涉及海员劳务类 133 件,占 4.82%,位居各类案件第三位;人身损害类则为 37 件,占 1.34%。广州海事法院 2012 年一审收案 1 235 件,其中海员劳务合同纠纷达 368 件,占 29.80%,位居各类案件第三位;海上人身损害赔偿为 15 件,占 1.21%。宁波海事法院 2008—2011 年受理案件 4 208 件,其中海员劳务类纠纷达 554 件,占 13.16%,位居各类案件第二位;人身损害类纠纷为 372 件,占 8.84%。而《2013 年浙江海事审判情况报告》显示,2013 年宁波海事法院受理的案件主要为海商合同纠纷案件,共 1 631 件,其中船员劳务合同纠纷 646 件,占到全部案件数量的 15%,继续维持高发态势。

从上述统计数据可知,伴随着公约的产生和生效,船员劳动合同纠纷案件在历年的海事案件中数量及所占比重不断增加,凸显了当前我国船员劳动关系的矛盾日益激化。

2009 年 1 月 16 日,申请人周华英的丈夫范继伦与被申请人上海爱琦特船务有限公司(经查明该公司是一家面向国内外海事咨询和船舶服务的代理公司,下称爱琦特公司)签订委托协议书,由爱琦特公司派至被申请人中海国际船舶管理有限公司上海分公司(下称中海国际)处,并经爱琦特公司认可,于当日安排至新加坡邦建航运控股有限公司经营的"M/V PACIFIC BANGHU"轮任水手。该委托协议书约定"双方系委托代理关系,范继伦在船期间,应为船东雇员,每月工资440美元,其中船东在船支付240美元,剩余200美元作为待领薪,待合同结束后由船东公司直接汇至爱琦特公司账户"。2009年3月25日,范继伦在"M/V PACIFIC BAN-GHU"轮工作时不慎绊倒,导致头部瘀血,虽经多方治疗,但仍于2009年7月19日死亡。申请人申请对受害人进行工伤认定,要求确认受害人与中海国际的劳务关系,并请求爱琦特公司承担连带责任。

上海海事法院受理后,对案件进行了调解,新加坡船东赔偿周华英近50万元人民币。

本案提出了在我国外派船员劳务纠纷(含劳动纠纷、雇佣纠纷)、人身伤亡赔偿案件中,船员外派劳务关系的认定、船员外派三方(即船员、船员外派企业、用工单位)法律关系、当前外派船员劳动纠纷管辖,以及外派船员劳动纠纷、人身伤亡赔偿的法律适用等问题。

第一章　1976年商船最低标准公约

国际劳工组织是联合国负责劳工事务的专门机构。国际劳工组织成立于第一次世界大战后的1919年,旨在通过立法以及劳资双方沟通来改善劳工工作生活状况。1946年国际劳工组织成为联合国的专门机构并以三方代表形式协调政府、雇主和雇员共同进行国际劳工立法,制定公约和建议书以及技术援助和技术合作。国际劳工大会是国际劳工组织的最高权力机构。从1919年至今,该组织制定的有关海员就业、地位和福利待遇的公约有40余个,另有1项协定书和29项建议书。《1976年商船最低标准公约》(ILO 147号)及其附录所列公约是目前(《2006年海事劳工公约》生效前)船旗国及港口国当局和检查员就海员安全、生活安排、就业条件检查的重要依据。

第一节　公约产生的背景

不遵守关于船舶安全和海员条件的国际标准(已被接受)的问题由来已久,也是在国际劳工组织内讨论已久的问题。早在20世纪30年代和40年代,国际劳工组织就已提请政府、船东和海员注意此问题,以期纠正不足的做法。1958年通过的《海员从业(外国船舶)建议书》(No.107)和《社会条件和安全(海员)建议书》(No.108)要求国际劳工组织成员国阻止其海员在外国籍低标准船上服务,特别是关于在国外港口的遣返、医疗和维修,任职和解职的监管,自由结社,适任证书和船舶检查业务方面的规定。

经过长期努力,并回应国际社会对海上安全和保护海上环境的关注,国际劳工局理事会于1976年10月13日在日内瓦举行第60届国际劳工组织全体大会,通过了《1976年商船最低标准公约》,该公约充分考虑了消除低标准船舶营运的国际意愿,旨在提高航行的有效性和安全性,加强了保护海洋环境的措施以及促进提高海员健康和安全领域、工作条件和工会的权利。公约本质上适用于所有用于商业目的的远洋船舶,1981年11月开始生效。

ILO 147号公约通过引用其附录中列出的国际劳工组织的许多其他公约,规定了一系列在任何船旗国登记的商船需要遵守的关于安全、社会保障、船上工作和生活条件的最低标准。这些公约涵盖了最低年龄、体检、协议条款、高级船员试任证书、船上食品和膳食、海员起居舱室、防止工伤事故、疾病和受伤的援助和遣返。附录还引用了关于自由结社和保护组织权利，以及集体谈判的两个其他公约。另外，ILO 147 号公约的规定引用了工作时间和配员标准以确保船上的人命安全。该公约还要求对国际劳工组织关于船员职业培训的建议给予足够的重视，以保证海员适任和得到其所从事职责有关的培训。

1997 年 4 月 1 日巴黎谅解备忘录(Paris MOU)规定，对到港船舶检查其执行 ILO 147 号公约的情况，而不考虑船旗国是否为缔约国，并明确可以滞留具有下述情况的船舶：没有充足的食品和饮用水航行到下一港口；船上太脏；船舶在气温过低的海域营运时居住处所无供暖；在通道、居住处所存在过量的垃圾、设备或货物的阻碍或其他不安全的状况。1997 年 9 月—11 月，Paris MOU 成员国根据该规定，首次对到港外国籍船舶执行 ILO 147 号公约的情况实施集中大检查(CIC)，以监控船员的生活和工作条件。该措施已对其他地区的 PSC 产生影响。

ILO 147 号公约在我国没有生效。了解 ILO 的有关公约(包括我国未批准的)，有利于维护我国外派船员和国轮船员的合法权益，避免船舶的不当滞留。

第二节　公约的框架和主要内容

ILO 147 号公约内容广泛，旨在消除或者减少下述船舶问题：食物和水的短缺、不安全的机器设备、童工、拥挤和不健康的生活环境、船员权利的忽视等。

一、公约的框架结构

ILO 147 号公约分为公约主体、附录两大部分。

公约主体规定了涉及安全、资格、岗位、人员、公约时间、培训、社会保障、船舶雇用条件和生活安排等一系列最低标准。

附录是许多相关的其他 ILO 海事公约。接受 ILO 147 号公约的国家必须具有与附录各公约"近于等同"的法律和规则。该附录包括最小年龄、医疗诊断、协议条款、医疗保障、高级船员资格证书、船舶食品和供应、遣返回国、结社自由、集会权利保护、劳资谈判等方面的要求。

二、公约的要求

缔约国须制定国内法律或条例，为在其领土上登记的船舶做出如下规定：安全标准，其中包括任职资格、工作时间和配员标准，以确保船上的人命安全；适当的社会保障措施；船上工作条件和船上居住安排符合缔约国和国际协议要求，并符合公约附录中公约的标准。就没有义务实施有关公约的会员国而言，应证实这种法律或条例的规定实际上等同于公约附录中各公约及其条款。

缔约国对在其领土上登记的船舶，行使有效管辖权或控制：国家法律或条例规定的安全标准，包括任职资格、工作时间和配员标准；国家法律或条例规定的社会保障措施；国家法律或条例规定的或主管法院以对有关船东和海员有同等约束力的方式规定的船上工作条件和船上居住安排。证实当其无有效管辖权时，关于有效控制其他船上工作条件和居住安排的措施，以在船东或其组织和海员组织之间达成协议。

缔约国应确保调查本国籍船舶雇用海员和由此产生的控告制定足够的程序；有足够的程序调查外籍雇用其本国海员和外籍船员产生的任何控告，由其主管当局及时报告船舶登记国主管当局并抄报国际劳工局局长;这些程序在主管当局和适当的船东和海员代表性组织三方协商后,受主管当局全面监督。

缔约国应确保在其领土上登记的船舶上受雇的海员受到严格训练,能胜任其工作;通过检查和其他手段证实本国籍船舶遵守其及经批准的生效的可适用的国际劳工公约、法律和条例和按照国家法律,可行时遵守可适用的集体协议;对涉及在其领土上登记的船舶的任何严重海上事故,尤其那些涉及人身伤亡的事故进行正式调查,这种调查的最终报告在正常情况下应予以公开发表。

公约生效后,缔约国收到或得到船舶在正常营运期间或因业务理由在其他港口停靠期间不符合公约标准的控告或证据,可以向该船舶登记国政府提交一份报告并抄报国际劳工局局长;同时采取必要措施,以改变船上对安全或健康有明显危害的任何环境。在采取这种措施时,应立即通知该船旗国的最近的海事、领事或外交代表,并在可能时让这种代表参加,并不应无理扣留或延误该船舶。

第三节　ILO 公约的主要规定

涉及船员劳动合同与就业协议、船员工作与国际规定和标准主要体现在《2006 年海事劳工公约》规则和守则中,虽然目前尚未生效,但该公约是目前生效的多个 ILO 公约的综合,其相关规定在国际上大部分地区已经广泛实施。

一、海员上船工作的最低要求

"海员上船工作的最低要求"分别从船员最低年龄、体检证书、培训和资格、招募和安置四个方面提出了要求和标准。

1. 最低年龄

为确保未成年人不得上船工作,公约的规则和标准规定:应禁止任何 16 岁以下的人员受雇、受聘或到船上工作;应禁止 18 岁以下的海员在夜间工作。

2. 体检证书

海员在上船工作之前要求持有有效的体检证书,证明其健康状况适合其将在海上履行的职责。除非由于有关海员将履行的特殊职责或根据 STCW 规则的规定要求更短的期间,体检证书的最长有效期为 2 年,船员小于 18 岁,体检证书的最长有效期应为 1 年;色觉视力证书的最长有效期应为 6 年。在紧急情况下,主管当局可以允许没有有效体检证书但持有最近过期体检证书的海员上船工作,直至该海员在下一停靠港通过检查获得体检证书,所允许的期间不能超过 3 个月。如果在航行途中某海员体检证书到期,该证书应继续有效至下一停靠港,但时间不能超过 3 个月。

3. 培训和资格

除非海员经过培训或经证明适任或者具备履行其职责的资格,并成功地完成了船上个人安全培训,否则不得允许其在船上工作,按国际海事组织通过的强制性文件进行的培训和发证被视为满足要求。

4. 招募和安置

所有海员应能够利用高效、充分和可靠的系统寻找船上就业的机会,系统不应向海员收费。海员招募和安置服务机构应符合守则所规定的标准。如果船东利用那些在公约不适用的国家或领土内设立的招募和安置服务机构,应保证这些服务机构符合规则的要求。

二、就业条件

为保护海员的利益,公约关于"就业条件"的规则和标准涉及海员就业协议、工资、工作或休息时间、休假的权利、遣返、船舶灭失或沉没时对海员的赔偿、配员水平以及海员职业发展和技能开发及就业机会。

1. 海员就业协议

海员的就业条款和条件应在书面协议中加以规定并与守则中规定的标准一致,书面协议应在明确的法律上执行。海员的就业协议中的条款和条件应征求海员的意见,应确保海员有机会对其进行审阅,海员在签字前自由接受。在与成员国国家法律和惯例相符合的范围内,海员的就业协议应被理解为包括任何适用的集体谈判协议。

公约在海员就业协议标准中针对海员就业协议的签署、持有、标准格式以及细节、终止协议的期限等做了明确的要求。海员就业协议中应包括如下基本内容:海员的全名、出生日期或年龄及出生地;船东的名称和地址;订立海员就业协议的地点及日期;海员将担任的职务;海员的工资数额,或者如果适用,用于计算工资的公式;带薪年假的天数,或者如果适用,用于计算天数的公式;协议的终止及其终止条件;由船东提供给海员的健康津贴和社会保护津贴;海员获得遣返的权利;提及集体谈判协议(如果适用);国家法律所要求的其他事项。

2. 工资

为确保海员得到工资报酬,规则规定所有海员均应根据其就业协议定期获得全额工作报酬。

船东向海员支付报酬的间隔不应超过一个月,并应提供一个月薪账目,包括工资、额外报酬、兑换率等。各成员国应要求船东采取措施,为海员提供一种将其收入的全部或部分转给其家人或受赡养人或法定受益人的方式,包括:通过银行转账或类似方式拨出其工资的一定比例定期汇给其家庭(海员本人愿意);在适当时间将分付数额直接汇给海员指定的人员。此项服务的收费应在数额上合理,货币兑换率应根据国家法律或条例采用主要市场汇率或官方公布的汇率,而不得对海员不利。

3. 工作或休息时间

"工作时间"一词系指要求海员为船舶工作的时间,"休息时间"一词系指工作时间以外的时间,这一词不包括短暂的休息。各成员国应确保对海员的工作时间或休息时间加以规范,确立符合守则规定的特定时间内的最长工作时间或最短休息时间。

公约规定的工作时间和休息时间标准为:海员的正常工时标准应以每天 8 小时,每周休息 1 天和公共节假日休息为依据;最长工作时间在任何 24 小时时段内不得超过 14 小时,且在任何 7 天时间内不得超过 72 小时或最短休息时间在任何 24 小时时段内不得少于 10 小时,且在任何 7 天时间内不得少于 77 小时;休息时间最多可分为两段,其中一段至少要有 6 小时,且相连的两段休息时间的间隔不得超过 14 小时。

集合、消防和救生艇训练以及国家法律、条令和国际文件规定的训练应以对休息时间的影响最小和不会造成疲劳的方式进行。在某一海员处于随时待命的情况下,例如机舱处于无人看管时,如果海员因被招去工作而打扰了正常的休息时间,则应给予充分的补休。在船舶、船上人员、货物的紧急安全需要或救助目的,船长可要求一名海员从事任何时间工作,但情况恢复正常后,应尽快地确保在计划休息时间内从事工作的海员获得充足的休息时间。

船上应张贴一份工作安排表,该表应以船上的一种或多种工作语言和英文按标准格式制订,内容至少包括每一岗位在海上和在港口的工作时间表、最长工作时间和最短休息时间。应对海员的日工作时间或其日休息时间进行记录,以便主管机关监督是否符合标准规定。记录应采用标准格式,海员应得到一份有关其本人记录的副本,并由船长或船长授权人员以及海员本人签字认可。

4.休假的权利

各成员国应要求悬挂其旗帜的船舶所雇用的海员在适当的条件下根据守则的规定享受带薪年休假,应准许海员上岸休息以利于海员的健康和福利及其职务的运作要求。

带薪年休假应以每服务1个月最低2.5日历天为基础加以计算,计算服务期长度的方法应由各国主管当局或通过适当的机制来确定,合理的缺勤不应被视为年假。除非属于主管当局规定,否则禁止达成放弃享受标准规定的最低带薪年休假的任何协议。

5.遣返

根据规则规定,海员有权利得到遣返而不收取费用,船舶应提供财政担保以确保海员根据守则得以合理遣返。

海员在以下情形有权得到遣返:在国外时,海员就业协议到期;海员就业协议被船东终止或被海员终止(出于合理理由);海员不能履行就业协议中的职责(不再具备履行职责的能力或在具体情形下不能指望其履行职责)。海员在有权得到遣返前在船上服务的最长时间应少于12个月,船东应同意给予的具体遣返权利,包括关于遣返的目的地、履行方式、船东将负担的费用项目和将做出的其他安排方面的内容。

成员国应禁止船东要求海员在开始受雇时预付遣返费用,禁止船东从海员的工资或其他收益中扣回遣返费用,除非根据国家法律或条例或其他措施或适用的集体谈判协议,海员出现严重失职而被遣返。如船东未能为安排遣返或负担遣返费用,船旗国应安排有关船员的遣返,如果船旗国未能这样做,遣返启程国或海员所属国可安排该海员的遣返,并向船旗国收取费用,船旗国应能够向船东索回遣返海员发生的费用。除非海员出现严重失职而被遣返,不论何种情况,均不得向海员收取遣返费用。各成员国应为海员遣返提供便利,应要求悬挂其旗帜的船舶携带并向海员提供一份用适当的语言写成的有关遣返使用的国家规定。

6.船舶灭失或沉没时对海员的赔偿

海员有权就由船舶灭失或沉没所造成的伤害、损失或失业得到充分的赔偿。

各成员国应制定规章,确保在任何船舶灭失或沉没的各种情况下,船东就这种灭失或沉没造成的失业向船上每个船员支付赔偿。规章应不妨碍海员尽可能享有的其他法定权利。

7.配员水平

公约规定的各成员国要求悬挂其旗帜的所有船舶考虑到海员的疲劳以及航行的性质和条件,在船上配有充足数量的海员,确保船舶的安全和高效操作,并充分注意到保安。各船舶均应根据主管当局签发的最低安全配员证书或等效文件,从数量和资源角度配备充足数量的船员,确保在各种操作情况下船舶及其人员的安全和保安。在确定配员水平时,主管当局应考虑到关于食品和膳食服务的规则和标准的所有要求。

8. 海员职业发展和技能开发及就业机会

公约中的规则和强制性标准(守则 A 部分)涉及海员就业机会、职业发展和技能开发等有关规定,要求 ILO 各成员国制定国家政策,促进海员就业,向海运业提供稳定和适任的劳动力,为船上负责船舶航行安全操作的海员提供职业指导、教育和培训,包括继续教育培训,鼓励海员谋求职业的发展。

三、起居舱室、娱乐设施、食品和膳食服务

起居舱室、娱乐设施、食品和膳食服务是公约规则和守则的第三个标题,从利于海员健康和环境保护的角度,对船上生活条件和工作环境提出要求和建议。

1. 起居舱室和娱乐设施

各成员国应确保悬挂其旗帜的船舶向工作和(或)生活在船上的海员提供并保持与促进海员的健康和福利一致的体面起居舱室和娱乐设施。

对船上海员起居舱室,公约的要求主要涉及:房间和其他起居舱室空间的尺寸;供暖和通风;噪声和振动及其他环境因素;卫生设施;照明;医务室。

2. 食品和膳食服务

各成员国应确保悬挂其旗帜的船舶随船携带并提供充分满足船员需求的质量、营养价值和数量均应合适的食品和饮用水,同时考虑到不同的文化和宗教背景。在海员受雇期间,应对船上的海员免费提供食物。作为准备食物的船上厨师而受雇的海员必须就其所担任的职位经过培训并取得资格。

四、健康保护、医疗、福利和社会保障保护

为保护海员的利益,公约要求 ILO 各成员国应确保在悬挂其旗帜的船舶上工作的所有海员得到保护:在船上工作期间应能够得到迅速和适当船上和岸上医疗;因就业而引起的疾病、受伤或死亡由船东给予经济补偿;确保船上工作环境有利于海员的职业安全和健康;船舶靠岸时能使用岸上提供的服务和设施;按国家法律获得社会保障的保护等。

1. 船上和岸上医疗

为保护海员健康并确保其迅速得到船上或岸上医疗,规则规定船旗国应确保船上提供充分措施保护所有海员健康,并且保证海员在船上工作期间能够得到迅速和适当的医疗,提供的保护和医疗原则上不由海员支付费用。各成员国应确保在其领土内的船舶上需要紧急医疗的海员能够使用成员国的岸上医疗设施。

守则中规定了船上健康保护和医疗要求的标准,向海员提供的健康保护和医疗的设施应尽可能相当于岸上工人能够得到的标准。为确保在船上工作的海员能迅速和适当地获得船上和岸上医疗,公约提出的具体实施措施有:所有船舶均应携带医药箱、医疗设备和医疗指南;载员 100 人或以上、通常从事 3 天以上国际航行的船舶应配备一名医生负责医疗;不配备医生的船舶上,至少有一名海员完成了符合 STCW 公约要求的医疗急救培训,其中一部分工作是负责医疗和管理药品;凡可行,在停靠港口不延误地给予海员去看合格医生或牙医的权利;船舶在海上能够通过无线电或卫星通信得到医疗指导,包括专家的指导;除对患病或受伤的海员治疗应向海员提供保健措施,包括保健教育计划。

2. 船东的责任

海员根据其就业协议在船上发生或在协议下就业所引起的疾病或受伤，有权利从船东那里获得实质性的救援和支持，并且不影响海员可能寻求的任何其他法律援助。

船东对受雇期间海员的健康保护和医疗负责：承担海员在船上服务期间疾病和受伤的医疗费用，所支付的医疗费用包括医疗及提供必要药品和治疗设备，以及在外的膳宿费用；提供财务担保，对海员因工伤、患病或危害而死亡或长期残疾的情况，提供国家法律、海员就业协议或集体协议所规定的赔偿；应采取措施保护患病、受伤或死亡的海员留在船上的财物；如果发生海员受雇期间在船上或岸上死亡的情况，船东有责任支付丧葬费用。国际法律或条例可以把船东支付医疗和膳宿费的责任限制在从受伤或患病之日起不少于 16 周的期限内。

当工伤、患病海员留在船上或遭返以前，船东应支付全额工资。从海员被遭返或离船之时起至身体康复，或至海员获得保险金，在此期间船东按照国家法律或条例或集体协议的规定向其支付全额或部分工资。国家法律或条例可将船东向一名离船海员支付全部或部分工资的责任限制在从患病或受伤之日起不少于 16 周的期限内。

国家法律或条例可在以下情况下排除船东的责任：在船舶服务之外发生的其他受伤；受伤或患病是因患病、受伤或死亡海员的故意不当行为所致；在接受雇用时故意隐瞒疾病或病症。只要此种责任由公共当局承担，国家法律或条例可免除船东支付船上医疗费用及膳宿和丧葬费用的责任。

3. 保护健康和安全及防止事故

船旗国应确保船上海员得到职业健康保护，并且在一个安全和卫生的环境下在船上生活、工作和培训。船旗国应在与船东和海员的代表性组织协商后，考虑到国际组织、国家管理机关和海运事业的组织所建议的适用守则、导则和标准。为悬挂其旗帜的船舶制定和颁布关于职业安全和健康管理的国家导则，应通过国家法律和条例及其他措施处理守则中规定的事项，为船舶规定职业安全和健康保护及防止事故的标准。

4. 获得使用岸上福利设施

公约在守则中规定了各成员国关于岸上设施的责任，如福利、文化、娱乐和信息等设施和服务。各成员国应确保岸上福利设施（如果存在）易于供船员使用，还应促进在指定的港口发展守则中所列的福利设施，为挂靠船舶上的海员提供充分的福利设施与服务。

5. 社会保障

各成员国应使所有海员以及法定受赡养人能够获得符合守则的社会保障的保护。根据其本国情况采取措施，独自或通过国际合作，逐步为海员提供全面的社会保障的保护，海员及法定受赡养人有权享受不低于岸上工人所享受的社会保障的保护。

第四节　附录（ILO 有关公约）

执行 ILO 147 号公约需涉及其附录所列的 15 个 ILO 公约，包括：1973 年最低年龄公约（第 138 号）；1936 年最低年龄（海上）公约（修正本）（第 58 号）；1920 年最低年龄（海上）公约（第 7 号）；1936 船东责任（患病和受伤海员）公约（第 55 号）；1936 年疾病保险（海上）公约（第 56 号）；1969 年医疗和疾病津贴公约（第 130 号）；1946 年体格检查（海员）公约（第 73 号）；1970 年防止事故（海员）公约（第 134 号）（第 4 条和第 7 条）；1949 年船员起居舱室公约（修正本）

（第 92 号）；1946 年食品和膳食（船员）公约（第 68 号）（第 5 条）；1936 年高级船员资格证书公约（第 53 号）（第 3 条和第 4 条）；1962 年海员协议条款公约（第 22 号）；1926 年船员遣返公约（第 23 号）；1948 年结社自由和组织权利保护公约（第 87 条）；1949 年组织权利和集体谈判公约（第 98 号）。

ILO 147 号公约生效后，ILO 又通过公约议定书的形式将后来定制的某些公约添加到 ILO 147 号公约的附录中，议定书缔约国必须履行加入的公约中关于港口国监督的条款。

第二章　其他有关公约简介

在 1976 年 ILO 147 号公约通过之后，ILO 又制定了几个与海员权益保护和身份控制等有关的公约，其中重要的有《1987 年（海员）健康保护和医疗公约》（ILO 164 号）、《1987 年海员遣返公约（修订本）》（ILO 166 号）、《1996 年海员工时和船舶配员公约》（ILO 180 号）、《2003 年的海员身份证件公约》（ILO 185 号）等。

一、《1987 年（海员）健康保护和医疗公约》

公约通过时间为 1987 年 10 月 8 日，生效时间为 1991 年 1 月 11 日。公约要求会员国应通过国家法律或条例使船东负责保持船舶适当的卫生条件。国家应保证制定措施，为船上海员提供健康保护和医疗。

二、《1987 年海员遣返公约》

公约通过时间为 1987 年 10 月 9 日，国际劳工组织全体大会决议采纳会议议程——关于修订《1926 年海员遣返公约》（第 23 号）和《1926 年遣返（船长和学徒）建议书》（第 27 号），生效时间为 1991 年 7 月 6 日。公约对船员的权利、船东的责任、缔约国的义务做出了详细的规定，公约主要是保障海员享受被正常遣返的权利。

三、《1996 年海员工时和船舶配员公约》

公约通过时间为 1996 年 12 月 22 日，经国际劳工局理事会召集，国际劳工组织全体大会于 1996 年 10 月 8 日在日内瓦举行其第 84 届会议，以及 SOLAS 1974 与 STCW 78/95、ISM 规则关于人员配置与安全中的疲劳因素，决定就修订《1958 年（海上）工资、工时和人员配置公约（修订本）》及《1958 年（海上）工资、工时和人员配置建议书》，采用一项国际公约的形式通过会议议程的若干建议，即《1996 年海员工时和船舶配员公约》，该公约于 2002 年 8 月 2 日生效。

疲劳被认为是导致海上灾难和海员身体问题的一个严重诱因，而过长的工作时间或休息不足则是导致疲劳的因素之一。ILO 180 号公约背后旨在限制海员的最长工作时间或保障海员的最低休息时间。ILO 180 号公约的成员国有权检查悬挂其国旗船舶的海员工作时间或最低休息时间，海员在海上或港口期间的工作时间表（包括每天或每周最长工作时间或者是最低休息时间）必须张贴在船上所有海员可见的地方。船旗国应保持和检查工作和休息时间的记录,如果记录或其他证据显示船舶违反了有关海员工作或休息的条款,则船旗国相关主管机关应采取相应措施包括修改船舶的配员以确保不再违反。

四、《2003 年海员身份证件公约》

2001 年美国发生"9·11"恐怖袭击事件之后,国际海事组织和国际劳工组织采取了改善船上海事安全的措施。国际海事组织对 SOLAS 公约进行了修改,加入了《国际船舶和港口设施的安全规则》(ISPS 规则)。国际劳工组织也因而加快制定海员保安方面的政策。另一方面,国际劳工组织也不断寻求使 ILO 的公约能够成为一种全球性的国际制度。

在 2003 年 6 月召开的国际劳工大会上,国际劳工组织(ILO)通过了《2003 年海员身份证件公约》(ILO 185 号),新公约将取代 1958 年通过的 ILO 108 号公约。新公约的目的是为了建立更加严密的海员身份证件(SID)管理体制,防止伪造海员身份证件的行为,保护海员上岸休假和职业旅行的权利。

新公约制定了全球统一的证件格式和具体技术参数。防伪技术的新成果将应用到海员身份证件中,使海员身份证件的防伪措施能够随着技术的进步而得以改进。海员身份证件的最主要特征是引入了海员指纹的生物测定信息。新公约为了便利海员上岸休假,规定缔约国对持有海员身份证件的海员以上岸休假为目的的入境应免于签证。

第三章 2006 年海事劳工公约

第一节 公约产生的背景

近年来,随着海运业的不断发展和行业结构的深刻变化,这些法律文件中的许多劳工标准未能及时得到更新,已经无法有效保护现代海员的基本权益。

在 2001 年召开的第 29 届联合海事委员会上,船东和船员共同表达了一种愿望,要探索制定一个新公约,覆盖尽可能多的现有公约。为此,在此次会议上,成立了包括政府、船东和船员在内的三方工作组,从 2001 年到 2004 年,每年召开一次工作会议。经过各方的努力,2006 年 2 月 7 日—23 日,国际劳工组织(ILO)第 94 届大会暨第 10 届海事大会在日内瓦召开,大会最终以 314 票赞成、0 票反对、4 票弃权的结果,正式通过了旨在为全球 120 万海员提供体面劳动和全面社会保障的《2006 年海事劳工公约》(Maritime Labor Convention 2006, MLC 2006)。MLC 2006 旨在对 ILO 以往制定的所有海事劳工公约和建议书进行整合,有效统一全球海员劳动保护和管理的法律与实践,为全世界海员的工作和生活环境提供全面保障,以政府、船东及海员都能接受的标准和方式保证所有海员都有"体面就业"的权利。为使新公约更具有生命力和得到一致实施,MLC 2006 借鉴了 IMO 公约的不给非缔约国更优惠待遇、默认修正程序、检查和发证、港口国检查等新要素,保证公约生效后能够得到有效实施,真正成为一部结构合理、内容全面的综合海事劳工公约。

MLC 2006 平衡了成员国政府、船东、船员三方的利益。与以往的 ILO 的公约相比,MLC

2006 的规定更为全面,更注重船员基本权利的保护。MLC 2006 包含了一套广泛的、以先行海事劳工文书中规定的标准为基础的全球标准,必然有助于海事劳工在全球范围内的整个行业中实现体面就业的社会条件,其设计是要成为优质船舶运输管理的"第四支柱"性的国际公约,作为 SOLAS 公约、STCW 公约、MARPOL 公约的补充。国际海事界普遍认为,MLC 2006 的通过在世界劳工史和海运史上具有划时代的意义,必将对海事界产生深远的影响,并将构成今后全球质量航运的重要内容。

第二节　公约的概况

为适应航运业发展新形势,提高海事劳工标准的效力,作为国际航运法规"四大支柱"之一的《2006 海事劳工公约》(MLC 2006)于 2006 年 2 月 23 日在日内瓦第 94 届国际劳工大会上获高票通过,按照规定,公约在合计占世界船舶总吨位 33% 的至少 30 个成员国批准书登记之日 12 个月后生效。2009 年,公约达到了 33% 总吨位的条件;2012 年 8 月 20 日,随着菲律宾作为第 30 个国家向国际劳工局递交批约文书,公约生效的两个条件均已满足,并于 2013 年 8 月 20 日全面生效。公约适用于所有海员,被称为海员的"人权法典"。截至 2015 年 3 月 25 日,已有 66 个国家批准了这一公约,其商船总吨位超过世界商船总吨位的 80%,这部旨在促进海员"体面工作"的公约必将对国际海运业带来深远影响。

根据公约要求,自 2013 年 8 月 20 日起,下列 31 个缔约国家将对到港的外国适用公约船舶进行强制性的海事劳工条件的 PSC 检查:利比里亚、马绍尔群岛、巴哈马、巴拿马、挪威、波黑、西班牙、克罗地亚、保加利亚、加拿大、圣文森特和格林纳丁斯、瑞士、贝宁、新加坡、丹麦(包括丹属法罗群岛)、安提瓜和巴布达、加蓬、拉脱维亚、卢森堡、基里巴斯、荷兰、澳大利亚、圣基茨和尼维斯、图瓦卢、多哥、波兰、帕劳、瑞典、塞浦路斯、菲律宾、俄罗斯。

此外,公约对缔约的其他国家也将于各自缔约日期的 12 个月后生效,意味着届时这些国家也将开展相应的海事劳工条件 PSC 检查。这些国家包括:斐济、芬兰、法国、德国、希腊、匈牙利、日本、黎巴嫩、马耳他、摩洛哥、尼日利亚、塞尔维亚、南非、英国(包括英属直布罗陀、马恩岛)、越南。截至 2016 年 5 月,共有 71 个国家批准了 MLC 2006,这些国家所拥有的商船总吨位合计占全球商船总吨位的 80% 以上。

该公约是在国际劳工组织三方框架下经政府、船东和海员三方取得共识后缔结的一部综合性的海事劳工公约。公约将海员权益纳入统一的国际标准,有利于实现海员在船上的体面工作和生活。该公约被称为全球海员的"权利法案"和国际海事公约体系的"第四支柱",分别对"海员上船工作的最低要求""就业条件""起居舱室、娱乐设施、食品和膳食服务""健康保护、医疗、福利和社会保障""遵守与执行"五个方面进行详细规定。这些规定有效地统一了全球海员权益的保障标准,并为其在全世界范围内的普遍适用和执行提供了现实的解决方法。

公约的实施是国际劳工组织在其体面劳动议程中的一个重要成果,在全世界范围内实质性地推进了对海员权益的保障,提高了海员的经济地位和社会地位。同时,该公约的实施将为船东提供一个公平的竞技场,培育高素质船员和高质量的船东,从而推动国际航运市场的持续健康发展。

2015 年 8 月 29 日十二届全国人大常委会第十六次会议决定批准《2006 年海事劳工公约》,同时声明:根据公约相关规定,中华人民共和国适用的社会保险类型为养老保险、医疗保险、工伤保险、失业保险和生育保险。在中华人民共和国另行通知前,公约暂不适用于中华人民共和国香港特别行政区和澳门特别行政区。

第三节 公约的基本框架和特点

一、公约的基本框架

公约整合了国际劳工组织自成立 85 年以来制定的 60 多个现有海事劳工公约和建议书,清除了大部分现行劳工标准中存在的彼此矛盾的和过时的条款,并极大地改进了公约的结构,丰富了内容。

《2006 年海事劳工公约》在结构上分为三个层次。第一层为公约的正文条款,包括公约的一般原则、定义、适用范围、生效条件和修正程序等。第二层为规则,是公约的实质性内容和原则要求。第三层为守则,分为两部分,A 部分为强制性标准,包括了较为具体的技术性规定;B 部分为实施 A 部分各项标准的建议性导则。在内容编排上,第二层规则和第三层技术守则按公约所涉及的领域被分配到五个标题下。

标题一:海员上船工作的最低要求

包括了最低年龄、体检证书、培训证书和职业资格证书、招募与安置等方面的内容。据本标题的规定,海员在上船之前必须具备的条件是高于最低年龄,持有体检证书、身份证件和职业资格证书,并通过管理规范的招募和安置机构才能获得海上就业机会。从而确保了符合上船工作条件的船员均能通过规范和高效的招募机构获得就业机会,维护了海员获得充分就业机会的权利。

标题二:就业条件

包括了海员就业协议、工资、工作和休息时间、年休假、遣返、船舶失事后对海员的赔偿、安全配员、海员职业和技能培训及就业机会等方面的内容。本标题对海员的就业协议,工资水平,应享有的休息和应获得的职业培训机会等做出了详细规定,保障海员在上船工作后的各项基本权利。

标题三:起居舱室、娱乐设施、食品和膳食服务

包括了起居舱室的设计和建造、通风、供暖、照明、卧室、餐厅、卫生设施、医务室、床具、餐具和杂项、娱乐设施、减低噪声和振动等方面做出具体要求。确保船员在船上有体面的起居舱室和娱乐设施。包括食品和膳食服务,提供足够数量食品和饮用水,配备具有正式资格的厨师等,从而确保船员获得根据规范的卫生条件提供的优质食品和饮用水。

标题四:健康保护、医疗、福利和社会保障

包括了船上和岸上医疗、健康保护和安全及防止事故、使用岸上福利设施、社会保障和船东的责任等方面的内容。

标题三和标题四主要针对海员在船上就业时应享有的工作、居住环境,娱乐、饮食条件以及健康和社会福利保障等方面做出具体的技术性要求,从各个方面尽可能保证海员在船上能够获得体面就业,并享有合理的社会福利保障。

标题五:符合与执行

包括了船上投诉程序、船旗国的责任、港口国的责任和劳工提供国的责任等方面的内容。

本标题中的规则明确了成员国充分实施和执行公约正文所规定的原则以及标题一、二、三、四所规定的具体义务和责任。具有敦促各成员国切实履行公约的重要作用,也是新公约将来得以统一有效实施的根本保证。

二、公约的特点

(一)针对性强

公约虽然内容复杂,整合了国际劳工组织自成立以来所制定的涉及海员权益的 38 个公约和 30 个建议书的内容,特别是重点体现了《1930 年强迫劳动公约》等国际劳工组织 8 项核心公约的基本原则。公约的核心就是保障海员权益,从海员接受聘用、调派到船、在船工作直至离船等各个从业环节,对海员的职业安全和健康防护、医疗急救措施、工资收入和社会福利等所有方面的保障提出了明确要求。

(二)结构新颖、便于操作

公约由三个层次构成(见前文),通过这样的结构安排,达到三个重要目的:

1. 公约正文条款和规则中奠定了一套坚实的原则和权利。

2. 通过守则允许成员国在实施这些原则和权利的方式上有相当大的灵活性。灵活性主要体现在两个方面:

①成员国认为必要时可通过实质等效的措施来落实守则 A 部分的具体要求;

②通过将 A 部分许多规定的强制性要求进行一般性的表述,这样给国家立法留出了更大的余地,同时也避免了给愿意为海员提供"体面工作"的船东和政府加上沉重的负担。

3. 通过"符合与执行"确保原则和权利得到切实遵守和执行。

(三)引入检查和发证程序

公约要求,各缔约国应建立一个有效的海事劳工条件检查和发证系统,确保在悬挂其旗帜船舶上工作的海员的工作和生活条件持续符合本公约规定的要求。经过其船旗国检查,满足公约规定条件的船舶,缔约国应签发海事劳工符合证明。

(四)引入港口国监督机制

为使公约更具有生命力并确保其在全球范围内得到一致的实施,国际劳工组织借鉴了国际海事组织执行公约的方式,全面引入了港口国监督检查机制。公约明确规定了缔约国政府对挂靠其港口的外国籍船舶进行港口国监督检查的责任。2008 年 9 月国际劳工组织在日内瓦召开三方专家会议,会议通过了经修改后的《2006 年海事劳工公约船旗国检查指南》和《2006 年海事劳工公约港口国检查指南》,为船旗国检查发证和港口国监督提供了指引。

(五)引入不予优惠原则

公约要求,各成员国须以确保未批准本公约之国家的船舶得不到比悬挂已批准本公约之成员国旗帜的船舶更优惠待遇的方式履行本公约赋予的责任。国际劳工组织为有效地实施公约,还引入了"不予优惠"条款,即已批准公约的缔约国对到港的悬挂未批准公约国家旗帜的船舶在实施港口国监督检查时,缔约国港口授权的检查官员有权对该船舶按照公约条款、规则及守则 A 部分的要求实施严格检查,而不予任何优惠。

（六）独具灵活性原则

公约的灵活性,一是体现在"实质等效"原则。公约条款第 6 条指出,缔约国如果不按照守则 A 部分规定的方式,则可在自行确认的情况下,采用"实质等效"(substantial equivalent)于 A 部分要求的法律、条例、集体谈判协议或其他措施作为履约的方式(不包括标题五的要求)。缔约国可在一定范围内自行确认实质等效公约要求的原则,并在实施公约要求的方式和具体细则上,给予公约缔约国一定的自由选择权,体现了公约实施的灵活性。二是体现在导则 B 部分。公约在制定过程中,已经将国际劳工组织现存的海事劳工公约规定中许多涉及海员基本权益的实施措施转换成公约中导则 B 部分的规定。公约中条款、规则和守则 A 部分为强制性要求,而导则 B 部分则对如何实施这些强制性的要求给出了具体的实施指导,为非强制性的规定。但是,根据第 6 条第 2 款,要求缔约国在履行其在 A 部分下的责任时对 B 部分所提供的方式给予充分考虑。缔约国如果在充分考虑到相关导则后,决定做出不同的安排来确保按 A 部分标准的要求是可以接受的。另一方面,通过遵循 B 部分给出的指南,有关缔约国以及国际劳工组织负责审议国际劳工公约实施的机构能够确定,缔约国做出的安排充分履行了导则所涉及的 A 部分中的责任,而无须做进一步考虑。这给缔约国政府在决定是否采纳这方面的规定保留了自主权,也体现了公约实施的灵活性,其目的是促使公约在全球范围内被广泛接受和实施。

（七）简化修正程序,增强公约的生命力

公约最重要的一个特点,就是新公约修正程序的规定。公约从未来 50 年的长远角度制定了各项制度,而通过政府、海员(劳方)和船东(资方)三方协商经常更新内容是最为重要的。公约生效后,对于其守则部分具体规定的修正将采取默认接受程序而不是明示批准,即在修正案通过后,如果在一定的时间内没有一定数量的国家明确提出反对意见,修正案即告生效。采用默认接受程序来修订公约,可以大大加快公约的修改速度,保持公约旺盛的生命力。但该程序只针对守则部分的修正案。[①]　而针对公约的修正案,要求成员国以明示接受的方式表示接受一项公约修正案的约束。[②]

（八）建立了确保公约有效、全面履行的执行措施

这些执行措施包括国际和国内两个层面上的执行,共有 3 个特征:

(1)增加了有关遵守公约的检查和发证系统,即通过船旗国对于符合公约之国内法要求的船舶签发海事劳工证书和劳工符合证明的方式保证公约的有效实施;

(2)在港口国监督中,扩大了滞留船舶的依据,即因海员劳动条件不符合标准,海事主管机关在港口国安全检查中也可以滞留船舶;

(3)建立了船上投诉程序,在发生不满和纠纷的时候,要尽量在发生地就近解决。

第四节　公约的适用范围

《2006 年海事劳工公约》的基本目标之一是在全球范围内确保对海员权利的全面保护,因

---

① 参见《2006 年海事劳工公约》第 15 条。
② 参见《2006 年海事劳工公约》第 16 条。

此公约所覆盖船员和船舶的范围越大,越有利于实现公约的初衷。从目前形势来看,《2006 年海事劳工公约》较之早先的海事劳工公约将具有更高的批准率。公约还通过引入非更优惠待遇原则,要求未批约国的船舶在批约国也应满足公约的要求。因此可以预见,公约生效后,将基本实现对国际航行船舶上工作海员的全覆盖。同时,公约不仅仅只适用于传统概念上的船员,同时覆盖所有海上工作人员,以此来算,根据国际劳工组织的数据,公约覆盖的人数预计超过 120 万。

一、公约适用的人员

公约所适用的"海员"一词系指在本公约所适用的船舶上以任何职务受雇或从业或工作的所有人员。因此,这个定义不仅包括从事航行或船舶操纵的船员,还包括在船舶上从事相关工作的人员,涵盖了包括客舱的清洁人员、酒吧的工作人员、服务员、艺人、歌手、厨房工作人员、赌场工作人员和美容师等所有的工作人员。对于船上的实习生,如果其在船上从事工作,即使只是培训计划的安排,但根据公约所确立的原则,也被视为公约定义中的"海员"。不过,也有某些类别的人员,他们通常在陆上工作,只是偶尔登上船舶,比如船旗国和港口国的检查人员,他们显然不能被视作船上的工作人员。为了解决某类人员是否属于本公约所涵盖人员的疑问,成员国主管当局应当与所涉及的船东和海员组织进行协商后做出决定。此外,国际劳工组织通过《2006 年海事劳工公约》的同时,还通过了《关于职业群体信息的决议》,为裁定此类事件提供了国际层面的指导建议。

二、公约适用的船舶

公约适用于除专门在内河或在遮蔽水域之内或其紧邻水域或适用港口规定的区域航行的船舶以外的船舶。其中,关于"遮蔽水域之内或其紧邻水域"的界定,没有统一的国际标准,具体取决于各个成员国的地理或地质情况,可由主管当局基于诚信和三方协商原则,并考虑公约的目标和国家的地理特性,确定哪些水域可以被视为"遮蔽水域",距离这些水域多远可以视为其"紧邻水域"。在上述水域范围内,公约适用于通常从事商业活动的所有船舶,不论其为公有或私有。但有三类船舶除外:一是从事捕鱼或类似捕捞的船舶,二是用传统方法制造的船舶(例如独桅三角帆船和舢板),三是军舰和军事辅助船。对于公约是否适用于某一船舶或特定类别船舶存在疑问时,成员国主管当局必须与有关船东和海员组织进行协商后做出决定。

三、公约适用的船东

公约中的船东既包括船舶所有人,也包括从船舶所有人那里承担了船舶经营责任并同意接受船东义务的另一组织或个人,如船舶管理人、代理或光船承租人。公约定义下的船东,并不排斥存在其他的个人或组织承担部分船东的职责。之所以采用宽泛的船东定义,目的是确保船舶无论采取何种商业营运模式,都能够有一个明确的实体作为船东,负责海员的生活和工作条件。同时,通过明确谁是承担相应责任的船东,也就明确了谁应当按照公约规定与海员签署就业协议,履行规定和约定的义务。

四、对公约适用范围的灵活性规定

为了得到更多国家的认可,公约的制定者也做了适当的妥协,在某些不重要或履约存在困难的方面做了免除或灵活性处理。第一,公约明确允许有些情况下是可以免除适用的,这其中主要体现在标题三,一是对相关总吨位船舶的起居舱室要求具有一定的灵活性;二是起居舱室建造和设备有关的要求仅适用于公约对有关成员国生效之日或以后建造的船舶。第二,针对不从事国际航行的 200 总吨以下船舶,如果成员国认为守则(Code)的某些细节不合理或不可行,并且国家法律已经涵盖了这些条款,在与有关船东和船员组织协商后,可不适用守则的相应规定。第三,对于不从事国际航线或者国外港口之间航线的 500 总吨以下船舶,对于其工作和生活条件的发证要求不是强制性的。对于某类水上设施是否可视为船舶,公约将决定权留给了成员国,后者可以根据本国法律、惯例或者法院判决来决定。对于公约是否适用于海洋开采类设施及类似船舶,如海上移动式钻井平台、挖泥船以及无动力船舶,需要依据两方面的因素做出决定:一是看成员国的法律有无相应规定,二是根据该设施从事活动的地点判断。对于公约是否适用于游艇,取决于游艇的具体情况:如果游艇是明确被公约免除的,比如游艇是用传统方法建造的,或者游艇通常不用来从事商业活动,则公约对其不适用;否则,按照公约要求,只要游艇不是专门在内河或在遮蔽水域之内或其紧邻水域或适用港口规定的区域航行,就应当适用公约的要求。

第五节 2006 年海事劳工公约 2014 修正案及其影响

由船东和海员代表联合提议的《2006 年海事劳工公约》的首个修正案(2014 修正案),于 2014 年 4 月 11 日被三方专门委员会的首次会议采纳,并于 2014 年 6 月 11 日第 103 届国际劳工会议上以压倒性的赞同票批准通过,该修正案根据公约第 XV 条的程序要求,已于 2017 年 1 月 18 日生效。该修正案主要内容围绕着实施"遣返的财政担保体系和船东责任相关的财政担保体系",修改了公约规则 2.5"遣返"和规则 4.2"船东责任"。

虽然 MLC 2006 公约 2014 修正案修改的内容不多,但政策性很强。各船旗国应在公约生效前,保证船东有足够的履约所需的准备期,制定相关的法律或规定,如与船东和海员组织协商后确定财政担保体系的方式、海员死亡或长期残疾的合同索赔规定、对财政担保提供者的具体规定并提前修改并签发满足 2014 修正案要求的 PART Ⅰ(适用时)。船东和海员组织也应根据国家规定和公约 2014 修正案要求提前修改完善相应的集体谈判协议 CBA(适用时)。

由于 2014 修正案在发证要求、海事劳工符合声明第 Ⅰ 部分和第 Ⅱ 部分中同时新增了第 15 条"遣返的财政担保"(规则 2.5)和第 16 条"船东责任相关的财政担保"(规则 4.2)。船东履行 2014 修正案要求的程序包括:应向主管当局申请签发 PART Ⅰ(适用时)和向船东和海员组织签署 CBA(适用时),根据船旗国法律或规定或 PART Ⅰ 要求,提前修改完善 PART Ⅱ 和就业协议 SEA,并向认可组织或主管当局修改审查 PART Ⅱ 及其 SEA 等支持文件,最后申请 MLC 的附加检查,以取得符合 2014 修正案要求的 MLC 证书或符合证明。

因此船东应提前关注相关船旗国主管当局的履约规定、符合船旗国要求的财政担保提供者情况、缔约国是否接受海员所在国或非缔约国内设立的财政担保提供者等,无论其船旗国是否已批准公约或 2014 修正案,由于港口国检查的无优惠原则(公约第 Ⅴ 条第 7 款规定)对于航行于缔约国港口的船舶为避免 PSC 滞留,船东所属的船舶均应在修正案生效前(2017 年 1 月 18 日)符合 MLC 2006 公约 2014 修正案的要求,并取得相应的 MLC 证书或符合证明。

第六节 海事劳工公约的实施情况

一、各国的履约情况

1. 欧洲国家批约情况不如预期

欧盟理事会于 2007 年 7 月通过了欧盟理事会决定(2007/431/EC),授权欧盟成员国批准 MLC 2006,同时要求成员国尽力在 2010 年 12 月 31 日前批准该公约。从历史上看,欧洲国家实施的海事劳工标准一直比较高,国际劳工组织通过的许多海事劳工公约是以欧洲相关国家实施的标准为基础而制定出来的,这些公约在欧洲有广泛的接受性,MLC 2006 也主要是由欧洲国家主导起草的,国际社会也据此预计欧盟国家批约应该比较积极。但时至 2012 年 6 月中旬,欧洲 43 个国家中只有保加利亚、克罗地亚、丹麦、拉脱维亚、卢森堡、挪威、西班牙、荷兰、瑞士、波兰、瑞典等 11 个国家加入了 MLC 2006,其中 8 个为欧盟成员国(克罗地亚、挪威和瑞士为非欧盟成员国)。

国际劳工局在认识到欧盟成员国批约普遍存在一定困难后,迅速将视线转移到方便旗国家,特别是实施开放登记制度的大洋洲地区、中美洲加勒比地区的小岛国。这些小岛国对海运行业的依赖度高,重视海员职业,同时由于实施开放登记制度,这些国家批约积极性高且其履约难度小。此外,这些小岛国还可以批准海事劳工公约为基础申请 IMO 等国际组织的技术援助。国际劳工局近两年在太平洋区域活动频繁,且取得了理想的效果,目前大洋洲地区、中美洲加勒比地区共有 9 个国家批准了公约,占批约国家总数的 1/3。在亚洲,国际劳工局的有效工作促使新加坡于 2011 年上半年批准了公约。新加坡港的地理位置对东南亚的其他国家批准公约起到了促进作用。

2. 方便旗国家批约积极

目前批准公约的 66 个国家中有 11 个国家实施开放登记(方便旗)制度,包括安提瓜和巴布达、巴哈马、塞浦路斯、黎巴嫩、利比里亚、马耳他、马绍尔群岛、巴拿马、圣文森特和格林纳丁斯、伯利兹、毛里求斯。方便旗国家在批准公约过程中比较积极,背后的原因值得分析。实质上这些方便旗国家的积极加入说明他们在实施 MLC 2006 方面不存在大的困难,其履约任务实质上是由在这些国家注册的船东或经营人最终承担,而检验和发证工作才由登记国实施,且检验和发证工作还可以委托给认可组织来实施。总体上方便旗国家本身船员拥有量不大,得益于允许使用外国籍船员制度,在悬挂方便旗船上工作的海员多来自船员供给国,因此对船员社会保障义务也主要由船员供给国来承担。实际上,实施开放登记制度国家履约的艰苦工作由来自其他国家的船东、经营人或船员服务机构等单位承担,而履约成果则由方便旗国家所享有,这也是实施开放登记制度国家批约态度比较积极的原因。

3. 亚洲国家履约负担沉重

目前世界上约有 120 万名海员,其中超过 60% 来自亚洲地区,特别是南亚、东南亚国家,中国、印度、菲律宾、印尼、缅甸、越南等亚洲国家是国际上主要的海员供给国。同时亚洲地区也集中了多个主要的船旗国,例如中国、新加坡、日本、韩国、马来西亚、中国香港、中国台湾等国家或地区在世界商船船队中占据着显著位置。就 MLC 2006 履约任务而言,海员供给国及船东国家履约任务重,因此亚洲有关国家或地区面临着繁重的履约任务。同时东南亚地区船东有使用方便旗船的传统，许多船舶在实施开放登记制度的国家登记，这也实质上加重了亚洲有关国家的整体履约负担。

二、公约实施要求

公约要求建立有效的海事劳工条件检验和发证体系。凡适宜，成员国可以授权经其认可具备能力和独立性的公共机构或其他组织开展检查和（或）发证工作，辅以一项海事劳工符合声明的海事劳工证书，应构成船舶已经其船旗国或授权机构的正规检查，证明海员工作和生活条件已在其所证明的范围内满足要求。公约里对成员国履行公约的各项措施也做出了具体要求，将能确保公约在全球范围内的有效实施和持续符合。

按照《2006 年海事劳工公约》要求，公约生效后，首先应使从事国际航行的 500 总吨及以上船舶必须携带和保有一份海事劳工证书和一份海事劳工符合声明。海事劳工证书应由主管当局或主管当局为此目的而正式授权的认可组织经检查后签发。长期证书有效期不得超过 5 年。海事劳工证书的临时检查期不得超过 2 年。海事劳工证书的临时检查、初次检查、中间检查、换证检查期限同 ISM 审核期限相似。在向船舶签发辅以符合证明、海事劳工证书前必须经过检查。

在公约规定的五个标题中，公约分别针对不同的主体，包括船旗国、港口国、劳工提供国和航运公司（即公约所称船东）等提出了履约的责任和义务。航运公司是履行公约责任的最终承担者：一是根据公约及船旗国相关法律法规规定，建立航运公司保障海员权益的管理制度，编制符合声明第 II 部分；二是取得船旗国签发的海事劳工符合证明；三是接受港口国的监督检查。

在实施中有两个方面的灵活性：其一是成员国在必要时（见第 6 条第 3 款），通过实质上等效（按第 6 条第 4 款所定义）来执行守则 A 部分的具体要求的可能性。实施中灵活性的第二个方面是通过将 A 部分许多规定的强制性要求表述得更加宽泛来实现的，这样就为在国家的层面上采取确切的行动留出了更广泛的自主权。在这种情况下，守则中非强制性的 B 部分给出了实施指导。这样，已批准本公约的成员国可以确定在 A 部分相应的一般性义务下他们应当采取什么样的行动，以及可能未必要求的行动。例如，标准 A4.1 要求在所有船舶上能够迅速取得用于船上医疗所必需的药品（第 1（b）款）并"配备一个医药箱"（第 4（a）款）。忠实履行后者的义务明显意味着不仅仅是简单地在每艘船上配备一个医药箱。在相应的导则 B4.1.1 中（第 4 款）对于所涉问题给出了更为准确的指示，以便确保妥善地存放、使用和维护医药箱内的物品。

已批准本公约的成员国不受相关导则的约束，而且，正如关于港口国监督的标题五中的规定所指出，检查只针对本公约的有关要求（条款、规则和 A 部分的标准）。但是，根据第 6 条第 2 款，要求成员国在履行其在 A 部分下的责任时对 B 部分所提供的方式给以充分考虑。用上文所举的例子，如果在充分考虑到相关导则后，成员国决定做出不同的安排来确保按 A 部分标准的要求对医药箱中的物品进行妥善存放、使用和维护，则是可以接受的。另一方面，通过遵循 B 部分给出的指南，有关成员国以及国际劳工组织负责审议国际劳工公约实施的机构能够确定，成员国做出的安排充分履行了导则所涉及的 A 部分中的责任，而无须做进一步考虑。

三、我国的履约情况

我国是海员大国,现有海员 65 万人,承担着全国 93% 的外贸运输任务;我国每年外派海员 10 万多人次,已成为世界重要的海员劳务输出国。然而,待遇不高、生活艰苦的现实条件让很多人不愿意将海员作为一项终身职业。公约提倡的海员"体面劳动"将鼓励更多年轻人投入航海事业,对于我国打造一支稳定而优质的船员队伍以及保障航运事业持续健康发展有着深远的影响。从长远角度来说,公约的批准和实施亦对海洋强国战略的推进有重大意义。

一是有利于维护海员权益。批准公约,体现了我国履行国际公约、保护海员权益的积极态度,彰显我国政府以人为本的执政理念,也体现了切实维护海员劳动者权益、致力于构建公平竞争的海运业环境的意愿和决心。同时,也能够吸引更多的优秀人才和有志青年加入海运行业,促进海运业健康发展,使得企业在激烈的国际竞争环境中把握主动,促进海运业更好地服务于经济发展的需要。

二是有利于促进海员职业发展。我国现有 60 多万海员,每年外派海员约 13 万人次,是海员劳务输出大国。批准和实施公约,有利于规范海上劳动关系,拓宽海员就业渠道,也将会使海员在工作时间、工作条件、劳动报酬和社会保障等方面得到更好的保护,实现海员"体面工作",增加海员职业的吸引力,促进海员职业发展。

三是有利于推动航运发展。目前,我国有 1 400 多艘国际航运船舶航行于世界各地。国际海运在我国对外贸易运输中占有十分重要的地位。批准公约,一方面可以展示我国航运企业遵守国际标准的积极态度,提升企业的国际竞争力;另一方面,也表明海员在船上的工作条件符合国际标准,能够保障海员"体面工作",维护我国船员的整体利益。

我国的履约工作和安排主要从以下几个方面展开:

一是国内立法。我国涉及履约的法规体系主要由两方面的法规构成,一方面是船员法规体系,由《中华人民共和国海上安全交通法》和国务院颁布的《中华人民共和国船员条例》(以下简称《船员条例》),以及交通运输部颁布的《船员注册管理办法》《船员培训管理规则》《海船船员适任考试和发证规则》《船员服务机构管理规定》《中华人民共和国海员外派管理规定》《海员船上工作和生活条件管理办法》(以下简称《管理办法》)等构成了较为完善的海员管理的法规体系。《船员条例》及相关规章明确了船员的六项权利,包括社会保障权、健康权、签订劳动合同的权利、获得报酬权、休假权、遣返权,这是与《2006 年海事劳工公约》接轨的。另一方面是以劳动法为核心的劳动法律体系。我国劳动法的体系由《中华人民共和国劳动法》及劳动力市场与就业法律制度、劳动合同和集体合同制度、劳动报酬与福利制度、工作时间与休假制度、劳动安全与劳动保护制度、社会保险和福利制度、特殊人群保护、劳动法的执行与劳动争议处理制度等构成。

行政执法制度。我国建立了较为完善的劳动保障监察执法制度和劳动保障监察组织制度。另外,我国海事行政执法队伍,一直履行我国船员管理以及国际海事组织有关港口国、船旗国履约职能,为履行 MLC 2006 公约要求的港口国、船旗国检查奠定了良好的基础。

仲裁、司法制度。我国劳动争议调解仲裁制度和司法制度为处理海员与航运公司利益纠纷、维护海员权益提供了仲裁和司法途径。

二是三方协商机制。2009 年底,我国建立了由交通运输部、中国船东协会和中国海员建设工会组成的全国海上劳动关系三方协调机制。中国船东协会与中国海员建设工会已签订了中国船员集体协议。这些机制和协议有助于在我国开展三方协商,履行《公约》有关具体要求。

三是检查发证制度。作为 MLC 2006 公约的发起国之一,我国政府在公约的制定过程中发挥了重要作用。交通运输部海事局针对履约工作做了一系列的公约研究和法律文件准备工作。交通运输部与人力资源和社会保障部也已达成履约合作备忘录,明确"双主管机关原则"和"共同管理、两部监管、一家发证"原则。在 2013 年中国海员大会上,两部门有关负责人均表示,我国已基本具备批约条件,正在履行相关的法律程序。2016 年 11 月 22 日交通运输部、人力资源和社会保障部共同发布《海事劳工条件检查办法》并于 2017 年 1 月 1 日施行,该办法明确船东作为履约主体应当承担的海事劳工责任,规范了相关部门实施海事劳工检查的程序,建立了我国履约的工作机制。

针对海事劳工条件的港口国监督检查网将在公约实施后全面铺开,已批约国家的港口国监督检查官员将对到港船舶实施严格的海事劳工条件检查,我国船东将面临前所未有的压力。MLC 2006 公约对我国生效当天,广东海事局派出了以港口国检查官和履约专家组成的团队,对停泊在广州港的巴拿马籍"金虎"轮进行了检查,并签发国内首份 MLC 2006 公约履约港口国监督检查(PSC)报告,检查共发现 3 项涉及《公约》的缺陷,要求该轮限期改正。①

第四章　我国在履约方面面临的挑战和差距

第一节　国际海事劳工公约带来的挑战和影响

一、国际海事劳工公约带来的挑战

海事劳工公约带来的挑战区别于其他劳工公约或者其他国际海事公约,海事劳工公约在体例创新、提倡海员体面劳动、海员劳工纠纷解决途径、三方代表组织、增强执行力度等方面带来挑战②,具体表现如下:

1. 公约结构体例之创新挑战

公约在内容及结构体例方面的建构比较新颖,兼具强制性条款和非强制性条款(详见第三节"公约的基本框架和特点")。公约 4 个附录,分别涉及发证检查事项、证书样式、港口国检查事项等。

这种多层次、立体的公约立法结构和编排技巧具有独特性,巧妙地将公约条款及规则涉及的原则问题,与守则中大量涉及技术性、细节性问题的细腻规定"混搭"融合在一起。

与以往国际公约规定一致,海事劳工公约对于一些涉及原则及重要事项的条文,明确了强制性效力;但是对于涉及具体事项,尤其是一些技术及操作方面,则通过守则 B 条款,建议由

---

① 中国新闻网:《2006 年海事劳工公约》对中国正式生效。
② 郭萍:《国际海事劳工公约带来的影响与应对》,《世界海运》,2014 年 3 期。

各成员国充分考虑是否执行，并未直接规定这类条文的强制力，从而最大限度地避免这些偏技术性条文规定可能妨碍公约被更多国家认可的困境。此外，为了保障公约运用的灵活性，公约允许通过"等效例外"原则，在一定条件下突破A条款强制适用的羁绊。当然这种"等效例外"原则有严格的适用条件，即只有满足(1)有助于充分达到守则A部分有关规定的总体目标和目的，并且(2)为了落实守则A部分相关规定的前提下，各成员国可以通过国内法律、条例、集体协议或其他履约措施实施公约内容，不必拘泥于公约A条款本身，从而达到实质上等效于本公约规定的效力。

公约这种新颖的编排体例恐怕很难在中国国内立法中得以实现。目前中国尚未制定综合性海员立法，不论是将来起草制定统一的《船员法》还是完善现行单行法规，都只能将涉及基本原则的公约正文条款与涉及具体操作的规则条文以及公约守则中的强制A标准有机"糅合"。至于公约推荐非强制适用的导则B规定，可以结合中国船公司及海员劳务的实际发展情况，在国内法制定中适当予以考虑和吸收。还可以充分发挥"等效例外"原则的积极作用，通过国内法或者集体协议，合理地"规避"对规则A条文本身的强制适用，从而避免中国籍船舶在外国港口国监督检查时被认定可能存在违反公约规定的情形。

2. 公约维护船员权益维度之挑战

截至2013年2月底，在国际劳工组织颁布的190余项国际公约中，中国政府仅批准了其中25项，含4项核心公约、2个优先适用公约和19项技术类公约。

上述有关海员权益方面的劳工公约数量繁多，各自独立并且每个公约通常仅涉及单一具体方面，常常使得ILO成员国"顾此失彼"，很难全部接受。而海事劳工公约是在修改完善现有与海员有关的37个劳工公约和31个相关建议案的基础上形成的综合法案。内容不仅包括海员上船工作最低要求，就业条件，工作和休息时间，工资，休假，遣返，起居舱室、娱乐设施、食品和膳食服务等微观内容，还包括对整个海员职业应当涉及的职业安全，健康保护、医疗、福利和社会保障等宏观方面。同时海事劳工公约仅设定最低国际标准，不影响海员通过相关法律、判决、惯例或协议，得到优于公约规定的工作和生活条件。

显然海事劳工公约保护海员权益内容的维度"盛况空前"。但是这部被称为海员"权利法案"的"鸿篇巨制"，并非将与海员有关的所有劳工公约内容吸收进来，仍然有4项公约未被包含。在海事劳工公约涵盖的37个有关海员的国际公约中，中国政府仅批准了4项。中国政府批准加入海事劳工公约，涉及对尚未批准的其余33个劳工公约涉及内容的全面履行问题。中国政府批准的4项公约涉及内容，尚没有相应的国内立法，更不用说未批准的33项公约内容。因此中国海员立法方面存在相当大的缺口，亟待立法空白的填补和完善。

在维护海员权益的地域维度方面，由于公约第5条明确规定对非缔约国采取非优惠待遇，加上公约设置了较为严格的生效条件，目的就在于确保能够有足够数量的船舶受到公约约束。因此为了保障公约严格实施以及在更广泛地域范围内维护海员的各项权益，公约对未批准公约国家的船舶采取一视同仁的要求，也使得公约的强制力大大增强。

3. 三方代表组成机制及公约修正程序之挑战①

与其他国际组织代表组成不同，ILO会议的正式代表必须由来自政府、雇主和雇员三方利益的代表组成，否则单一利益方代表的表决权无效。这一制度也在海事劳工公约中觅得痕迹。

① 郭萍：《国际海事劳工公约带来的影响与应对》，《世界海运》，2014年3期。

海事劳工公约第 13 条专门规定,三方专门委员会将对公约的发挥作用进行全面审议。三方委员会代表由海事劳工公约各个成员国政府指派两名代表,船东和海员的代表则由 ILO 理事会与国际海事委员会商议后确定。尚未批准海事劳工公约的成员国政府代表可以参加委员会,但对根据公约处理的任何事项无表决权。三方委员会代表机制可以较好地平衡政府、雇主和雇员之间可能存在的利益冲突;能够在最大限度上体现雇员方的诉求,从而更好地保护海员权益,使海员能够体面工作。三方委员会利益制衡机制不仅对于中国已经初步建立的海上劳工关系三方协调机制产生深远影响,而且将有利于促进中国整体劳动关系三方协调机制的完善和协调。

公约修正程序的非单一性,增强公约独特魅力。公约区分正文和守则不同内容,分别在第 14 条、第 15 条做出修正程序规定。根据第 14 条规定,对公约正文的任何修正案均可由国际劳工组织大会在《国际劳工组织章程》第 19 条和国际劳工组织通过公约的议事规则的框架下,也可以通过三方协商方式进行。相比而言,公约条文本身修正的程序与公约生效条件几乎一样严格。而对于公约守则内容的修正案,除了根据第 14 条规定外,还可按第 15 条规定的默示接受程序进行。即在某守则修正案通过后,如果在规定时间内,没有收到超过 40% 的已批准海事劳工公约成员国正式发表的相反意见,并且这些国家代表着不少于已批准公约成员国船舶总吨位的 40%,则修正案即告生效。这种非单一性修正程序,一方面大幅提高公约正文的修正条件和标准,可以在未来较长时间保持公约内容的一致性、连贯性和稳定性;同时对守则内容的修改,因为允许采用默示接受程序,使得守则部分可以更好地与航运实践和世界经济发展现状吻合,加快修改频率和内容及时更新,从而保持公约旺盛的生命力。

但是对于中国国内立法而言,恐怕很难接受和实现这种多样性的法律修正程序。因为根据中国《立法法》的规定,任何法律、法规的制定和修改,都是立法机关根据较为严格的程序,主动修改法律的结果,因此"默认接受程序"的修正机制尚不能在中国国内法实现。一旦中国根据海事劳工公约制定或完善国内相关立法时,应该注意立法内容体现适度的前瞻性和合理的稳定性,从而克服因无法采用"默认接受程序"可能带来的弊端。

4.公约明确船旗国、港口国执行责任之挑战

为了增强海事劳工公约的有效执行力,公约在规则和守则的第 5 部分,都以"遵守和执行"为标题做出明确规定。这些执行措施包括国际和国内两个层面,涉及船旗国责任、港口国责任、劳工提供责任等。船旗国责任主要强调公约成员国对悬挂本国国旗的船舶负有全面履行公约各项标准的详尽责任;港口国责任主要明确公约成员国对于挂靠本国港口的外国籍船舶在实施和执行公约标准方面的国际合作责任;劳工提供责任则强调公约成员国通过建立检查和监督机制,确保在其领土内提供海员招募和安置的服务机构能够遵守公约的各项操作和实践要求。综合这些执行措施,比较突出和明显地体现在如下方面:

(1)增加船旗国有关遵守公约的检查和发证机制

为确保悬挂其国旗船舶上海员工作和生活条件符合公约标准并不断保持该标准,船旗国可以授权具有资质的独立公共机构或组织,例如船级社,对符合公约规定的船舶签发海事劳工证书和海事劳工符合声明。根据海事劳工公约规定,缔约国船舶必须随船携有上述证书及文件。

(2)扩大港口国监督检查及滞留船舶权限

在港口国监督检查中,检查官除了核查公约成员国船舶是否携有海事劳工证书和海事劳

工符合声明,同时根据公约规定的限制条件,可以对船舶采取进一步实际检查的措施。现行港口国监督检查事项中,大多针对船舶航行安全、防止海洋污染等领域,并多局限于技术方面等"硬条件"领域。而根据海事劳工公约进行的港口国检查,更侧重于船员起居生活条件、工作条件、工资待遇等"软条件"方面。经检查,如果港口国认定船舶存在的缺陷明显危害船员安全、健康或保安,或者船舶不符合事项构成严重违反公约情形或者发现该船舶存在屡次违反公约规定的情形,则检查官可以根据公约规定,行使滞留船舶的权利并同时通知船旗国代表抵达现场。相比较现行港口国检查的实践做法,船舶被检查的范围及被滞留的依据和理由大大增加。

(3)海员投诉途径非单一性之挑战①

为了倡导海员体面劳动,相对于其他国际海事公约,海事劳工公约更加关注对船员投诉权益的保护,公约文本中"投诉"一词出现多达 67 次。公约对海员投诉途径采用非单一性原则。除了遵循传统的向岸上有关部门提起投诉程序外,海员还可以在船上直接提起投诉程序。应当说船上投诉程序的设立是海事劳工公约的一大贡献,核心目标是在尽可能低的层面上解决海员劳工纠纷问题,从而有助于在船上提供劳务期间就能够比较理性地化解船公司和海员之间可能出现的劳务纠纷,避免矛盾激化。根据船上投诉程序,船员可以选择直接向船长提出,但是不妨碍海员在必要时,向授权的海事主管机关提出。

此外,为了更好地保护船员投诉权益,避免其因此受到打击、报复等不当行为的迫害,公约还明确规定海员在行使船上投诉程序期间,享有他人陪同或由他人代表的权利。船员持有的就业协议的副本中,应当包括船上投诉程序副本,内容应当包括有关主管当局的联络信息,以及能够在保密基础上提供公正建议的在船人员名单等。

如果海员根据公约规定提起岸上投诉程序,则可以选择在船舶挂靠某个港口时,向港口国检查官提起投诉程序。该检查官首先应当尽量促使被投诉事项在船舶层面内解决,如果未能成行并且经过对被投诉事项的进一步检查,确认船舶事实上存在违反公约规定的事项,检查官应立即通知船旗国在规定期限内补正或采取相应措施,同时应为投诉海员保密。

除公约规定的上述两种投诉程序以外,如果公约成员国的国内立法或集体协议存在有关申诉规定,且比船上投诉范围更为广泛,则不影响海员采用申诉程序或者其他任何法律途径维护其权益。

我国政府只有了解和认识海事劳工公约带来的上述挑战,采取有效应对措施以及完善国内相关法律机制,才能更好地维护中国海员的权益。

二、海事劳工公约对中国相关制度的影响

中国是一个船员大国,在大约 155 万船员中,约有 65 万人具有海员资格,承担着中国 93% 的外贸运输任务,其中具有高级海员资格的约为 13.5 万人。同时中国目前已经成为航运大国和造船大国。因此,中国船公司及中国籍船舶都应当按照公约规定执行,并承受由此带来的较重负担。海事劳工公约各项规定在管理体制、法律制度、监督体系、港口国及船旗国检查等方面,都对中国政府主管部门、船公司等产生影响。

---

① 郭萍:《国际海事劳工公约带来的影响与应对》,《世界海运》2014 年 3 期。

1. 公约规定对中国现有劳工管理体制、法律制度造成一定冲击

根据"公约信守"原则,中国政府有义务严格遵守海事劳工公约的各项规定。在公约生效后,也不得不面临被迫根据公约各项规定予以执行的局面。因此海事劳工公约的规定必定在一定程度上对中国有关船员劳动方面的现实做法、相关国内立法及政策造成冲击,尤其在船员健康保护、医疗、福利措施及相关社会保障等方面。这种冲击可能不仅仅影响船员行业本身,还会间接涉及国内其他行业。而一个国家劳动法律关系的构建和实践活动,会受到历史传统、经济发展状况、各行业整体协调、实践操作等综合因素影响。因此海事劳工公约内容的全面落实,尤其是"体面劳动"原则的倡导和更加注重保护海员权益的做法,势必"一石激起千层浪",给中国其他行业劳动关系的管理体制和法律政策带来挑战。

执行海事劳工公约各项规定,从某种意义上是符合国际规范、与国际接轨的体现。而海事劳工公约综合并吸纳了诸多涉及海员权益保障的国际公约,其中大多数国际公约中国并未加入,国内法也未有明确的专门规定。因此当国内其他大多数行业未能与国际接轨时,单独就海员行业的劳动管理、权益保障等方面与国际接轨,也会产生劳动关系范畴内"厚此薄彼"的现实问题。更何况,目前国内尚未形成重视船员劳务在一国经济体系内的地位和重要性的气候下,如何全面根据海事劳工公约予以执行,将是中国政府不得不面对的现实。

2. 多重管理机构协调履行能力和合作机制面临严峻考验

纵观海事劳工公约,涉及海员就业条件、招募和安置、健康保护、医疗、福利和社会保障保护、体检、职业健康、培训和资格、遵守和执行等十几项领域,而这些领域将分别由中国涉及社会保障、人事、劳务、税务、卫生等主管部门以及交通运输部下属海事部门负责。当然,这种多个管理部门并存的现象并非中国独有,在其他一些国家都不同程度地存在着。由于中国涉及船员劳务相关主管部门和机构设置的多重性和复杂性,即使在国务院大力推行行政机构改革,推行"大部制"的今天,短期内将涉及海员问题的各个管理机构统一到某个单一部门管理的可能性几乎不存在。因此,虽然近年来交通运输部已经与人力资源和社会保障部建立了相关协调机制,但是如何在船员劳动关系领域构建一个统一的协调机制以应对海事劳工公约的执行,也是中国政府不得不面对的棘手问题。

3. 公约核查监督机制多样性带来潜在问题

海事劳工公约前所未有地系统规定了船员劳动方面的核查监督制度,包括对过程管理和终端管理的双重核查监督制度。所谓对过程管理的核查监督制度是指由劳动监察机构或第三方机构,或根据三方协商机制进行的核查监督;而终端管理监督指具有核查监督功能的船旗国、港口国进行相关内容的检查和发证制度。因此劳动监察机构、第三方机构(如船级社)、三方协商机构、船旗国和港口国也因此成为具有核查监督职能的主体。

就港口国监督检查而言,海事劳工公约没有参照其他国际海事公约的通行做法,明确具体的港口国监督检查实施部门,而是允许各国自行决定。因此可以预见,海事劳工公约的港口国监督检查工作将在全球范围内出现两种机制并存的局面,即一方面继续由传统的港口国监督检查部门实施,另一方面由劳工监察或船员管理部门实施。由于港口国监督检查工作的特性,需要港口国之间频繁、高效地沟通。这种双重机制并存的现象,将给未来的港口国监督检查工作带来一系列问题,特别是影响港口国之间的沟通效率等。

船旗国监督检查主要由海事局负责或者由海事局授权的第三方机构(如船级社)负责。重点针对海员最低年龄、体检证书、海员资格、招募与安置、海员协议、工资、工作时间和休息时

间、休假、食品膳食、医疗、健康保护、社会保障、投诉程序等若干方面进行检查。目前中国尚无海上劳动监察机构。根据《船员条例》,海事局负责统一实施船员管理工作,但是有关监督检查部分,则规定"劳动保障行政部门应当加强对船员用人单位遵守劳动和社会保障的法律、法规和国家其他有关规定情况的监督检查"。显然,海事局无权进行海员的劳动监督监察,而有权进行海员劳动监察的应当是劳动保障行政部门。

劳动监察方面,目前主要依据2004年《劳动保障监察条例》和2005年《国务院关于实施〈劳动保障监察条例〉若干规定》等。根据上述规定,国务院劳动保障行政部门主管全国的劳动保障监察工作。县级以上地方各级人民政府劳动保障行政部门主管本行政区域内的劳动保障监察工作。县级、设区的市级人民政府劳动保障行政部门可以委托符合监察执法条件的组织实施劳动保障监察。因此劳动监察大队是劳动监察职责的具体实施者。劳动保障监察部门实施监察的地域范围将根据各级政府行政区域予以确定,即地域管辖系中国劳动监察管辖体系的重要原则。但是船舶的流动性,导致海上劳动具有特殊性,海员在工作时间、社会保险的缴纳、工资支付、劳动合同订立方式等方面都与陆上工作存在很大区别,而且陆地劳动保障行政部门尚不具备派员到每艘船舶进行监督监察的条件。因此,由谁负责海员劳动保障监察,如何进行监察,劳动监察部门与海事局监察之间的界限如何划定等,都需要中国在未来立法和实践中进一步予以明确。

4.港口国监督检查的局限性及赔偿责任不明

相对已有国际海事公约,海事劳工公约赋予了船旗国更大的自主空间,因此港口国实施监督检查时必须慎重处理,特别是涉及对违反公约规定的船舶行使滞留权时尤为如此。海事劳工公约规则5.2.1规定,港口国初步检查仅能针对海事劳工证书及海事劳工符合声明,只有在下列条件之一满足时,才可以开展进一步的检查工作:未持有有效证书、证书虚假或记载信息无效;有明确理由相信船上工作及生活条件不符合公约要求;有合理理由相信船舶为逃避本公约规定而变更船旗;收到投诉指控船上工作及生活条件不符合公约要求。

此外,考虑到公约涉及船舶范围比较广泛,为了给船旗国和船级社更加充分的时间以满足公约要求,除散货船及客船外,其他类型船舶可以在公约生效之日起,允许有1年的过渡期,可以不必随船携带海事劳工证书和海事劳工符合证明,除非港口国检查中发现船舶存在明显不符合公约的情形。这也是港口国行使监督检查权应当注意的问题。

由于公约本身条文表述比较笼统,因此港口国实施监督检查时,不应简单地判定船舶存在不符合公约情形而采取强制性措施,而应当尽可能地与船旗国政府或其认可的第三方组织进行沟通,通过了解船旗国的国内法或集体协议等内容,综合加以判定。因为判定船旗国法律是否符合公约要求不是检查官的责任,而是国际劳工组织设立的监督委员会的责任。

如经港口国授权检查官员的进一步检查,认定船上条件明显危害海员安全、健康或保安,或者不符合项已经构成对公约内容的严重违反或屡次违反,则港口国可以对船舶采取强制滞留措施,但应立即通知船旗国并要求其派代表到现场。与其他以技术性条款为主的国际海事公约"硬条件"不同,海事劳工公约更关注工资、休假、遣返以及社会保障等非技术方面的"软条件"内容。对此类"软条件"存在缺陷进行整改难度更大,所需时间更长,因此港口国应对此类问题尽可能采取更加宽松、灵活的态度,给予船旗国足够的时间予以纠正,以避免对船舶的不当滞留。而根据现行港口国监督检查制度,如果经检查发现船舶存在不符项,例如违反《国际安全营运和防止污染管理规则》(ISM规则),则该缺陷必须在船舶开航前予以纠正。考虑到海事劳工公约涉及内容的复杂性,如果船方能够提供令人满意的缺陷纠正计划,则港口国检查官也会解除船舶的滞留。

根据公约规定,如果船舶被不当滞留和迟延,由此造成的损失,港口国应承担赔偿责任。海事劳工公约标准 A5.1.4 明确规定,港口国承担的赔偿责任应当依据该国国内法律、法规予以确定。因此如果中国籍船舶被外国港口国不当滞留,应当依据该国国内法确定港口国法律责任。中国海事主管部门不当滞留外国籍船舶的,是否能够依据《国家赔偿法》确定港口国赔偿责任尚存在一些法律空白。因为依据《国家赔偿法》第 4 条,行政机关及其工作人员在行使行政职权时,如果违法对财产采取查封、扣押、冻结等行政强制措施的,受害人有取得赔偿的权利。第一,根据海事劳工公约进行港口国监督检查的不当滞留船舶行为,不属于《国家赔偿法》规定的"违法行为"。第二,根据海事劳工公约规定,港口国可以授权认可的第三方机构具体实施监督检查,例如船级社。那么船级社工作人员因行使监督检查权不当滞留船舶,是否在《国家赔偿法》适用范围,现行法律规定得并不明确。第三,即使受害方能够根据《国家赔偿法》提出赔偿请求,但是具体损失赔偿数额的计算和范围也不是很明确。因为《国家赔偿法》第 28 条有关财产损失赔偿,文字表述为"给付相应的赔偿金""对财产权造成其他损害的,按照直接损失给予赔偿",等等。而港口国不当滞留船舶,更多情况下不是造成被检查船舶直接损失,而可能是船舶载运货物的灭失、损害及迟延交付,被检查船舶本身的船期损失以及其他利益损失等。而这些损失类型均不在《国家赔偿法》的赔偿范畴之内。显然受害方根据《国家赔偿法》向履行港口国监督检查的机关提起国家赔偿还存在诸多困难和法律空白。因此,在对相关法律进行修正及完善中,应当明确规定滞留船舶的具体情况,包括港口国监督检查赔偿责任承担方面的明确规定。

除上述限制外,缺乏统一的检查数据库也成为港口国监督检查的一道屏障。近年来根据船舶历史检查情况评估船舶风险值,从而有所选择地开展港口国监督检查已是签署港口国监督检查备忘录成员国的通行做法。而一旦由劳工监察或船员管理部门实施对海事劳工公约的港口国监督检查,因多重机构存在的弊端,将导致其检查数据无法输入到现有港口国监督检查数据库中,将极大影响船舶风险评估的准确性,进而影响港口国监督检查的效率和执行力。

5. 中国船公司应对公约的准备工作不足

如前文所述,中国政府及相关部门已经采取了积极有效的措施进行相关执行准备,但是截止到目前,大部分中国船公司,特别是一些中小船公司,还是本着"坐""等""看"的方式,静观其变,没有采取任何积极有效的措施。

事实上,公约各项要求的执行需要船旗国、港口国、船公司、船员等各方的共同努力。作为海事劳工公约主要义务主体的船公司,应当依据海事劳工公约以及船旗国相关法律规定、规章和措施,必要时根据有关海员集体协议等,认真、全面地履行公约规定的各项义务。同时符合公约规定的每一艘海船,均应随船携有包括海事劳工公约文本、海事劳工证书、海事劳工符合证明等文件在内的各种文件资料,即使是公约非缔约国船舶,也应当依据公约各项规定予以执行。

根据中国船级社 2009 年发布的《海事劳工条件检查实施指南》内容,为满足海事劳工公约各项履约要求,对船上应持有的文件和资料归纳了一个推荐列表,显示多达 50 份文件。而且针对每艘船舶的具体情况不同,船员工作及生活环境以及工资、薪酬、福利等各方面条件各不相同,因此船公司既不能直接拷贝或依据其他船公司的现成图表和文件,也不能在其所属姊妹船舶上采用同一样式的文本。暂不述及根据公约规定采取具体实施措施的付出,即使是准备和整理这些相关文件和证书,对于每个船公司而言都是不小的负担。根据公约规定进行各项措施的准备工作,不但会增加船公司的运营成本,而且耗时、费力。这也是目前很多中国船公司采取观望、等待态度的主要原因之一。

6. 海事劳工公约船舶适用范围局限性带来的困惑①

中国政府批准加入海事劳工公约,符合公约规定的中国籍海船应当负有严格执行公约规定的各项义务。需要注意的是,海事劳工公约排除了一些船舶的适用,例如内河航行的船舶,在港口规定适用区域航行的船舶,在遮蔽水域之内或其紧邻水域航行的船舶,从事捕鱼或类似捕捞的船舶,用传统方法制造的船舶(例如独桅三角帆船和舢板),军舰和军事辅助船舶。其中海事劳工公约有关除外适用的船舶中并没有吨位的限制,也没有将政府公务船艇排除在外。因此上述被公约排除适用船舶的相关船员权益保护问题,仍然需要通过国内法予以解决。

7. 中国政府面临对中资方便旗船舶实质履约的监督压力

近年来船公司选择在本国领域以外进行船舶登记不仅在中国大量存在,在全球范围内,船舶开放登记趋势也日益增长。根据有关国际组织统计数据显示,以 2011 年登记船舶为例,83% 的船舶是在海外登记,占世界商船队的 71.5%,其中中国香港、马绍尔群岛、新加坡成为海外登记增加最为迅速的三个中心。目前开放登记的主要包括利比亚、马绍尔群岛、安提瓜和巴布达、百慕大、巴拿马、马耳他、巴哈马等国家和地区。由于公约的实质履行是由在开放登记国家注册的船东或经营人最终承担,而且在悬挂方便旗船上工作的海员多来自船员供给国而不是开放登记国家,加上海事劳工公约明确规定成员国可以将船旗国检验、发证等工作授权公约认可的第三方组织或机构进行,所以这些开放登记国家在履约方面压力不大,不存在太多困难,这也是多数开放登记国家积极批准海事劳工公约的因素之一。

为了避免高额税费、避免中国船员劳动力价格优势丧失,以及更加灵活的营运安排,越来越多的中资企业选择在海外开放登记国家进行国籍登记,悬挂方便旗。虽然对这些中资背景的方便旗船舶,中国政府并不涉及船旗国主管部门的具体履行问题,但如果这些方便旗船舶由中国航运企业进行实质管理和控制,如果船舶上工作的船员为中国籍海员,那么如何保护这些海员的权益,监督船公司严格履行公约各项义务,也是中国政府不得不面临的问题之一。

第二节 我国在公约实施过程中存在的问题②

海事劳工公约于 2013 年 8 月 20 日起正式生效。由于原交通部是《船员条例》立法的主要起草部门,囿于其职责范围,该条例对许多关于海员社会保障条款做了删除处理,加上该条例对海事劳工公约国内适用的立法转化程度不高、法律位阶等因素所限,在保障海员合法权益、提高海员劳动条件等方面存在明显不足,《管理办法》则在很大程度上缓解了这一问题。尽管如此,《船员条例》《管理办法》与海事劳工公约的要求仍旧存在差距。

---

① 辛吉诚:《国际劳工组织对货船船员居住舱室的新要求》,《中国水运(下半月)》,2009 年 9 期。
② 危敬添:《谈谈我对〈2006 年海事劳工公约〉的看法》,《中国远洋航务》,2013 年 6 期。

一、海员上船工作的最低要求

海员上船工作的最低要求见表4-1。

表4-1　《海事劳工公约》与《船员条例》、《管理办法》有关海员上船工作的最低要求比较①

序号	《海事劳工公约》	法律、法规及其他文件	评价	程度
1	规则1.1"最低年龄":禁止16岁以下人员受雇、受聘或到船上工作;禁止18岁以下海员在夜间(不晚于0:00开始,不早于5:00结束的至少9个小时时间段)工作	《船员条例》第5条(1):海员必须年满18周岁,不超过60周岁,年满16周岁可在船实习、见习	符合。缺乏保护未满18周岁海员的规定,如:法定已满16周岁但未满18周岁的未成年海员工作时间应不早于5:00~7:00开始,不晚于0:00结束	90%
2	规则1.2"体检证书":要求主管部门根据STCW公约签发体检证书;给予被拒绝签发体检证书或证书受限的海员申诉机会	《船员条例》第5条(2),《海船船员适任考试、评估和发证规则》第5条,《海船船员体检要求》(JT2025-93):申请海员资格者须符合海员健康要求,不合格者改善后予以重新评定	符合。缺乏给予被拒绝签发证书或证书受限海员进一步检查机会,但证书年限标准高于《海事劳工公约》要求	86%
3	规则1.3"培训和资格":满足国际海事组织通过的强制性文件进行培训和发证	《船员条例》第5条(3)、9~11、22、35~38、41条,《船员培训管理规则》,《海船船员适任考试、评估和发证规则》等:根据STCW公约之要求进行适任培训、特殊培训等	符合。由于《海事劳工公约》规定满足STCW公约相关规定与履约性质相同,我国有关培训技术标准高于公约要求,但STCW公约马尼拉修正案进行的改动仍需注意	100%
4	规则1.4"招募和安置":由海员招募和安置服务机构保障海员高效、充分和可靠的就业机会;就业费用和收费不应由海员承担;国家监管措施;服务机构应尽可能为海员服务	《船员条例》第39~44条,《就业促进法》、《船员服务管理规定》等:规定了机构设立、服务规范,监管、许可、运作等方面内容	基本符合。《海事劳工公约》对于服务机构采取严格限制许可的规定,我国对机构设立门槛较低、未设立投诉处理机制等	72%
平均		87%		

---

① 王国华,孙誉清:《〈2006年海事劳工公约〉国内适用问题研究》,《中国海商法研究》,2013年3期。

《船员条例》对《海事劳工公约》第 1 章"海员上船工作的最低要求"国内适用的立法转化程度较高，并结合《中华人民共和国就业促进法》《海船船员适任考试、评估和发证规则》《船员培训管理规则》《海船船员体检要求》（JT2025-93）等法律、法规、部门规章和规范性文件的规定来确定海员上船的最低要求。

《海事劳工公约》规则 1.1"最低年龄"要求禁止未满 18 周岁的未成年人受聘、受雇为海员，只能作为实习、见习人员在船上服务且限制未成年海员夜间工作时间。新制定的《管理办法》弥补了《船员条例》中未成年海员夜间工作限制条款的缺失，避免了用人单位在合同履行过程中因相对强势的地位，从而拥有对于实习、见习海员绝对的"选择权"。一旦遭遇航运业寒冬期，就会造成未成年海员为了取得工作而选择"忍受"用人单位对未成年海员"一视同仁"的做法。

尽管如此，有关海员上船工作最低要求部分的国内立法仍存有缺失。例如，根据规则 1.2"体检证书"及其标准 A1.2 第 5 款，我国法律、法规对于申请签发证书被拒或证书内容被限的人员，未就该类人员获得及时的复检或其他救济途径进行规定，从而给予进一步检查和复查的补救措施；根据规则 1.4"招募和安置"及其标准 A1.4 第 2 款，国内海员服务机构存在行政许可门槛过低的情形；根据标准 A1.4 第 5 款 v、vi 项，则有缺乏海员对服务机构投诉处理机制的问题等。

二、海员就业条件

海员上船工作的最低要求见表 4-2。

表 4-2　《海事劳工公约》与《船员条例》、《管理办法》有关就业条件比较①

序号	《海事劳工公约》	法律、法规及其他文件	评价	评分
1	规则 2.1"海员就业协议"：详细规定了海员就业协议的内容，如：工资和年假计算、协议终止、健康和社保津贴、遣返权利、集体谈判协议等条款	《船员条例》第 25～34 条，《管理办法》第 4、7～10 条，《劳动法》，《劳动合同法》，《劳动合同法实施条例》：将我国法律、法规和缔结或者参加的有关海员劳动与社会保障国际条约的规定共同列于合同条款参照对象；规定享有遣返、合理工资、工会指导、带薪休假等权利	符合。已满足《海事劳工公约》要求的上船协议的具体内容等、提前解除协议的日期为 7 日，但仍未增加"因海员值得同情的合理理由而产生的更短期限"等	100%

---

① 王国华，孙誉清：《〈2006 年海事劳工公约〉国内适用问题研究》，《中国海商法研究》，2013 年 3 期。

续表

序号	《海事劳工公约》	法律、法规及其他文件	评价	评分
2	规则2.2"工资"：规定海员应根据协议获得全额工资、报酬；向家人、亲属全部或部分工资、报酬汇款的权利；工资界定、计算、最低工资和一等水手工资标准的建议性规定等	《船员条例》第29条，《管理办法》第12、13、15条，《劳动合同法》：按期支付合理工资；规定工资的构成；最低工资；个人所得税（国税1999年202号文）等	基本符合。仅确定最低工资标准，不建立灵活的、适用的最低标准确定程序仍与《海事劳工公约》导则B2.2.3存在差距；仍向海员征收个人所得税问题等	82%
3	规则2.3"工作或休息时间"：一般情形8小时、每周6天工作制；休息时间不包括短暂休息时间；工作或休息时间限制（最长工作时间限制或最短休息时间保障）；休息时间可分，但两段时间间隔不超过14小时，且一段时间不少于6小时；补休制度；紧急情况例外及其补休制度等	《船员条例》第30条，《管理办法》第5条、第6章，《海船船员值班规则》，《劳动法》等：最短休息时间保障，至少10小时/每24小时，最多可分为两段，其中一段至少要6小时，但两段时间间隔不超过14小时；每周不少于77小时；生产需要至多每日延长1小时、特殊原因3小时，每月不超过36小时；女性海员特别考虑等	符合。相比《船员条例》增加了每周休息时间、严格限制单日延长时间、未成年人休息时间及禁止夜间工作、补休制度及特殊情形后的补休制度等均已符合《海事劳工公约》标准	100%
4	规则2.4"休假的权利"：每服务一个月最低2.5日历天带薪年休假；法定大于协定；累计制度（建议性标准）	《船员条例》第30条、《管理办法》第14条、《职工带薪年休假条例》：除法定节假日外，每工作一个月不少于2.5日的年休假；连续工作1年以上的，享受带薪年休假；单位根据生产、工作的具体情况，并考虑职工本人意愿，统筹安排等	符合。但是我国规定年休假一般不跨年安排，不利于海员年休安排	90%
5	规则2.5"遣返"：协议到期、协议终止、无能力或无履行合同之期待可能性下无条件获得遣返权利；遣返权获得时间需至少在船上服务12个月；免费遣返，费用由成员国或船东承担；无条件财产担保；遣返目的地等	《船员条例》第31~34条、第60条，《管理办法》第38~43条，《海商法》等：合同终止或解除、无能力、船舶灭失，未经海员同意驶往战区、疫区，因船舶所有人、用人单位原因无法履行合同，连续同一船上服务12个月的获得遣返权利；遣返目的地；费用由单位承担；有条件的财产担保等	符合。有关海员遣返权利的规定已基本符合《海事劳工公约》的规定，有少数情形仍需斟酌，如：互保协会有条件的财产担保等	89%

续表

序号	《海事劳工公约》	法律、法规及其他文件	评价	评分
6	规则 2.6"船舶灭失或沉没时对海员的赔偿":船东应承担船舶灭失或沉没等情形造成的海员失业赔偿责任;不妨碍海员获得成员国其他因该原因享有的权利	《船员条例》第 25 条,《管理办法》第 2、16 条,《海商法》,《劳动合同法》等:依法参加工伤保险、医疗保险、养老保险、失业保险以及其他社会保险;船舶优先权;法定用人单位单方解除合同预付 1 月工资或提前 30 日通知	基本符合。我国赔偿标准较低,我国由承保机构负责赔偿;法定解除赔偿低于导则 2 个月工资规定,且法理依据不同,不能混同	74%
7	规则 2.7"配员水平":保证保质保量配有充足海员,确保人员和船舶安全和保安;保证充足海员避免或最大限度减少超时工作等	《船员条例》第 22、41 条,《船舶最低安全配员规则》等:遵照《1974 年国际海上人命安全公约》规定执行;船长指挥和管理制度;船舶服务机构监督上报制度;最低安全配员规定,严格减少配员的特殊情形等	符合。由于《船舶最低安全配员规则》等法规要求船舶严格遵照国际海事组织公约为一定行为,采用国际标准,我国配员水平总体符合本公约要求	100%
8	规则 2.8"海员职业发展、技能开发及就业机会":成员国颁布政策促进海员就业,提供指导、培训、继续教育等	《船员条例》第 35 ~ 44 条,《就业促进法》、《职业教育法》等:以普通高等、中等院校和民办海员培训机构为主,提高船员技能水平,完善海员职业发展	基本符合。通过各部门法对该条内容进行了规定,符合《海事劳工公约》要求;欠缺定期、可选择、培训时间与在船服务时间转化的条款	81%
平均	89.5%			

　　《船员条例》和《管理办法》对《海事劳工公约》第 2 章"海员就业条件"国内适用的立法转化程度较高,并结合《中华人民共和国劳动法》(以下简称《劳动法》)、《中华人民共和国劳动合同法》(以下简称《劳动合同法》)以及《海商法》等法律、法规、部门规章和规范性文件条款的细化处理明确了海员就业条件。

　　《管理办法》正式施行后将更有利于海员基本权利保障。例如,根据规则 2.1"海员就业协议"及其标准 A2.1 第 6 款,《管理办法》引入《海事劳工公约》中解约的 7 天最短期限,但有关因"值得同情"的缘由而允许的更短灵活期限的条款仍然缺失;根据规则 2.2"工资"及其标准 A2.2 第 2 款 a、b 项,为保护海员职业稳定性,维持海员及其家人、亲属关系,引入了《海事劳工公约》中由海员意思决定汇款去向的条款;根据规则 2.3"工作或休息时间"及其标准 A2.3 第 5 款 a(ⅱ)项,将原《船员条例》中我国海员每周最少休息时间 70 小时改为《海事劳工公约》要求的 77 小时,并且增加了法定补休制度等。

然而,有关就业协议条款仍存在不足之处。如有学者认为,《船员条例》第 27 条第 1 款、《管理办法》第 4 条对有关国际公约适用于签订海员就业协议的规定,会使该法有关就业协议的规定具有更广泛的适用性。但是,因该条款对国际公约顺位的规定反而会使国际公约的适用受到限制,不区分国际公约适用与法律、法规适用的位阶,当准据法适用的条款存在冲突时,对于选择具体准据法便会存在争议,故而有欠妥当,应参考《海商法》第 268 条予以修改。又如,国内立法缺乏定期进行适应新技术的指导、教育和培训制度等规定。

三、海员起居舱室、娱乐设施、食品和膳食服务

海员起居舱室、娱乐设施、食品和膳食服务见表 4-3。

表 4-3 《海事劳工公约》与《船员条例》,《管理办法》有关海员生活起居和娱乐条件比较[①]

序号	《海事劳工公约》	法律、法规及其他文件	评价	程度
1	规则 3.1"起居舱室与娱乐设施":对起居舱室和娱乐设施的具体设置、数量标准、环境要求等设计标准做了明确规定;对主管部门和海员监督检查制度做出了规定等	《船员条例》第 26 条,《管理办法》第 24 条,《国内航行海船法定检验技术规则》等:海员生活场所设计符合国家船舶检验技术规范;为海员提供必要的生活、医疗、防护用品等	基本符合。《船员条例》有关条款过于宽泛、模糊,且设计标准部分要求与《海事劳工公约》规定存在差距,如:舱室高度、起居室人均面积等	67%
2	规则 3.2"食品和膳食服务":10 人以上配备厨师,10 人以下经培训人员代替;1 个月特免代厨师;未成年海员禁止担任厨师;定期检查等	《管理办法》第 28 ～ 32 条,《国境卫生检疫法》等:10 人以上配备厨师,10 人以下膳食服务辅助人员替代;膳食委员会;未成年海员禁止担任厨师;1 个月特免代厨师;保证舱内卫生、预防毒虫害、防污;食品卫生标准等	符合。符合《海事劳工公约》要求的绝大部分规定,主管部门还可通过官方手段收集食品和膳食信息向船上人员免费或以合理价格提供	100%
平均		83.5%		

《船员条例》和《管理办法》对《海事劳工公约》第 3 章"海员起居舱室、娱乐设施、食品和膳食服务"国内适用的立法转化程度相对较高,并通过结合国内卫生立法和交通部颁布的船舶检验技术规范进行相应调整。《海事劳工公约》对船员起居舱室的设计标准有大幅度提高。我国《2011 年国内航行海船法定检验规则(报批稿)》(以下简称《规则》)的规定与之存在的明显差距主要表现在:

第一,《海事劳工公约》要求提供给海员"自由和充分"活动的起居舱室和通道高度应不得低于 2 030 mm,除因成员国需要并且降低的高度不会给海员带来不适,则可以降低标准。《规则》的要求现为 1 980 mm,远高于《海船船员体检要求》(JT2025 - 93)中我国海船船员最低身

---

① 王国华,孙誉清:《〈2006 年海事劳工公约〉国内适用问题研究》,《中国海商法研究》,2013 年 3 期。

高 1 650 mm 的标准,但仍应充分考虑狭小空间对海员居住舒适度的影响。例如,美军基于海员长期作业要求,对海员居住的舱室、通道的居住性和自由移动性相应提高,保证了海员生活和工作的舒适度;或通过色彩装饰减少狭小空间的压抑感等。

第二,有关非客船海员卧室单位甲板面积的规定同样存在明显差异。例如,非客船、特种用途船的普通海员单人间在 3 类总吨位区间内平均相差约为每人 1.4 m²,其他普通船员双人间、高级船员卧室等亦存在较大差距,如表 4-4 所示。

表 4-4 《海事劳工公约》与《国内航行海船法定检验规则》卧室标准对比[1]

总吨位(t) / 船员级别	< 3 000	≥ 3 000 < 10 000	≥ 10 000
	甲板面积:《规则》/《海事劳工公约》(m²/人)		
普通船员(单人间)	3.75/4.5	4.25/5.5	4.75/7
普通船员(双人间)	2.75 /3.5	3.25/5.5	3.75/7
高级船员	6.5/7.5	7.5/8.5.10	
普通船员及特殊人员(客船、特种用途船)	2.35/3.5	单人间 3.75/4.5	
		双人间 3.00/3.75	
		三人间 3.00/3.833	
		≥四人间 3.00/3.625(特种船大于3.6)	

第三,《海事劳工公约》要求每个居住者的衣柜至少为 475 L,而按照《规则》的规定则为不小于 304 L 等。

四、健康保护、医疗、福利和社会保障保护

健康保护、医疗、福利和社会保障保护见表 4-5。

表 4-5 《海事劳工公约》与《船员条例》、《管理办法》有关海员人身健康保障和福利比较

序号	《海事劳工公约》	法律、法规及其他文件	评价	评分
1	规则 4.1"船上和岸上医疗":100 人以上及 3 天以上航程需配备医生;保护海员健康;原则上免费医疗;成员国确保充足的岸上医疗设施;岸上医疗与船上健康医疗措施标准相同等	《船员条例》第 25～26、33、35 条,《管理办法》第 17～23 条,STCW 公约:特殊航线、岗位特殊防护措施;提供必需品、建立档案,并为海员定期进行健康检查,防治职业疾病;100 人以上及 3 天以上航程配备医生;遣返费包括医疗费用;特殊船舶海员需经特殊培训等	符合。履行标准以 STCW 公约为准,具体的国内法规定较少,国内法应予特别规定保障海员获得船、岸医疗,减少港口建设偏远趋势带来的影响	88%

---

① 王国华,孙誉清:《〈2006 年海事劳工公约〉国内适用问题研究》,《中国海商法研究》,2013 年 3 期。

续表

序号	《海事劳工公约》	法律、法规及其他文件	评价	评分
2	规则 4.2"船东的责任"：船东应有为海员提供医疗保障、健康保护、丧葬善后、工伤责任、遣返责任和因健康原因遣返的费用和工资承担责任	《船员条例》第 25（1）、26（3）、31、33 条，《管理办法》第 16～23 条：船东和海员缴纳保险；船东承担遣返费用（包括医疗费用）；船东及时救治义务，失踪或死亡的善后义务；提供医疗保障等	基本符合。我国对于海员医疗保险和有关船东责任的规定比较齐全，但仍存在规定分散的问题，在《劳动法》和各保险条例中进行了规定；同时缺乏相应投诉处理机制	80%
3	规则 4.3"健康和安全保护及事故终止"：5 人安全委员会；国家应制定有关职业安全和健康保护的法律、法规或标准等；对职业事故、疾病、伤害的统计、评估、指导、培训，确保海员船上工作环境利于其职业安全和健康等	《船员条例》第 5、22、24、26、35、36、38、41、45 条，《管理办法》第 25、27 条：安全培训及期间安全防护；船长指挥和管理权、独立决定权；存疑指令拒绝执行权；生活场所安全和防护；主管部门监管责任；5 人安全委员会等	基本符合。基本满足《海事劳工公约》对于海员健康和安全防护的要求，但是规定分散在《劳动法》、《劳动合同法》及国务院各部委法规、部门规章和规范性文件中，过于分散	84%
4	规则 4.4"获得使用岸上福利设施"：建设港口福利设施；港口福利设施向海员无差别开放；设立监察、检查制度等	《劳动法》：国家兴建福利设施；用人单位创造条件提高劳动者福利等	差异较大。《船员条例》未对针对海员职业的特殊情况予以规定；因港口发展趋于偏远化，现实情况缺乏海员福利设施	47%
5	规则 4.5"社会保障"：国家应制定有关职业安全和健康保护的法律、法规或标准等；对职业事故、疾病、伤害的统计、评估、指导、培训，确保海员船上工作环境利于其职业安全和健康等	《船员条例》第 25、27、52、72 条，《管理办法》第 4 条第 3、4 章：船东和海员缴纳保险；合同条款包含社会保障内容；劳动保障行政部门监督检查制度；除条例特别规定外，从其他劳动和社会保障法律、法规及其他规定执行	符合。符合《海事劳工公约》的大部分规定，但是该公约要求各成员国制定特别针对海员职业安全和健康保护的法律、法规和标准	92%
平均		78.2%		

　　《船员条例》对《海事劳工公约》第 4 章"健康保护、医疗、福利和社会保障保护"国内适用的立法转化程度一般，主要由《劳动法》、《劳动合同法》和 STCW 公约进行调整。其中，岸上医疗设施和福利设施的执行差距较大。

目前,各港口泊位水深的要求因船舶巨型化趋势而逐渐提高,加上城市中心地段土地价格飙升,使各港口的码头越来越往偏远地区发展,岸上医疗设施则与港口渐行渐远。以上海洋山深水港为例:洋山深水港位于浙江省嵊泗县小洋山岛,该岛由东海大桥与浦东新区临港新城连接。距该港最近的三级甲等医院为上海市第六人民医院临港分院,码头与医院间最短行车距离约43.9 km。由于东海大桥所处区域天气多变且往来车流密集,虽设计车速为每小时80 km,一年中仍有大量时间处于限速或非全速状态,使来往耗时增加,无法在短时内为重病海员提供最优质的岸上医疗。岸上福利设施同样因为经济发展、土地价格上涨、码头外迁的原因荡然无存。

五、遵守与执行——以海员投诉处理程序为例

《海事劳工公约》的这部分内容,是之前的国际劳工组织各大公约所未有的。该章内容的转化主要体现在《船员条例》第6章"监督检查"、第7章"法律责任"和《管理办法》第61条、第65条之中。为了促使海员自发地维护自身的合法权益,我国海事主管部门和船东应当尽快设计、建立海员投诉处理程序。

遵照《海事劳工公约》有关海员投诉程序的规则和标准,应分为船旗国责任下的海员船上投诉程序和港口国责任下的海员岸上投诉程序。船旗国责任下的海员船上投诉程序见表4-6。

表4-6 船旗国责任下的海员船上投诉程序①

条款	内容
A5.1.5.1	有权对违反《海事劳工公约》规定或侵害其权利的行为投诉
A5.1.5.2	成员国应当建立适当的程序保障海员投诉权利,该程序应当尽可能在最基层的范围解决,如:船长或船上其他机构,必要时向主管部门投诉
A5.1.5.3	成员国应当保障海员在善意、合理的投诉后免受迫害,包括任何不利的行为
A5.1.5.4	保证海员能够获得一份适用于船上投诉程序的副本
B5.1.5.1	在投诉处理程序应由成员国、船东和海员组织协商而成。该程序应能向船长或外部投诉,并要在船上安排专员帮助需要帮助的海员
B5.1.5.2	海员除有权直接向外部主管部门、船东投诉外,海员投诉应能得到上级部门的处理,同时应保证其向更高级部门投诉、指定代表和知情的权利

《管理办法》第61条秉承了《海事劳工公约》有关船旗国设计船上投诉程序的精神,然而该规定对岸上投诉程序却未做规定,与国际公约的要求存在出入。港口国责任下的海员岸上投诉程序见表4-7。

---

① 王国华,孙誉清:《〈2006年海事劳工公约〉国内适用问题研究》,《中国海商法研究》,2013年3期。

表 4-7　港口国责任下的海员岸上投诉程序①

条款	内容
A5.2.2.1.2	成员国接到海员投诉应指派授权官员进行初步调查,并优先适用船上投诉程序,不能解决的进行更详细的调查
A5.2.2.3.5	授权官员应努力促成船舶层次上解决,否则可滞留船舶并应通知船旗国
A5.2.2.4.6	已解决或正在解决的,成员国应将调查情况、被调查船旗国的反馈结果和处理情况向劳工局局长反馈,并公开信息,向外界披露
A5.2.2.7	确保投诉海员信息的保密工作
B5.2.2.1~3	确定投诉所属性质为普遍或个体,普遍则根据5.2.1进行港口国调查,属于个案则以保护海员的前提下尽量适用船上投诉程序
B5.2.2.4	授权官员向船长、船东和投诉所涉人员表明其观点
B5.2.2.5	船旗国做出处理决定的,授权官员可不卷入该投诉

在我国,海员与船公司、船舶产生矛盾后,并没有一条完善而行之有效的处理通道供其选择,一旦发生矛盾激化的情形将会产生"两伤"的结果。对各方而言,建立积极有效的海员投诉和纠纷解决机制,将有利于海员权益的维护和国际航运秩序的稳定。主要理由如下:

第一,海员一旦将该纠纷向港口主管部门投诉或提起诉讼,船舶即会遭到港口方的滞留,从而直接影响到船舶的航次安排,致使船公司、货方利益受损,所受损失与解决纠纷的代价相比得不偿失。

第二,海员即使赢得诉讼或获得主管部门支持,其带来的效果往往是遭受船公司或船舶上人员的排斥,无法继续正常完成工作,面临失业风险。

第三,成员国接受投诉或法院立案之后,所牵涉的企业、政府和司法部门的司法资源不计其数,造成不必要的资源浪费。广州海事法院 2012 年一审收案 1 235 件,其中海员劳务合同工纠纷达 368 件,占 29.80%,位居各类案件第 3 位。海上人身损害赔偿则为 15 件,占1.21%。上海海事法院 2010—2011 年一审受理案件 2 757 件,涉及海员劳务类 133 件,占 4.82%,位居各类案件第 3 位。人身损害类则为 37 件,占 1.34%。宁波海事法院则在 2008—2011 年受理案件 4 208 件,其中海员劳务类纠纷已达 554 件,占 13.16%,位居各类案件第 2 位。人身损害类纠纷则为 372 件,占 8.84%。可见,我国海事法院受理的海员纠纷案件占海事、海商纠纷比重较大,所占司法资源较多。若以非诉程序在诉前解决相应的矛盾,既能充分缓解司法资源负荷过重的情况,亦能使用人单位和海员的矛盾在萌芽中获得解决。因此各方代表应更加重视这一程序的设立。

拓展阅读　全国海上劳动关系三方协调机制

全国海上劳动关系三方协调机制在国家协调劳动关系三方会议的指导以及在交通运输部、中国海员建设工会和中国船东协会三方的共同努力下,以"构建和谐海上劳动关系、促进

---

① 王国华,孙誉清:《〈2006 年海事劳工公约〉国内适用问题研究》,《中国海商法研究》,2013 年 3 期。

航运经济健康发展"为目标,于2009年正式建立。2010年11月全国海上劳动关系三方协调机制第一次工作会议在广州召开,确定将"创建和谐海上劳动关系"作为三方协调机制工作的首要任务,提出了推进《中国船员集体协议》三年行动计划,制定并下发了《关于推进省级海上劳动关系三方协调机制建设的指导意见》,全面部署了全国海上劳动关系三方的工作任务。

（一）海上三方组织体系初步形成

在全国海上三方的指导下,各省市积极响应,落实《关于推进省级海上劳动关系三方协调机制建设的指导意见》,按照"公正合理、规范有序、互利共赢、和谐稳定"的要求,结合当地实际,组建区域性的海上劳动关系三方协调机制,广东、福建、山东、上海、黑龙江、天津、浙江、河北等省（市）先后建立了海上劳动关系三方协调机制;辽宁、江苏、广西、海南、深圳、汕头等省（市）三方协调机制正在积极筹建中,具有中国特色的海上劳动关系三方协调机制组织体系初步形成。

（二）海上三方法制建设成效显著

全国及各省海上三方相继建立了工作章程,不断完善海上劳动关系集体协商制度,推行船员集体协议。交通运输部充分发挥政府职能,加强信息公开,促进船员服务市场规范,切实维护船员权益,出台了《海员外派管理规定》《船员培训管理规则》《海船船员适任考试和发证规则》《海船船员值班规则》等部门规章,涵盖了船员注册、培训、考试、发证、值班、服务、海员外派、权益保护等各个领域,船员管理的法规体系基本形成;海员工会和船东协会加强协商,共同推进落实《中国船员集体协议》,引导船东和海员树立集体协商的理念,建立了规范有序的集体协商工作机制。

（三）海事劳工批约履约持续推进

海上三方积极参与《2006年海事劳工公约》批约履约工作,与人力资源和社会保障部、外交部等部门一起,共同推进批约工作。通过海员日活动、培训研讨等方式,加强公约的宣传贯彻,制定了《中华人民共和国海员船上工作和生活条件管理办法》等系列履约规范性文件,完成了936艘次中国籍国际航行船舶海事劳工公约符合证明的检查发证工作,开展了海事劳工符合性检查和委托发证机构审核工作。自公约生效以来,中国籍国际航行船舶未发生因不符合海事劳工条件而被国外港口国监督检查滞留的情况。积极参与国际劳工组织和区域性国际事务,参加国际劳工组织理事会、三方筹备委员会会议以及三方专门委员会会议,充分表达我国立场,维护了我国航运和船员的利益。

（四）海上三方协调作用日益突出

海上三方相互协调、相互配合、相互支持,着力解决海上劳动关系领域的突出问题。针对海上劳动关系领域的难点、热点问题,三方办公室及时组织专题研究,寻求解决办法,使《中国船员集体协议》三年行动计划得以顺利实施;与国际运输工人联合会就中国船员集体协议的适用性达成了共识;在广东试点推进《海船船员劳动合同范本》和《内河船员劳动合同范本》;在协调解决船员劳务纠纷等方面发挥积极作用,特别是在应对涉外海员劳务纠纷处理上,加强合作,维护了中国海员的权益,海上三方的地位与作用更加突出。

交通运输部积极转变管理职能,推进简政放权,释放市场活力,服务航运和船员发展,开展了船员个税减免政策研究,推行权利清单、责任清单和负面清单"三个清单"管理模式,出台了一系列便利船员的服务举措;取消了雇佣外国籍船员在中国籍船舶上任职审批等4项行政许可和《海员出境证明》签发,下放了特免证明签发、海员外派机构审批等管理事权;在深圳前海试点外资企业在华注册外派机构,推行海员证个人申办、海员证件异地办理、"幸福船员"微信服务等便利措施,取得了良好的社会效益。

海员工会积极推进基层工会组织建设,提高基层工会服务能力,参与地区行业政策研究,工会服务船员的范围不断拓展。广东省船员服务协会工会联合会正式成立,浙江省舟山市、广东省阳江市等地级市相继建立了海员工会。海员工会和船东协会开展了"船员劳动关系状况调研""海船船员免税问题调研"以及"远洋运输发展战略"等课题研究;加强集体协商,不断完善《中国船员集体协议(A类)》的相关内容,特别是海事劳工公约生效后,按照履约要求,双方对集体协议做了全面修改,完善了船东的签约程序,使中国船员集体协议更具公信力和国际认可度;制定了《船员在船伤病亡处理行业建议标准》,填补了中国海员在船因工伤亡补偿标准空白。

船东协会作为亚洲船东论坛海员委员会主席协会,在亚洲船东论坛的框架下,积极呼吁国际社会关注中国海员,维护中国海员利益,得到了亚洲各国船东的积极响应。

(五)海员文化影响传递更加深远

海上三方充分利用"世界海员日""中国航海日""海员技能大比武"等活动契机,宣传海员的价值和贡献,弘扬航海文化,唤醒民族海洋意识;表彰优秀海员和海员家属,增强海员的职业荣誉感和自豪感,改善海员发展环境,吸引更多的优秀青年投身于航海事业。

海员工会着力推动海员文化建设,提高海员的社会认知度,组织"媒体走近海员"活动,通过邀请主流媒体记者登船参观、到海员家属站和海员家中采访慰问,与海员、海嫂座谈等形式,了解海员的工作、生活情况,宣传海员价值。

(六)海上三方协调机制的运作

1. 宗旨

服务中国航运发展,保障中国船员权益,服务中国航运企业发展。

2. 工作目标

加强政府海上交通主管部门、海员的工会组织和航运企业组织三方就涉及船员劳动关系、船员管理等有关重大问题进行经常性沟通与协调,共同协商解决海上劳动关系方面的有关问题,构建和谐的海上劳动关系,保护海上劳动关系各方面合法权益,促进航运经济健康发展,保障社会稳定。

3. 职责任务

(1)研究航运产业发展形势和政策、制度对海上劳动关系的影响,协调三方对于海上劳动关系全局性问题的政策主张和立场,达成共识,对涉及调整劳动关系的法律、法规和政策的制定和监督实施提出意见或建议。

(2)通报交流海上劳动关系情况与问题,研究议定航运产业劳动用工制度、工资报酬、工作时间、休息休假、劳动安全卫生、生活福利待遇、职业技能培训等海上劳动标准和劳动定额。

(3)推进建立和完善平等协商、集体合同制度以及劳动合同制度,就产业集体合同的制定和实施进行协商。

(4)推动行业协会和海员工会组织建设,促进产业工会和行业协会强化代表职工和企业具体利益的职能,使产业工会和行业协会更好地代表职工和企业参加三方协调机制。

(5)共同开展对重大劳动争议事件的调研,提出解决和预防重大劳动争议的意见和对策。

(6)加强与国家协调劳动关系三方会议办公室的联系,及时上报工作动态,争取工作指导。

（7）协商国际劳工组织海员公约与议定书的修改建议和向国际劳工大会提交的相关提案、有关公约的实施情况，向国际劳工组织提交的报告或国际劳工大会议程项目调查表的答复，批准公约或退出公约的建议等事项。

（8）加强与国际劳工组织、各国三方机构的联系、交流和合作，组织参加有关活动。

4. 组织机构

三方协调机制由交通运输部、中国海员建设工会、中国船东协会三方组成。

三方协调机制，由交通运输部主管航运事务的副部长任主席，交通运输部海事局局长、交通运输部人事教育司副司长、中国海员建设工会主席、中国船东协会会长任副主席。

三方协调机制设立办公室。办公室设在交通运输部海事局，办公室主任由交通运输部海事局管理船员事务的副局长担任，中国海员建设工会副主席、中国船东协会副会长各一名担任副主任，部海事局船员管理处处长担任常务副主任，办公室由三方各自派员组成。

另外，结合航运经济发展需要，各地可建立区域海上劳动关系三方协调机制，并在上述三方会议办公室指导下开展工作。

模块五

海洋防污染与责任类公约

经 1978 年议定书修订的《1973 年国际防止船舶造成污染公约》

内容摘要

◆《防止船舶污染国际公约》产生的背景
◆《防止船舶污染国际公约》的概况及主要内容,公约的历次修正案
◆《防止船舶污染国际公约》6 个附则的具体要求
◆《防止船舶污染国际公约》在我国的实施情况

案例导入

案例 1:"托瑞·勘庸号"溢油污染事故

1967 年 3 月,载运 120 000 t 原油的利比里亚籍油船"托瑞·勘庸号"从波斯湾驶往美国米尔福德港,该船行驶到英吉利海峡时触礁,造成船体破损,在其后的 10 天内溢油 100 000 t。当时英国、法国共出动 42 艘船只,使用了 10 000 t 清洁剂,英国还出动轰炸机对部分溢出原油进行焚烧,全力清除溢油污染,但是溢油仍然造成附近海域和沿岸大面积严重的污染,使英、法两国蒙受了巨大损失。事件发生后,国际海事组织为此召开特别会议,就安全技术和法律问题进行讨论,专门成立了一个常设的"立法委员会",并且为了防止船舶污染海洋出台了著名的国际防止船舶造成污染公约——MARPOL 73/78。

案例 2:"埃克森·瓦尔迪兹号"溢油污染事故

1989 年 3 月 24 日,载有约 170 000 t 原油的美国油船"埃克森·瓦尔迪兹号"在从阿拉斯加瓦尔迪兹驶往加利福尼亚洛杉矶的途中,为了避开冰川而航行到了正常的航道外面,在阿拉斯加威廉王子湾布莱礁上搁浅,导致 11 个油舱中

图 5-1 "埃克森·瓦尔迪兹号"轮

的 8 个破损(见图 5-1)。在搁浅后的 6 个小时内,从"埃克森·瓦尔迪兹号"溢出了 30 000 t 油。阿拉斯加 1 100 km 的海岸线上布满石油,对当地造成了巨大的生态破坏,约 4 000 头海獭死亡,10 万~30 万只海鸟死亡,专家们认为生态系统恢复的时间要长达 20 多年,事故造成的全部损失近 80 亿美元。

"埃克森·瓦尔迪兹号"轮溢油事故成为发生在美国水域规模最大的溢油事故。这次事故之后,美国又发生了几起重大的溢油事故,引起了美国各界的强烈反响。在保护海洋环境的强大压力下,美国两院通过了《1990 油污法》。同年,国际海事组织在伦敦通过了《1990 年国际油污防备、反应和合作公约》,该公约于 1995 年 5 月 13 日生效,它标志着人类对溢油事故开始由被动防御转为积极应对。

案例 3:"威望号"溢油污染事故

2002 年 11 月 13 日,装有 77 000 t 燃料油、船长 243 m 的巴哈马籍老龄单壳油船"威望号"在从拉脱维亚驶往直布罗陀的途中,遭遇强风暴,与不明物体发生碰撞,并在强风和巨浪的作用下失去控制,船体损坏,导致燃料油泄漏。在风浪作用下,溢油带和失控油船向西班牙的加利西亚海岸方向漂移。失控船在距海岸 9 km 处搁浅。搁浅时船底裂开一个长达 35 m 的缺口,近 4 000 t 燃油从舱底流出,形成一条宽 5 km、长 37 km 的油带。11 月 17 日,西班牙政府下令将"威望号"拖到大西洋西南海域离出事海域 104 km 之外的地方进行抢险。由于"威望号"船体破损,并受风浪冲击,11 月 19 日船体发生断裂,随后沉没在约 3 600 m 深的海底。到油船沉没时约有 17 000 t 燃料油已经泄漏,污染最严重的海域泄漏的燃油厚达 38.1 cm。其后较长的一段时间,沉没的"威望号"仍继续溢油,法国的部分岸线也受到了污染(见图 5-2)。

图 5-2 "威望号"船舶污染

事故导致西班牙附近海域的生态环境遭到了严重污染,溢油污染了西班牙近 400 km 的海岸线,著名的旅游度假胜地加利西亚面目全非,岸滩上堆积了一层厚厚的油污,近岸的河流、小溪和沼泽地带也受到严重污染。受"威望号"溢油影响最严重的是渔业与水产养殖业,一些野生动物也受到不同程度的影响。绿色和平组织官员警告说,存有数万吨原油、沉没在深海的

"威望号"就像一颗随时可能爆炸的定时炸弹。这次燃油泄漏事件堪称世界上有史以来最严重的灾难之一,西班牙政府为此向有关责任方提出了 20 亿欧元的巨额索赔。

鉴于以"威望号"为代表的单壳油船灾难性污染事故频发,国际海事组织修订了《国际海上防污染公约》相关附则条款,大幅度缩短了单壳油船的使用年限,确定了对单壳油船进行淘汰的时间表。

第一章　公约产生的背景

一、1954 年防止海上油污会议

20 世纪上半叶,油污染是海上面临的主要问题之一,许多国家为此制定法律以控制管辖水域内的油类作业。1954 年 4 月 26 日—5 月 15 日,防止海上油污会议在伦敦召开,通过了《1954 年防止油类污染海洋国际公约》。该公约于 1958 年 7 月 26 日生效。随着《1958 年国际海事组织公约》的生效,有关公约保管人和秘书处的职能从英国政府转移给 IMO,但当时防污染在 IMO 的工作中所占分量还很小。

1954 年以及经 1962 年、1969 年、1971 年三次修订的防污公约主要是针对油船的日常作业和机器处所排放含有污水制定的,它们被认为是造成船舶污染的主要原因。但作为世界上第一个旨在防止船舶造成污染的国际公约,它第一次规定了禁止油类排放的区域、排放要求、接收设施和油类记录簿,当时在防止油污染方面取得了巨大的成就。

二、"托瑞·勘庸号"油污事故

1967 年,"托瑞·勘庸号"油船在进入英吉利海峡时搁浅,造成约 120 000 t 原油泄漏入海,引起全球对油类运输危及海洋环境的广泛关注。事故发生后,IMO 制定了一系列的公约和其他文件,包括于 1969 年和 1971 年两次对 1954 年公约进行修改。其中在 1971 年的修订中,除对澳大利亚的大堡礁实施保护外,还对油船的尺度进行限制,从而减少船舶碰撞或搁浅时的泄油量,但以上修订并不能解决防止船舶污染方面的根本问题。

随着世界工业的发展,海上石油运输迅速增加,一些国家也开展了近海石油勘探和开发。与此同时,海上运输的化学品和有毒物质成倍地增长,整个海洋环境面临着前所未有的考验,许多国家强烈要求制定一部新的国际公约来防止船舶对海洋造成污染。为此,1969 年的 IMO 大会决定于 1973 年召开一个国际大会来准备一份全新的国际公约,以防止船舶污染海洋、陆地。

三、1973 年 IMO 国际会议

1973 年 10 月 8 日—11 月 2 日,IMO 在英国伦敦召开了国际防止海洋污染大会,通过了《国际防止船舶造成污染公约》,这是有史以来第一个全面性的防止船舶污染的国际公约。除附则一包含防止油类污染外,其他附则还覆盖了化学品、包装类有害物质、生活污水和垃圾,共 20 条。

与《1954 年防止油类污染海洋国际公约》相比,新的公约不仅扩大了适用范围,提高了防污技术,而且在公约中写入了"不优惠条款",并对技术性修正案的生效采用了"默认接受"程序,这在国际防止船舶污染方面无疑是个巨大的进步。公约包括正文、2 个议定书和 5 个技术性附则。

1973 年的公约要求拥有不少于 50% 世界商船总吨位的 15 个国家批准才能生效。批准附则一、二是成为缔约方的前提,附则三、四各国可选择加入。但由于附则二排放标准脱离当时的实际,不仅发展中国家,即使发达国家也感到技术上面临困难,这就导致其迟迟不能生效。截至 1976 年,仅拥有不及 1% 世界商船总吨位的约旦、肯尼亚、突尼斯三国批准。

四、1978 年油船安全及防污染会议

1976 年和 1977 年连续发生多起油船污染事故,其中"阿尔皋商人号"在美国东海岸附近搁浅,溢出燃料油 750 万加仑;"艾琳·查林杰号"在中途岛附近断裂,溢出汽油 900 万加仑。全世界对安全和防污染问题更加关注,呼声日益强烈。1978 年 2 月 IMO 召开油船安全预防污染会议。会议于 2 月 17 日通过了 SOLAS 78 和 MARPOL 78 议定书,并对 1973 年防止船舶污染国际公约的 2 个议定书进行了修正,对油船的设计和营运产生了很大的影响。

为加快 1973 年公约的生效,1978 年议定书允许缔约国先实施附则一,而附则二则可以等到议定书生效三年后再实施,给缔约国充裕的时间以克服实施附则二在技术上存在的困难。同时,会议还形成基本共识,即国际公约的效力取决于它们被自觉遵守的程度,更取决于执法情况。因此,1978 年议定书对船舶检验与发证采取了更严格的程序。

1978 年议定书于 1983 年 10 月 2 日生效。虽然 1973 年的公约未生效,但公约和议定书作为一个整体文件,公约中未经修改的部分和议定书一、二,由于议定书的生效,也已适用。

我国于 1983 年 7 月 1 日加入该公约,公约生效之日同时对我国生效。MARPOL 73/78 生效后,又进行了多次修改。随着 1997 年议定书的通过,公约的附则也由 5 个增加到 6 个,公约的适用范围也变得越来越广,内容也更加完善。缔约国可以选择加入附则Ⅲ、Ⅳ、Ⅴ和Ⅵ,各附则生效的时间和对我国生效时间见表 5-1。

表 5-1　MARPOL 73/78 公约各附则的生效时间情况

附则名称	生效时间	我国加入时间	对我国生效的时间
附则Ⅰ防止油类污染规则 附则Ⅱ控制散装有毒液体物质污染规则	1983 年 10 月 2 日	1983 年 7 月 1 日	1983 年 10 月 2 日
附则Ⅲ防止海运包装有害物质污染规则	1992 年 7 月 1 日	1994 年 9 月 13 日	1994 年 12 月 13 日
附则Ⅳ防止船舶生活污水污染规则	2003 年 9 月 27 日	2006 年 11 月 2 日	2007 年 2 月 2 日
附则Ⅴ防止船舶垃圾污染规则	1988 年 12 月 31 日	1988 年 11 月 21 日	1989 年 2 月 21 日
附则Ⅵ防止船舶造成大气污染规则	2005 年 5 月 19 日	2006 年 3 月 15 日	2006 年 8 月 23 日

第二章　公约的框架结构及内容

MARPOL 73/78 诞生之初,由《1973 年国际防止船舶造成污染公约》及其 1978 年议定书和 5 个附则组成,公约还包含依据第 8 条和第 10 条分别制定的 2 个议定书(分别为关于涉及有害物质污染事故报告的规定和仲裁)。随着 1997 年议定书(新增附则Ⅵ)的通过,公约附则增加到 6 个。它们分别是附则Ⅰ防止油类污染规则、附则Ⅱ控制散装有毒液体物质污染规则、附则Ⅲ防止海运包装有害物质污染规则、附则Ⅳ防止船舶生活污水污染规则、附则Ⅴ防止船舶垃圾污染规则、附则Ⅵ防止船舶造成大气污染规则。其中附则Ⅰ和附则Ⅱ须强制执行,其余附则缔约国可以根据本国情况选择实施。

第一节　MARPOL 73/78 附则Ⅰ(防止油类污染规则)

根据附则Ⅰ的规定,油类的定义被扩大到任何形式的石油,包括原油、燃料油、油泥、油渣和精炼产品(石油化学品除外)(第 1 条)。

一、附则Ⅰ的概况及主要内容

附则Ⅰ是 MARPOL 73/78 中调整船舶油污染关系的一个具体的技术性规则,是公约的两个强制性附则之一,与公约正文一起于 1983 年 10 月 2 日同时生效。公约及附则Ⅰ的生效,在全球范围内对防止船舶油污染发挥了极大的作用。我国于 1983 年 7 月 1 日申请加入,并于 1983 年 10 月 2 日对我国生效。截至 2016 年 3 月 10 日,已经有 154 个缔约国加入该附则,占世界商船总吨位的 98.73%。

在于 2007 年 1 月 1 日生效的修正案中,附则Ⅰ的主体部分分为 7 章 39 条,分别从检验和发证、对所有船舶的机器处所的要求、对油船货物区域的要求、防止油污事故造成的污染、接收设备、对固定或浮动平台的特殊要求等方面,对防止船舶油污染事宜进行了规范。

1978 年 2 月 IMO 召开油船安全与防污染会议时,由于 1973 年公约未生效,1978 年的议定书采纳了 1954 年防污公约的所有技术性条款,并提出了更严格的要求。

1978 年议定书对 1973 公约的附则Ⅰ进行的主要修正包括:

(1)要求载重吨 20 000 t 及以上的新油船应设置专用压载舱(原为 70 000 t 及以上)。修订后的附则Ⅰ还要求专用压载舱的设置能起保护作用,即在发生碰撞或搁浅的情况下,能对货油舱提供保护。

对现有 70 000 t 及以上和 40 000 ~ 70 000 t 的原油船,可在 MARPOL 73/78 生效后分别给予其 2 ~ 4 年过渡期,在此期间可使用清洁压载舱,一旦过渡期到期,应使用其他系统代替。与完全意义上的专用压载舱相比,由于其可以利用现有的泵和管系,因此较为经济。与此同时,油分计等也应用到船上。

(2)对 20 000 t 及以上的新油船要求设置原油洗舱(COW)系统,它于 20 世纪 70 年代初用于石油界并使其受益匪浅。

污水和排放系统的布置在议定书中也有所变化,经改进的清舱系统也被写进条款。

(3)考虑到有些油船只在港口间从事特定贸易,且港口接收设施齐全,一些船舶甚至不用水进行压载,1978 年油船安全与防污染会议认为这些船舶可以不必满足 MARPOL 的全部要求,可以免除 SBT/CBT 相关要求,但在国际防止油污证书上应已签署该油船仅从事该项特定贸易。

(一)1984 年修正案

通过日期:1984 年 9 月 7 日;生效日期:1986 年 1 月 7 日。本次对附则 I 修订的目的在于使其实施更容易和更有效,主要对特殊区域的油类排放,油类留存船上,油船的泵、管系和布设、分舱与稳性进行了修正。防止含油污水排入特殊区域是修正案的新内容,其他方面的要求都有所加强。

(二)1987 年修正案

通过日期:1987 年 12 月;生效日期:1990 年 10 月 13 日。该修正案将亚丁湾列为附则 I 中的特殊区域。

(三)1990 年修正案

1.1990 年修正案(HSSC)。通过日期:1990 年 3 月;生效日期:2000 年 2 月 3 日。该修正案将检验发证协调制度(HSSC)引入 MARPOL 73/78,对油船的检验和发证产生了一定的影响。

2.1990 年附则 I 和附则 V 修正案。通过日期:1990 年 11 月;生效日期:1992 年 3 月 17 日。该修正案将附则 I 和附则 V 的特殊区域扩大到南极区域。

(四)1991 年修正案

通过日期:1991 年 7 月 4 日;生效日期:1993 年 4 月 4 日。修正案在附则 I 中增加了第Ⅳ章第 26 条,要求 150 总吨及以上的油船和 400 总吨及以上的非油船应随船携带"船上油污应急计划"。

1999 年附则 II 修订后,对于也适用于附则 II 的船舶,该计划可与"船上有毒液体物质海洋应急计划"合并,称为"船上海洋污染应急计划"。另一个修正是在附则 V 特殊区域中增加了泛加勒比海区域。

(五)1992 年修正案

通过日期:1992 年 3 月 6 日;生效日期:1993 年 7 月 6 日。1989 年,美国发生"埃克森·瓦尔迪兹号"重大溢油事故,对油船影响重大。1992 年附则 I 的修订,使新造油船应设置双层船壳成为强制性要求。它适用于 1993 年 7 月 6 日以后订购,安放龙骨之日为 1994 年 1 月 6 日之后或交付之日为 1996 年 7 月 6 日之后的油船。

第 13F 条要求 5 000 t 及以上的新油船应设计双层船壳,且两层船壳之间的距离至少为 2 m(5 000 t 以下的为 0.76 m)。13F 条还对 20 000 t 及以上新油船的分舱和稳性提出了新的要求。

第 13F 条适用于新船,也适用于在此之前建造进入过渡期的现有船舶。

现有 2 000 t 及以上原油船和 30 000 t 及以上的油品船则适用于第 13G 条,它于 1995 年 7 月 6 日生效。

船龄 25 年且未按 1978 年议定书建造的油船,应满足第 13F 条的要求设置双层底(该议定书适用于 1979 年 6 月 1 日签订造船合同,1980 年 1 月 1 日开始建造或 1982 年 6 月 1 日后完工的船舶)。符合该议定书关于边舱或双层底舱保护范围要求的,可以延长至船龄 30 年时实施。

修正案要求现有油船在定期、中间和年度检验时,应实施加强检验计划。5 年及以上的油船应随船携带一份完整的检验报告连同船旗国主管机关签署的状况评估报告供检查。

修正案还大量削减了油类(如洗舱水和机舱舱底水)的排放量。原先排放油类或含油混合物的瞬间速率为 60 L/kn,此次修正后削减到 30 L/kn。对于 400 总吨及以上的非油船,排放物的含油浓度由 100ppm 减少到 15 pm(对现有船宽限期至 1998 年 7 月 6 日)。凡 10 000 总吨及以上的任何船舶,安装的过滤系统在排出物含油量大于 15ppm 时应能自动停止排放。

有关货舱尺度限制和安排,第 24(4)条也进行了修订。

(六)1994 年修正案

通过日期:1994 年 11 月 13 日;生效日期:1996 年 3 月 3 日。

该修正案对公约附则Ⅰ、Ⅱ、Ⅲ、Ⅴ都涉及,主要是关于操作要求的港口国监督,从而使船舶在另一缔约国港口接受检查时,包括对船员是否具备防污知识和能力的操作性检查成为可能。1993 年 IMO 大会通过的 A.742(18)决议包含上述内容。这些修正与 1994 年对 SOLAS 所做的修正案类似。操作性检查已经成为加强国际公约实施的重要途径。

(七)1997 年修正案

通过日期:1997 年 9 月 23 日;生效日期:1999 年 2 月 1 日。

附则Ⅰ第 25 条对双层壳油船的完整稳性提出了要求。

另一修正是将西北欧水域列入第 10 条的特殊区域中。该水域包括北海及其入口、爱尔兰海及其入口、克尔特海、英吉利海峡及其入口,以及大西洋连接爱尔兰西部的东北海域。在特殊区域内,禁止任何油船及 400 总吨以上的其他船舶排放油类和含油混合物。

(八)1999 年修正案

通过日期:1999 年 7 月 1 日;生效日期:2001 年 1 月 1 日。

附则Ⅰ第 13G 条修正案要求 20 000~30 000 t 之间装载重柴油、燃油的现有船舶,应遵守与原油船一样的要求。

第 13G 条原则上要求船龄不超过 25 年的现有船舶应适应第 13F 条对新造船的要求,包括双层底或替代安排。修正案扩大了船舶适用范围,不仅包括 20 000 t 及以上的原油船和 30 000 t 及以上的成品油船,还包括 20 000~30 000 t 之间装载重柴油、燃油的船舶。

修正的目的在于表明高黏性油造成的污染与原油一样严重。因此,规定既适用原油船,也适用装载高黏性油的船舶。

有关对 IOPP 证书的附录,特别包括滤油设备和残油留存、处理措施等内容也在本次修正中获得通过。

(九)2001 年修正案

通过日期:2001 年 4 月 27 日;生效日期:2002 年 9 月 1 日。

该附则Ⅰ修正案对第 13G 条进行了修正,进而据此又对 IOPP 附录(格式 B)进行了修正,并为加快单层油船的淘汰给出了一份全球性的时间表。根据时间表,更多的单壳油船将在2015年或提前退出营运。

修订条款将油船分三类区别对待:

C1类是指20 000 t及以上装载原油、燃油、重柴油或润滑油的船舶,以及载重吨30 000 t及以上未设置保护性专用压载水舱装载其他油类的船舶。

C2类是指20 000 t及以上装载原油、燃油、重柴油或润滑油的船舶,以及载重吨30 000 t及以上已设置保护性专用压载水舱装载其他油类的船舶。

C3类是指5 000 t及以上但低于C1和C2类规定吨位的船舶。虽然新的时间表将2015年作为单层底船的淘汰日期,但船旗国主管机关可允许那些较新的单层底船满足技术要求,直至营运至2017年船舶交船周年日或交船日期后满25年,二者取早。但根据第8(b)节,任何港口当局有权拒绝上列单层底船进港或近海装卸。港口当局在采取上述措施前应事先告知IMO。

作为一项附加性的预防性措施,环保会议以MEPC. 96(46)决议通过了《状况评估计划》(CAS),将营运至2005年的C1类船舶和营运至2010年的C2类船舶应通过《状况评估计划》。根据公约规定的默认接受程序,《状况评估计划》于2002年9月1日与修正案同时生效。

尽管CAS在船体结构方面未提出超越IMO其他公约、规则和建议书的要求,但是它规定了更为严格和透明的关于船舶结构状况的检验证明制度,要求船舶检验的有关文件完整,检验程序合适。

根据附则Ⅰ经修正的第13G条状况评估计划,评估计划要求评估应在加强检验(与中间检验或换证检验同时进行)程序中进行。

(十)2003年修正案

通过日期:2003年12月4日;生效日期:2005年4月5日。

根据2003年修订后的第13G条,C1类油船的最终退出期限从2007年提前到2005年,C2和C3类油船的最终退出日期也由2015年提前到2010年。有关单层底油船淘汰时间如表5-2所示。

表5-2　单层底油船淘汰时间表

油船种类	出厂年份和退出期限
C1类	1982年4月5日之前出厂的船舶,2005年4月5日退出; 1982年之后出厂的船舶,2005年退出
C2和C3类	1977年4月5日或之前出厂的船舶,2005年4月5日退出; 1977年4月5日—1978年1月1日出厂的船舶,2005年退出; 1978年至1979年期间出厂的船舶,2006年退出; 1980年至1981年期间出厂的船舶,2007年退出; 1982年出厂的船舶,2008年退出; 1983年出厂的船舶,2009年退出; 1984年或之后的船舶,2010年退出

根据修订后的条款,状况评估计划适用所有15年及以上船龄的单体船,此前它只适用于

2005 年后仍然营运的 C1 类油船和 2010 年仍将营运的 C2 类所有船舶。CAS 也进行了修正。

条款允许船旗国主管机关同意 C2 或 C3 类油船在提交令人满意的 CAS 结论之后,在 2010 年后继续营运,但期限不得超过 2015 年的周年日或交船 25 周年日,二者取早。

如果 C2 或 C3 类油船中只设置了不同于装载油类,并且延伸整个货舱长度的双层底或双层船侧板,或双层壳,但又不能满足最小保护距离要求时,若该类油船在 2001 年 7 月 1 日仍在营运,主管机关认为船舶状况符合规定,且未发生变化,可以允许其继续营运至 2010 年后。但继续营运期限不得超过其交船 25 周年日。

新增加的第 13H 条禁止 5 000 t 及以上的单层底油船在 2005 年 4 月 5 日该条款生效后,以及在 600～5 000 t 之间的单层船在其 2008 年交船周年日后载运重油(HGO)。

HGO 是指:

(1)150 ℃时,比重大于 900 kg/m³ 的原油;

(2)150 ℃时,比重大于 900 kg/m³,或 50 ℃时,黏度大于 180 mm²/s 的燃油;

(3)沥青、焦油及其混合物。

如果 C2 或 C3 类油船中只设置了不同于装载油类,并且延伸整个货舱长度的双层底或双层船侧板,或双层壳,但又不能满足最小保护距离要求时,主管机关可以允许其继续营运至 2005 年 4 月 5 日后,直到满 25 年时。

第 13H 条还允许载重吨 5 000 t 及以上,装载 150 ℃时比重大于 900 kg/m³ 小于945 kg/m³ 原油的油船,若能提供令主管机关满意的状态评估报告,可继续营运至满 25 年时。

主管机关可允许载重吨 600 t 及以上不超过 5 000 t 载运 HGO 的单层油船,若其尺度、船龄、营运区域和船舶结构状况令主管机关满意,继续营运至满 25 年时。

缔约国主管机关对 600 t 及以上载运 HGO 的油船,无论其航行于本国或另一缔约国管辖水域,只要其允许,可以免除上列要求。对浮动加油设施同样适用于此规定。

缔约国有权拒绝享有上述豁免且继续营运的单层油船进入本国港口或使用近海装卸站,或进行船对船的过驳,除非出于保障海上安全和人命的需要。

(十一)2004 年 10 月修正案

通过日期:2004 年 10 月 15 日;生效日期:2007 年 1 月 1 日。

附则 I 修正案收编了 1983 年 MARPOL 生效以来的各次修正案,包括逐步引进双船壳油船要求的第 13G 和 13H 条。本次修订还将船舶构造、设备与操作性要求分章安排,对新造船和现有船的不同要求描述得更加清楚,提供了更为人性化和简洁的版本。在新文本中,变动最大的是第 3 章"对所有船舶的机器处所的要求"、第 4 章"对油船货物区域的要求"和第 5 章"防止油污事故造成的污染"。

在修订后的附则中新要求包括:

第 22 条关于对货泵舱舱底的保护:2007 年 1 月 1 日及以后建成的载重吨 5 000 t 及以上的油船货舱泵应设置双层舱底。

第 23 条关于事故性溢油的应对:2010 年 1 月 1 日及以后建成的船舶在结构上应能在发生搁浅或碰撞后提供足够防污染保护。

阿拉伯海的阿曼海域在修订后的附则 I 中被指定为特殊区域。其他特殊区域包括地中海、波罗的海、黑海、红海、海湾地区、亚丁湾、南极和西北欧水域。

（十二）新增 2017 年生效的修正案

►增加《极地规则》的条款

MEPC. 265（68）默认接受：2016 年 7 月 1 日 通过时间：2015 年 5 月 15 日

在附则文本后增加《极地规则》的条款，主要包括规则所涉及定义、适用范围及要求。

生效时间：2017 年 1 月 1 日

►MEPC. 266（68）默认接受：2016 年 7 月 1 日 通过时间：2015 年 5 月 15 日

修订公约附则Ⅰ，要求 2017 年 1 月 1 日以前建造的船舶不迟于该日期后的首次换证检验满足油泥舱排放管路与舱底污水管路之间不应互相连接这一条款要求。

生效时间：2017 年 1 月 1 日

二、公约的实施要求

为做好实施准备，本文将以新修订的附则Ⅰ为蓝本进行介绍。为便于查阅，并根据 MEPC 的有关文件给出了本附则新旧条款对照表。

（一）检验和检查

各主管机关应对 150 总吨及以上的油船和 400 总吨及以上的其他船进行初次检验、换证检验、中间检验、年度检验和附加检验，以保证船舶的结构、设备、各种系统（包括排油监控系统、滤油设备、原油洗舱系统等）、附件、布置和制造材料完全符合公约的要求。

主管机关还应对船舶进行检查，如发现船舶或其设备的状况实质上与证书所载内容不符，或该船出海会对海洋环境产生不当的污染威胁，船旗国和港口国主管机关应采取措施要求该船纠正缺陷，只有该船出海安全并不致对海洋环境产生不当的污染威胁时，方可准许其开航。上述规定之外的其他船舶应制定适当的措施，以确保符合本附则的适用规定。

（二）证书和文件

附则Ⅰ要求的证书和文件主要有：

1. 国际防止油污染证书（IOPP 证书）

150 总吨及以上的油船和 400 总吨及以上的其他船舶，凡是往本公约其他缔约国所管辖的港口或近海装卸站，应持有该证书。

IOPP 证书包括证书本身和两个附件（格式 A：非油船船舶结构和设备记录；格式 B：油船船舶结构和设备记录）。证书旨在证明该船已按公约附则Ⅰ的规定进行了检验，并且该船的结构、设备、各种系统、附件、布置和材料及其状况均符合公约的适用要求。证书的附件记载船舶结构、设备、泵系、管系和排放布置等情况。证书有效期由主管机关规定，但自发证之日起，不得超过 5 年。

2. 油类记录簿

油类记录簿包括两部分。第Ⅰ部分适用于所有船舶的机器处所涉及油类活动的作业。包括：燃油舱的压载和清洗、燃油舱压载水或洗舱水的排放、油性残余物（油泥和其他残油）的收集和处理、机器处所所积存的舱底水向舷外排放或处理和添加燃油或散装润滑油。滤油设备的任何故障均应记载其中。

第Ⅱ部分适用于油船的货油和压载作业。包括：货油的装载、航行中货油的转驳、货油的卸载、货油舱的清洗（包括原油洗舱）、压载水的排放（但从专用压载舱排放者除外）、排放油污水舱的水、油污水舱排放作业后所使用的阀门或类似装置的关闭、污油水舱排放作业后为清洁压载舱与货油和扫舱管路隔离所需阀门的关闭、残油的处理。排放监控系统的任何故障均应记载其中。

油类记录簿还应记录由于意外情况,例如为保障船舶安全或救助海上人命,或因船舶或其设备的损坏造成的排放。油类记录簿的每项记载应由负责该项操作的高级船员或负责人签字,每页记录完毕应由船长签字。

油类记录簿应存放在可在所有合理时间随时取来检查的地方,除了没有配备船员的被拖船舶外,均应存放在船上。油类记录簿在进行最后一项记录后应保留3年。

3. 船上油污应急计划

船上油污应急计划应符合国际海事组织制定的总则要求,使用船长和高级船员的工作语言,并经主管机关批准。船上油污应急计划应至少包括对污染事故的报告程序,应联系的各有关当局或人员的清单,为减少或控制事故性溢油船上人员应立即采取的行动措施,为对抗污染、为船上行动与国家或当地政府进行协调的程序和船上的联系点。对于也适用附则Ⅱ的船舶,该计划可与2004年修订的MARPOL 73/78附则Ⅱ第18条所要求的船上有毒液体物质海洋污染应急计划合并。在这种情况下,此计划的标题应为"船上海洋污染应急计划"。

(三)排放标准

根据2004年10月修订的附则Ⅰ[MEPC117(52)决议],新的排放标准如表5-3所示。

表5-3　油船货油舱排油控制标准

海区	排放标准	备注
距陆地50 n mile以内	除专用压载舱水或清洁压载舱水外,禁止排放(同特殊区域)	小于150总吨的油船应留存于船上,再排入接收设备
特殊区域以外距陆地50 n mile以外	禁止排放,除非: (1)航行途中,并且 (2)油量瞬间排放率不超过30 L/n mile (3)总的排油量不超过先前航程中装油总量的1/15 000(1979年12月31日或之前交船的油船)或不超过先前航程中装油总量的1/30 000(1979年12月31日之后交船的油船),并且 (4)排油监控系统处于运行状态,且污油水舱的安排符合MARPOL 73/78附则Ⅰ第15条规定	
特殊区域内	除专用压载舱水或清洁压载舱水外,禁止排放	

(四)对所有船舶机器处所的要求

1. 残油舱

凡400总吨及以上的船舶,应参照其机型和航程长短,设置一个或多个足够容量舱柜,接收不能以其他方式处理的残油(油泥),诸如由于净化燃油、各种润滑油和机器处所中的漏油所产生的残油。残油舱除仅使用标准排放接头连接外,不得直接通向舷外。所有船舶机舱的排油控制标准如表5-4所示。

表 5-4　所有船舶机舱的排油控制标准

海区	船舶类型及吨位	排放标准	备注
特殊区域以外	400 总吨及以上的船舶	禁止排放,除非: (1)航行途中,并且 (2)含油量不超过 15ppm,而且 (3)滤油设备或/和排油监控系统处于正常运行状态。对油船而言,污水并非来自货油泵舱舱底,也未混有货油残余物	
	小于 400 总吨的船舶	留存于船上,再排入接收设施或按 400 总吨及以上的船舶排放要求排放入海	
特殊区域以内	400 总吨及以上的船舶	禁止排放,除非: (1)航行途中,并且 (2)未经稀释的流出物含油量不超过 15ppm,并且 (3)滤油设备或/和排油监控系统处于正常运行状态。对油船而言,污水并非来自货油舱舱底,也未混有货油残余物	所有船舶在南极地区禁止排放
	小于 400 总吨的船舶	留存于船上,再排入接收设施或按 400 总吨及以上的船舶排放要求排放入海	

2.滤油设备

凡 400 总吨及以上但小于 10 000 总吨的船舶应装有经主管机关认可在设计上考虑到 IMO 推荐的技术规格,保证排出物含油量不超过 15ppm 的滤油设备。

凡 10 000 总吨及以上的船舶应装有滤油设备和当排出物的含油量超过 15ppm 时发出报警并自动停止排放装置。

3.标准排放接头

标准排放接头应能使接收设备的管路能与船上机舱舱底和油泥舱残余物的排放管路相连接,这在两条管路上均应装有符合规定的标准排放接头。

(五)对货油区域的要求

1.专用压载舱

附则 I 第 18 条规定 1982 年 6 月 1 日之后 20 000 t 及以上原油船和 30 000 t 及以上的成品油船均应设置专用压载舱。

所有在 1982 年 6 月 1 日或之前交船的载重量为 40 000 t 及以上的原油油船,均应设置专用压载舱,或设置符合第 33 条规定条件的原油洗舱系统。

所有 1982 年 6 月 1 日或之前交船的 40 000 t 及以上的成品油船应设置专用压载舱,或在修订后第 18.8 条规定的条件下,采用清洁压载舱。清洁压载舱应安装油分计对压载水中含油量进行监控。

在 1979 年 12 月 31 日之后交船的载重量为 70 000 t 及以上的油船应设置专用压载舱。

2.清洁压载舱

所有 1982 年 6 月 1 日或之前交船的 40 000 t 及以上的成品油船应设置专用压载舱,或在修订后第 18.8 条规定的条件下,采用清洁压载舱。清洁压载舱应安装油分计对压载水中含油量进行监控。

采用清洁压载舱时,成品油油船应有专供装载清洁压载水的足够舱容;清洁压载舱的布置和操作程序,应符合主管机关所制定的要求。成品油油船应装有主管机关根据 IMO 建议的技术条件所认可的油分计,以便对排放的压载水的含油量进行监督;每艘采用清洁压载舱办法的成品油油船,均应备有一本详细说明该系统并列有操作程序的《清洁压载舱操作手册》,该手册应使主管机关认为满意。

3. 油船泵舱底的保护、双壳体和双层底

(1)2007 年 1 月 1 日或之后建造的 5 000 t 及以上的油船应设置泵底舱保护(泵舱进水后,压载水或油船的泵吸系统运行者,可以免除),并明确了泵舱底保护要求。

(2)对 1996 年 7 月 6 日或之后交船的油船的双壳体和双层底的要求(第 19H 条,原 13F)

1996 年 7 月 6 日或之后交船的为 600 t 及以上的油船,具体情况如下:

凡 5 000 t 及以上的油船,原则上应采取整个货油舱区长度由边舱或处所、双层底舱或处所等压载舱或非载运油类的舱室处所加以保护(双层底),但 20 000 t 及以上的油船,应补充假定的船底损坏,并满足规定的分舱和破损稳性标准。

边舱或处所应伸展到舷侧全深或是从双层底顶端到最上层甲板,无论船舶的舷橼是否为圆弧形。各边舱或处所应布置成使得全部货油舱皆位于这些舱或处所壳板型线的内侧面。在与舷侧壳板垂直的任何剖面处测得的距离不得小于规定要求。

每一双层底舱或处所的任一剖面的垂直深度(货油舱双层底与船底壳板型线之间的垂直距离)应为船宽的 1/15 或 2 m,且最小不少于 1 m。

每艘 5 000 t 以下的油船应设有双层底舱或处所,其高度应为船宽的 1/15,且不小于 0.76 m。

各货油舱应按照每舱容积不超过 700 m³ 进行布置。

(3)对 1996 年 7 月 6 日之前交船的油船的双壳体和双层底的要求(第 20 条,原 13G)

在 1996 年 7 月 6 日之前交船的载重量为 5 000 t 及以上的油船,虽然在 1996 年 7 月 6 日之前交船,却已满足第 19 或第 28.6 条要求的油船和适用《国际散化规则》船侧保护距离且本附则船底中保护距离(每一双层底舱或处所的最小垂直深度,应为船宽的 1/15 或 2 m,取较小者,第 18、15.2 条)的规定的除外。

适用本条的油船应不迟于 2005 年 4 月 5 日或在其交船周年日或按照规定的年份符合第 19 条 2—5、7 和 8 以及第 28.6 条的要求。

4. 原油洗舱系统

所有在 1982 年 6 月 1 日之后交船的 20 000 t 及以上的原油油船应设置原油洗舱系统,原油洗舱装置及其附属设备与布置,应符合主管机关所制定的要求。

所有在 1982 年 5 月 1 日或之前交船的载重量为 40 000 t 及以上的原油油船,均应设置专用压载舱,或设置符合第 33 条和第 35 条规定条件的原油洗舱系统。

凡采用原油洗舱系统的油船,均应备有一本详细说明该系统及设备并列有操作程序的"操作与设备手册",该手册应使主管机关满意。

5. 排油监控系统

150 总吨及以上的油船应装有一个经主管机关批准的排油监控系统。

该系统应设有一个记录器,用以提供每海里排放升数和总排放量或含油量和排放率的连续记录。

这种记录应能鉴别时间和日期,并至少保存 3 年。每当有排出物排放入海时,排油监控系统即应开始工作,并应保证在油量瞬间排放率超过本附则第 34 条的规定时,即自动停止排放任何油性混合物。排油监控系统遇到任何故障即应停止排放。排油监控系统如遇任何故障,可使用一种手工操作的替代方法,但该有缺陷的装置应尽快予以修复。经过港口国当局的允许,排油监控系统有缺陷的油船在驶往修理港以前,可进行一次压载航行。

6. 油/水界面探测器

150 总吨及以上的油船应备有经主管机关认可的有效的油水界面探测器,以便能迅速而准确地测定油污水舱中的油水分界面,其他舱柜如需进行油水分离并拟从其中将排出物直接排放入海者,也应有这种探测器。

但对于专门从事续航时间为 72 h 或更少且距离最近陆地 50 n mile 以内的航行的、仅在本公约缔约国境内的港口或装卸站之间从事营运的油船,或 1982 年 6 月 1 日或之前交船载重量为 40 000 t 及以上的油船,仅从事特定营运可豁免排油监控系统和油水界面探测器。

7. 其他防止搁浅或碰撞时造成油污染措施

在经修订的附则 I 生效日加 36 个月或之后交船的油船,在结构上应能为防止因搁浅或碰撞时造成油污染提供足够保护。

在 1982 年 1 月 1 日以后订立建造合同,或无建造合同时,在 1982 年 7 月 1 日以后安放龙骨或处于类似建造阶段的 400 总吨及以上的船舶,其艏尖舱内或防撞舱壁之前的舱内不得装载油类。

此外,附则 I 还对防止载运重级别货油的油船造成污染(原13H)、货油舱的尺度限制和布置、泵舱底的保护、完整稳性、分舱和破损稳性、污油水舱、泵系、管路和排放布置等都做出了具体的规定。

8. 岸上接收设施

新的附则 I 还对接收设施的设置要求做了详细的规定。

各缔约国政府应保证在装油站、修理港及船舶需要排放残油的其他港口设置接收油船或其他船舶留存残油和含油混合物的足够的设施以满足到港船舶的需要,不对船舶造成不当延误。

(六)特殊区域(SA)与特别敏感海区

1973 年的公约引进了"特殊区域"(SA)这一概念,这是公约的一个极为重要的特点。特殊区域是指"这样一个海域,在该海域中,由于其海洋学、生态学的情况以及运输的特殊性质等公认的技术原因,需要采取防止海洋油污的特殊强制办法"。该区域极度脆弱,易受油污损害,因此除数量极少并严格限定条件的情况下,不允许船舶在其中排放。

目前在附则 I、II、III、V 中均涉及"特殊区域"的概念,不同附则划定的"特殊区域"不同。在附则 I 中,这些区域包括地中海、黑海、波罗的海、红海、海湾地区、亚丁湾、南极、西北欧水域、阿曼海域。

特别敏感海区是指"由于公认的生态、社会经济或科学原因上的重要性以及由于其可能易受国际航运活动的损害,需要通过 IMO 的行动予以特别保护的区域"。20 世纪 70 年代末

80 年代初,有关特别敏感海区的文件已经在讨论中。1990 年澳大利亚大堡礁被划定为特别敏感海区。1991 年 11 月《划定特别敏感海区导则》在 IMO 海洋环境保护委员会首获通过,此后又经过 1999 年和 2001 年的修改,最终于 2001 年 11 月 IMO 第 22 次会议上以 A.982(24)决议通过的新导则,它对 MARPOL 73/78 划定特殊区域和认定特别敏感海区将具有指导作用。

特别敏感海区划定通常考虑下列几个因素,即唯一性、依赖性、代表性、多样性、生产力、自然特性、科学与教育标准、易受国际航运活动的影响。

特别敏感海区的划定,可以给予沿岸国政府更多的机会去运用现有权力实施包括规划船舶航路、强制引航和设置交通管制等措施,保护环境免受船舶损害。

划定特殊区域和认定敏感海区的标准并不互相排斥,许多情况下,特别敏感海区往往被看成特殊区域或者相互代替,但在程序上特别敏感海区需要 IMO 航行分委会、海安会对沿岸国政府的保护性措施予以审批。

截至 2005 年底,经划定的特别敏感海区共有 10 个,它们分别是:澳大利亚大堡礁[1990 年,后扩大到托雷斯海峡(2005)]、古巴 Sabana-Camaguey 群岛(1997)、哥伦比亚 Malpelo 岛(2002 年)、美国 Florida Keys 周围水域(2002 年)、瓦登海(丹麦、德国、荷兰,2002 年)、秘鲁帕拉卡斯国家公园(2003 年)、欧洲西部水域(2004 年)、西班牙加那利群岛(2005 年)、厄瓜多尔加拉帕戈斯群岛(2005 年)、波罗的海海域(2005 年)。

三、我国实施情况

(一)关于检验与证书

1. 我国有关规定

《中华人民共和国海上交通安全法》《中华人民共和国内河交通安全管理条例》《中华人民共和国船舶与海上设施检验条例》《船舶与海上设施法定检验技术规则》(2004)都规定,船舶防污染结构与设备应经检验合格,并取得船舶检验部门签发的防油污证书。

另外,《中华人民共和国海洋环境保护法》《中华人民共和国水污染防治法实施细则》《中华人民共和国防治船舶污染内河水域环境管理规定》也做了类似的规定。

(1)检验适用的船舶范围

附则Ⅰ中对 150 总吨及以上的油船和 400 总吨及以上的其他船舶设定了具体检验要求;对在此之外的船舶,要求"主管机关制定适当的措施以保证其符合该附则有关适用要求"。我国则规定 20 m 及以上的国内航行海船和 10 m 及以上的内河航行船舶,应按相应要求检验(如上述《国内航行海船法定检验技术规则》总则 3.1),并且规定,所有船舶(不论大小)都应遵守规则中适用的防止油类污染规定。

(2)检验内容

附则Ⅰ中对初次检验、定期检验和期间检验内容分别做出了相应规定,如初次检验"应包括对其结构、设备、各种系统、附件、布置或材料,一概不得变动,但对此项设备和附件的直接更换,可以除外"。我国在各相应法律性条款中则未做此类明确的禁止性规定。这在一定程度上可能放纵了我国少数船舶对有关防污染设施、设备的非法变动行为。

(3)证书

附则Ⅰ中对航行前往其他缔约国的船舶设定了签发国际防止油污证书的要求。我国《国内航行海船法定检验技术规则》等对国内航行船舶也要求签发防止油污证书,并进一步提出了证书应随船保存备查的要求。

在证书有效期限的规定上,我国与附则 I 要求基本一致。

(二)关于油类记录簿和船上油污应急计划

《中华人民共和国海洋环境保护法》《中华人民共和国防止船舶污染海域管理条例》《中华人民共和国水污染防治法实施细则》《中华人民共和国海洋石油勘探开发环境保护管理条例》《中华人民共和国防治船舶污染内河水域管理规定》都规定,船舶必须持有防止海洋环境污染的文书,在进行涉及污染物排放及操作时,应当如实记录。《中华人民共和国防治船舶污染内河水域环境管理规定》第 40 条还规定:"150 总吨以下油船需制定油污应急预案。"

(三)关于船舶防止油污染结构与设备

我国在《国内航行海船法定检验技术规则》(2004)中就船舶防止油污染结构与设备的各个方面,如专用压载舱、清洁压载舱与原油洗舱、专用压载舱的保护位置、防止在碰撞或搁浅事故中的油污染、货油舱的尺度与布置、分舱与稳性、排油监控系统和滤油设备、残油(油泥)舱和标准排放接头等,分别做出了具体规定。

(四)关于接收设备

《中华人民共和国海洋环境保护法》《中华人民共和国水污染防治法实施细则》《中华人民共和国防治船舶污染内河水域管理规定》都规定港口、装卸站应当具备与其装卸货物和吞吐能力相适应的污染物接收或者处理能力,满足到港船舶的需要。

(五)关于港口国监督

《中华人民共和国海上交通安全法》《中华人民共和国内河交通安全管理条例》《中华人民共和国对外国籍船舶监督管理规则》《中华人民共和国船舶安全检查规则》都规定了对航行的船舶,按照我国有关法律、法规、规章、技术规范和我国认可的有关国际公约实施监督检查。

(六)关于钻井装置和其他工作平台

《中华人民共和国海洋石油勘探开发环境保护管理条例》关于固定式和移动式平台的防污设备的要求:(1)应设置油水分离设备;(2)采油平台应设置含油污水处理设备,该设备处理后的污水含油量应达到国家排放标准;(3)应设置排油监控装置;(4)应设置残油、废油回收设施;(5)应设置垃圾粉碎设备;(6)上述设备应经中华人民共和国船舶检验机关检验合格,并获得有效证书。同时要求,此类钻井装置和其他工作平台应配备批准格式的油类记录簿。

第二节　MARPOL 73/78 附则 II
(控制散装有毒液体物质污染规则)

MARPOL 73/78 附则 II 就控制散装有毒液体物质污染规定了详细的排放标准和措施要求。这些物质根据其对海洋资源、人类健康或休憩环境的危害被分成 X、Y、Z、OS 四类(见表5-5)。

表 5-5　有毒液体物质的类别、危害程度及排放要求

类别	危害程度	排放要求
X 类	对海洋或资源或人类健康造成严重危害	严禁排放入海
Y 类	对海洋或资源或人类健康造成危害	限制排放入海
Z 类	对海洋或资源或人类健康造成较小危害	限制排放入海
OS 类	其他物质,目前认为对海洋资源、人类健康、海上休憩环境或其他合法的利用并无危害	不受本附则约束

一、附则 Ⅱ 概况及主要内容概况

(一)附则 Ⅱ 概况

MARPOL 73/78 附则 Ⅱ 是 MARPOL 中调整船舶散装有毒液体物质污染的一个技术性附则,详细规定了散装有毒液体物质的排放标准和污染控制措施。附则 Ⅱ 共 15 条和 5 个附录,从船舶检验和发证、散装有毒液体物质的分类、类油物质的运输和排放、有毒液体物质排放标准、货物记录簿、程序和布置手册、船上有害物质污染应急计划、港口接受设施、港口国监督等方面对防止船舶运输散装有毒液体物质污染进行了规范。在该附则中,大约有 250 种物质经过评估被确认为有毒液体物质,列入公约附录表中。同时在规则中规定,除非低于一定的浓度并满足相应条件(随物质种类确定),这些有毒液体物质的残余物及其混合物方可排放入海,否则仅允许排入接收设施。任何情况下,距最近陆地 12 n mile 范围内不得排放含有有毒液体物质的残余物。波罗的海和黑海海域适用更严格的限制措施。

《散装运输危险化学品船舶构造与设备规则》(以下简称 BCH 规则)、《国际散装运输危险化学品船舶构造与设备规则》(以下简称 IBC 规则)是国际海事组织为安全运输散装液态危险化学品制定的国际标准。它考虑了船舶所载运的危险化学品的特性,规定了运输散装危险化学品船舶的设计和构造标准、要求及应配备的设备,以使危险化学品对船舶、船员及海洋环境所造成的危险减至最低程度。

1983 年 6 月 17 日,国际海事组织海上安全委员会(MSC)以 MSC.6(48)决议的形式通过了《1974 年国际海上人命安全公约》(以下简称 SOLAS 1974)1983 年修正案,在第Ⅶ章中将通过 MEPC.19(22)决议,将 IBC 规则扩展到防止海洋污染工作方面,1986 年 7 月 1 日及以后建造的散装化学品船舶符合 IBC 规则规定即可视为符合 MARPOL 附则 Ⅱ 的规定。

之后,国际海事组织海上安全委员会正式通过了与海洋环境保护委员会相同的修正案,即 MSC.10(54),SOLAS 第Ⅶ(b)条规定,IBC 规则在 SOLAS 1974 和 MARPOL 73/78 两大公约中处于相同的法律地位。两个委员会(国际海事组织海上安全委员会和海洋环境保护委员会)还制定了相应的规则修改程序,确保 IBC 规则根据两个公约而进行的修正能保持一致。

因此,在 1974 年 SOLAS 公约 1983 年修正案和 MARPOL 73/78 附则 Ⅱ 生效后,IBC 规则修正的修正案,无论是从安全的角度还是从防污染的角度,都必须按照 SOLAS 1974 第Ⅷ章和 MARPOL 第 16 条的规定程序通过和生效。

1985 年 12 月 5 日,海洋环境保护委员会通过 MEPC.20(22)决议,明确了 BCH 规则及其修正案根据 MARPOL 73/78 附则 Ⅱ 第 16 条的规定程序通过和生效,适用于 1986 年 7 月 1 日

以前建造的化学品船。MARPOL 73/78 附则 Ⅱ 于 1987 年 4 月 6 日生效,BCH 规则同时生效。MARPOL 73/78 附则 Ⅱ 与附则 Ⅰ 于 1987 年 4 月 6 日同时对我国生效。截至 2016 年 3 月 10 日,有 154 个缔约国加入该附则,拥有商船吨位占世界商船总吨位的 98.73%。

与 MARPOL 73/78 附则 Ⅱ 相比,BCH 规则和 IBC 规则虽然也涉及了防止海洋污染方面的内容,但其更加侧重于船舶构造和设备方面的要求,对船舶装载有毒液体物质排放和事故报告等方面的要求是由 MARPOL 73/78 来调整的,而港口国监督方面的要求 IBC 规则是由 SOLAS 1974、MARPOL 73/78 来调整的,BCH 规则是由 MARPOL 73/78 来调整的。

(二)附则Ⅱ的主要内容

1. 定义及适用范围

附则 Ⅱ 对所涉及的化学品液货船、液体物质、有毒液体物质、特殊区域等 14 个专有名词进行了定义。除特殊规定外,附则 Ⅱ 适用于所有运输散装有毒液体物质的船舶。

2. 散装有毒液体物质分类

有毒液体物质据其"对海洋资源或人类健康产生重大危害、危害、较小危害、可察觉的危害",或"海上的休憩环境或其他合法利用造成严重损害、损害、较小损害、轻微损害"的不同,而分为 A、B、C、D 四类(见表5-6)。在此要说明的是,被确定为 A、B、C、D 类并以散装形式运输受 MARPOL 73/78 附则 Ⅱ 约束的有毒液体物质均列于 IBC 规则第 17 章和第 18 章中,那些被确定为不属于 A、B、C、D 类以散装形式运输但不受 MARPOL 73/78 附则 Ⅱ 约束的液体物质,也列于 IBC 规则第 17 章和第 18 章中,其污染类别为"Ⅲ"表示。

表 5-6　船舶运输有毒液体分类

类别	对海洋资源或人类健康产生的危害程度	对海上休憩环境或其他合法利用造成的损害程度	措施要求
A 类	重大危害	严重损害	有必要对其采取严格的防污措施
B 类	危害	损害	有必要对其采取特殊的防污措施
C 类	较小危害	较小损害	要求特殊的操作条件
D 类	可察觉的危害	轻微损害	要求对其操作条件给予适当注意

(三)附则Ⅱ历次修正案的主要内容

涉及 MARPOL 73/78 附则 Ⅱ 的修正共有 8 次。

1. 1985 年修正案

通过日期:1985 年 12 月 5 日

生效日期:1987 年 4 月 6 日

涉及有毒液体物质的附则 Ⅱ 修正案在 1973 年附录起草后试图考虑技术进步和简化其实施。特别是,它的目标是减少对化学品废弃物接收设施的需要,提高清舱效率。

修正案使《国际散装运输化学品船舶构造和设备规则》对 1986 年 7 月 1 日或以后建造的船舶具有强制性。规则本身考虑了防治污染的要求,做了进一步的修正,使其在减少事故性污染方面更加有效。

本次修订意在吸纳自 1973 年附则Ⅱ起草以来技术进步的成果,如采用泵吸与扫舱、强制预洗程序、通风程序清除液货舱内的残留物质等,减少对化学污水接收设备的依赖,提高清舱效率,也使附则Ⅱ更易实施。

本次还对第 8 条控制措施、第 9 条货物记录簿和第 13 条将意外污染减少到最低限度的要求进行了修订,同时增加了第 14 条油类物质的运输和排放内容。油类物质是指符合下列标准的 C 类或 D 类有毒液体物质:

(1)在 20 ℃时,密度(比重)小于 1.0 g/cm³;

(2)在 20 ℃时,在海水中的溶解度小于 0.1%;

(3)碳氢化合物;

(4)可采用 MARPOL 73/78 附则Ⅰ的油分计进行检测;

(5)对于 C 类物质,根据 IBC 或 BCH,船型要求为 3 型船舶;

(6)不受 IBC 或 BCH 分别在第 17 章和第Ⅳ章中所指的安全目的的约束;

类油物质如符合附则Ⅱ第 14 条规定的条件,可由附则Ⅰ定义的运输油船,并可按附则Ⅰ的规定排放。修正案直接促成了《国际散装危险货物规则》(IBC)的强制实施,该规则适用于 1986 年 7 月 1 日以后建造的船舶。其重要性在于附则Ⅱ主要涉及有毒物质的排放程序,而 IBC 规则对散装运输化学品船的构造和设备提出了要求。考虑到防止污染的需要,IBC 规则也进行了修正,从而使附则Ⅱ在减少意外污染方面变得更加有效。

2. 1989 年 3 月修正案

通过日期:1989 年 3 月

生效日期:1990 年 10 月 13 日

公约修正案涉及了《国际散装运输化学品船舶构造和设备规则》和《散装运输化学品船舶构造和设备规则》。《国际散装运输化学品船舶构造和设备规则》通过 MARPOL 73/78 和 SOLAS 具有强制力,它适用于 1986 年 7 月 1 日以后建造的船舶。只不过《散装运输化学品船舶构造和设备规则》对于 MARPOL 73/78 是强制性的,而对于 SOLAS 是自愿性的。两者的第 17、18 章均含一个重新分类后的化学物品清单,此次修订据此分别更新了附则的附录Ⅱ和附录Ⅲ的散装运输有毒液体物质清单和其他物质液体清单。

3. 1990 年修正案(IBC 规则和 BCH 规则)

通过日期:1990 年 3 月

生效日期:2000 年 2 月 3 日

修正案为 MARPOL 73/78 引进了检验与发证协调系统(HSSC),其对 MARPOL 73/78 生效的时间与对 SOLAS 和 LL 1966 生效的时间一致。

这三个公约要求证书的签发表明公约要求得到了满足,这必须通过检验来实施,而这种检验可能使船舶有几天的运营受到影响。

协调系统减轻了由于检验日期和间隔不一致带来的问题,船舶不再需要为了一个公约要求的检验在做了同样的事情不久后再进港或修船厂。

4. 1992 年修正案

通过日期:1992 年 3 月 6 日

生效日期:1994 年 7 月 1 日

将附则Ⅱ、Ⅲ的污染类别纳入 IBC 规则第 17、18 章中,对 MARPOL 附则Ⅱ第 5 条有毒液体物质的排放及附则Ⅱ、Ⅲ的残余度做相应修改。

同时,指定南极区域为特殊区域。

5. 1994 年修正案

通过日期:1994 年 11 月 13 日

生效日期:1996 年 3 月 3 日

修正案涉及了公约 5 个技术性附则中的 4 个(附则Ⅱ、Ⅲ、Ⅴ和Ⅰ),其原意都是为了改善各附则的实施方式。修正案使船舶在缔约国港口时接受检查成为可能,确保了船员能够执行船上防止海上污染的必要程序。修正案 1993 年 11 月由 IMO 大会通过,包含在 A.742(18)号决议内。

修正案与 1994 年 5 月的《国际海上人命安全公约》修正案类似,扩展港口国监督的操作性要求被看作提高国际安全和防污染条约实施效率的一条重要途径。

6. 1996 年修正案

通过日期:1996 年 7 月 10 日

生效日期:1998 年 1 月 1 日

一系列关于包含有毒物质事故报告公约议定书附则Ⅰ的修正案。修正案包含了更为准确的发送那些报告的要求。

其他修正案使 MARPOL 73/78 有关 IBC 和 BCH 规则的要求与 SOLAS 修正案相一致。

7. 1999 年修正案

通过日期:1996 年 7 月 10 日

生效日期:2001 年 1 月 1 日

修正案通过了三个修正案,其中与附则Ⅱ有关的第三个修正案是 MARPOL 73/78 关于控制散装有毒液体物质污染的规定,修正案增加了一个新的第 16G 条,要求船舶配备关于有毒物质的《船上海洋污染应急计划》。修正案对 IBC 和 BCH 规则也做了修正,强调了通风系统的维护。

8. 2004 年修正案

通过日期:2004 年 10 月 15 日

生效日期:2007 年 1 月 1 日(默认接受)

该修正案对附则Ⅰ和附则Ⅱ都进行了修改,并将阿曼海域指定为新的特殊区域。

经修正的附则Ⅱ(控制散装运输有毒液体物质污染规则)包含了一个新的有毒液体物质分类系统(四种)。

X 类物质:这类有毒液体物质,如从洗舱或排放压载水的作业中排放入海将对海洋资源或人类健康产生严重危害,因而有必要禁止将此类物质排入海洋。

Y 类物质:这类有毒液体物质,如从洗舱或排放压载水的作业中排放入海将对海洋资源或人类健康带来危害,或对海上的休憩环境或其他的合法利用海洋造成损害,因而有必要对排入海洋的此类物质的质量和数量加以限制。

Z 类物质:这类有毒液体物质,如从洗舱或排放压载水的作业中排放入海将对海洋资源或人类健康产生较小的危害,或对海上的休憩环境或其他的合法利用海洋造成较小损害,因而有必要对排入海洋的此类物质的质量和数量采取相对较轻的限制措施。

其他物质:这类有毒液体物质经评估,认为从洗舱或排放压载水的作业中排放入海,对海洋资源、人类健康、海上休憩环境和其他的海洋合法利用不会造成危害,不在 X、Y、Z 类之列,舱底水、压载水或其他含有这些物质的残余物或混合物的排放不必遵守公约附则Ⅱ的任何要求。

经修正的附则包含许多明显的变化。船舶技术的改进,如高效洗舱技术,使降低附则Ⅱ所列特定物质的许可排放水平成为可能。对 2007 年 1 月 1 日或以后建造的船舶,对于 X、Y、Z 类物质,货舱及其相连管线内货物允许的最大残余量设定为 75 L(与之相比,以前的限制是根据产品的品种不同最大残余量为 100 L 或 300 L)。

在修正附则Ⅱ的同时,有害物质评估工作组对数千种化学品的海洋污染危害进行了评估,得出了一个结论性的 GESAMP2 危害示意图,以物质的生物聚集、生物降解、剧烈毒性、慢性毒性、对健康的长期影响、对海洋野生物和深海栖息生物的影响等特性进行索引。

作为危害评估和新的分类系统的一项成果,以前分类为不受限制的植物油,现在由化学品船舶装载。经修正的附则包含了根据第 4 条"免除",允许主管机关免除船舶书面证明装载经个别鉴别的植物油的条款,而遵守有关装载经鉴别的植物油货舱位置条款的规定。

海洋环境保护委员会《关于干货船专用深舱或非独立舱装载植物油运输指南》的一个决议,允许经证明目前装载植物油的干、杂货船继续装载从事这些植物油特别贸易。指南也是在 2007 年 1 月 1 日生效。

IBC 规则相应的修正案在会上也得到了通过,反映了对公约附则Ⅱ的修改。修正案加入了对某些具有潜在的海洋污染物特性产品分类的修正,以及对船型根据有毒有害物质评估组评估的装载要求的修订。

1986 年以后建造的船舶装载 IBC 规则第 17 章所列物质必须遵守规则有关船舶设计、构造、设备和操作的规定。

9. 新增 2017 年生效的修正案

▶MEPC. 265(68)　通过时间:2015 年 5 月 15 日　默认接受:2016 年 7 月 1 日

在附则文本后增加《极地规则》的条款,主要包括规则所涉及定义、适用范围及要求。

生效时间:2017 年 1 月 1 日

▶MEPC. 270(69)　通过时间:2016 年 4 月 22 日　默认接受:2017 年 3 月 1 日

对附则Ⅱ中关于有毒液体物质的分类衡准进一步协调修订以保持一致性。

生效时间:2017 年 9 月

二、公约的实施要求

(一)检验与发证

所有运输散装有毒液体物质的船舶,应进行初次检验、年度检验、换证检验、中间检验和附加检验。任何航行于其他缔约国所辖的港口或装卸站的散装运输有毒液体物质的船舶,应持有附则Ⅱ规定检验后主管机关签发的国际防止散装运输有毒液体物质污染证书(NLS 证书),证书有效期自签发之日起不得超过 5 年(但特殊情况下证书可以展期)。该证书由主管机关或经其正式授权的任何组织或个人签发,还可由主管机关委托另一缔约国政府代发。主管机关对证书负全部责任,NLS 证书在有下列情况之一时即行失效:

(1)未经主管机关许可,对所有要求的结构、设备、系统、附件、布置或材料做了重大变更

（但直接替换这种设备或附件者除外）；

（2）未进行附则Ⅱ规定的中间检验或年度检验；

（3）船舶改悬挂另一国国旗（若改挂另一缔约国国旗，原证书可在3个月内继续使用到该船获得新证书）。

对公约缔约国按 IBC 规则或 BCH 规则检验并签发适装证书的化学品液货船，其证书与 NLS 具有同等效力并得到同样的确认。

（二）有毒液体物质排放标准

附则Ⅱ详细规定了特殊区域内和特殊区域外散装有毒液体物质排放标准：

首先 A、B、C、D 四类物质或含有这些物质的压载水、洗舱水，或其残余物、混合物禁止排放入海。但在满足下列要求的情况下，允许排放。

1. 在特殊区域外，当船舶满足下列条件：

（1）船舶正在途中航行，自航船航速≥7 kn，非自航船航速≥4 kn；

（2）排出口位于水线以下并远离海水进口；

（3）据最近陆地≥12 n mile，水深≥25 m。

且排放时达到下述要求：

对于 A 类物质，经其反复进行清洗的含有该类物质的压载水、洗舱水或其残余物或混合物应排入接收设施，直至舱内排往接收设备的排出物所含该类物质的剩余浓度（即指清洗含有这些物质的废液中该物质的重量百分比浓度）≤0.1%（白磷或黄磷为0.01%），并将此种废液排入空舱后，随后向该舱加水。如能满足上述条件，可以排放入海；

对于 B 类物质，如排放的程度和布置经主管机关批准，并能保证排出物的浓度和排放率使在尾迹流中该物质的浓度小于1ppm，且每一货舱及与其相连的管系中排放的液体总量不超过1 m³ 或该舱容量的1/3 000（两者中取大者）。同时满足上述条件，可以排放入海；

对于 C 类物质，如排放的程序和布置经主管机关批准，并能保证排出物的浓度和排放率使在尾迹流中该物质的浓度小于10ppm，且每一货舱及与其相连的管系中排放的液体总量不超过3 m³ 或该舱容量的1/1 000（两者中取大者）。同时满足上述条件，可以排放入海；

对于 D 类物质，应满足船舶正在途中航行，自航船航速≥7 km，非自航船航速≥4 kn；排放液体中该物质的浓度（该物质与水之比）不大于1:10；距最近陆地≥12 n mile 之外排放等要求。

2. 在特殊区域内排放各类物质，除满足上述要求外，其排放浓度还应满足：

（1）A 类物质，其排液的重量百分比浓度要等于或小于0.05%（白磷或黄磷为0.01%），并将此废液排入接收设备中，再放入不小于舱容5%的水稀释后，按上述的1.（1）（2）（3）之规定排放入海。

（2）B 类物质，经过预洗后保证排出物的浓度和排放率在尾迹流中的浓度不超过1ppm。

（3）C 类物质，使尾迹流中浓度不大于1ppm，每一货舱及与其联系的管系排放的液体总量小于1 m³ 和该舱容量的1/3 000（两者中取大者）。

（4）D 类物质，应符合前述的排放规定。

3. C、D 类油物质的运输和排放

部分列入 C 类和 D 类的有毒液体物质符合 MARPOL 73/78，公约附则Ⅱ统一解释 7.2.1

"选择衡准"的要求,判定为类油物质,如满足下述要求,即可由 MARPOL 公约附则Ⅰ定义的油船进行运输,并可按 MARPOL 公约附则Ⅰ的要求进行排放:

(1)船舶符合 MARPOL 公约附则Ⅰ定义的适用于成品油船的规定。

(2)船舶持有《国际防止油污证书》及其附页 B,且证书签署写明船舶可载运类油物质,签署还包括一份允许该船载运的类油物质清单。

(3)载运 C 类物质的船舶,符合下述对船舶破舱稳性的要求:

1986 年 7 月 1 日或以后建造的船舶,按照《国际散装运输危险化学品船舶构造与设备规则》;1986 年 7 月 1 日以前建造的船舶,按照《散装运输危险化学品船舶构造与设备规则》。

(4)船舶排油监控系统中用作检测载运的类油物质的油分计,业经主管机关认可。

(三)港口接收设备

附则Ⅱ第七条规定,每一缔约国政府,应按照船舶对港口、装卸站和修理港的需要,提供接收设施:

(1)货物装卸港、站,应有足够用于接收船上留待处理的有毒液体物质的残余物和混合物的设备;

(2)船舶修理港,也要有接受有毒液体物质的残余物和混合物的设备;

(3)卸货站,应提供便利液货舱进行扫描的设施,保证由船上卸出的有毒液体物质不返回船上。

(四)货物记录簿

凡附则Ⅱ适用的船舶,应备有本附则附录Ⅳ格式要求的货物记录簿(Cargo Record Book)。

每当船舶进行下列任何一项作业,均应逐项按舱记入货物记录簿:

(1)装货;

(2)货物在船内转驳;

(3)卸货;

(4)液货舱的清洗;

(5)液货船的压载;

(6)液货舱的压载水的排放;

(7)残余物排至接收设备;

(8)残余物按照该规定排入海或用通风程序清除残余物。

货物记录簿中的每项记录应由高级船员或有关作业的负责人签字,每记完一页由船长签字。货物记录簿在记完最后一页应留船保存 3 年。当船舶事故造成任何的有毒有害液体物质或含有这种物质混合物的排放,无论是有意还是意外的,均应记入货物记录簿,并说明排放情况和理由。

货物记录簿应存放于船上可随时取来检查的地方。缔约国政府主管当局可检查到港船舶的货物记录簿,检查后应在货物记录簿上做相应记录。也可将记录簿中的任何记录制成副本,并要求船长证明该副本是记录的真实副本,这样的副本可以在任何法律诉讼中作为所述事实的证据。对货物记录簿的检查和制作副本应尽快进行,不使船舶发生不当延误。

货物记录簿应用船旗国的官方文字记录,但持有国际防止散装运输有毒液体物质污染证书的船舶还应有英文或法文的记录,但有争议或不一致时,以船旗国的官方文字的记录为准。

（五）程序和布置手册

凡是运载散装有毒液体物质的船舶,须备有一本经主管机关认可的《程序和布置手册》,该手册适用于本船并符合经 MEPC.62(35)决议修正的 MEPC.18(22)决议的要求。手册是船长、船员为明确本船执行附则Ⅱ所必须遵循的有关货物装卸、液货舱清洗、污液处置及液货舱压载等方面的确切布置和操作程序的指南,同时也是主管机关进行检查的依据。

（六）船上有毒液体物质海洋污染应急计划

2003 年 1 月 1 日起每艘 150 总吨及以上经核准载运有毒液体物质的船舶应在船上备有一份经主管机关认可的《船上有毒液体物质海洋污染应急计划》,该计划应用船上工作语言或船长和高级船员懂得的语言书写。计划应包括报告有毒液体物质污染事故的程序,发生有毒液体物质污染事故时要联系的当局和人员名单,为减少和控制事故发生后有毒液体物质的排放,由船上人员立即采取的行动,在抗御污染事故行动中船上与国家和当地主管部门协调的程序和与船上的联络点。《船上有毒液体物质海洋污染应急计划》可以与《船上油污应急计划》合并,称为《船上海洋污染应急计划》。

（七）港口国监督

当船舶停靠在另一缔约国港口时,如有明显理由相信该船船长或船员不熟悉船上主要的防止有毒液体物质污染的程序,对于港口国正式授权的官员有权对其实施有关操作要求的港口国监督检查,船舶只有在采取措施确保满足公约要求的情况下才能开航。

三、我国实施情况

我国加入公约时间为 1983 年 7 月 1 日,公约对我国生效时间为 1983 年 10 月 2 日。

我国作为一个发展中的海洋大国,十分重视海洋环境保护工作。为更快、更有效地实施 MARPOL 公约附则Ⅱ有关防止船舶造成污染的规定要求,我国除直接对中国籍国际航行船舶和到港国际航行船舶适用 MARPOL 公约附则Ⅱ、IBC 规则和 BCH 规则外,还根据《联合国海洋法公约》第 211 条第 2 款规定,制定实施了一系列国内法律、规章制度,如《中华人民共和国环境保护法》《中华人民共和国海洋环境保护法》《中华人民共和国水污染防治法》《中华人民共和国水污染防治法实施细则》《船舶污染物排放标准》《中华人民共和国防治船舶污染内河水域环境管理规定》《船舶及海上设施检验条例》《国际航行海船法定检验技术规则》《非国际航行海船法定检验技术规则》《内河船舶法定检验技术规则》《中华人民共和国海上交通安全法》《中华人民共和国内河交通安全管理条例》等,使 MARPOL 73/78 附则Ⅱ、IBC 规则和 BCH 规则的有关规定要求国内化。

对 MARPOL 73/78 附则Ⅱ、IBC 规则和 BCH 规则的实施是从以下几个方面来实现的:

（一）检验

我国现已对船舶在船体、结构与设备方面建立起船舶强制检验制度。1993 年《船舶及海上设施检验条例》第八条规定,船舶所使用的有关防止水域环境污染的重要设备、部件和材料,须经船舶检验机构按照有关规定检验。这些防污染及技术规定,与 MARPOL 73/78 附则Ⅱ、IBC 规则和 BCH 规则是相通的。目前,我国船舶检验的主管机关是海事管理机构,但其具体实施是由海事管理机构授权认可组织来进行的。对国际航行船舶及国内航行的油船、化学品船、客船、客滚船的检验由中国海事局授权中国船级社实施,其他船舶的检验则由海事管理机构实施。

（二）发证

通过船舶发证,以证明船舶满足 MARPOL 73/78 附则Ⅱ、IBC 规则和 BCH 规则技术要求,是海事管理机构履行公约的重要职责之一。目前,对满足 MARPOL 73/78 附则Ⅱ要求的国际航行船舶由中国船级社签发国际防止散装运输有毒液体物质污染证书;对满足 IBC 规则要求的国际航行船舶签发国际散装危险化学品适装证书;对满足 BCH 规则要求的国际航行船舶签发的是散装危险化学品适装证书。对满足 MARPOL 73/78 附则Ⅱ要求持有国际防止散装运输有毒液体物质污染证书(NLS)的装载散装危险化品的船舶可以不必持有国际散装化学品适装证书,同样,满足 IBC 规则要求的持有国际散装危险化学品适装证书的船舶也不必持有国际防止散装运输有毒液体物质污染证书。

（三）建立应急反应机制

《中华人民共和国海洋环境保护法》明确规定了海事管理机构有制订辖区溢油应急计划的义务。2006 年 1 月 1 日生效的《中华人民共和国防治船舶污染内河水域环境管理规定》也要求海事管理机构应配合地方人民政府制订船舶污染事故应急计划。MARPOL 73/78 附则Ⅱ第 16 条明确规定了船舶应制订相应的污染事故应急计划,并未要求缔约国政府承担建立应急反应机制的义务,但《联合国海洋法公约》第 199 条却要求各国制订和促进各种应急计划,以应对海洋环境污染事故。海事管理机构作为防止船舶造成污染的主管机关,根据《联合国海洋法公约》第 199 条的要求,有责任和义务建立辖区污染事故应急反应制度。目前在海事管理机构的协调下,已制订完善了我国四大海区(东海、黄海、南海、特殊海区)防止船舶污染应急计划,其他部分海区的应急计划也在制订中。

第三节　MARPOL 73/78 附则Ⅲ
（防止海运包装有害物质污染规则）

一、附则Ⅲ基本内容

为防止海运包装有害物质污染海洋环境或将此种污染减至最低限度,MARPOL 73/78 附则Ⅲ对其包装、标志、标签、单证、积载、数量限制和例外等方面做了规定,各缔约国政府应颁布关于海运包装有害物质的详细要求,以补充附则的规定。

该附则于 1992 年 7 月 1 日生效。我国于 1994 年 9 月 13 日申请加入。该附则于 1994 年 12 月 13 日对我国生效。截至 2016 年 3 月 10 日,有 144 个缔约国加入该附则,占世界商船总吨位的 97.88%。

1. 包装要求

在考虑其特定装载物质的情况下,包装应能对海洋环境的危害降至最低限度。

2. 标志和标签

(1)盛装有害物质的包装件,应加上永久的标记或标签,以指明根据 IMDG 规则的相关规定该物质为有害物质。

（2）在盛装有害物质包装件上加标记和标签的方法应符合 IMDG 规则的相关规定。

3. 货运单证

（1）有关载运有害物质的运输信息应符合 IMDG 规则的相关规定,并应向港口国当局指定的个人或组织提供。

（2）每艘装运有害物质的船舶,应具有一份特别清单、舱单或积载图,按 IMDG 规则的相关规定列明船上所装的有害物质及其位置。离港前应备有一份上述单证的副本,以供港口国当局指定的个人或组织使用。

4. 运输要求

有害物质应予以正确积载和系固,以使对海洋环境的危害减至最低限度,而不致损害船舶和船上人员的安全。

5. 限量

对某些有害物质,根据充分的科学和技术上的理由,可能必须禁止运输或对某一船舶的包装数量加以限制。在限制数量时应充分考虑船舶的大小、构造和设备,以及该物质的包装及其固有性质。

二、我国对公约的实施情况

（一）立法

作为一个航运大国,从 1973 年我国正式参加政府间海事协商组织(后更名为国际海事组织)开始,我国政府积极履行对海上危险货物运输的监管职责,1980 年我国加入了《国际海上人命安全公约》,虽然 IMDG 规则在 31 套修正案以前为非强制性的国际规则,但为适应发展,方便外贸运输,我国政府从 1982 年 10 月 1 日对国际航线船舶载运包装危险货物执行《国际危规》的规定,使我国外贸包装危险货物运输提前满足了国际公约的要求。

应当说,我国对危险货物管理的法规建设起步较早,从 1954 年交通部制定了我国第一部危险货物运输规则——《船舶装运危险品暂行规则》开始,我国制定了一系列的法律法规。

1. 《中华人民共和国海上交通安全法》

《中华人民共和国海上交通安全法》明确了海事管理机构是沿海水域的交通安全实施监督管理的主管机关,在该法第六章"危险货物运输"中明确规定船舶装卸运输危险货物必须具备安全可靠的设备条件,确立了危险货物运输申报制度,要求船舶装运危险货物必须向主管机关办理申报手续,经主管机关批准后,方可进出港口,以统一掌握和控制船舶在港口装卸和运输危险货物的情况,保证船舶、港口安全。

2. 《中华人民共和国港口法》(以下简称《港口法》)

《港口法》的出台是我国实施港口体制改革,为进一步规范港口管理而产生的。危险货物在港口内的安全作业是危险货物运输过程中不可缺少的一个关键环节,在《港口法》生效以前,我国法律法规中对这一环节的主管责任部门不甚明确,日常监管中常常出现管理交叉或管理空缺。该法首次建立了危险货物装卸作业许可制度,由港口行政管理部门负责实施并进行监督检查,明确了危险货物在港口装卸作业中的安全责任主体及义务。

3. 《中华人民共和国内河交通安全管理条例》

该条例第四章"危险货物监管"中明确规定了在内河水域从事装卸、运输危险货物的码头、泊位以及船舶监督管理及技术要求的规定。根据本章规定,装卸、运输危险货物的码头、泊位、船舶必须符合国家安全技术规范,编制事故预案,配备应急救援设备和器材;载运危险货物的船舶进出港口必须征得海事管理机构和港口管理机构的同意。

4.《危险化学品安全管理条例》

该条例经修订于 2002 年 3 月 15 日起施行,是一部危险化学品管理的综合性的行政法规,具体规定了我国境内产生、经营、储存、运输、使用危险化学品和处置废弃危险化学品等要求。明确了托运人在托运危险化学品时应当向承运人说明运输的危险化学品的品名、数量、危害、应急措施等情况的义务。运输、装卸危险化学品,应当依照有关法律、法规、规章的规定和国家标准的要求并按照危险化学品的危险特性,采取必要的安全防护措施等。

5.《水路危险货物运输规则》(又称《国内危规》)

自 1982 年 10 月 1 日起,我国对国际航线船舶载运包装危险货物执行《国际危规》的规定以后,考虑到国内包装危险货物运输在货物包装、船舶技术条件等方面尚达不到国际标准,为保护贸易、方便运输,我国的危险货物管理在较长一段时间内实施国内和国际危险货物运输管理"双轨制",即内贸实施 1971 年《水路危险货物运输规则》,外贸实施《国际危规》。但随着水路运输的日益发展,这种体制已经不能满足对外开放的要求,在执行过程中出现了许多矛盾。为解决双轨制过程中出现的矛盾,交通部组织起草了使内外贸协调、接轨的《水路危险货物运输规则》,1996 年 12 月 1 日起正式实施。

该规则是根据我国的法律、法规、标准和国际公约制定的,体现了我国多年来在水路危险货物运输方面研究的最新理论成果以及实践经验,吸取了相关国际公约、规则和建议案的相关内容,既体现了我国管理特点,又实现了我国危险货物运输与国际接轨。该规则的主要内容包括水路包装危险货物、散装危险液态化学品、散装液化气体的运输规定及船舶载运危险货物应急措施和危险货物事故医疗急救指南,是我国国内包装危险货物水路运输的重要技术依据。

6.《中华人民共和国船舶载运危险货物安全监督管理规定》(交通部第 10 号令,以下简称"10 号令")

该令于 2004 年 1 月 1 日生效,其调整对象是船舶在中华人民共和国管辖水域载运危险货物的活动。权责明确为:交通部主管全国船舶载运危险货物的安全管理工作;中华人民共和国海事局负责船舶载运危险货物的安全监督管理工作;交通部直属和地方人民政府交通主管部门所属的各级海事管理机构依照有关法律、法规和本规定,具体负责本辖区船舶载运危险货物的安全监督管理工作。它是一个较具体、全面的专门规定。

由于"10 号令"制定得较晚,充分考虑了国际、国内水路运输的变化,吸收了大量国际公约和国内法规的成果,对主管机关和船舶都提出了许多具体要求。

对主管机关的要求主要有:

(1)对在中国管辖水域航行、停泊、作业的载运危险货物的船舶,海事管理机构应当进行监督。

(2)对操作能力受限制的载运危险货物的船舶,海事管理机构应当疏导交通,必要时可实行相应的交通管制。

对报告进入船舶交通管理(VTS)中心控制水域的载运危险货物的船舶,海事管理机构应当进行标注和跟踪,发现违规航行、停泊、作业的,或者认为可能影响其他船舶安全的,海事管理机构应当及时发出警告,必要时依法采取相应的强制措施。

对船舶的要求主要有:

(1)原则要求——船舶载运危险货物,必须符合国家安全生产、水上交通安全、防治船舶污染的规定,保证船舶人员和财产的安全,防止对环境、资源以及其他船舶和设施造成损害。

(2)特殊要求——禁止利用内河以及其他封闭水域等航运渠道运输剧毒化学品以及交通部规定禁止运输的其他危险化学品。

(3)证书和船龄限制——禁止未取得危险货物适装证书(符合证明)的船舶以及超过交通部规定船龄的船舶载运危险货物。

(4)通航安全要求——载运危险货物的船舶应当选择符合安全要求的通航环境航行、停泊、作业,并顾及在附近航行、停泊、作业的其他船舶以及港口和近岸设施的安全,防止污染环境。海事管理机构规定危险货物船舶专用航道、航路的,载运危险货物的船舶应当遵守规定航行。

载运危险货物的船舶通过狭窄或者拥挤的航道、航路,或者在气候、风浪比较恶劣的条件下航行、停泊、作业,应当加强瞭望,谨慎操作,采取相应的安全、防污措施。必要时,还应当落实辅助船舶待命防护等应急预防措施,或者向海事管理机构请求导航或者护航。

(5)积载、隔离要求——船舶载运危险货物,应当符合有关危险货物积载、隔离和运输的安全技术规范,并只能承运船舶检验机构签发的适装证书(符合证明)中所载明的货种。

国际航行船舶应当按照《国际海运危险货物规则》,国内航行船舶应当按照《水路危险货物运输规则》,对承载的危险货物进行正确分类、积载,保障危险货物在船上装载期间的安全,对不符合国际、国内有关危险货物包装和安全积载规定的,船舶应当拒绝受载、承运。

上述的一些要求是首次在法规中出现,对海事机构的有效管理提供了保障。

此外,我国还制定了一些相关的法规和国家(推荐)标准,如《中华人民共和国海洋环境保护法》《中华人民共和国水污染防治法》《船舶载运外贸危险货物申报规定》《港口危险货物管理规定》《内河装运危险货物船舶适装条件的检验暂行规定》《危险货物包装标志》《危险货品名表》《船舶装运包装危险货物集装箱监督管理规定》等。

(二)船舶操作性检查

实施危险货物船舶进出港申报审批制度(《船舶载运危险货物安全监督管理规定》第四章),对船舶实施安全检查和港口国检查。对到港的船舶实施安全检查,及时掌握船舶的技术状况和船员的配备以及适任状况,有利于保障水上人命安全,防止水域污染。长期以来,这也是海事管理机构加强对到港船舶安全监督管理的重要手段。通过安全检查,及时发现和淘汰营运中的低标准船,对检查中发现的缺陷,按规定要求整改,使船舶处于良好的技术状况。

(三)实行准入制度

对船舶载运危险货物运输监督管理的许多环节,目前采取准入制度,即相对人必须事先经相应的准许,方可从事相应的运输活动。主要表现为:船舶与码头建造应事先经检验与审批;危险货物运输单位安全与防污染管理体系的审核制度;包装检验机构资质认可制度;运输、作业人员的资质认可制度;民用爆炸品准运制度等。

(四)现场监督检查

加强对船舶载运危险货物作业现场的监督管理,是海事管理机构充分发挥国家行政监督管理职能的重要手段,依照"10 号令"和《水路危规》的规定,对从事危险货物运输、装卸作业,包括包装、积载情况以及有关作业人员进行检查,及时发现并纠正安全隐患,保障危险货物运输、作业的正常秩序。特别是 2002 年 6 月相继颁布的《中华人民共和国安全生产法》及《中华人民共和国内河交通安全管理条例》,将海事管理机构对危险货物作业的现场监督检查职责从法律上予以明确。

通过加强对相关水域的日常巡航检查,强化动态管理,并与静态管理相结合,既有利于维护正常的通航环境和通航秩序,为载运危险货物的船舶提供良好的航行环境,又有利于及时发现并纠正可能存在的安全隐患。

(五)船员培训、考试和发证

《中华人民共和国海上交通安全法》和《中华人民共和国内河交通安全管理条例》都对船员的适任资格做出了明确规定,船员必须经海事管理机构考试合格取得适任证书,方可在船上任职。《危险化学品安全管理条例》和《中华人民共和国内河交通安全管理条例》还进一步明确了在载运危险化学品船舶上任职的船员应当经专业培训,持有特殊培训证书。《中华人民共和国海员适任考试、评估和发证规则》和《内河船舶船员适任考试发证规则》明确了船员培训、考试、发证的主管机关是海事管理机构。

第四节　MARPOL 73/78 附则Ⅳ(防止船舶生活污水污染规则)

本附则所指的生活污水包括任何形式的厕所、小便池以及厕所排水孔的排出物和其他废弃物;医务室(药房、病房等)的面盆、洗澡盆和这些处所排水孔的排出物;装有活畜禽货处所的排出物;混有上述排出物的其他废水。

本附则生效条件是在合计商船总吨位不少于世界商船总吨位 50% 的 15 个国家接受 12 个月以后生效,该附则已于 2003 年 9 月 27 日生效。截至 2016 年 3 月 10 日,该附则有 138 个国家接受,合计商船总吨位占世界商船总吨位的 90.96%。我国于 2006 年 11 月 2 日申请加入,该附则于 2007 年 2 月 2 日对我国生效。

一、附则Ⅳ的主要内容

为了防治船舶生活污水对海洋环境的污染,最新修订的 MARPOL 73/78 附则Ⅳ(MEPC.200(62)号决议)防止船舶生活污水污染规则对生活污水的排放等方面做了严格的规定。

第一,除客船外的船舶在所有区域的生活污水排放和客船在特殊区域外的生活污水排放。

(1)禁止将生活污水排放入海,除非:

①船舶在距最近陆地 3 n mile 外,使用主管机关认可的系统,排放业经粉碎和消毒的生活污水,或在距最近陆地 12 n mile 外排放未经粉碎和消毒的生活污水。但任何情况下,都不得将集污舱中储存的或来自装有活体动物处所的生活污水即刻排光,而须在船舶以不低于 4 kn 的航速航行时,以适当的速率排放;排放速率须由主管机关根据本组织制定的标准予以批准;

②船舶所配备的经认可的生活污水处理装置正在运转,其排出物须不在水中产生可见的漂浮固体或使周围海水变色。

(2)上述规定须不适用于在一国管辖水域内航行的船舶,以及在这些水域内依据该国可能实行的较宽松排放要求正排放生活污水的其他国家的来访船舶。

第二,客船在特殊区域内的生活污水排放。

新客船自 2016 年 1 月 1 日或之后,现有客船自 2018 年 1 月 1 日或之后,禁止客船在特殊区域排放生活污水,除非满足以下条件:船舶所配备的经认可的生活污水处理装置正在运转,其排出物须不会在水中产生可见的漂浮固体或使周围海水变色。

第三,一般要求。

当生活污水混合了现行的《防污公约》其他附则涵盖的废弃物或废水时,除满足本附则的要求外,还须满足其他附则的要求。

二、新增 2017 年生效的修正案

▶MEPC.265(68)　通过时间:2015 年 5 月 15 日　默认接受:2016 年 7 月 1 日

在附则文本后增加《极地规则》的条款,主要包括规则所涉及定义、适用范围及要求。

生效时间:2017 年 1 月 1 日

▶MEPC.274(69)　通过时间:2016 年 4 月 22 日　默认接受:2017 年 3 月 1 日

修订公约附则Ⅳ,修改本附则中新客船的定义,修订现有客船与新客船在波罗的海特殊区域禁止排放的日期要求。新客船不早于 2019.6.1,现有客船不早于 2021 年 6 月 1 日。

生效时间:2017 年 9 月 1 日

三、我国实施情况

(一)我国立法

《中华人民共和国水污染防治法》第 40 条规定:"船舶排放含油污水、生活污水,必须符合船舶污染物排放标准。从事海洋航运的船舶,进入内河和港口的,应当遵守内河的船舶污染物排放标准。"

《中华人民共和国防治船舶污染内河水域环境管理规定》不仅对"生活污水"做了更加全面的定义,而且还在第 28 条、第 33 条分别规定"船舶应当按照规范要求设置与生活污水产生量相适应的处理装置或者储存容器。任何船舶不得向内河水域排放不符合标准的生活污水";"来自疫区船舶的船舶生活污水,应当经检疫部门检查处理后方可处理"。

一些地方性法规对生活污水的管理也做了更细致的规定,如《江苏省内河水域船舶污染防治条例》第 8 条规定:"船舶应当加强生活污水的管理,防止、减少粪便等生活污水的直接排放。客船、旅游船、长江渡船应当配备并正常使用粪便存储结构物,30 总吨以上的其他船舶应当配备并正常使用粪便存储容器。"第 10 条也规定,禁止船舶向旅游风景区、饮用水水源保护区、取水口水域、水库和其他需要特别保护的区域排放生活污水等,突出了对"特别保护区域"实施保护这一理念。

《船舶污染物排放标准》规定的船舶排放生活污水浓度标准如表 5-7 所示:

表 5-7　船舶生活污水最高容许排放浓度

项目	内河	沿海	
		距最近陆地 4 n mile 以内	距最近陆地 4~12 n mile 以内
生化需氧量	不大于 50 mg/L	不大于 50 mg/L	—
悬浮物	不大于 150 mg/L	不大于 150 mg/L	无明显悬浮固体
大肠杆菌	不大于 250 个/100 mL	不大于 250 个/100 mL	不大于 1 000 个/100 mL

（二）检验和发证

对于国际航行的中国籍船舶,根据 MARPOL 73/78 第 5(4) 条,我国已按照附则 IV 实施检验和发证。

对于国内航行的海船,《国内航行的海船法定检验规则》除了规定船舶应按规定申请检验外,还规定签发防止生活污水污染证书应进行初次检验或换证检验。检验时应确认生活污水处理装置的产品证书和设备的安装和设备的实验。防止生活污水污染证书有效期不超过 5 年。但令人遗憾的是,尽管该规则已实施近 2 年,目前还鲜有船舶检验机构开展这项工作。

对于内河航行船舶,《内河船舶法定检验技术规则》还明确规定,"安装在船舶上的生活污水处理装置或生活污水粉碎消毒设备或其他设备应具有船舶检验机构颁发的船用产品证书",并对船舶防止生活污水污染结果和设备,如污水储存柜、处理装置、粉碎消毒设备、打包接收设施等做了详细的规定。但该规则规定,内河船舶向船舶检验机构申请防止生活污水污染证书才适用规则,因此强制性不足。

（三）监督检查与处理

监督检查与处理主要是船舶安全检查(包括船旗国和港口国监督检查,但港口国监督检查要在加入该规则后才有权检查),或有针对性地开展防污设备集中或专项检查。但相对于防止油类污染方面对船舶结构、设备的要求而言,监督检查力度显然还不够,重视程度较弱。另外,在违章处罚方面的法律、规定还很少,几乎没有。

第五节　MARPOL 73/78 附则 V（防止船舶垃圾污染规则）

船舶垃圾是指产生于船舶正常营运期间并需要持续或定期处理的各种仪器、日常用品和工作用品的废弃物(不包括鲜鱼及其各部分)。

该附则于 1988 年 12 月 31 日生效。我国于 1988 年 11 月 21 日申请加入,该附则于 1989 年 2 月 21 日对我国生效。国际海事组织(IMO)海洋环境保护委员会(MEPC)第 62 届会议于 2011 年 7 月 15 日通过了《国际防止船舶造成污染公约(MARPOL 73/78)》附则 V《防止船舶垃圾污染规则》的修正案(以下简称 2011 年附则 V),并于 2013 年 1 月 1 日正式生效。

截至 2016 年 3 月 10 日,149 个缔约国加入该附则,占世界商船总吨位的 98.23%。

一、附则 V 的主要内容

为防止垃圾污染,船舶应当遵守 MARPOL 73/78 附则 V 以及船旗国、港口国的有关规定。

对船舶垃圾进行分类并分别处理。

1. 垃圾分类

2011 年附则 V 将船舶垃圾分为 9 类,分别为:塑料、食品废弃物、生活废弃物、食用油、焚烧炉灰、操作废弃物、货物残留物、动物尸体和渔具,并在第 1 条定义里逐项进行了明确。包括:塑料;漂浮的垫舱物料、衬料、包装材料;粉碎的纸制品、碎布、玻璃、金属、瓶子、陶器等;货物残余、纸制品、碎布、玻璃、金属、瓶子、陶器等;食品废弃物;焚烧炉灰渣。

2. 排放标准

(1) 特殊区域排放标准

特殊区域是指由于海洋学和生态学的情况以及运输的特殊性质等方面公认的技术原因,需要采取防止垃圾污染的特殊强制办法的海域。附则 V 的特殊区域有地中海区域、波罗的海海域、黑海海域、红海海域、海湾海域、北海区、南极区域以及包括墨西哥和加勒比海的泛加勒比海区域。

在特殊区域内,除遇例外情况,一切塑料制品,包括但不限于合成缆绳、合成渔网和塑料垃圾袋,以及可能包含有毒或重金属残余的塑料制品的焚烧炉灰和一切其他垃圾(包括纸制品、破布、玻璃、金属、瓶子、陶器、垫舱物料、衬料和包装材料)禁止排放入海。食品废弃物,在距最近陆地 12 n mile 以内禁止排放入海。但在泛加勒比海域内,应经粉碎机或磨碎机加工处理后能通过筛眼不大于 25 mm 的筛网,则可以在距最近陆地 3 n mile 以外排放入海。如果垃圾中混有其他不同处理或排放要求的废弃物,则应适用其中较严格的要求;前往或来自南极区域的船舶,应保证船上配备足够大的空间存储在该区营运时产生的垃圾,并保证离开该区后将这些垃圾排入接收设备。

(2) 特殊区域外排放标准

在特殊区域外:一切塑料制品,包括但不限于合成缆绳、合成渔网和塑料垃圾袋,以及可能包含于有毒或重金属残余的塑料制品的焚烧炉灰均禁止处理入海;能漂浮的垫舱物料、衬料和包装材料,在距最近陆地 25 n mile 以内禁止排放入海;食品废弃物和一切其他垃圾(包括纸制品、破布、玻璃、金属、瓶子、陶器及类似的废弃物),在距最近陆地 12 n mile 以内禁止排放入海,但在距最近陆地 3 n mile 以外和 12 n mile 以内,应经粉碎机或磨碎机加工处理后,通过筛眼不大于 25 mm 的粗筛排放入海。如果垃圾中混有其他不同处理或排放要求的废弃物,则应适用其中较严格的要求。

(3) 特殊要求

从事海底矿物资源的勘探、开发以及相关的海上加工的固定或移动平台和停靠或在其附近 500 m 以内的所有船舶,禁止处理 MARPOL 73/78 规定的任何物料。位于距最近陆地 12 n mile 以外的这种固定或浮动平台和停靠或其在 500 m 以内的所有船舶,可允许将粉碎机或磨碎机加工处理后能通过筛眼不大于 25 mm 的筛网的食品废弃物排放入海。

(4) 例外

上述规定的不适用以下情况:船上为保障船舶及人员安全或救护海上人命所需处理垃圾;由于船舶或其设备损坏而导致垃圾泄漏,且在发生损坏或发现排放后,为防止排放或使排放减至最低限度,已采取了合理的预防措施;合成渔网的意外落失,且已采取了一切合理的预防措施来防止这种落失。

(5) 2011 年修正案的变化

2011年附则V第3条第2款、第3款规定,除本规则第7条另有规定外,禁止排放任何塑料(包括但不限于合成缆绳、合成纤维渔网、塑料垃圾袋和塑料制品的焚烧炉灰)和食用油(指任何用于或准备用于食物烹制或烹调的可食用油品或动物油脂,但不包括使用这些油进行烹制的食物本身)入海。该规定不仅突出了对塑料垃圾的严格控制,更是首次提出食用油也是严重污染海洋的垃圾,应严禁排放入海。

在特殊区域外,仅有食物废弃物、货物残留物、动物尸体、含洗涤剂的清洗水在满足规定的排放标准下允许排放入海。上一版本允许排放的纸制品、碎布、玻璃、金属、瓶子、陶器(现属于生活废弃物)等现已全部禁止排放入海。

与在特殊区域外相比,在特殊区域内,动物尸体是禁止排放的;食品废弃物必须经粉碎机或研磨机处理,并且颗粒不大于25 mm的方可排放;货物残留物在特殊区域内不能直接排放,只有包含在货舱洗舱水中方可排放。

3. 船舶垃圾管理计划(GMP)

船舶垃圾管理计划(GMP)是船舶管理垃圾的指导性文件,提供有关船舶对垃圾收集、存储、加工和处理的书面程序文件,用以指导船员进行垃圾管理。根据2011年附则V,垃圾管理计划(GMP)适用范围由原来的"400总吨及以上船舶和载运15名或以上人员船舶"扩大为"100总吨及以上船舶和载运15名或以上人员船舶以及固定或浮动平台"。

4. 垃圾公告牌

总长12 m及以上的船舶,须配备并张贴垃圾公告牌,向船员和乘客公布船舶排放要求。总长12 m及以上,但不满400总吨的船舶应至少配备2块垃圾公告牌;400总吨及以上船舶应至少配备3块垃圾公告牌。

垃圾公告牌应设置在厨房、餐厅、起居室、驾驶台、主甲板、其他船员工作和生活处所及船上乘客居住和聚集场所等区域的显著位置。

5. 配备符合要求的食品粉碎机或研磨机

按照2011年附则V规定,在所有特殊区域内排放的食品废弃物必须经粉碎或研磨,并且能通过筛眼不大于25 mm的粗筛(原来仅在泛加勒比海区域有此要求)。船舶应配备符合公约要求的粉碎机或研磨机,并建立良好的维修保养档案;如果未配备符合要求的食品粉碎机或研磨机,食品废弃物将禁止排放入海。

6. 船舶垃圾管理

(1)垃圾收集

船员按不可回收利用的塑料、破布、可回收利用的材料(食用油、玻璃、铝罐、纸类、木头、金属等)、会对船舶和船员构成危险的垃圾(油渍碎布、灯泡、化学品、电池等)等4类船舶产生的各种垃圾进行分拣,装入红色(不可回收的塑料等禁止排放入海的废弃物)、黑色(食用油、作业废弃物、焚烧炉灰等)、蓝色(货物残留物、生活废弃物等)、绿色(食品废弃物)标记的容器里储存,并根据垃圾类型分为加工点、短期贮存点或长期贮存点;船员房间至少设置两类垃圾容器,分别收集塑料和其他垃圾。

(2)垃圾加工

船上垃圾加工通常包括粉碎、压实和焚烧等3种处理方式。粉碎主要针对食品废弃物,通过粉碎或研磨达到"能通过筛眼不大于25 mm的粗筛"的排放标准。粉碎机通常由大厨操作,且须符合标准,操作者应按操作程序操作。

为了便于贮存、易于运输,对不能在船上处理的垃圾进行压实处理。船员需了解各种垃圾的压实特性,同时建议船舶配置压实机。

焚烧处理主要针对纸及其制品、浸油破布等容易燃烧且不会产生有毒有害气体的垃圾进行。船舶在港口、平台码头或内河水域通常不应使用焚烧炉焚烧垃圾。船员须了解各类垃圾的焚烧特性,不得在船上焚烧明令禁止焚烧的物质。

（3）垃圾贮存

对于须送岸处理的垃圾或拟送岸处理的垃圾,船舶应妥善在船存储。根据垃圾特性通常分短期和长期两种贮存点。短期贮存点通常设在船员房间、厨房、驾驶台、集控室等区域;长期贮存点通常设在艉甲板。用以贮存的容器应清楚标记,并加盖整洁放置。

（4）垃圾排放

船员应建立垃圾优先送岸处理的意识,尽可能将垃圾(包括可以排放的食品废弃物)在船舶到港时或离港前送交岸上接收设施。当在海上排放符合要求的垃圾时,应尽可能远离最近陆地,并保持在船舶航行中,同时应注意考虑海流、潮汐以及水深等情况;对可能散落或漂浮的垃圾,经压缩加工或附加重物后再排放入海,使其容易沉底而不漂浮在海面上。旧电池和过期药品应累积至一定数量(如满一箱)后送交岸上处理。

二、新增 2017 年生效的修正案

MEPC.265(68)　通过时间:2015 年 5 月 15 日 默认接受:2016 年 7 月 1 日
在附则文本后增加《极地规则》的条款,主要包括规则所涉及定义、适用范围及要求。
生效时间:2017.1.1

三、我国实施情况

我国加入时间为 1988 年 11 月 21 日,对我国生效时间为 1989 年 2 月 21 日。中国海事局已发出通知,要求从 2013 年 1 月 1 日开始,依据 2011 年修正案的规定,对到达我国港口的国际航行船舶进行监督检查;沿海航行船舶也应于 2013 年 4 月 1 日起根据修正案的相关要求接受检查。目前已有船舶因未按该修正案进行垃圾管理而被滞留。

1. 我国立法

我国政府一直重视做好对防止船舶垃圾污染水域的监督管理,在我国的立法实践中已有了相当全面的体现,对船舶垃圾的管理的部门、标准和要求都进行了一定的规范,为建立起相对完善的船舶防污法律体系打下了一个很好的基础。现已颁布实施了下列法律、法规:《中华人民共和国环境保护法》、《中华人民共和国海洋环境保护法》、《中华人民共和国水污染防治法》及其实施细则、《防治船舶污染海域管理条例》、《中华人民共和国防治船舶污染内河水域环境管理规定》等。

MARPOL 73/78 附则 V《防止船舶垃圾污染规则》的 1995 年修正案于 1997 年 7 月 1 日生效。我国作为 MARPOL 73/78 的缔约国已于 1988 年 11 月 21 日正式接受附则 V,其修正案对我国具有约束力。按照有关规定,国际航行(含港澳航线)的新建和现有船舶已分别于 1997年 7 月 1 日和 1998 年 7 月 1 日起执行该修正案,而国内沿海航行船舶尚未执行。

2. 检验

为保证船舶的防污结构与设备符合安全航行与防污染的要求,公约要求缔约国主管机关

或其授权的验船师或认可的组织对船舶、垃圾收集贮存设施及压制设施进行检验。我国《船舶及海上设施检验条例》第 8 条规定,船舶所使用的有关防止水域环境污染的重要设备、部件和材料,须经船舶检验机构按照有关规定检验,确保船舶满足防污染技术规范要求。《内河船舶法定检验技术规则》(2004)第十二篇明确了"防止船舶造成污染的结构与设备"有关要求。

3. 签发证书

签发船舶防止垃圾污染证书,是我国实施 MARPOL 73/78 附则 Ⅴ 的一项全新举措,已突破了公约规定的框架。根据《内河船舶法定检验技术规则》(2004)第十二篇"防止船舶造成污染结构和设备"之第四章"防止船舶垃圾污染"的规定,目前,我国仅对长江航行的船舶和经申请的内河航行船舶,经过上文所列的防污染检验后,给予内河船舶防止垃圾污染证书的签发或签注,而国际航行船舶和沿海航行船舶,至今并无这样的规定,这也从一个侧面彰显了内河水域环境保护引起了国家有关方面的关注。

4. 垃圾管理计划的审批与垃圾记录簿和垃圾告示牌的配备

对总长 12 m 及以上的船舶要求张贴垃圾管理计划告示牌,400 总吨及以上或经核定可载运 15 人及以上的船舶要求配备垃圾记录簿和垃圾管理计划,是我国依据公约要求制定的一项管理措施。并且,与公约相比,更为突出的是,我国还进一步要求对中国籍船舶配备的垃圾管理计划由船籍港海事管理机构进行审批。

5. 垃圾接收单位的资质要求

根据《中华人民共和国港口法》和《港口经营管理规定》的要求,垃圾接收处理单位应持有经港口行政主管部门颁发的港口经营许可证。

从事船舶污染物接收、船舶清舱作业活动的单位,应当将其接收和处理能力向海事管理机构备案,是《中华人民共和国防治船舶污染内河水域环境管理规定》在此基础上为加强管理而做出的进一步要求。

6. 港口接收设施检验

附录 Ⅴ 要求,各缔约国应保证港口配备足够的垃圾接收设施,来满足到港船舶的排放要求。我国对港口接收设施的管理,早在 1989 年交通部在《关于执行〈73/78 防污公约〉附则 Ⅴ 的通知》(交函安监字[1989]140 号)文中,就明确了港口管理部门的责任。文件规定,各港务局要切实履行接收到港船舶垃圾的责任。

第六节　MARPOL 73/78 附则 Ⅵ(防止船舶造成大气污染规则)

为防止空气污染,船舶应按照 MARPOL 73/78 附则 Ⅵ 的规定。采取措施控制消耗臭氧层物质、氮氧化物、硫氧化物、挥发性有机化合物的排放,并按规定进行船上焚烧作业。

该附则于 2005 年 5 月 19 日生效,我国于 2006 年 3 月 15 日申请加入,该附则于 2006 年 8 月 23 日对我国生效。截至 2016 年 3 月 10 日,有 86 个缔约国加入该附则,占世界商船总吨位的 95.34%。

一、附则 Ⅵ 的主要内容

1. 消耗臭氧层物质排放限制

禁止消耗臭氧层物质的任何故意排放,但故意排放不包括与臭氧消耗物质的回收或重复使用相关的最低排放量。臭氧消耗物质及含有臭氧消耗物质的设备,在从船上去除时应送入适当的接收设施。

每艘船舶应保存一份含消耗臭氧物质的设备清单和消耗臭氧物质记录簿。经主管机关批准,该记录簿可以是现有航海日志或电子记录系统的一部分。消耗臭氧物质记录簿中的物质应按其质量单位(kg)记录,且在任何情况下都应及时记录下列内容:含消耗臭氧物质的设备的全部或部分重新充注;含消耗臭氧物质的设备的修理或维护;消耗臭氧物质向大气的排放,包括故意排放、非故意排放;消耗臭氧物质向陆基的接收设施的排放;向船舶供应消耗臭氧物质。

2. 氮氧化物(NO$_x$)排放限制

MARPOL 73/78 适用的船用柴油机 NO$_x$ 排放量(按 NO$_x$ 的排放总重量计算)应该在允许限值内,否则禁止使用,但下列柴油机不适用:应急柴油机、安装在救生艇上或只在应急情况下使用的任何设备或装置上的发动机;安装在只航行于其船旗国主权或管辖范围的水域内的船上的发动机,但这种发动机应受到由该主管机关制定的 NO$_x$ 控制替代的方法控制。

3. 硫氧化物(SO$_x$)排放限制

SO$_x$ 的控制主要通过控制船上使用的燃油中的硫含量来实现。

在释放控制区域外船上使用的燃油含硫量不得超过 3.5%(m/m)(单位质量)。在释放控制区域内船上使用的燃油含硫量不得超过 0.1%(m/m)。

燃油供应商应提供有关燃油中的硫含量不超过 3.5%(m/m)或不超过 0.1%(m/m)(控制区域内使用的燃油)的相关证明文件。

4. 挥发性有机化合物(VOCs)排放限制

受蒸汽排放控制的所有液货船,应安装蒸汽排放控制系统,并在液货装卸期间使用,以控制在液货装卸过程中可能产生的挥发性有机化合物。

运载原油的液货船必须备有挥发性有机化合物(VOCs)管理计划。

该计划应具体到各船(气体运输船不要求)并至少应:为把装载、海上航行和卸货时的挥发性有机化合物排放降到最低提供书面程序;考虑到原油洗舱产生的额外挥发性有机化合物;指定负责实施该计划的人员;对于国际航行船舶,用船长和高级船员的工作语言编写,如船长和高级船员的工作语言不是英语、法语或西班牙语,则应包括其中一种语言的译文。

5. 船上焚烧限制

船上焚烧应按照规定适用合格的设备并遵守规定的操作程序,避免对空气造成污染。

(1)焚烧设备

除污泥和油渣之外,船上焚烧应只允许在船上焚烧炉中进行。在船舶正常操作过程中产生的污泥和油渣的船上焚烧也可以在主、副发电机或锅炉内进行,但在这种情况下,不能在码头、港口和河口内进行。

(2)焚烧物质

应禁止下列物质在船上焚烧:MARPOL 73/78 附则 Ⅰ、Ⅱ 和 Ⅲ 中的货物残余物以及有关的被污染的包装材料;多氯联苯(PCBs);公约附则 Ⅴ 定义的含有超过微量重金属的垃圾;以及含有卤素化合物的精炼石油产品。聚氯乙烯(PVGs)必须在获得了 IMO 形式认可证书的船上焚烧炉内焚烧。

(3)焚烧操作

装有受限制的焚烧炉的所有船舶应持有制造商的操作手册。手册中应规定如何在MARPOL 73/78 附录Ⅵ所述的限制内操作焚烧炉。负责任何焚烧炉操作的人员应经过培训，并能实施制造厂操作手册规定的指导。任何时候均应对燃烧烟道烟气出口温度进行监测，在低于 850 ℃的最低许可温度时，废弃物不应送入船上连续进料焚烧炉。对于分批装料的船上焚烧炉，该装置应设计成其燃烧室的温度在启动后 5 min 内到达 600 ℃ 且随后稳定在不低于850 ℃。

6.燃油质量控制

供应并作为适用的船上燃烧用的燃油应符合相应要求，船舶应保存加油记录单与燃油样品。

（1）加油记录单

适用的每一艘船舶，应以加油记录单的方式对供应并作为船上燃烧用的燃油的细节加以记录，加油记录单应保存在船上容易取到的地方以供随时检查。加油记录单应在燃油供应上船之后保存 3 年。

（2）燃油样品

加油记录单应按规定附有所供燃油的代表样品。该样品应由供应商代表和船长或负责加油操作的官员在完成加油操作后密封并签署，并应有船方控制直到燃油被基本消耗掉，但任何情况下，其保存期自加油日期算起应不少于 12 个月。

二、新增 2017 年生效的修正案

▶MEPC.271(69)　通过时间：2016 年 4 月 22 日　默认接受：2017 年 3 月 1 日

修订公约附则Ⅵ，新增船舶进入和离开排放控制区或者在区域内改变发动机运行模式时，应在主管机关要求的记录簿中记录运行模式、开关状态、日期、时间、船位的要求。

生效时间：2017 年 9 月 1 日

▶MEPC.272(69)　通过时间：2016 年 4 月 22 日　默认接受：2017 年 3 月 1 日

修订 2008 年 NO_x 技术规则修正案，补充对纯气体燃料发动机和双燃料发动机排放测试要求。

生效时间：2017 年 9 月 1 日

三、我国实施情况

MARPOL 公约附则Ⅵ于 2006 年已经对我国生效，与附则Ⅵ相关的我国国内立法主要为《中华人民共和国大气污染防治法》和《中华人民共和国海洋环境保护法》等。

《中华人民共和国大气污染防治法》第 32 条就船舶的污染物排放标准，第 35 条第 2 款就机动船进行排气污染检测提出要求，第 36 条、第 37 条第 2 款、第 42 条分别就船舶向大气排放粉尘、恶臭气体或者其他含有有毒物质的气体；向大气排放转炉气、电石气、电炉法黄磷尾气、有机烃类以及在运输、装卸或储运过程中对能够散发有毒有害气体或者粉尘物质时应采取的措施或者要求，并制定了相应的技术标准。

在部门规章中也由《海上海事行政处罚规定》《内河海事行政处罚规定》等相关规定进行了进一步的约束和细化。

目前，一些较为发达的地区和城市也制定了相关的规定以防止船舶造成水域污染（包含

部分防止造成大气污染的内容),如江苏省制定的《江苏省内河水域防治船舶污染条例》第14条规定禁止装运危险货物的船舶在城市市区航道、通航密集区、渡区、船闸、大型桥梁、水下通道等水域进行舱室驱气或者熏舱作业,禁止船舶在内河水域、航道沿岸焚烧船舶垃圾。第16条规定海事管理机构可以根据城市市区通航水域周围环境对限制大气污染及环境噪声污染的要求,拟定禁止船舶航行的区域和时段,经设区的市、县(市)人民政府批准后公告实施等。

2016年1月交通运输部印发《珠三角、长三角、环渤海(京津冀)水域船舶排放控制区实施方案》(以下简称《方案》),首次设立船舶大气污染物排放控制区,控制船舶硫氧化物、氮氧化物和颗粒物排放,为全面控制船舶大气污染奠定了基础。《方案》要求,自2016年1月1日起,排放控制区内有条件的港口,可以实施高于现行排放控制要求的措施,包括船舶靠岸停泊期间使用硫含量不高于0.5%的燃油。自2017年起,船舶在排放控制区内的核心港口区域靠岸停泊期间(靠港后的一小时和离港前的一小时除外),应使用硫含量不高于0.5%的燃油。自2018年起,这一要求扩大至排放控制区内所有港口内靠岸停泊的船舶;自2019年起扩大至进入排放控制区的所有船舶。船舶可采取连接岸电、使用清洁能源、尾气后处理等替代措施。2019年12月31日前,我国将在评估实施效果的基础上,进一步确定更为严格的控制措施,包括船舶进入排放控制区使用硫含量不高于0.1%的燃油、扩大排放控制区地理范围等。经初步测算,到2020年,三大水域船舶硫氧化物和颗粒物将比2015年分别下降约65%和30%。其中,珠三角水域船舶排放控制区核心港口区域为深圳港、广州港、珠海港,长三角水域为上海港、宁波—舟山港、苏州港、南通港,环渤海(京津冀)水域为天津港、秦皇岛港、唐山港、黄骅港。①

2016年8月,环境保护部会同质检总局发布《船舶发动机排气污染物排放限值及测量方法(中国第一、二阶段)》(GB15097—2016)。环境保护部科技标准司司长邹首民8月30日在北京对记者表示,新标准是中国首次发布船舶大气污染物排放控制国家标准。该标准主要是针对新定型和新生产的船用发动机,目的是从源头控制污染物排放的增长,削减新增船舶的污染物排放量。船用燃料的规定,不仅适用于新生产的船舶,也适用于正在使用的所有船舶。根据安排,标准将分两个阶段实施:第一阶段,与中国船机排放现状相比,PM排放将削减70%左右,NO_x排放将削减20%以上;第二阶段,PM和NO_x将在第一阶段基础上,分别进一步降低40%和20%。②

拓展阅读一 海上油污事故的危害③

从"托瑞·勘庸号"(Torry Canyon)油船事故开始,海洋石油泄漏事件每年都有发生。仅1970—1990年,发生的油船事故多达1000起,每年排入海洋的石油有1000万~1500万吨,其中包括通过河流排入的废油、船舶的排入和事故溢油、海底油田泄漏和井喷事故等。世界上最大的原油泄漏事件是发生在1991年海湾战争造成的石油倾泄。因油港油库破坏而流入海湾的原油达100多万吨。海面漂浮着厚厚的一层浮油,海水几乎掀不起浪来,只能像泥浆般涌

---

① http://cn.chinagate.cn/environment/2016-01/22/content_37638648.htm 中国发展门户网。
② http://business.sohu.com/20160830/n466816297.shtml 中国新闻网。
③ 海域石油污染事件 互动百科:http://www.baike.com/wiki/%E8%8B%B1%E5%9B%BD%E6%B5%B7%E5%9F%9F%E7%9F%B3%E6%B2%B9%E6%B1%A1%E6%9F%93%E4%BA%8B%E4%BB%B6。

动着,发出汩汩声。波斯湾的海鸟身上沾满了石油,无法飞行,只能在海滩和岩石上待以毙命。鲸、海豚、海龟、虾蟹以及各种鱼类都被毒死或窒息而死,成为这场战争的最大受害者。

海洋具有自净能力,它以宽大的胸怀接受着人类活动产生的各种废水、废气、废物。然而,这种自净能力并不是无限度的,近几十年来,除了石油泄漏外,全球每年向海洋倾倒废物200亿吨,其中包括许多重金属等有害物质,每年进入海洋的汞(Hg)达1万多吨,仅由日本神通川注入海湾的镉(Cd)就达3 000多吨,20世纪70年代太平洋表层海水中的铅(Pb)含量是50年代的11倍。

这些无休止的倾倒污染了海洋,造成局部海域生态环境恶化,海水富营养化,赤潮频频发生,生物迅速减少或消失,成为海上"荒漠"。海水污染已使10种鲸、6种海豹、30种沿海鸟类等海洋生物的生存受到威胁。

1升石油倾倒在海洋中,到完全淡化,大约需要消耗40万升海水中的溶解氧。石油在海面会形成一层油膜,隔绝大气与海水的气流交换,并减弱太阳光透入海水的能量。这种耗氧和隔绝会导致海水严重缺氧,并影响海洋绿色植物的光合作用。海洋石油污染会导致鱼、贝、藻类死亡,海滨生物结构破坏,海鸟饲饵消失。而海洋生物多样性减少和海洋生物体内致癌物浓缩蓄积给环境和人类带来的损害则更是无法估算。海湾是较为封闭的生态环境,水域浅,海水流动缓慢,一旦发生大规模的石油污染事件,将会导致海湾生态平衡失调若干年。专家们认为,波斯湾如果要恢复到污染前的状态,至少需要100年的时间。

拓展阅读二　船舶生活污水处理方法[①]

国内现有的船舶生活污水处理技术主要有物化法、污水生物好氧降解—重力沉淀分离—杀菌消毒法、污水生物好氧降解—重力沉淀分离—膜过滤法等工艺技术。

国外进行船舶生活污水处理工艺及技术研究起源于20世纪60年代,发展至今,目前比较流行的工艺主要有物化法(混凝沉淀及过滤)、生化法(活性污泥法及生物膜法)及电化学法。

物化法工艺主要是将化学药剂加入污水中进行循环、粉碎、沉淀、消毒处理。这种工艺的优点是工艺简单,装置体积较小;缺点是没有进行生化反应,对有机物的去除不够彻底。

生化法工艺主要是通过微孔曝气,利用污水中的好氧细菌将有机物质降解生成二氧化碳和水,通过斜斗重力沉淀作用,分离出的清水通过撇渣器撇除浮渣后进行杀菌消毒达标排放,沉淀后的活性污泥一部分返回曝气室维持生态系统的平衡,残余的污泥将定期定量排放,产生的二氧化碳直接逸气排放,从而达到船舶生活污水处理的目的。该工艺的特点是:净化效果好,但装置体积较大。

电化学法工艺主要是通过电解原理,对污水进行氧化和消毒,它是将混有海水的污水送入电解槽进行电解,其产生的次氯酸是氧化剂和消毒剂,污水中的有机物被氧化,细菌被杀死,从而达到净化污水的目的。该工艺方法的特点是装置小,处理流程快,但操作维护复杂,运行费用高。

拓展阅读三　船舶处理垃圾的设备

根据船舶的类型、航行区域、船员或乘客的数量,船舶通常可以装备焚烧炉、压实机、研磨或粉碎机或者其他的设备。采用压实机、焚烧炉、粉碎机和其他设备处理垃圾有许多优点,比如能减少船上存放垃圾的空间,港口接收处倾倒垃圾更为方便。

1.粉碎机:用于食品垃圾粉碎排放入海(见图5-3)。

非特殊区域领海基线3 n mile 内,特殊区域领海基线12 n mile 内,船舶设置在厨房直接通海的粉碎机不可使用,应上锁或挂上"禁止使用"的标牌。

图5-3　粉碎机

因为粉碎机只改变了污染物的物理形态,在内河船舶上往往还需要和其他方法结合使用。

2.焚烧炉:用于一些可燃烧的垃圾处理,像废油、油布、纸张之类(见图5-4)。

图5-4　焚烧炉

因一些港口法律规定限制排放指定的气体,特别是在人口密集的地区,通常焚烧装置在港口和终点站不能使用。船上进行焚烧作业,焚烧炉灰渣应妥善保存,在合适港口进行回收。

使用焚烧手段处理船舶生活垃圾,最大的优点是减量比例大,能达到90%以上,还能彻底消灭病菌,然而其缺点是焚烧炉投资比较多,还会产生大气污染。

3.压实机:用于一些可压缩的垃圾处理,减小体积,节省储存空间。

拓展阅读四　珠三角、长三角、环渤海(京津冀)水域船舶排放控制区实施方案

为贯彻实施《中华人民共和国大气污染防治法》,推进绿色航运发展和船舶节能减排,减少船舶在我国重点区域的大气污染物排放,制定本实施方案。

一、工作目标

通过设立船舶大气污染物排放控制区(以下简称"排放控制区"),控制我国船舶硫氧化物、氮氧化物和颗粒物排放,改善我国沿海和沿河区域特别是港口城市的环境空气质量,为全面控制船舶大气污染奠定基础。

二、设立原则

(一)突出国家大气污染联防、联控重点区域。

(二)维护区域港口公平竞争,鼓励核心港区先行先试。

(三)兼顾区域船舶活动密集程度与经济发展水平。

(四)遵守国际法和国内法律法规要求。

三、适用对象

本方案适用于在排放控制区内航行、停泊、作业的船舶,军用船舶、体育运动船艇和渔业船舶除外。

四、排放控制区范围

基于以上目标和原则,设立珠三角、长三角、环渤海(京津冀)水域船舶排放控制区,确定排放控制区内的核心港口区域,具体如下:

(一)珠三角水域船舶排放控制区(见图5-5)。

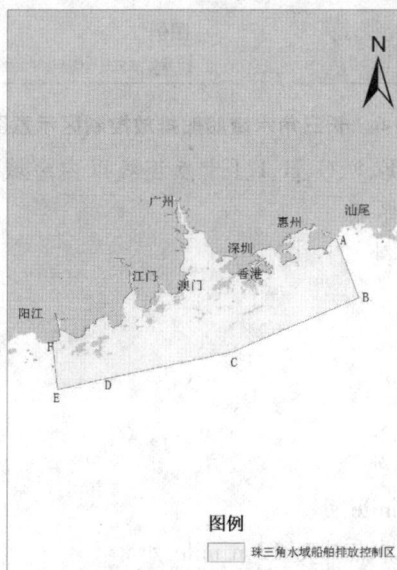

图5-5　珠三角水域船舶排放控制区示意图

海域边界:下列 A、B、C、D、E、F 六点连线以内海域(不含香港、澳门管辖水域)。

A:惠州与汕尾大陆岸线交界点

B:针头岩外延 12 n mile 处

C:佳蓬列岛外延 12 n mile 处

D:围夹岛外延 12 n mile 处

E:大帆石岛外延 12 n mile 处

F:江门与阳江大陆岸线交界点

内河水域范围为广州、东莞、惠州、深圳、珠海、中山、佛山、江门、肇庆 9 个城市行政管辖区域内的内河通航水域。

本排放控制区内的核心港口区域为深圳、广州、珠海港。

(二)长三角水域船舶排放控制区(见图 5-6)。

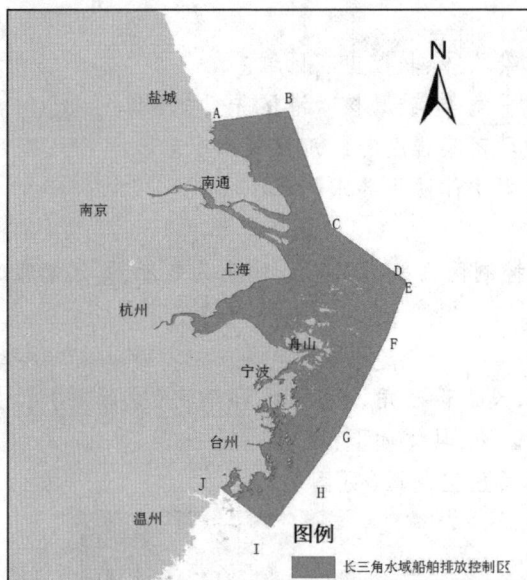

图 5-6　长三角水域船舶排放控制区示意图

海域边界:下列 A、B、C、D、E、F、G、H、I、J 十点连线以内海域。

A:南通与盐城大陆岸线交界点

B:外磕脚岛外延 12 n mile 处

C:佘山岛外延 12 n mile 处

D:海礁外延 12 n mile 处

E:东南礁外延 12 n mile 处

F:两兄弟屿外延 12 n mile 处

G:渔山列岛外延 12 n mile 处

H:台州列岛(2)外延 12 n mile 处

I:台州与温州大陆岸线交界点外延 12 n mile 处

J:台州与温州大陆岸线交界点

内河水域范围为南京、镇江、扬州、泰州、南通、常州、无锡、苏州、上海、嘉兴、湖州、杭州、绍兴、宁波、舟山、台州 16 个城市行政管辖区域内的内河通航水域。

本排放控制区内的核心港口区域为上海、宁波—舟山、苏州、南通港。

（三）环渤海（京津冀）水域船舶排放控制区（见图5-7）。

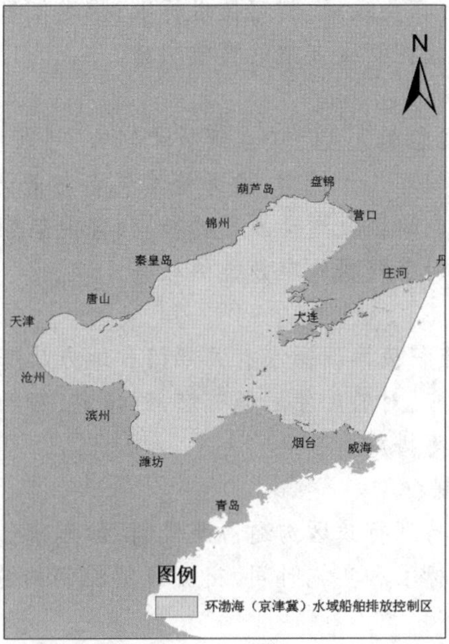

图5-7　环渤海（京津冀）水域船舶排放控制区示意图

海域边界：大连—丹东大陆岸线交界点与烟台—威海大陆岸线交界点的连线以内海域。

内河水域范围为大连、营口、盘锦、锦州、葫芦岛、秦皇岛、唐山、天津、沧州、滨州、东营、潍坊、烟台 13 个城市行政管辖区域内的内河通航水域。

本排放控制区内的核心港口区域为天津、秦皇岛、唐山、黄骅港。

五、控制要求

（一）自 2016 年 1 月 1 日起，船舶应严格执行现行国际公约和国内法律法规关于硫氧化物、颗粒物和氮氧化物的排放控制要求，排放控制区内有条件的港口可以实施船舶靠岸停泊期间使用硫含量≤0.5%（m/m）的燃油等高于现行排放控制要求的措施。

（二）自 2017 年 1 月 1 日起，船舶在排放控制区内的核心港口区域靠岸停泊期间（靠港后的 1 h 和离港前的 1 h 除外，下同）应使用硫含量≤0.5%（m/m）的燃油。

（三）自 2018 年 1 月 1 日起，船舶在排放控制区内所有港口靠岸停泊期间应使用硫含量≤0.5%（m/m）的燃油。

（四）自 2019 年 1 月 1 日起，船舶进入排放控制区应使用硫含量≤0.5%（m/m）的燃油。

（五）2019 年 12 月 31 日前，评估前述控制措施实施效果，确定是否采取以下行动：

1. 船舶进入排放控制区使用硫含量≤0.1%（m/m）的燃油；

2. 扩大排放控制区地理范围；

3. 其他进一步举措。

（六）船舶可采取连接岸电、使用清洁能源、尾气后处理等与上述排放控制要求等效的替代措施。

六、保障措施

（一）加强组织领导

各级交通运输主管部门应加强组织领导和协调，细化任务措施，明确职责分工；积极协调国家有关部门和地方政府出台相关政策，制定技术标准；推进信息共享，开展联合执法，建立监督管理联动机制，共同推动排放控制区方案的有效实施。

（二）强化监督管理

海事管理机构应组织开展船舶大气污染监测技术研究，不断提高监测能力，推进船舶大气污染监测工作；建立监督检查管理工作机制，推进检测装备与能力建设；加强船舶防止空气污染证书和油类记录簿、燃油供应单证及燃油质量的检查；督促船舶检验机构提高船舶发动机等相关船用产品检验质量；开展对替代措施有效性的核查。

（三）发挥政策引导作用

各级交通运输主管部门应积极协调国家有关部门和地方政府出台相关激励政策和配套措施，加强低硫燃油的生产和供应，对船舶使用低硫燃油、岸电，船舶改造升级和应用清洁能源等实施资金补贴、便利运输等优惠措施。

（四）建立与港澳联动机制

建立和完善与香港、澳门特别行政区沟通协调机制，加强珠三角水域船舶排放控制区工作与港澳的联动，协调排放控制标准和实施时间，交流排放控制措施应用和监督管理经验，推动与港澳船舶排放控制行动一体化。

项目二
国际干预公海油污事故公约

内容摘要

◆《国际干预公海油污事故公约》的产生背景

◆《国际干预公海油污事故公约》的概况及主要内容

案例导入

近年来,危险废物从发达国家向发展中国家的越境转移日益增多。据联合国环境规划署(UNEP)估计,1986年至1990年间共有500万吨之多的危险废物由工业化国家运往亚非拉诸国;经济合作与发展组织(OCED)国家每年有至少10万起越境转移事件,数量达200万吨以上;绿色和平组织某项调查显示,发达国家目前正以每年5 000万吨的规模向发展中国家运送危险废物,其中美国曾在1991年将超过6 803.4 t塑料废物运往菲律宾、15 875.9 t运往印尼、34 019.8 t运往香港(大部分转运中国内陆)。很难估计危险废物转移的确切数字。由于处置危险废物的费用不断增加,非法的危险废物国际贸易也在不断增加,产生的环境问题也日趋严重和复杂。

把危险废物转移到发展中国家之后,由于发展中国家的劳动力成本低廉,危险废物处理技术和工艺落后,往往是通过简单的工艺提取危险废物中很小部分的可用物质,把剩下的更加危险的废物就地堆放或简单处置。这样会对大面积土壤、地下水、地表水以及空气产生极大的污染,有些污染甚至是不可逆的,这样就对后代合理利用地球的环境资源产生了重大影响和威胁。如广东的"贵屿事件",环境的污染导致对孕妇的不良影响,这样更直接地影响了后代的生存。

据估计,全世界每年的危险废物产生量为3.3亿吨。由于危险废物带来严重污染和潜在的严重影响,在工业发达国家危险废物已称为"政治废物",公众对危险废物问题十分敏感,反对在自己居住的地区设立危险废物处置场,加上危险废物的处置费用高昂,一些公司极力试图向工业不发达国家和地区转移危险废物。危险废物的这种越境转移量有多少尚难统计,但显然是正在增长。据绿色和平组织的调查报告,从1986年到1992年,发达国家已向发展中国家和东欧国家转移总量为 1.63 亿吨的危险废物。

第一章　公约的产生背景

1967 年 3 月 8 日发生了利比里亚籍油船"托瑞·勘庸号"(Torry Canyon)油污事故,该船在英吉利海峡触礁,船体断裂。船上载有 12 万吨原油,约有 6 万吨入海,造成英国南海岸、法国北海岸和荷兰西海岸大面积污染。为了减少损害,英国政府派飞机将船舶残骸炸沉,并使船上原油燃烧。这次事故造成的损失约 1 500 万美元。此案在美国法院审理。根据 1951 年《美国责任限制法》,对船舶所有人责任限制实行船价制,而此案只有一条价值 50 美元的救生艇获救。此案最后以 300 万美元通过协商得以解决,但油污受害人仅得到 1/5 的损害赔偿。

"托瑞·勘庸号"油船事故引发了人们对国家根据国际公法对公海上发生事故的权力问题的某些疑虑。特别是提出了海岸国可采取何种程度的措施以保护其领土(领海)免受油污事故所造成的污染威胁问题,尤其是在所采取的措施可能会影响外国船东、货主甚至是船旗国的利益时。当时国际上普遍认为有必要建立一种新体制,该体制应在承认发生重大事故时需要国家在公海上采取某种干预行为的同时,明确限制该权力以保护其他合法权益。

原政府间海事协商组织于同年 5 月 5 日成立法律委员会,专门研究上述问题,并在 1969 年 11 月 10 日—29 日在布鲁塞尔召开了国际油污染损害法律会议,通过了《1969 年国际油污损害赔偿民事责任公约》和本公约。

公约确认了沿岸国在公海上采取必要措施以防止、减轻或避免海上事故对其海岸线或其他相关利益形成的油污染威胁的权力。然而,沿岸国的此种权力仅限于采取必要措施,而且事先需要与有关利益群体进行协商,特别是船旗国或船舶所属国或有关船舶、船东或货主,以及在条件允许时,为此目的而指定的独立专家。如果沿岸国所采取的措施超出了公约所允许的措施,该国则有责任对其采取的措施所造成的损失给予赔偿。公约还对因公约的适用所引起的争议的解决做了规定。公约适用于除军舰或其他由政府所有或营运的用于政府非商业性服务的船舶以外的航海船舶。

此次会议成员意识到比油类更严重危害海洋环境的其他物质,主要是化学品,因此 IMCO 法律委员会做了大量的工作,将公约适用范围扩展到除油类以外的其他物质,起草了一个议定书并提交给 1973 年伦敦海洋污染会议,会议于 1973 年 11 月 2 日通过了该议定书,已经于 1983 年 3 月 30 日生效。我国于 1990 年 2 月 23 日交存加入书,议定书于 1990 年 5 月 24 日对我国生效。截至 2016 年 4 月 5 日,共有 56 个国家接受该协定,占世界商船总吨位的 51.79%。

第二章　公约概况及主要内容

一、公约概况

《国际干预公海油污事故公约》(以下简称《1969 年干预公约》)(International Convention Relating to Intervention in the High Seas in Cases of Oil Pollution Casualties)是 1969 年 11 月 29 日政府间海事协商组织在布鲁塞尔海上污染损害国际法会议上签订的公约。1975 年 5 月 6 日生效。其宗旨是:保护沿岸国家利益,避免由于海上事故引起海上和沿岸油污危险的严重后果。

截至 2016 年 3 月 10 日,签署该公约的有丹麦、英国、日本、比利时、法国、美国、德国等 88 个国家和地区,其合计商船吨位占世界商船总吨位的 74.38%。[①] 1990 年 3 月 12 日—16 日开的 IMO 海上环境保护委员会的第 29 届会议上,我国代表通知委员会正式加入该公约,该公约自 1990 年 5 月 24 日对我国生效。

二、公约的主要内容

(一)公约正文

公约正文有 17 条,并有附则,包括调解(12 条)和仲裁两部分,共 19 条。主要内容如下:

公约规定了沿岸国,在发生海上事故后,有在公海上采取必要措施的权利,以防止、减轻或消除对其沿岸海区和有关利益产生严重的和紧急的油污危险或油污威胁,但这些措施不能影响公海的自由原则。本公约不针对军舰或其他属于国家所有或经营的、且当时为政府使用、从事非商业性服务的船舶采取措施。在采取措施前,应与受海上事故影响的其他国家,尤其是与船旗国进行协商,也可与没有利害关系的专家们进行协商。而致使他方遭受的损失,应负赔偿责任。缔约国之间发生任何争议,又不能协商解决时,可按附则规定,在任一方要求下,提请调解或仲裁。处理油污费用由肇事船国家负责,若在肇事船被免责的情况下,由各会员国按此比例分担。

(二)公约议定书

《1969 年干预公约》适用于涉及油污染的事故。考虑到船舶运载的其他物质(主要是化学品)数量的不断增加,这些物质一旦泄漏,会对海洋环境造成严重的危害,1969 年布鲁塞尔大会认识到需要把公约的适用范围扩大到油类以外的物质。

法律委员会就此做了大量工作后,准备了一份把 1969 年干预公约扩大适用到油类以外物质的文本草案,提交 1973 年伦敦海洋污染大会审议。

1973 年,大会通过了《关于干预公海非油类物质海洋污染事故议定书》(以下简称《1969

[①] IMO. LIST OF CONVENTIONS, OTHER MULTILATERAL INSTRUMENTS AND AMENDMENTS IN RESPECT OF WHICH THE ORGANIZATION PERFORMS DEPOSITARY AND OTHER FUNCTIONS. http://www.iom.org/About/Conventions/StatusofConventions/Pages/Default.aspx.

年干预议定书》),将《1969 年干预公约》的范畴扩大到了列于议定书附件中的物质或本质上与这些物质性质类似的物质,即把公约的适用范围扩大到非油类的其他污染物。通过日期:1973 年 11 月 2 日;生效日期:1983 年 3 月 30 日。我国于 1990 年 2 月 23 日交存加入书,该公约 1990 年 5 月 24 日对我国生效。

《1973 年干预议定书》由 11 条正文条款和物质清单附件两部分组成。

1. 干预权利

干预权利是议定书的核心内容。第 1 条第 1 款规定了沿海国进行干预的权利。既在发生海上事故或与这种事故有关的行为后,如有理由预计到将造成重大的有害后果,则可在公海上采取必要的措施,以防止、减轻或消除由于"非油类物质"造成污染或污染威胁而对其海岸线或有关利益产生的严重而紧迫的危险。

2. "非油类物质"的定义

议定书第 1 条第 2 款给出了"非油类物质"的定义。该定义分为两项,第 1 项是指"列于由国际海事组织指定的适当机构所制定的名单中的物质"。第 2 项是指"其他易于危害人类健康,伤害生物资源和海生物,损害休憩环境或妨碍对海洋的其他合法利用的物质"。第 2 项包括的物质非常广泛。从某种意义上讲,只要沿海国认为某种物质有害并造成了污染或污染威胁,即可进行干预。[1]

3. 沿海国的责任

议定书第 1 条第 3 款规定了沿海国的有关责任,当其就上述第 1 条第 2 款第 2 项中所述物质造成的污染采取行动时有责任证明,该物质在不进行干预的情况下,会产生类似于上述第 2 款第 1 项所述名单中列举的任何物质产生的严重又紧迫的危险。

4. 适用范围

此议定书规定:"《1969 年国际干预公海油污事故公约》第 1 条第 2 款和第 2 至第 8 条以及其附录的规定,应如同其适用于油类一样,适用于本议定书第 1 条中所述的物质。"即《1969 年干预公约》第 1 条第 2 款关于不适用于"军舰"和"政府船舶"的规定,第 2 条中的有关定义,第 3 条至第 8 条中关于"干预权利的行使""相称原则"和"争议的解决"等规定都适用于《1973 年干预议定书》。其争议的具体解决也将按照《1969 年干预公约》附录中规定的"调节程序"和"仲裁程序"。

5. 物质清单

该物质清单作为议定书的附件,是议定书不可分割的一部分。

海上环境保护委员会作为国际海事组织指定的机构于 1974 年 11 月 21 日通过了该物质清单。该清单列出了 96 种有毒物质、2 种液化气体以及国际原子能机构规定的有关放射性物质。此外,该清单还列出了除《1969 年干预公约》适用的原油、燃油、柴油和润滑油之外的 31 种油类,包括沥青溶液、馏分油、瓦斯油、汽油及其调和料、喷气机燃料和石脑油等。

6. 其他条款

公约的第 3 条至第 11 条是关于修正和生效条件等有关问题的规定,主要是程序性要求,但有两点值得注意:

(1)议定书的修正将采用《1969 年干预公约》规定的"默认程序",即当国际海事组织将修

---

[1] 杜大昌:关于《1969 年干预公约》和《1973 年干预议定书》,交通环保。

正案通知缔约国后满 6 个月时,应视为已被接受,除非在此期限内有不少于三分之一的缔约国表示反对。

(2)议定书只可由已批准、接受、认可或加入《1969 年干预公约》的国家批准、接受、认可或加入;如果议定书的某一缔约国退出了《1969 年干预公约》,即应视为退出了议定书。

(三)公约修正案

1991 年修正案,通过日期:1991 年 7 月 4 日;生效日期:1993 年 3 月 30 日(默认生效);该修正案修订了 1974 年编制的物质名单,以便于 1973 年议定书的应用。

1996 年修正案,通过日期:1996 年 7 月 10 日;生效日期:1997 年 12 月 19 日(默认接受);该修正案根据新通过的选择标准,修订了 1973 年议定书所附的物质名单。

2002 年修正案,通过日期:2002 年 10 月 11 日;生效日期:2004 年 6 月 22 日(默认接受)。

拓展阅读　海上油污染清除技术——溢油围控[①]

油溢到水面后,在自身重力和风、流以及其他因素的作用下会迅速扩散和漂移。因此,溢油清除的首要任务是尽快采取措施,有效围控溢油,阻止其进一步扩散和漂移,以减少水域污染范围。用作溢油围控的器材主要是围油栏。围油栏的作用主要有三种:溢油围控和集中、溢油导流、防止潜在溢油。

目前国内外使用的围油栏主要有以下几种:

(1)充气式围油栏

充气式围油栏是围控溢油、防止溢油扩散的重要设备,特别适用于应急处理溢油事故。可广泛用于河流、海港、海洋平台和船舶救难抢险等溢油水域。该围油栏具有强度高,耐油、耐候、耐磨,乘波性、稳定性、滞油性能好等特点,可在恶劣的条件下工作。

(2)固体浮子式 PVC 围油栏

固体浮子式 PVC 围油栏是一种经济通用型围油栏,特别适用于近岸平静水域溢油和其他漂浮物的拦截控制,可长期固定布放,易清洗、维修,操作方便,已被广泛应用于内陆污染物排放入口处、河流、港湾、湖泊和近海石油钻井平台等水域。

(3)岸滩围油栏

岸滩围油栏由三个 10～25 m 长独立管腔组成,一根管腔在上部,另两根管腔在下部,形成一个"品"字形。适用于比较平坦的岸滩,密封效果好,能与其他类型的围油栏对接连用;是潮间带拦截溢油的专用围油栏;结构独特,布放和回收时需特别小心,以防止表面被划破。

(4)防火式围油栏

防火式围油栏由耐热钢浮子、浮子间柔性件和围油栏快速接头组成,每节围油栏单独存储在一个存储架内,运输和储存时存储架可叠放,水下裙体为 PVC 双面涂覆增强纤维布或橡胶。其具有强度高、易布放储存、可重复使用的特点,与灭火剂泡沫合用效果好。可用于溢油燃烧处理:U 形拦截、转移或分割大片溢油,能浓集溢油,便于点火和保证安全燃烧。

[①]　曹德胜:《船舶污染防治的新技术、新手段》,《交通运输部管理干部学院学报》,2011 年 1 期。

内容摘要

◆《防止倾倒废弃物及其他物质污染海洋的公约》的产生背景

◆《防止倾倒废弃物及其他物质污染海洋的公约》的概况及主要内容

◆《防止倾倒废弃物及其他物质污染海洋的公约》的实施情况

案例导入

2014 年、2015 年全年和 2016 年上半年上海通过水路外运的渣土量分别为 7 778.7 万吨、6 697.1 万吨以及 2 250.9 万吨,其中大半需要通过吴淞口走长江运输到启东、南通等地方上岸处置。近年来,一些渣土运输船受经济利益的驱使,将渣土任意倾倒到上海管辖海域里,给海洋环境带来极大危害,违法倾倒渣土的行为呈增加态势。

2016 年 1 月 16 日,上海市海洋局行政执法人员接到上海海事局通航处告知,在长江口 B10 号灯浮附近海域有船只倾倒渣土。执法人员于 2016 年 1 月 17 日 11 时抵达现场进行调查。

经调查,发现 2016 年 1 月 15 日,渣土运输船"鲁济××"将渣土运输到长江口 B10 号灯浮附近海域,之后由"常连××"船用吊机实施渣土倾倒行为。当事人现场未能出示废弃物海洋倾倒许可证。

当事人的行为违反了《中华人民共和国海洋环境保护法》第 55 条第 1 款的规定,依据该法第 73 条第 1 款第 3 项及第 2 款的规定,最终决定对当事人做出罚款 3.6 万元的行政处罚。处罚决定送达后,当事人在法定期限内将罚款全部交到指定银行。

第一章 公约的产生背景

向海洋倾倒废弃物,是人类有史以来习以为常的事。但是随着近代工业的兴起,倾倒物中的成分也发生了根本性的变化,一些原来在自然界中没有的物质通过科学手段人工合成,其中有一些是含有剧毒的物质。据估计,倾倒在波罗的海中的含有砷化物成分的废水、废弃物达亿吨以上,这些砷化物的毒性完全释放出来足以使3倍的地球人口丧生,这是多么危险的一个警告。进入20世纪,核工业的崛起,实现了人工重核的衰变和轻核的聚变,从而也出现了放射性废弃物。美国在1945—1965年间曾在旧金山附近的海上倾倒了近5万桶放射性废弃物,此后又选定太平洋40个倾倒放射性废弃物区。这些被倾倒的放射性废弃物,有的由于桶罐破损已造成这一海区的放射性污染,已检测到鱼体内的放射性含量,足以对人类健康构成威胁,其潜在危险性和难以弥补性正为世人所瞩目。由此,海洋倾倒废弃物引起了国际社会的关注。

第二章 公约的概况及主要内容

一、公约的概况

《防止倾倒废弃物及其他物质污染海洋的公约》(简称《1972年伦敦公约》)的产生源于1972年在瑞典斯德哥尔摩举行的联合国人类环境会议。1972年12月29日在英国伦敦通过并开放签字,1975年8月30日生效。截至2016年3月10日,该公约共有87个缔约国,占世界商船总吨位的61.76%。1985年12月15日经全国人大常委会(第六届第十二次会议)批准,我国正式加入该公约。我国于2006年6月批准该公约的议定书,该公约2006年10月对我国生效。

二、公约的主要内容

公约正文包括22条条款、1个附录和2个附件。各缔约国应个别地或集体地促进对海洋环境污染的一切来源进行有效的控制,并特别保证采取一切切实可行的步骤和措施,防止因倾倒废物及其他物质污染海洋,因为这些物质可能危害人类健康,损害生物资源和海洋生物,破坏娱乐设施,或妨碍对海洋的其他合法利用。各缔约国应按照下列条款的规定,依其科学、技术及经济的能力,个别地和集体地采取有效措施,以防止因倾倒而造成的海洋污染,并在这方面协调其政策。

1.“倾倒”的含义是:

(1)任何从船舶、航空器、平台或其他海上人工构筑物上有意地在海上倾弃废物或其他物质的行为;

(2)任何有意地在海上弃置船舶、航空器、平台或其他海上人工构筑物的行为。

2."倾倒"不包括：

（1）船舶、航空器、平台或其他海上人工构筑物及其设备的正常操作所附带发生或产生的废物或其他物质的处置。但为了处置这种物质而操作的船舶、航空器、平台或其他海上人工构筑物所运载或向其输送的废物或其他物质，或在这种船舶、航空器、平台或构筑物上处理这种废物或其他物质所产生的废物或其他物质均除外；

（2）并非为了单纯处置物质而放置物质，但以这种放置不违反本公约的目的为限。

3.由于海底矿物资源的勘探、开发及相关的海上加工所直接产生的或与此有关的废物或其他物质的处置，不受本公约规定的约束。

4."船舶和航空器"系指任何类型的海、空运载工具，包括不论是否是自动推进的气垫船和浮动工具。

5."海"系指各国内水以外的所有海域。

6."废物或其他物质"系指任何种类、任何形状或任何式样的材料和物质。

7."特别许可证"系指按照附件二和附件三的规定，经过事先申请而特别颁发的许可证。

8."一般许可证"系指按照附件三的规定，事先发放的许可证。

9.按照本公约规定，各缔约国应禁止倾倒任何形式和状态的任何废物或其他物质，除非以下另有规定：

（1）倾倒附件一所列的废物或其他物质应予禁止；

（2）倾倒附件二所列的废物或其他物质需要事先获得特别许可证；

（3）倾倒一切其他废物或物质需要事先获得一般许可证。

三、伦敦公约 1996 年议定书

国际社会制定《伦敦公约 1996 年议定书》的本意是希望它能代替《1972 年伦敦公约》，该议定书的要求也比原来的公约严格得多。对于如何解决将海洋作为一个废物收集站的问题，议定书从态度上做出了重大改变。最重要的改革之一是引入"预防为主"的原则，议定书要求"当有证据表明废物或其他物质排入海洋中将可能造成危害，即使没有直接证据证明排放与其结果之间的因果关系，亦应采取适当的预防措施"。

议定书还指出"污染者应承担主要污染费用"，强调缔约国应保证执行议定书，不应将污染从一个地区转移到另一个地区。本议定书包括 29 条正文以及 3 个附则。附则 1 为可考虑倾倒的废弃物或其他物质，其他 2 个附则涉及废物定级和仲裁程序。附则的修正案按默认接受程序通过，其将在通过后不迟于 100 天内生效，除了那些明确表示不接受的国家，修正案将适用于所有其他缔约国。

议定书的第 4 条要求缔约国"除附则 1 所列物质，应禁止任何废弃物或其他物质"。附则 1 所列物质为：

（1）疏浚物；

（2）污泥；

（3）鱼类废弃物，或鱼类加工作业所产生的物质；

（4）船舶和钻井平台或其他海上人造建筑物；

（5）惰性物质，无机地质物质；

（6）天然有机物质；

（7）包括铁、钢、水泥和类似无害物质在内的大体积物品。

《1972年伦敦公约》允许在海上焚烧废物，但在1993年修正案中该许可被禁止。该议定书第5条明确禁止在海上焚烧废物。伦敦公约生效后，出现了将废弃物出口到其他非缔约国海上进行倾倒的事件，因此议定书第6条明确"缔约国不应允许将废弃物或其他物质出口到其他国家海上倾倒或焚烧"。第8条规定了例外情况即在由于气候形成不可抗拒的情况下，或对人类生命构成危害或直接威胁到船舶安全的情况下，可以允许倾倒，但应立即向IMO报告。第9条要求缔约国指定一个（或一个以上）适当主管机关根据本议定书签发许可证。国际社会认识到1996年议定书实施的重要性，在该议定书第11条规定了实施程序，此程序规定，在议定书生效后不晚于2年，缔约国会议"须建立评估和促进实施的必要程序和机制"。

过渡性条款（第26条）允许新缔约国在5年内逐步履行公约。为配合这一条款的实施，议定书还扩大了技术援助条款的范围。

四、公约的修正案

（一）2009年修正案

2009年修正案通过日期为2009年10月30日。该修正案在缔约国接受后60天对该缔约国生效，截至2015年3月，该修正案仅对挪威、英国、荷兰三个国家生效。主要修订内容是允许以注入海床下的地质层中封存为目的，将二氧化碳出口到其他国家，并设定了"出口"条件。

（二）2013年修正案

2013年修正案的通过日期为2013年10月18日。该修正案是有关海洋肥沃化和其他海洋地质工程活动安排的规定。该修正案未对任何国家生效。

第三章　公约的实施情况

《〈1972伦敦公约〉1996议定书》全称为《〈防止倾倒废物及其他物质污染海洋的公约〉1996年议定书》，是一项以管理和控制海洋倾倒废物为目的的国际公约。

一、我国的相关规定

为了严格控制向海洋倾倒废弃物，防止对海洋环境的污染损害，保持生态平衡，保护海洋资源，促进海洋事业的发展，国务院于1985年3月6日颁布了《中华人民共和国海洋倾废管理条例》，并于1985年4月1日实施，先后于2011年1月8日和2017年3月21日进行了两次修订。

该条例中将废弃物根据其毒性、有害物质含量和对海洋环境的影响等因素分为三类，并规定了其倾倒要求。其中，附件一规定的"禁止倾倒的物质"包括：

"一、含有机卤素化合物、汞及汞化合物、镉及镉化合物的废弃物，但微含量的或能在海水中迅速转化为无害物质的除外。

二、强放射性废弃物及其他强放射性物质。

三、原油及其废弃物、石油炼制品、残油,以及含这类物质的混合物。

四、渔网、绳索、塑料制品及其他能在海面漂浮或在水中悬浮,严重妨碍航行、捕鱼及其他活动或危害海洋生物的人工合成物质。

五、含有本附件第一、二项所列物质的阴沟污泥和疏浚物。"

附件二规定的"需要获得特别许可证才能倾倒的物质"包括:

"一、含有下列大量物质的废弃物:

(一)砷及其化合物;

(二)铅及其化合物;

(三)铜及其化合物;

(四)锌及其化合物;

(五)有机硅化合物;

(六)氰化物;

(七)氟化物;

(八)铍、铬、镍、钒及其化合物;

(九)未列入附件一的杀虫剂及其副产品。

但无害的或能在海水中迅速转化为无害物质的除外。

二、含弱放射性物质的废弃物。

三、容易沉入海底,可能严重障碍捕鱼和航行的容器、废金属及其他笨重的废弃物。

四、含有本附件第一、二项所列物质的阴沟污泥和疏浚物。"

二、有关二氧化碳排放的问题

为切实减缓因二氧化碳大量排放对温室效应和全球气候变化所带来的影响,2006 年 11 月 2 日,首届缔约方会议通过了对《议定书》附件一的修正案。修正案主要涉及了"二氧化碳海底封存"问题,即收集工业生产中产生的二氧化碳,并将其封存在海底地质结构中。修正案将"二氧化碳捕获过程获得的用于封存的二氧化碳流"列为允许向海洋倾倒的物质之一,并对倾倒条件做了限制。

根据《〈1972 伦敦公约〉1996 议定书》的规定,我国未在该修正案被通过后 100 天内声明不能接受该案,《〈1972 伦敦公约〉1996 议定书》附件一修正案于 2007 年 2 月 10 日自动对我国(包括香港特别行政区)生效。专家表示:虽然我国作为发展中国家尚不承担温室气体减、限排义务,但这实际上赋予了我国二氧化碳海底封存的权利,从而增加了我国二氧化碳的排放空间。

目前,世界上开展二氧化碳的海底封存研究与实践的主要是美国、加拿大和欧盟等承担温室气体量化减排义务的发达国家。实践表明,二氧化碳的海底封存有技术可靠性和经济可行性。发达国家通过二氧化碳海底封存,一方面可以促进履行温室气体减排义务,另一方面可以在事实上增加发达国家的排放空间,避免因减排影响其经济发展和国际市场竞争力。

作为发展中国家,二氧化碳的海底封存对缔约方而言是一项权利。虽然我国尚不承担温室气体减、限排义务,但随着我国经济的快速发展,能源消费的大量增加和温室气体排放的日益上升,我国在温室气体减、限排方面正面临着越来越大的国际压力。长远来看,《〈1972 伦敦公约〉1996 议定书》附件一修正案对我国生效,为二氧化碳的海底封存成为我国应对气候变化问题的选择方案之一奠定了基础。

拓展阅读 废弃物分类

根据废弃物的毒性、有害物质含量和对海洋环境的影响等因素,将废弃物分为 3 类。我国对海洋废弃物实行分类管理(见图5-8)。

图5-8 海洋废弃物

①一类废弃物指含有机卤素化合物、汞及汞化合物、镉及镉化合物的废弃物,但微含量的或能在海水中迅速转化为无害物质的除外;强放射性废弃物及其他强放射性物质;原油及其废弃物、石油炼制品、残油,以及含这类物质的混合物;渔网、绳索、塑料制品及其他能在海面漂浮或在水中悬浮,严重妨碍航行、捕鱼及其他活动或危害海洋生物的人工合成物质;含有机卤素化合物、汞及汞化合物、镉及镉化合物、强放射性物质的阴沟污泥和疏浚物。

一类废弃物禁止向海洋倾倒。但当出现紧急情况,在陆地上处置会严重危及公众健康时,经国家主管部门批准,获得紧急许可证,可到指定的海区按规定的方法倾倒。

②二类废弃物。指含有大量砷及砷化合物、铅及铅化合物、铜及铜化合物、锌及锌化合物、有机硅化合物、氰化物、氟化物和铍、铬、镍、钒及其化合物,以及未列入一类的杀虫剂及其副产品的废弃物。无害的或能在海水中迅速转化为无害物质的除外;含弱放射性物质的废弃物;容易沉入海底,可能严重妨碍捕鱼和航行的容器、废金属及其他笨重的废弃物;含以上物质的阴沟污泥和疏浚物。

倾倒二类废弃物应事先获得特别许可证,到指定海区按规定方法倾倒。

③三类废弃物。指未列入一类、二类的含低毒或无毒物质的废弃物,包括疏浚物等。

倾倒三类废弃物应当事先获得普通许可证,到指定海区倾倒。

控制危险废料越境转移及其处置巴塞尔公约

内容摘要

◆《控制危险废料越境转移及其处置巴塞尔公约》的产生背景
◆《控制危险废料越境转移及其处置巴塞尔公约》的概况及主要内容

第一章　公约的产生背景

危险废料指国际上普遍认为具有爆炸性、易燃性、腐蚀性、化学反应性、急性毒性、慢性毒性、生态毒性和传染性等特性中一种或几种特性的生产性垃圾和生活性垃圾。

《控制危险废料越境转移及其处置巴塞尔公约》(Basel Convention on the Control of Transboundary Movements of Hazardous Wastes and Their Disposal,以下简称《巴塞尔公约》)旨在遏止越境转移危险废料,特别是向发展中国家出口和转移危险废料。公约要求各国把危险废料数量减到最低限度,用最有利于环境保护的方式尽可能就地储存和处理。公约明确规定:如出于环保考虑确有必要越境转移废料,出口危险废料的国家必须事先向进口国和有关国家通报废料的数量及性质;越境转移危险废料时,出口国必须持有进口国政府的书面批准书。公约还呼吁发达国家与发展中国家通过技术转让、交流情报和培训技术人员等多种途径在处理危险废料领域中加强国际合作。

1995年9月22日,100多个国家的代表在日内瓦通过了《巴塞尔公约》的修正案。修正案禁止发达国家以最终处置为目的向发展中国家出口危险废料,并规定发达国家在1997年年底以前停止向发展中国家出口用于回收利用的危险废料。

第二章　公约的概况及主要内容

一、公约的概况

《巴塞尔公约》于 1989 年 3 月 22 日在联合国环境规划署于瑞士巴塞尔召开的世界环境保护会议上通过,1992 年 5 月正式生效。1995 年 9 月 22 日在日内瓦通过了《巴塞尔公约》的修正案。已有 100 多个国家签署了这项公约,中国于 1990 年 3 月 22 日在该公约上签字。

二、公约的结构及主要内容

《巴塞尔公约》序言提出,危险废物的越境转移应当减少至与环境无害管理相符合的最低限度。这与危险废物的源头削减以及环境无害管理一起构成公约的最基本宗旨。为此,《巴塞尔公约》对危险废物及其他废物的越境转移进行了严格规定,为缔约国施加了确保危险废物的环境无害管理(特别是它们的处置)的种种义务。

公约的主要法律框架,包括六个附件和一个仲裁。公约在第 2 条第 1 款将"废物"定义为"处置的或打算予以处置的或按照国家法律规定必须加以处置的物质或物品"。公约适用于其所界定的两大类废物。第一类"危险废物"是指公约附件一中所列举的 45 类废物(只要其具有附则三所描述的特征,且为公约附则四中详述的作业所处置)和缔约国国内立法视为危险废物但不包括在公约附件一中的危险废物。公约附则一中所列废物可分成两类。前 18 种废物是某个特定加工过程的副产品,包括源自医院的医疗服务、药品生产、涂料生产及摄影化学物品生产过程中产生的废物。另外 27 种废物种类特征明显,因为其具有某些组成要素。这包括诸如含有铜或锌复合物、砷、铅或水银等物质的废物。第二类"其他废物"是公约附件二所列明的从住家收集的废物以及焚烧住家废物产生的残余物。但受其他国际法律文件约束的放射性废物和船舶正常作业而产生的废物被《巴塞尔公约》排除在外。

附件一:应加控制的废物类别废物组别

附件二:须加特别考虑的废物类别

附件三:危险特性的清单

附件四:处置作业

附件五—B:转移文件内应提供的资料

附件六:仲裁

三、公约的修正案

公约修正案由巴塞尔公约缔约国会议第三次会议于 1995 年 9 月 22 日在日内瓦通过。

中国政府代表签署了该修正案。迄今我国尚未批准该修正案。为参考之故,现将该修正案附于《巴塞尔公约》之后。

增添新的序言部分第 7 段之二:

"确认危险废物的越境转移,特别是向发展中国家越境转移,其危险率高,不能构成本公约对危险废物所规定的无害环境管理。"

增添新的第 4A 条：

1. 附件七所列每一缔约方,应一律禁止向未列于附件七的国家越境转移预定按照附件四—A 的作业方式处置的危险废物。

2. 附件七所列每一缔约方,应于 1997 年 12 月 31 日之前逐步减少,并自该日以后,一律禁止向未列于附件七的国家越境转移预定按照附件四—B 的作业方式处置的本公约第 1 条第 1 款(a)项所规定的危险废物。

拓展阅读 控制危险废物越境转移及其处置巴塞尔公约附件

附件一:应加控制的废物类别

废物组别

Y1 从医院、医疗中心和诊所的医疗服务中产生的临床废物

Y2 从药品的生产和制作中产生的废物

Y3 废药物和废药品

Y4 从生物杀伤剂和植物药物的生产、配制和使用中产生的废物

Y5 从木材防腐化学品的制作、配制和使用中产生的废物

Y6 从有机溶剂的生产、配制和使用中产生的废物

Y7 从含有氰化物的热处理和退火作业中产生的废物

Y8 不适合原来用途的废矿物油

Y9 废油/水、烃/水混合物乳化液

Y10 含有或沾染多氯联苯(PCBs)和(或)多氯三联苯(PCTs)和(或)多溴联苯(PBBs)的废物质和废物品

Y11 从精炼、蒸馏和任何热解处理中产生的废焦油状残留物

Y12 从油墨、染料、颜料、油漆、真漆、罩光漆的生产、配制和使用中产生的废物

Y13 从树脂、胶乳、增塑剂、胶水/胶合剂的生产、配制和使用中产生的废物

Y14 从研究和发展或教学活动中产生的尚未鉴定的和(或)新的并且对人类和(或)环境的影响未明的化学废物

Y15 其他立法未加管制的爆炸性废物

Y16 从摄影化学品和加工材料的生产、配制和使用中产生的废物

Y17 从金属和塑料表面处理产生的废物

Y18 从工业废物处置作业产生的残余物含有下列成分的废物:

Y19 金属羰基化合物

Y20 铍;铍化合物

Y21 六价铬化合物

Y22 铜化合物

Y23 锌化合物

Y24 砷;砷化合物

Y25 硒;硒化合物

Y26 镉;镉化合物

Y27 锑;锑化合物

Y28 碲;碲化合物

Y29 汞;汞化合物

Y30 铊;铊化合物

Y31 铅;铅化合物

Y32 无机氟化合物(不包括氟化钙)

Y33 无机氰化物

Y34 酸溶液或固态酸

Y35 碱溶液或固态碱

Y36 石棉(尘和纤维)

Y37 有机磷化合物

Y38 有机氰化物

Y39 酚;酚化合物包括氯酚类

Y40 醚类

Y41 卤化有机溶剂

Y42 有机溶剂(不包括卤化溶剂)

Y43 任何多氯苯并呋喃同系物

Y44 任何多氯苯并二噁英同系物

Y45 有机卤化合物(不包括其他在本附件内提到的物质,例如,Y39、Y41、Y42、Y43、Y44)

附件二:须加特别考虑的废物类别

Y46 从住家收集的废物

Y47 从焚化住家废物产生的残余物

附件三:危险特性的清单

联合国

等级 * 编号 特性

*与联合国关于危险物品运输的建议(ST/SG/AC.10/1/Rev.1,联合国,纽约1988年)所包含的危险等级编号系统相符。

1 H1 爆炸物

爆炸物或爆炸性废物是固态或液态物质或废物(或混合物或混合废物),其本身能以化学反应产生足以对周围造成损害的温度、压力和速度的气体。

3 H3 易燃液体

易燃液体是(在不超过 60.5 ℃温度的闭杯试验或不超过 65.6 ℃的开杯试验中产生易燃蒸汽的)液体或混合液体或含有溶解或悬浮固体的液体(如油漆、罩光漆、真漆等,但不包括由于其危险特性归于别类的物质或废物)。(由于开杯和闭杯试验的结果不能做精确比较,甚至同类试验的个别结果都往往有差异,因此斟酌这种差异,做出与以上数字不同的规定,仍然符合本定义的精神)

4.1 H4.1 易燃固体

在归类为爆炸物之外的某些固体或固体废物,在运输中遇到的某些情况下容易起火,或由于摩擦可能引起或助成起火。

4.2 H4.2 易于自燃的物质或废物

在运输中的正常情况下易于自发生热,或在接触空气后易于生热,而后易于起火的物质或废物。

4.3 H4.3 同水接触后产生易燃气体的物质或废物与水相互作用后易于变为自发易燃或产生危险数量的易燃气体的物质或废物。

5.1 H5.1 氧化

此类物质本身不一定可燃,但通常可因产生氧气而引起或助长其他物质的燃烧。

5.2 H5.2 有机过氧化物

含有两价—O—O 结构的有机物质或废物是热不稳定物质,可能进行放热自加速分解。

6.1 H6.1 毒性(急性)

如果摄入或吸入体内或由于皮肤接触可使人致命、或严重伤害或损害人类健康的物质或废物。

6.2 H6.2 传染性物质

含有已知或怀疑能引起动物或人类疾病的活微生物或其毒素的物质或废物。

8 H8 腐蚀

同生物组织接触后可因化学作用引起严重伤害,或因渗漏能严重损坏或毁坏其他物品或运输工具的物质或废物;它们还可能造成其他危害。

9 H10 同空气或水接触后释放有毒气体

同空气或水相互作用后可能释放危险量的有毒气体的物质或废物。

9 H11 毒性(延迟或慢性)

如果吸入或摄入体内或如果渗入皮肤可能造成延迟或慢性效应,包括致癌的物质或废物。

9 H12 生态毒性

如果释出就能或可能因为生物累积和(或)因为对生物系统的毒性效应对环境产生立即或延迟不利影响的物质或废物。

9 H13 经处置后能以任何方式产生具有上列任何特性的另一种物质,例如浸漏液。

检验

某些种类的废物所造成的潜在危害尚未有充分的资料记载;尚不存在对这些危害进行定量分析的检验方法。必须进行进一步研究,以便制定方法来表明这些废物对人和(或)环境的潜在危害。对于纯物质和纯原料已有标准化的检验方法。许多国家已发展出国家一级的检验方法,可以用来检验附件一所列的物质,以便确定这些物质是否具有本附件所列的任何特性。

附件四:处置作业

A. 不能导致资源回收、再循环、直接再利用或其他用途的作业方式 A 节包括实际采用的所有处置作业方式。

D1 置放于地下或地上(例如填埋)

D2 土地处理(例如在土壤中进行液体或污泥废弃物的生物降解)

D3 深层灌注(例如将可用泵抽的废弃物注入井中、盐丘或自然形成的地库)

D4 地表存放(例如将液体或污泥废弃物放置在坑中、池塘或氧化塘中)

D5 特别设计的填埋(例如,放置于加盖并彼此分离、与环境隔绝的加衬的隔槽)

D6 排入海洋之外的水体

D7 排入海洋包括埋入海床

D8 未在本附件他处指明的生物处理,产生的最后化合物或混合物以 A 节的任何作业方式弃置

D9 未在本附件他处指明的物理化学处理,产生的最后化合物或混合物以 A 节的任何作业方式弃置,例如,蒸发、干燥、焚化、中和、沉淀

D10 陆上焚化

D11 海上焚化

D12 永久储存(例如,将容器放置于矿井)

D13 在进行 A 节的任何作业之前先加以掺杂混合

D14 在进行 A 节的任何作业之前先重新包装

D15 在进行 A 节的任何作业之前暂时储存

B. 可能导致资源回收、再循环、直接再利用或其他用途的作业方式

B 节包括所有对于在法律上确定为或视为危险废物的物质的作业方式,这些物质若非以本节作业方式处理,将以 A 节所列作业处置

R1 作为燃料(而不直接焚化)或以其他方式产生能量

R2 溶剂回收/再产生

R3 没有用作溶剂的有机物质的再循环/回收

R4 金属和金属化合物的再循环/回收

R5 其他无机物质的再循环/回收

R6 酸或碱的再产生

R7 回收污染减除剂的组分

R8 回收催化剂的组分

R9 废油再提炼或以其他方式重新使用已使用过的油

R10 能改善农业或生态的土地处理

R11 使用从编号 R1 至 R10 任何一种作业之中产生的残余物质

R12 交换废物以便进行编号 R1 至 R11 的任何一种作业

R13 积累 B 节内任何一种作业所用的物质

香港国际安全与环境
无害化拆船公约

内容摘要

◆《香港国际安全与环境无害化拆船公约》的产生背景
◆《香港国际安全与环境无害化拆船公约》的主要内容

第一章 公约的产生背景

近年来,国际社会普遍认识到,有序的报废船舶拆解过程将有益于造船业和航运业的良性循环,是一项有利于环保和金属资源循环再利用的可持续发展活动,是船舶结束营运后的最佳选择。但是,如果船舶拆解过程不能按一定行业规范进行,则会给环境和工人健康带来一定影响。因此,拆船业的环保、安全和健康等问题受到有关国际组织的日益广泛关注。

2002年3月召开的MEPC47会议上决定先制定一个关于拆船的建议性导则,并计划在2003年7月召开的MEPC49会议上完成该导则的制定工作。2003年11月末至12月初召开的IMO第23届大会以A.962(23)决议通过《拆船通则》,之后该导则又经第24届大会A.980(24)决议进行了修订。

《拆船通则》的建议针对的是拆船业的所有船东,包括造船管理以及航海设备供给国、船旗国、港口国、拆船国、政府间组织以及船东、造船商、修船厂、拆船厂等。

《拆船通则》为船舶引入了"绿色通行证"的概念,规定船舶在其运营期间应始终存放一份包含了造船过程中使用的可能对人类健康或环境造成潜在危害的所有材料的清单。该文书由船厂在造船阶段填写,并交给购船者,其格式应能确保可以将船舶所有材料和设备的后续变化都记录下来。后续的船东要保持绿色通行证的准确性,并把所有与该船相关的设计和设备上的变化合并在一起,由原来的船东将其随船交付给拆船厂。

2005年7月召开的MEPC第53届会议提出,IMO应将制定一个全新的关于拆船的公约(或议定书)作为首要任务,为国际航运业和拆船业提供在全球范围内使用的拆船规则。

MEPC 第 53 届会议还提出,新的 IMO 拆船公约应包括适用于船舶设计、建造、操作和船舶拆解准备的规则,以保证拆船过程是安全的、环保的,同时又不降低船舶的安全和操作效率;要保证拆船厂的运作是安全的、环保的;要建立合适的拆船实施机制(关于发证/报告要求)。MEPC 第 53 届会议计划在 2008、2009 两年间完成并通过上述公约。

2005 年 11 月底至 12 月初召开的 IMO 第 24 届大会通过了 A.981(24)决议,要求 MEPC 制定一部新的公约以解拆船业的燃眉之急,在考虑全球海上交通的特点和顺利拆解已达到使用寿命船舶需求的前提下为拆船业制定规则,以适当、有效、可持续的方式减少与拆船有关的环境、职业健康和安全方面的风险带来的危害。

2009 年 5 月,IMO 在香港召开的外交大会上通过了《国际安全与环境无害化拆船公约》(简称《拆船公约》)。公约于 2009 年 9 月 1 日—2010 年 8 月 31 日在 IMO 总部开放签署,公约规定的生效条件是占世界商船总吨位40%的 15 个国家加入公约且这些国家在过去 10 年内的最大年度总拆船量合计不少于这些国家商船总吨位的 3%。公约将在满足生效条件之日起 24 个月后生效。公约框架结构如图 5-9 所示。

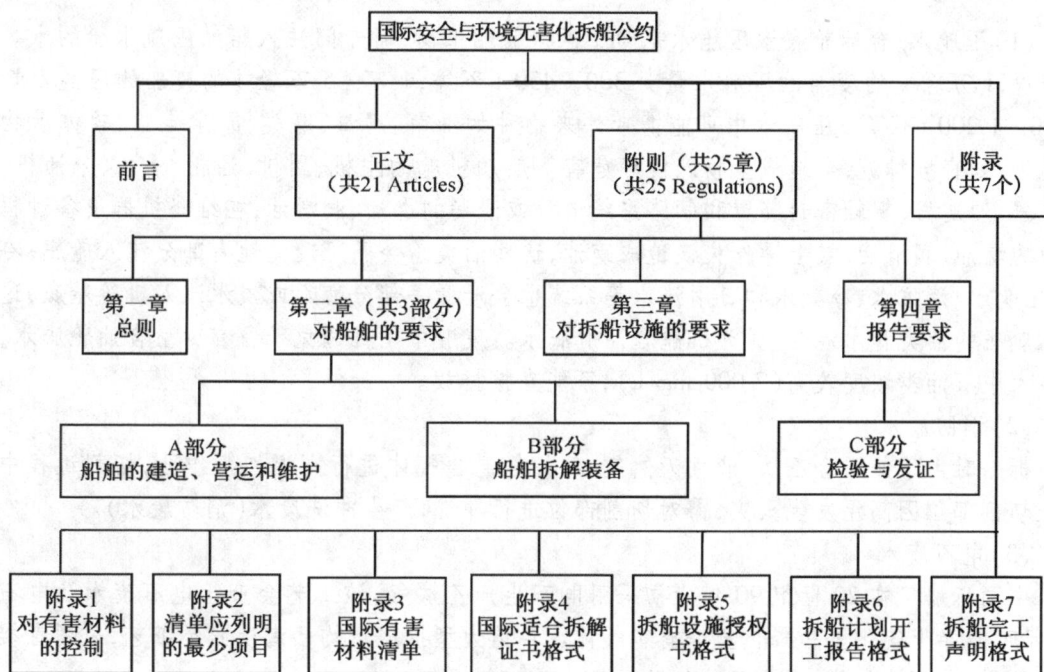

图 5-9　公约框架结构

第二章　公约的主要内容

公约对船舶的具体技术要求体现在附则条款中,主要分为 3 个部分:一是船舶设计、建造、营运和维护,包括船上使用有害材料控制及控制的修正程序、成立技术小组和确定有害材料清单等;二是船舶拆解准备,包括制订拆解计划、拆船前准备等;三是检验和发证,要求营运的船舶必须接受《拆船公约》规定的检验,并取得相应的证书。在公约附则的 7 个附录中,附录 1 和附录 2 都是控制使用有害材料的内容,这两个附录是公约的核心内容之一。附录 1 是一份受公约禁止的有害材料列表,列入该附录的有害材料将被禁止或限制使用。附录 2 为需要列入有害材料清单的物质列表,凡列入该表的物质若在船上安装和使用,均需要按要求在船舶有害材料清单证书的附录中予以记录。

目前,《拆船公约》还未生效,但是随着国际社会关于提高拆船安全和环保水平的呼声不断高涨,公约的通过是必然的。因此,实施《拆船公约》将带来的影响应引起相关行业、相关企业的高度重视。

拓展阅读 拆船过程中的主要环境污染①

1. 水污染

(1)压舱水、含油舱底水压舱水是为了保持船舶平衡,而专门注入船舶压舱水舱的水。一般来说,1 万轻吨的废船的压舱水量为 300 ~ 450 t 不等,4 万 ~ 5 万轻吨的废船的压舱水量为 1 000 ~ 1 200 t 不等。压舱水中可能携带外来物种如细菌、病毒、藻类、原生生物、软体动物和鱼类等,如直接排放,会造成生物入侵等危害。船舶机舱的主机、副机、油柜、油泵、分油机、油冷却器、油滤器、艉轴密封装置和管路系统泄放或泄漏的燃油、润滑油,在维修机器设备过程中泄放的燃油、润滑油,或者操作失误造成跑油,这些油类总会不可避免地有部分流入舱底;冷却水、压舱水、消防水、冷凝水和日用淡水等系统也会泄漏一部分海水或淡水流入机舱舱底,这些流入舱底的油类和水混合,成为机舱含油舱底水。废船中不可避免残留有少量含油舱底水,这股废水中石油类浓度较高(2 000 mg/L),不能直接排放。

(2)消防废水

拆船时由于使用含乙炔、液化天然气、氧气等混合气体进行高温切割作业,切割过程中为防止切割部位因高温发生火灾,需对切割部位进行冲洗,产生冲洗废水(消防废水)。

(3)电石废水

中国拆船厂在 20 世纪 90 年代初采用电石生产乙炔气,该工艺会产生电石废水及电石废渣,且可能伴生硫化氢和磷化氢等有害气体。目前大型拆船厂均已淘汰此类工艺,采用直接外购乙炔气体、丙烷气体、液化天然气及氧气作为切割用气。

(4)拆解场地初期雨水

受被拆解主体及拆船工艺所限,废船拆解操作大部分为露天作业。在作业过程中各种污染物质可能滴漏在地面,当下雨时形成地表径流,污染物会随径流带入周边的水体,特别是暴雨发生后 15 ~ 20 min 的初期雨水,污染物的浓度较高,会对周边水体造成污染。

2. 大气污染

(1)切割废气

在切割船体时,钢板附有可能含有铜、铅、锌、锡等重金属的涂料,若不进行预处理直接进

---

① 李燕:《拆船行业的环境污染及防治对策研究》,《环境科学与管理》,2014 年 11 期,第 75—76 页。

行热切割作业,在切割过程中高温燃烧则可能会有含铅等其他重金属的气体产生。

（2）石棉飘尘

石棉存在于系统隔热层和表层材料中,拆解过程中如处理不当,会造成大量石棉飘尘散布到大气中,一旦被人体吸入,就会在人的肺部停留积累,吸入大量的石棉纤维可以导致肺癌、石棉沉滞症等疾病,会对人体健康造成极大危害。随着人们对石棉危害的认识,80年代以后建造的船舶基本上不再使用石棉,隔热材料用其他替代品代替。于2013年12月30日正式生效的《欧盟拆船法规》也明确石棉、臭氧破坏物质、PCB、PFOS、防污剂和防雾系统在船上的安装或使用是被禁止或受限的。

（3）氟利昂

废船上空调系统及冷却系统中使用的制冷剂绝大多数为氟利昂。拆解过程中如处理不当,就会造成空调系统中残留的氟利昂泄漏到大气中。

（4）非甲烷烃

由于《进口可用作原料的固体废物环境保护控制标准——供拆卸的船舶及其他浮动结构体》中规定“未经洗舱的废油船禁止进口”,因此,废油船油品货舱内残留的油气不多。废船靠泊码头后,燃料舱、燃料油输送管道中会残留部分燃料油,为了降低油舱内的油气浓度、二氧化碳浓度,在拆解前,必须对船舱进行排气处理,通常采用自然通风或通风设备强排等方法,以创造安全的作业环境,防止中毒、爆炸、窒息等意外事故发生。在开舱排气、松开管道过程中会有油气(主要为非甲烷烃)排放到大气中。

3. 固体废物

拆船过程中产生的固体废弃物主要有危险废物(废船上拆解下来的废旧荧光灯管、变压器、废电池等),油舱中少量的剩余燃油,废船舱底、废水处理系统清理出来的废油泥、电缆等,一般工业固废(铁锈、船舶木材、砖石、生活用品等)。

项目六
控制船舶有害防污底系统
污染国际公约

内容摘要

◆《控制船舶有害防污底系统污染国际公约》的产生背景
◆《控制船舶有害防污底系统污染国际公约》的概况及主要内容
◆各国对船舶防污底系统的控制及实施情况

案例导入

某公司某散货船,主机型号为 SULZER/6RND76,额定转速为 120 r/min,额定功率为 8 820 kW。该船于 2002 年 1 月进某船厂坞修后至 2003 年 11 月已航行了 22 个月,长时间在海上航行,很少有时间进入淡水港浸泡。从 2003 年 5 月下旬,也就是 200311 航次(2003 年第 11 航次)由秦皇岛开回厦门途中,发现船舶航行时螺旋桨滑失率明显增大,航速下降,随后的几个航次,螺旋桨滑失率由 14.72% 不断增加到 28.24%,到 200320 航次,螺旋桨滑失率达 32%。

经自查和综合分析:船舶主机方面,因主机 6 个缸套全部更换,燃气下窜的状况已彻底消除,主机运转正常。海况部分:受热带潮流有一定影响,但该船航速下降的主要原因是污底。船底海生物附着相当厚,空载时船体水线下可见部分已被海生物覆盖,早已看不到艏、艉水尺。2003 年 6 月,船舶抵厦门时,请潜水员下船底探寻,据潜水员探底说明船底部分海蛎壳已经很厚,尤其是重载的时候船舶吃水将近 11.4 m,水下体积大且吃水深,相对运动时摩擦阻力大,造成了船舶航行速度的大幅度下降。同时也导致主机油门控制杆在相同的油门刻度位置时,由于船舶的航行阻力增加,而造成主机转速下降和高压油泵实际供油尺刻度的增加,以及主机热负荷的提高。我们从 2002 年 9 月(即 2002 年 1 月坞修后的 8 个月)和 2003 年 9 月(即 2002 年 1 月坞修后的 20 个月)取出几组数据进行对比,如表 5-8 所示。

表 5-8　2002 年及 2003 年部分航次数据比较表

日期	航次	航向	海上定速航行时间（h）	航次主机平均转速 r/min	航次主机高压油泵平均油门刻度（格）	主机理论航速（kn）	船舶航次平均航速（kn）	船舶航次平均滑失率（%）	航次船舶载重量（t）	主机海上定速共消耗燃油（t）
09/07—09/11	200219	黄骅—厦门	92.8	102.41	5.6	13.24	12.29	7.18	36 477	108.5
09/18—09/22	200220	厦—秦	90.2	100.38	5.85	12.98	12.24	5.7	空载	100.39
09/24—09/28	200220	厦—秦	93.2	101.20	5.7	13.09	11.82	9.7	39 383	102.703
09/03—09/07	200319	日照—厦门	92.4	98.26	6.13	12.70	9.54	24.91	38 598	103.321
09/15—09/20	200320	厦—秦	102.17	98.66	6.28	12.76	10.97	14.03	空载	121.558
09/24—09/28	200320	秦—厦	110.3	101.07	6.32	13.07	10.03	23.25	38 662	140.199

从 2003 年的下半年,某船经常为了赶时间抵港靠码头装卸货,而加大油门来提高主机的转速。由于主机的转速与燃油消耗呈立方关系,往往油门加得很大,燃油消耗量增加,航速提高甚微。而且主机运行时间延长,使主机汽缸油、系统润滑油也要多消耗,主机热负荷提高,使主机零部件磨损也加大。船舶航速下降,船舶航行时间延长。这些都使船舶营运成本大大提高。[①]

第一章　公约的产生背景

一、船舶防污底的重要性

船舶在长期航行,尤其是长时间静止地停留在港内或锚地中,船体表面水线以下浸入水中的部分尤其是船底表面由于长期浸泡在水中会生锈(见图 5-10)。

图 5-10　船舶污底

船舶污底(海生附着物)产生的危害是极大的,污底的存在是影响船舶航行的一个重要因素。船舶航行时,主要受两种阻力的影响:一是水上部分空气对它的阻力,二是水下部分水对它的阻力。在一般情况下,空气的阻力相对来说很小,而水的阻力却较大,是整个阻力的主要

---

① 黄跃明:《浅谈船舶污底与对策》,《中国修船》,2004 年 4 期,第 23—24 页。

部分。由于船舶航行阻力的增加,一方面造成船舶的航行速度下降,影响船的快速性;另一方面,由于阻力增加,导致推进器运转情况改变,致使螺旋桨推进效率下降,船速将相应减慢。假定螺旋桨转速不变,众所周知,船舶燃油消耗的费用在船舶的营运成本中占到了相当大甚至可以说是最大的比例,燃油消耗量的增加,不仅提高了船舶的营运成本,增加了航运企业的负担,而且由于船舶航速降低的影响会延长船舶的周转周期,降低船舶的营运效率,减少船公司的投资收益。

同时,污底的存在一定程度上还会增加船舶水下部分船体的腐蚀速度,进而影响船舶的使用寿命,船舶营运寿命的缩短也会减少船舶所带来的投资收益。综上所述,船舶污底所造成的负面影响是巨大的。

为了控制和防止船底海生物生长、附着,所有的船东都已普遍采用在水线以下船体表面及船底涂上具有控制、防止和杀伤力的防污漆等材料的方法,以达到杀死或驱散附着的海生物,使之不再附着在船体上的目的,从而减少了船舶由于污底的产生而增加的阻力,污底阻力的降低甚至消除就保证了船舶的正常航行速度不受影响,减少了船舶的燃油消耗并且缩短了船舶的营运周期、提高了船舶的营运效率,同时污底的消除也可以在很大程度上减缓船舶的船体腐蚀速度,从而延长了船舶的使用寿命。船舶营运效率的提高和船舶燃油消耗量的降低以及船舶使用寿命的延长,也就意味着船舶营运投资收益的增长。这也正是防污底所起到的巨大现实作用。

二、船舶有害防污底系统的危害

有害防污底系统在驱除或杀死象管虫、藤壶、贻贝和藻类等污着生物的同时,也对非目标生物构成威胁。例如 TBT 能使海洋生物致死或致畸,破坏生态平衡,使养殖和捕捞业减产,还能在经济鱼类和贝类体内蓄积,间接地对人类健康产生危害。下面以 TBT 为例说明含 TBT 的有害污底系统的危害。

1. TBT 的作用机理

所有类型的含 TBT 的防污漆的防污机理都是靠 TBT 缓慢溶出释放到水中,驱除或杀死生物,以达到阻止它们在船体上附着的目的。

早期含 TBT 的防污漆,是将 TBT 分散到树脂基质中。当船体上的防污漆与海水接触时,TBT 就会溶出进入海水中,杀死藤壶、软体动物和藻类等海洋生物。由于 TBT 是自由分散在防污漆中,也就是说是自由溶解型,无法控制其溶出释放速度。所以这种防污漆在开始时,TBT 溶出速度很快,防止污着的作用明显,但到了后期,随着防污漆中 TBT 越来越少,防污作用也越来越小。一般在 18~24 个月,防污漆中的 TBT 就会耗尽。

到 20 世纪 60 年代末,防污漆的生产有了一个重大的技术突破,就是把 TBT 化合到聚合物基体上形成共聚物。这种防污漆的特点是,当与海水反应时,TBT 与聚合物一起释放,表层消耗完后,海水再与下一层 TBT 与聚合物的共聚体反应。这样一层一层地消耗,从开始到最后,TBT 的释放速度是均匀的,所以在整个有效期内防污性能是同样的。这种防污漆被称为"自消耗防污漆"。使用这种防污漆可使船体保持 60 个月不发生污着,大大地延长了坞修的间隔,很受航运界的欢迎。

2. TBT 对海洋环境的危害

第一,发生危害的原因:

TBT 是人为引入海洋环境的毒性最大的物质之一。它对海洋生物的急性中毒最小浓度是 $10^{-1} \sim 10$ μg/L。有实验表明,0.1 μg/L TBT 作用 12 天能使巨蛎幼体全部死亡。应该说明的是,我们这里所说的危害并不是因为 TBT 的毒性大,因为它的防污作用机理就是靠毒性去杀灭污着生物,它的毒性并不是我们今天关注它的问题所在。我们这里所指的是在杀灭污着生物之外,对海洋环境造成的其他危害。危害的发生与以下因素有关:

(1)降解慢,在环境中残存时间长;

(2)生物的富集和积累作用。

第二,危害的表现:

(1)急性致死作用

TBT 在杀死船体污着生物的同时,还能杀死非目标生物。试验表明,TBT 对鲤鱼的急性毒性试验 48 h LC50 是 3.03 μg/L;对日本沼虾 48 h LC50 是 2.22 μg/L,一般说来,$10^{-1} \sim 10$ μg/L 的浓度即可导致海洋生物急性中毒。由此可以看出,TBT 的毒性很大。

(2)慢性致毒作用

水体中 TBT 的浓度在 $10^{-3} \sim 10^{-1}$ μg/L 可导致海洋生物慢性中毒。慢性中毒的表现有:肾中毒、肝胆中毒、繁殖成活率低、代谢异常、大脑水肿、生长速度降低和抵抗力降低等。

(3)致畸作用

80 年代初,法国沿岸生长的牡蛎因 TBT 污染导致幼体死亡率高并且贝壳畸形,引起牡蛎市场价格暴跌。经研究认定,TBT 是通过扰乱钙的代谢造成牡蛎贝壳畸形的。随后,在英国沿岸发现由于荔枝螺的性畸变导致种群的数量下降。后来,在世界上的许多海域都发现了螺类的性畸变。最近的统计数字显示,受 TBT 的污染危害,世界上有 100 多种螺类有性畸变的发生。螺类的性畸变是 TBT 等有机锡很典型的毒性效应之一。甚至可以用螺类的性畸变作为有机锡污染的指示剂。能导致性畸变的有机锡有 TBT、TPT(三苯基锡)、TPrT(三苯基锡)和 MPT(一苯基锡),其中 TBT 和 TPT 效应最强。1 μg/L 浓度 TBT 即可引起荔枝螺和疣荔枝螺的雌性个体发生性畸变。性畸变的结果是使其无法繁殖,最终导致种群数量下降或灭绝。

第二章　公约的概况及主要内容

一、公约的概况

2001 年 10 月,国际海事组织(IMO)在英国伦敦总部召开了国际控制船舶有害防污底系统外交大会,2001 年 10 月 5 日大会通过了《2001 年国际控制船舶有害防污底系统公约》(International Convention on the Control of Harmful Anti-fouling Systems on Ships,2001),简称《防污底系统公约》或 AFS 公约,并在该公约的第 18 条明确规定了该公约的生效条件。制定和通过该公约的目的就是为了保护海洋环境和人类身体健康免受船舶有害防污底系统的不良影响,逐渐淘汰使用有机锡化合物的防污底系统,并建立新的机制,防止以后的防污底系统中使用其他有害物质。

经过 6 年的时间,2007 年 9 月 17 日巴拿马向 IMO 秘书处递交了加入文件,使加入公约的国家增加到 25 个,占世界商船总吨位的 38.11%,从而达到了公约的生效条件(25 个国家,占世界商船总吨位的 25%),该公约于 2008 年 9 月 18 日生效,截至 2016 年 2 月 12 日,签署或加入该公约的国家有 73 个,占世界商船总吨位的 93.26%。我国政府已批准加入该公约,该公约于 2011 年 6 月 7 日正式对我国生效。

二、公约的主要内容

本公约共包含正文 21 条和 4 个附件,附则 1 中是对防污底系统控制的重要内容。

公约的附则 1 中要求:2003 年 1 月 1 日开始,所有船舶[2003 年 1 月 1 日前建造并在 2003 年 1 月 1 日或以后未曾坞修的固定或浮动式平台、浮动式储存装置(FSU)、浮动式生产、储存和卸货装置(FPSO)除外]不得再施涂或重新施涂有机锡化合物(TBT)的防污底系统。

到 2008 年 1 月 1 日,所有现有船舶在船壳或外部结构的表面上不得再施涂含有有机锡化合物(TBT)的防污底系统;对于已经施涂的含有 TBT 的防污底漆,应将其全部清除;或在已经施涂的含有 TBT 的防污底漆上涂上封闭漆(SEALER COAT)形成一个隔离层来阻挡含有 TBT 的防污底漆的渗出,然后再在其表面上施涂无 TBT 的防污底系统。

从附则所述内容我们可以看出,本公约条款都有追溯力,公约约束所有在上述规定日期之后的施涂行为,并对违反公约的行为采取相应制裁措施。

三、公约的要求

1. 公约对防污底系统的控制

当事国须禁止和/或限制在适用本公约的船舶上施涂、重涂、安装或使用有害防污底系统。

2. 对含有机锡的防污底废弃材料的控制

当事国须在其领土内采取适当措施要求以安全和对环境无害的方式收集、操作、处理和处置在施涂或清除含有机锡化合物作为杀虫剂的防污底系统时产生的废弃物,以保护人类健康和环境。

3. 公约执行船舶防污底系统控制的时间表

该公约附件 1 对船舶防污底系统的控制要求见表 5-9。

4. 公约对船舶防污底系统的检验和文书配备要求

该公约附件 4 规定悬挂当事国船旗的船舶从事国际航行的 400 总吨及以上的船舶在投入营运前须接受第一次签发国际防污底证书前的初次检验。检验后签发国际防污底证书。改变或替换防污底系统时须进行检验,改挂另一国国旗时须取得新的证书。

长度 24 m 及以上但小于 400 总吨的国际航行船舶须携带一份由船舶所有人或船舶所有人的授权代理所签署的防污底系统声明。该声明还须辅以适当的单证(例如油漆收据或承包商的发票)或包括适当的签字。

表 5-9 对船舶防污底的控制要求

防污底系统	控制措施	适用范围	实施日期
在防污底系统中充当杀虫剂的有机锡化合物	船舶不得施涂或重新施涂此类化合物	所有船舶	2003 年 1 月 1 日
在防污底系统中充当杀虫剂的有机锡化合物	船舶须： (1)在船壳上或外部构件或表面上不得有此类化合物；或 (2)应有一个阻挡底层不符合要求防污底系统渗出此类化合物的隔离层	所有船舶［2003 年 1 月 1 日前建造并在 2003 年 1 月 1 日或以后未曾坞修的固定或浮动式平台、浮动式储存装置（FSU）、浮动式生产、储存和卸货装置（FPSO）除外］	2008 年 1 月 1 日

5. 公约对船舶检查和违章调查的规定

船舶在当事国的任何港口、船厂或近海装卸站,均可受到该当事国授权官员的检查,以确定该船是否符合公约。

(1)核实船上携带所要求的有效国际防污底证书或防污底系统声明;

(2)如果有明确理由相信船舶违反了公约,可以进行全面的检查。

(3)如果发现船舶违反了本公约,实施检查的当事国可以采取措施对船舶予以警告、滞留、驱除或阻止船舶挂靠其港口。因船舶不符合公约而对其采取上述措施的当事国,须立即通知该船舶的主管机关。

(4)任何违反公约要求的事件,不论其发生在何处,都须予以禁止并根据主管机关的法律给予制裁。如果主管机关被告知有违章事件发生,须对事件进行调查,并可要求报告事件的当事国提供所指认违章的额外证据。如果主管机关确认有充分的证据可对被指认的违章事件予以起诉,则须按照其法律使这种起诉尽速进行。主管机关须将所采取的任何措施立即通知报告违章的当事国以及本组织。如果主管机关在接到信息后 1 年内未采取任何行动,须通知曾报告指认违章的当事国。

(5)在任一当事国管辖下的任何违反公约的事件均须予禁止并根据当事国的法律予以制裁。

第三章　各国对船舶防污底系统的控制及实施情况

一、通过立法或执行一些规定(不一定是强制性的)控制有害防污底系统

因为《防污底系统公约》尚未生效,一些国家在寻求国际控制措施的同时,通过国内立法实施有效的控制。如加拿大、瑞典和荷兰对防污漆中 TBT 的释放速度提出要求。1982 年,针

对由于 TBT 污染使牡蛎贝壳畸形致使市场价格大跌的局面,法国政府采取措施,禁止船长在 25 m 以下的小船使用含 TBT 的防污漆。类似的禁令随后在英国、美国、新西兰、澳大利亚和挪威颁布。日本是一个航运业发达的国家,在港口水域调查中,发现其周围的水域也存在严重的 TBT 的污染。1989 年,日本造船协会禁止使用含 TPT 的防污漆;1990 年,禁止在船舶上使用含 TBT 的防污漆;1997 年,全面禁止了含 TBT 防污漆的生产。

欧盟于 2003 年 4 月 14 日通过了 EU/872/2003 规则,根据该规则,从 2003 年 7 月 1 日起,欧盟的船舶不能使用含有机锡(如 TBT)作为杀虫剂的防污漆,并且从 2003 年 7 月 1 日以后船舶使用、更改或替换防污底系统时,须将作为杀虫剂的有机锡(如 TBT)从船壳上清除或将其密封。从 2008 年 1 月 1 日起,欧盟的船舶或进入欧盟的港口或码头的船舶都要将作为杀虫剂的有机锡(如 TBT)从船壳上清除或将其密封。

英国皇家造船工程师学会根据控制有害防污底系统公约或一些其他相关的规定提供船舶检验服务,并签发一个自愿申请、非强制性要求具备的符合证明。

我国也于 2003 年发布了"《不宜在船舶有害防污底系统中使用充当杀虫剂的有机锡化合物》的公告",该公告"提请各有关单位注意,2003 年 1 月 1 日后,不宜在船舶的防污底系统中再使用充当杀虫剂的有机锡化合物,以免将来就此构成违章责任"。由于目前控制船舶有害防污底系统公约尚未生效,国内也没有相关的法律可循,而实际趋势是将来对有害防污底系统的控制是势在必行的,一旦执行时将产生追溯力;同时,像欧盟这样的区域已经制订了实行控制的计划,到 2008 年不符合要求的船舶到该区域将成为违章船舶。所以,我们要通过多种途径(目前是非强制性的)促使我国航行国际航线船舶的有害防污底系统在船上消失。

二、通过制定技术标准、研发替代产品减轻危害

(1)制定海水水质标准

由于海洋生物对 TBT 的富集和积累作用,为了确保养殖或捕捞的海产品不会对食用者产生危害,一些国家在海水水质标准中加入了 TBT 的浓度限制。日本的标准是在开放海域为 10^{-3} μg/L,在港口、船坞附近的水域为 10^{-2} μg/L;法国的标准是 2×10^{-2} μg/L;英国的标准是 2×10^{-3} μg/L。

(2)建立测定 TBT 释放速度的方法

限制防污漆中 TBT 的释放速度是目前减少 TBT 污染的有效措施之一。为配合这一措施的实施,国际标准化组织(ISO)在原有的测定方法(ASTM D5108 – 90)基础上,又制定了更加科学的防污漆中杀虫剂释放速度的测定方法(ISO/DIS 15181)。该标准包括三部分:防污漆中杀虫剂提取的一般方法;铜基杀虫剂及释放速度的检测方法;含有机锡杀虫剂及释放速度的检测方法。

(3)提出防污漆的评价程序和标准

对现在正在使用的或研制的含有毒成分的防污漆,应该有一套科学合理的评价方法,以防止用一种对环境同样有害的物质替代另一种。评价的标准中,既要考虑环境因素,还要兼顾社会、经济和航运业的行业特点。许多国家正在做这方面的工作。

(4)研究、生产 TBT 的替代产品

为了生产出能替代 TBT 的船舶防污漆,许多国家的研究机构和生产商都开展了这方面的探索和试验,主要成果有:

a. 用含铜化合物作为船舶防污漆中的杀虫剂成分。

b. 用 ZPT(Zinc pyrithione,硫氧砒啶锌)与氧化亚铜结合的杀虫剂代替 TBT。ZPT 已经被许多国家注册作为船舶防污漆中的成分,仅在日本就有 3 000 多条船使用含 ZPT 的防污漆。

c. 通过研究得知,海洋中的珊瑚和海绵因其活性代谢产物角蛋白胺(Ceratinamine)和绶贝胺(Mauritiamine)有驱虫、杀虫作用而不被污着。这两种物质已被人工合成并用作杀虫剂。

d. 采用铜镍合金做船壳的结构材料能有效地防止污着生物的附着。

e. "Sea Nine"防污涂料:它是一种将异噻唑啉酮作为杀虫剂成分的防污漆。美国的罗姆哈斯公司因开发成功该产品而获得 1996 年总统绿色化学奖。

f. 物理防污方法——希尔达(Sealcoat),希尔达产品于 1997 年 4 月在国际上获得专利。

g. "辣素防污漆",系由我国海洋局第二海洋所开发的无毒海上船用防污涂料。

拓展阅读　船舶防污底方法——水下清洗技术[①]

水下清洗技术的发展分为三个阶段:第一阶段为手工操作阶段,由潜水员下水进行清洗工作;第二阶段为机械操作阶段,由专用清洗器、涂装机等机械完成大型船舶的清洗任务,具有较高的工作效率;第三阶段为遥控机械或机器人作业阶段,为在恶劣海洋环境下开展清洗工作提供了保障。

早期的水下清洗一般是由潜水员携带清洁刷进行水下作业,根据附着物类型和厚薄来选择清洗刷和刷子材料。

手工操作最早用于对小型船舶水下海生物的清洗,使用气动或液压清洗器,由潜水员来操作完成。随着大型船舶的出现,手工操作不能满足高效率和质量上的要求。同时由于潜水员水下作业时,能见度低,作业强度和难度较大,潜水员易疲劳,作业质量和效率难以保证。另一方面是油价上涨的压力下采取了缩减开支和降低油耗的措施,特别是船级社对船舶进坞间隔期的规定放宽,允许用水下检验代替 2 年 1 次的中间检验,使得水下清洗技术的应用得到了多方认可。在此基础上为进一步适应海洋的恶劣环境和在低能见度的情况下工作,出现了较大型的机械装置进行水下清洗作业,其结构是由液压或气动马达带动一个毛刷,毛刷质地根据船体污损情况选择,作业方式是由潜水员手持转刷,利用转刷产生的负压使之紧贴船体,推动器向前运动。

随着科学技术的发展,为进一步适应海洋的恶劣环境和在低能见度的情况下工作,遥控潜水器(俗称水下机器人,简称 ROV)逐渐应用于船舶水线以下船体部位核装置的观察、检测和修理作业之中,现在世界各地主要航线上都设有水下清洗维修站,如美国东西海岸、夏威夷、加勒比海、意大利、由鹿特丹开始的西北欧、波斯湾、新加坡及日本等地都设有水下维修站。在国外,机器人作业装置已经日趋成熟并走向实用化。对于水下清洗来说,ROV 作为载体平台有两种方式可以进行作业:一是加装钢丝刷进行局部清刷;二是在 ROV 有剩余功率和有效载荷的前提下,加装高压水清洗装置进行大规模水下作业。利用该装置进行水下清理是一种有效的清洗方法,可以提高清洗效率,且不损伤油漆涂层,并可避免潜水员水下作业的危险性。

---

① 郦智斌,龙彪:《船舶水下清洗技术研究》,《中国修船》,2011 年 5 期,第 33—34 页。

项目七
船舶压载水及沉积物控制和
管理国际公约

内容摘要

◆《船舶压载水及沉积物控制和管理国际公约》的产生背景
◆《船舶压载水及沉积物控制和管理国际公约》的概况及主要内容
◆各国压载水管理情况

第一章　公约的产生背景

　　船舶运输是全球物流链中的重要一环,国际贸易80%的货物通过船舶运输。为了保证空载时船舶的平衡稳定性,需加装压载水航行,以降低船舶的重心。船舶在加装压载水的同时,亦会将当地的水生物装载到压载舱中,直至航程结束后随压载水排放到目的地海域。

　　正是压载水的排放问题,导致《压载水公约》的出台。压载水的排放过程,会携带各种水生物,主要包括细菌和其他微生物、小型无脊椎动物和其他物种的卵及幼虫,甚至一些大型鱼类。据国际海事组织(IMO)资料,每年有10亿吨船舶压载水被搬运,每天可有3 000多种动植物随压载水被运到世界各地的不同海域,这导致异地海洋生物入侵当地水域并大量繁殖扩散,破坏当地水域的生态平衡,危害渔业资源,影响公众健康。压载水水生物一旦入侵和落户当地水域,几乎无法消除,它们不像油类污染物,可以被清除或被海洋吸收。全球环保基金组织已把船舶通过压载水将有害生物引入新环境并产生影响列为海洋的四大危害。

　　为防止船舶压载水中水生物的扩散对海洋环境造成毁灭性打击,为了控制和防止船舶压载水传播有害水生物和病原体,国际海事组织(IMO)于2004年2月9日—13日在英国伦敦IMO总部召开了船舶压载水管理国际大会。大会以IMO A. 868(20)决议通过了《船舶压载水及沉积物控制和管理国际公约》(International Convention for the Control and Management of Ship Ballast Water and Sediments,2004),简称《压载水管理公约》。并制定了14个技术性导则帮助公约在全球的统一实施,旨在通过船舶压载水和沉积物的控制和管理来防止、减少并最终消除有害水生物和病原体的转移对环境、人体健康、财产和资源引起的风险。

第二章　公约的概况及主要内容

一、公约的概况

　　国际海事组织于 2004 年召开的国际船舶压载水管理大会通过了《船舶压载水及沉积物控制和管理国际公约》(以下简称《压载水管理公约》),其中对于公约生效的条款规定为:占世界商船吨位 35% 的 30 个国家批准的 12 个月之后生效。截至 2016 年 3 月 10 日,共有 49 个国家加入了该公约,占世界商船总吨位的 34.82%。

　　2016 年 9 月 8 日,芬兰签约接受保护环境的船舶压载水公约(BWM 公约),该公约旨在禁止通过船舶压载水传播入侵水生生物物种。芬兰的签约意味着国际海事组织(IMO)于 2004 年通过的船舶压载水和沉淀物控制与管理的船舶压载水公约目前已有 52 个缔约方,船舶总吨位达全球总吨位的 35.144%,已经达到"经至少 30 个缔约方,代表全球总吨位的 35% 批准"的生效要求。也就是说,芬兰签约的 12 个月后,即 2017 年 9 月 8 日,该公约应当正式生效。[①]

　　然而,2017 年 7 月 3 日,国际海事组织海洋环境保护委员会(IMO MEPC)71 次会议召开。会议上,挪威协调巴西、印度、利比里亚、英国向 MEPC 71 会议提出了一个折中方案,即:将 MEPC 69 方案和 MEPC 70 替代方案折中,要求在 2017 年 9 月 8 日及以后建造的新造船应自交船日期符合 D-2 标准(即 MEPC 69 方案),而仅对 2017 年 9 月 8 日前建造的现有船允许推迟 2 年至 2019 年 9 月 8 日或以后的首次国际防止油污证书(IOPP 证书)换证时符合 D-2 标准(即 MEPC 70 替代方案)。

　　该折中方案作为 B-3 条修正案的第三种方案,在 MEPC 71 会议上得到了委员会的同意。与此同时,委员会也同意了日本提出的对于现有船舶小于 400 总吨,不符合 IOPP 换证要求的船舶,将其履约日期从挪威联合提案的 2022 年延期到 2024 年。MEPC 72 次会议上将正式通过压载水置换(D-2)标准实施 B-3 条修正案。

　　该公约的生效,标志着破坏当地生态系统的、影响生物多样性的以及可能造成经济巨大损失的外来物种的侵入将得到有效的遏制,这对于保护环境来说,具有里程碑的意义。

二、公约的主要内容

　　公约由 22 个条款的正文和有一个包含技术标注和要求的附则组成。正文包括一般性法律条款,诸如定义、适用范围、技术合作和信息交流等内容;常规条款包括争端调解、签署、批准、接受、核准和加入、生效、修正和退出等内容;实用性条款包括缔约国义务和权利、控制有害水生物和病原体通过船舶检验、对违反事件的侦查和对船舶的监督、监督行动的通知、对船舶的不当延误等内容。附则《船舶压载水和沉积物控制与管理规则》分 A 总则、B 船舶的管理和控制要求、C 某些区域的特殊要求、D 压载水管理标准、E 压载水管理的检验和发证要求,这五

---

　　① 华尔街见闻,https://wallstreetcn.com/articles/262075。

部分共 24 条。

公约第 5 条规定,缔约国应当承诺确保在该缔约国指定的进行压载舱清洁或者修理的港口和码头内提供足够的沉积物接收设施。公约第 6 条规定,排约国应单独或者联合促进和便利压载水管理方面的科学技术研究,并检测其管辖水域的压载水管理效果。

公约第 7 条规定,缔约国应确保其国或在其管辖范围内营运的船舶适用公约规定的检验和发证。根据公约第 9 条,公约适用船舶在进入另一缔约国的港口或者海上装卸站时,可能会受到缔约国港口检查官的检查,包括核实船舶是否持有有效的证书、检查压载水记录簿,或者对压载水进行取样分析。

公约第 13 条规定,缔约国可以应其他缔约国请求,直接或通过本组织和其他国际性机构等适当途径,在控制和管理压载水和沉积物方面为其提供人员培训、相关技术设备和设施等方面的支持。

公约附则《船舶压载水和沉积物控制与管理规则》包括 A ~ E 共 5 个部分,分别为总则、船舶的管理和控制要求、某些区域的特殊要求、压载水管理标准和压载水管理的检验和认证要求。

1. A 部分

A 部分为总则,包括定义、适用和免除等。除非另有明确规定,压载水的排放只能依照该附录规定,并按照压载水管理程序进行。

2. B 部分

B 部分为船舶管理和控制要求,包括压载水管理计划、压载水记录簿、船舶用载水管理、压载水置换等。

(1)B-1 要求所有船舶保存并执行一份经主管当局批准的压载水管理计划,以便提供安全和有效的压载水管理程序。

(2)B-2 要求所有船舶必须保存一份压载水记录簿,记录的内容包括压入、更换或排放压载水的时间、地点和数量,排放至岸上接受设施的情况和其他处理压载水的情况等,船上通常由大副负责记录和保管。

(3)B-3 船舶压载水管理,主要规定了船舶压载水容量的标准。

(4)B-4 进行压载水置换的船舶应在距离最近陆地至少 200 n mile 和水深至少 200 m 以上的地点置换压载水;若船舶不能按照以上要求置换压载水,压载水置换水应尽可能远离最近陆地进行,但在任何情况下,置换地点距离最近陆地至少 50 n mile 并至少具有 200 m 水深,当这些要求都不能满足时,港口国可指定区域让船舶进行压载水置换。所有船舶应去除和处理来自指定压载水舱的沉积物。

3. C 部分

C 部分为某些区域的特殊要求。包括附加措施,有关在若干地区摄入压载水的警告和有关的船旗国措施以及信息通报。缔约国可单独或与其他缔约国联合对船舶采用附加措施,以防止、减少和最终消除有害水生物和病原体通过船舶压载水和沉积物的迁移。在这些情况下,一个或几个缔约国应与邻近,可能受这种标准或要求影响的国家协商。除非在紧急或传染的情况下,缔约国应至少在计划实施附加措施日期的 6 个月前,将其实施建立附加措施的意图通知 IMO。适当时,缔约国必须得到 IMO 的批准。

4. D 部分

D 部分为压载水管理标准,包括压载水置换标准、压载水性能标准、压载水系统的批准要求等。

(1)D-1 压载水置换

船舶进行压载水置换,置换量应达到其所有压载水量的 95%。对于通过注入法置换压载水的船舶,若能排出压载舱容积 3 倍的水量,应被视为满足所述的标准。如果能证明满足了至少 95% 的置换,排出少于 3 倍压载舱容积的水量也可以被接受。

(2)D-2 压载水性能标准

该条主要规定了指标微生物的排放浓度以及微生物的大小。[①]

(3)D-3 压载水管理系统的批准要求

规定压载水管理系统必须由主管机关根据 IMO 制定的导则进行批准。其中包括:

a. 利用化学药品或生物杀灭剂的系统;

b. 利用生物体或生物学的机制;

c. 改变压载水的化学或物理特性等。

(4)D-4 原型压载水处理技术

该条主要对船舶参与测试和评估压载水处理技术项目进行了相关规定。

(5)D-5 审核标准

要求 IMO 审核压载水作业标准,对涉及安全、环境可接触性、实用性、成本性、成本效率、消除生物有效性方面等许多标准加以考虑。

5. E 部分

E 部分为压载水管理的检验和发证要求。公约和附则规定,400 总吨及以上的所有国际航行船舶,但不包括移动平台,浮动式储存装置(FSU)和浮动式生产,储存和卸载装置(FP-SO),都应进行初次检验、年度检验、期间检验和换证检验,在检验完成并合格后签发或签署证书。

规定压载水管理证书,以颁证国的官方语言写成,但若所使用的语言不是英文、法文或西班牙文,则文本应包括其中一种语言的译文。

规定压载水管理计划和压载水记录簿,以船舶的工作语言填写。

公约生效后,对船舶证书和文件有如下要求:

1. 压载水管理计划(BWMP)

为符合公约要求,船舶应持有一份按照 MEPC.127(53)决议制定并经船级社批准的《压载水管理计划》(BWMP)。

2. 压载水记录簿(BWR)

船舶应备有一份压载水记录簿,以记录船舶关于压载水的一切相关操作。

3. 国际压载水管理证书

a. 适用范围:400 总吨及以上的船舶,应按照公约要求进行检验发证。对小于 400 总吨的船舶,主管机关制定相应的措施,确保这些船舶符合公约要求。

b. 检验类型:船舶应进行检验发证,应持有一份有效的国际压载水管理证书。检验包括:

---

① 危敬添:《船舶压载水和沉积物控制和管理的有关规则和公约》,《世界海运》,2007 年 4 期,第 46—47 页。

初次检验、换证检验、年度检验、中间检验和附加检验。

三、技术性导则

为使《压载水公约》能统一实施,IMO 在其指定的一系列技术导则中提出具体要求。截至 2008 年 10 月召开的 MEPC 第 58 届会议,14 个导则都已经完成,IMO 还对其中 2 个进行了修改(见表 5-10)。

表 5-10　14 个导则名称及通过文书与时间

	导则名称	通过文书	通过时间
G1	沉积物接收设施导则	MEPC.152(55)决议	2006 年 10 月
G2	压载水取样导则	MEPC.173(58)决议	2008 年 10 月
G3	压载水管理等效符合导则	MEPC.123(53)决议	2005 年 7 月
G4	压载水管理和制订压载水管理计划导则	MEPC.127(53)决议	2005 年 7 月
G5	压载水接收设施导则	MEPC.153(55)决议	2006 年 10 月
G6	压载水更换导则	MEPC.124(53)决议	2005 年 7 月
G7	《压载水公约》A.4 下的风险评估导则	MEPC.162(56)决议	2007 年 7 月
G8	压载水管理系统认可导则	MEPC.125(53)决议	2005 年 7 月
		MEPC.174(58)决议	2008 年 10 月
G9	使用活性物质的压载水管理系统批准的程序	MEPC.126(53)决议	2005 年 7 月
		MEPC.169(57)决议	2008 年 4 月
G10	原型压载水处理技术项目批准和监督导则	MEPC.140(54)决议	2006 年 3 月
G11	压载水置换设计和建造标准导则	MEPC.149(55)决议	2006 年 10 月
G12	有利于船上沉积物控制的船舶设计和建造导则	MEPC.150(55)决议	2006 年 10 月
G13	应急情况下压载水管理附加措施导则	MEPC.161(56)决议	2007 年 7 月
G14	指定压载水更换区域导则	MEPC.151(55)决议	2006 年 10 月

注:G8 导则于 MEPC 第 58 届会议上修订;G9 导则于 MEPC 第 57 届会议上修订。

第三章　各国压载水管理情况[①]

虽然目前公约还未达到生效条件,但一些国家为了保护本国水域环境,已经采取单边行动。通过本国立法控制船舶压载水的排放,就船舶压载水置换问题开始进行控制,并要求进港船舶必须持有经批准的"压载水管理计划"。其中有些国家甚至提出了高于 IMO 现有标准的规定。

---

① 　王晓琳等:《各国压载水管理情况简介》,《造船技术》,2013 年 5 期。

一、美国

在美国,美国海岸警卫队(USCG)作为压载水管理的主管机关,从 2012 年 6 月 21 日开始强制执行压载水管理计划,该计划适用于所有配有压载舱并在美国水域航行的本国和外国的非娱乐船舶,并适用于所有港口。

压载水管理的可接受方法有:

(1)压载水交换,即在压载水排放前离岸 200 n mile 区域和 200 m 深的水域内完成全部的压载水交换;

(2)处理系统/压载水排放标准,即停靠在美国港口和准备排放压载水的船舶需要使用满足美国排放标准的压载水处理系统(与 IMO D-2 标准相同)。

上述方法均应按照以下时间表(见表 5-11)执行,才允许进行压载水交换。

表 5-11　压载水管理执行时间表

	压载舱容	建造日期	实施日期
新船	所有容量	2013 年 12 月 1 日及以后	交船时
现有船舶	小于 1 500 m³	2013 年 12 月 1 日以前	2016 年 1 月 1 日以后第一次计划的干坞检验
	1 500 ~ 5 000 m³	2013 年 12 月 1 日以前	2014 年 1 月 1 日后第一次计划的干坞检验
	大于 5 000 m³	2013 年 12 月 1 日以前	2016 年 1 月 1 日后第一次计划的干坞检验

规定也要求所有船舶:(1)清扫压载舱移除沉淀物;(2)当收回锚时冲洗锚和链;(3)在常规基础上移除来自船体、管道和船舱的污垢;(4)保持压载水管理计划使其含有防污沉淀物和压载水管理程序;(5)在到达前 24 h 提交报告形式。USCG 有审核执行较高压载水排放标准的可能性,并不晚于 2016 年 1 月 1 日公布结果。

压载水管理的摄入控制是:避免区域内压载水的排放或吸收,这可能会直接影响海生物庇护所、海洋禁区、海洋公园或珊瑚礁。减少或避免在下列区域和情况下压载水的吸收:(1)有害生物和病原体(如有毒藻花)的区域;(2)污水流出口附近区域;(3)捕捞操作附近区域;(4)潮汐贫乏或潮汐流浑浊区域;(5)当底部生物可能在水圆柱中升起的黑暗区域;(6)推动器可能搅浑沉淀物的地方;(7)鲸聚集区和主流边界区域。

压载水管理的排放标准是处理系统必须由 USCG 批准,并满足以下标准:(1)对最小尺寸大于或等于 50 μm 的生物,其每立方米压载水的排放应包含少于 10 个生物;(2)对大于或等于 10 μm 和小于 50 μm 的生物,其每毫升压载水的排放应包含少于 10 个生物;(3)微生物指数不能超过:①有毒霍乱弧菌(血清型 O1 和 O139),每 100 mL 少于 1 cfu 的集合;②大肠杆菌,每 100 mL 少于 250 cfu 的集合;③肠道球菌,每 100 mL 少于 100 cfu 的集合。

途中管理程序方法是:海岸警卫队将允许船长、船东、操作者、代理人或人员负责几乎不能满足压载水交换的船舶,因为其航线长时间不驶入离岸 200 n mile 或以上水域,船舶在船上保留压载水,或者是因为船长出于安全或稳定性的考虑,在北美五大湖以外区域和乔治·华盛顿桥北部哈德逊河排放压载水。

按照上述执行时间表,如果船舶要求具备海岸警卫队批准的压载水处理系统,海岸警卫队将不允许排放。如果处理系统因为任何原因停止工作,船舶也应尽快将事实报告给最近的海岸警卫队指挥官。

不可接受的压载水程序是:海岸警卫队可能允许在特定区域排放,同时,船舶必须保持压载水和防污管理记录,并在到达之前24 h提交报告形式。

二、澳大利亚

澳大利亚检疫和检查局(AQIS)作为本国压载水管理的主管机关,从2001年开始强制执行压载水管理要求。该要求适用于所有港口,并适用于所有从外国领土驶入澳大利亚港口的船舶。

压载水管理可接受方法是:所有船舶交换所有可能排入澳大利亚水域的高风险压载水。高风险压载水,是指所有澳大利亚海域以外的港口海岸水域的盐水。深海海域的压载水交换方法有:(1)船舱排尽水直到抽水泵丢失;(2)通过溢流法或稀释法抽取存储至少3舱室体积的海水。

不可接受的压载水程序是:进入指定区域或公开海域交换压载水的船舶。

途中管理程序方法是:基本排放应在风险评估的基础上,并考虑到船型、入港起源和风险因素。同时,制止排放直到样品分析没有发现有害生物。

在澳大利亚,压载水管理计划强烈建议船舶应该有船级社颁发的压载水管理计划,并在AQIS官员的监督下有目标性、随意性和强制性地进行取样。同时,所有船舶需要向澳大利亚检疫和检查局提交到达之前的检疫报告和符合规定的声明。压载水交换记录应该包含满足上述要求的计算结果。

三、巴西

巴西的压载水管理主管机关是口岸管理局,从2006年开始强制执行压载水管理计划,其适用于所有港口和进入巴西港的船舶。

对于压载水管理,可接受的方法是压载水交换。压载水交换有连续法、溢流法或稀释法。交换应该在距岸200 n mile以外、水深200 m以上的区域内进行。如果这样不可行,交换则可以在距陆地50 n mile以外、水深200 m以上的区域进行。从国际航线或其他水道区域进入亚马孙河的船舶要求进行两次压载水交换。第一次交换须按上文的详细要求进行,第二次交换旨在降低压载水的盐度,须在20 m等压线和Maca-pa之间进行。当压载水体积小于5 000 m³,交换位置限于在Jari River。在第二次交换中,只能一次性抽空船舱体积。从国际航线或其他水道区域进入Para River的船舶也要求进行两次压载水交换。第一次交换须按上文的详细要求进行,第二次交换则须在距离Salinópolis和the Ponta do Chapéu Virado灯标70 n mile的区域内进行。

途中管理程序方法是:如果在海上不可能进行压载水交换,那么压载水必须保留在船上或按照海事局规定排放。

在巴西,压载水管理计划应在船上,且必须经过船级社批准,并有目标性、随意性和强制性地进行取样。同时,船舶必须在到达港口24 h之前向海港管理者或机构发送压载水报告形式。该报告的一份副本必须保留在船上,做好对其他机构的陈述准备。

四、新西兰

新西兰渔业部作为压载水管理的主管机关,从 1998 年(2005 年更新)开始强制执行压载水管理计划。该计划适用于所有装载其他国家领土压载水进入新西兰领海的船舶及港口。

压载水管理的可接受方法是:

(1)证明压载水在前往新西兰途中,在远离海岸影响区域外(距岸最近 200 n mile、水深 200 m 以上的水域)已经排放过了;

(2)证明压载水是淡水(单位氯化钠含量 ≤0.25);

(3)使用 MAF 批准的船上处理系统处理压载水;

(4)在 MAF 批准的岸上处理设备中排放压载水。

压载水管理的吸收控制无特别要求,但船长应运用自己的判断力和注意力来处理。应尽量避免在浅水区域、藻花活跃区域或易通过压载水暴发疾病的区域以及捕捞区域附近吸收压载水。

所有的压载水操作需要具备航行日志,包括:

(1)其他港口装有压载水的地点和体积;

(2)海上排放的地点、体积、方法和持续时间;

(3)在新西兰排放的地点、体积和日期,同时必须完成压载水的申报。

五、挪威

在挪威,海事局是压载水管理的主管机关,从 2010 年 7 月 1 日开始强制执行压载水管理计划。

该计划适用于所有船舶和港口。

压载水管理的可接受方法是:

(1)压载水交换,即压载水应该在至少 200 m 深、离最近的陆地 200 n mile 的水域进行交换。如遇特殊情况,压载水可在 200 m 深、离陆地至少 50 n mile 的水域进行交换。船舶不能为了满足要求而偏离它们的固有航线;

(2)用 IMO 批准的系统处理;

(3)交付海岸接收设备。如有特殊原因,挪威海事局可以批准免除这些要求,但必须有对此原因的解释说明,同时兼顾安全因素。

压载水管理的摄入控制是所有压载水应该在下列区域外进行摄入:巴伦支海、挪威海、北海、爱尔兰海、比斯开湾和伊比利亚半岛附近,以及大西洋的北部。

从 2005 年 7 月 22 日起,在挪威,船舶必须按照 IMO 决议(MEPC.127(53))制订压载水管理计划,且船舶必须有压载水记录簿或在甲板记录簿上有相关压载水的操作记录。

途中管理程序方法是:如果船舶不能在特定深度水域或离陆要求距离交换压载水,那么它必须在远离挪威港口的三个特定交换区域之一进行交换。

六、加拿大

加拿大压载水管理的主管机关是加拿大运输部,从 2000 年开始强制执行压载水管理计划,该计划适用于所有船舶和港口。

压载水管理的可接受方法是:

(1)压载水交换。船上检查时应确认压载水交换是否进行。如果不进行压载水交换,则必须明确提供为什么不能执行的依据;

(2)处理系统/压载排放标准。处理标准和 IMO 公约中的 D-2 规定相同。

在加拿大,压载水管理计划由船旗国审阅,也可接受船级社对此审阅或批准。同时,报告表格必须在进入加拿大水域之前通过 E-mail 提交。

七、以色列

在以色列,航运港口管理运输部是压载水管理的主管机关,从 1994 年开始强制执行压载水管理计划,该计划适用于所有港口,并适用于所有前往以色列港口,且有意在其港口或沿着以色列海岸航行时抽空压载水的船舶。

压载水管理的可接受方法是:对于没有在开放海域更换的压载水,必须在大陆架或淡水水系以外的开放水域更换。以色列要求船长向船舶检查官提交完整的压载水交换报告。前往 Elat(以色列港口埃拉特)的船舶尽可能在红海以外区域更换压载水;前往地中海港口的船舶则尽可能在大西洋更换压载水。

八、其他国家和地区

其他国家和地区,如阿根廷,智利,立陶宛,巴拿马,秘鲁,俄罗斯,乌克兰,英国奥克尼郡,美国加利福尼亚州、佐治亚州和纽约州,地中海,波斯湾地区,东北大西洋以及波罗的海等,其相应的主管机关均对船舶和港口进行压载水管理,并在国际法和国际公约的原则下制定了符合本国或本地区利益的法律规定。这对保护本国或本地区的生态环境、公共资源和公众健康起到了积极的作用,值得注意和借鉴。

拓展阅读 压载水对海洋的污染[①]

船舶压载水可以分为两大类:油舱压载水,其对海洋的污染包括货油舱和燃油舱的油性污染;货舱压载水,其对海洋的污染包括有毒液体物质、有害物质和来自疫区的含病毒、病菌的压载水等非油性污染。

以油船为例,油船卸油后在回程途中,为保证特定的适航性,避免碰击或空船振荡,必须加装压载水。其中,沿海油船所需压载水量为总载油量的 20%～25%,远洋油船为 35%～40%,恶劣天气为 40%～50%,特殊情况下高达 50%～60%,货油舱内残油与压载海水混合。在油船进入装油港口之前,所有压载水必须从油舱排出,以便接收新的货油。据国际海事组织资料报道,一艘载重 10 万吨的货船携带的压载水量达到 5 万～6 万吨,每年全球船舶携带的压载水大约有 100 亿吨,全球每天在压载水中携带的生物有 3 000～4 000 种。这将导致异地海洋生物入侵当地水域并大量繁殖扩散,破坏当地水的生态平衡,危害渔业资源,影响公众健康。

压载水水生生物一旦入侵和落户于当地水域,就可能发生"雪崩式"大量繁殖,疯狂地掠

---

① 高伟普,伍生春:《船舶压载水污染问题处理方法与建议》,《科技视界》,2015 年 5 期,第 152 页。

夺当地生物的食物,造成有害寄生虫和病原体的大面积迅猛传播,甚至引发本地物种灭绝。我国沿海赤潮就是实例,通过船舶压载水带来的外来赤潮生物对生态适应性强、分布广,只要环境适宜,就可暴发赤潮,导致海洋生态系统的结构与功能几乎彻底崩溃。

项目八
国际油污防备、反应和合作公约

内容摘要

◆《1990 年国际油污防备、反应和合作公约》的产生背景

◆《国际油污防备、反应和合作公约》的主要结构和概况

◆《2000 年有害有毒物质污染事故防备、反应和合作议定书》概况

◆相关国际、地区合作情况

◆海事管理的职能与义务

◆《国际油污防备、反应和合作公约》的实施情况

案例导入

近年来,我国政府以负责任的态度科学谋划、沉着应对,多次成功应对数起较大的污染事故,将溢油损失减到最小。典型案例有:

"塔斯曼海"船污染事故:2002 年 11 月 23 日 4:08 时,满载原油的马耳他籍油船"塔斯曼海"船与中国籍船舶"顺凯 1"轮在天津港大沽灯塔东 23 n mile 处发生碰撞。"塔斯曼海"船右舷 3 号舱破口,原油外泄约 200 t,造成海域污染。天津市海上溢油应急中心接到报告后,立即启动天津海域溢油应急反应程序,天津海事局调集所有应急清污力量和设备,迅速投入溢油现场应急行动,指挥 11 艘船舶对污染海域进行清污作业,派出直升机对海面油污跟踪定位,同时协调社会力量投入清污行动,清除残余油污,监控事故现场,巡视周边滩涂。整个行动历时一周,比较圆满地完成了清污工作。

"长阳"船污染事故:2003 年 8 月 5 日 4:30 时,停泊在上海吴径热电厂码头的"长阳"轮遭一艘船舶碰撞,约 85 t 重燃油泄漏,导致吴径热电厂六期码头至闸港上游段 8 km 水域、滩涂及岸线遭到严重污染。在交通部与上海市政府的组织领导下,上海海事局启动溢油应急计划,共调动巡逻艇 8 艘、清污船舶 9 艘、清污人员 154 名参与了污染事故的应急处置工作,动用了 1 500 m 围油栏、2 台撇油器、3 t 吸油毡及其他溢油应急设备,布设了 6 道围油栏,使污染得到了有效控制和清除。

"阿提哥"船污染事故：2005 年 4 月 3 日 10:38 时，葡萄牙籍油船"阿提哥"船满载近 12 万吨原油在大连港触礁搁浅，船舶安全和港口海洋环境受到严重威胁。交通部和中国海上搜救中心指令辽宁海上搜救中心迅速组织海事、救助、港口等有关部门，调集各种防污力量，并采取了一系列如固定船位、驳油卸载等有效措施，使该船成功脱浅并安全靠泊。

第一章　公约的产生背景

1860—1885 年，海上石油运输出现并逐渐发展。1886 年第一条专用油船建成下水，同时内燃机船舶也开始出现。随着油船和内燃机船数量的增加，船舶溢油事故越来越多，沿海国家没有任何准备，也没有任何措施抗御溢油造成的危害，使事故涉及的沿海国水域受到了严重的溢油污染，带来了巨大损失，引起了沿海国家、国际社会和联合国组织对海洋环境保护的普遍关注，1921 年英国贸易委员会召开会议，制定了《1921 年油船航行水域法》。同时认识到处理海上大型溢油事故的关键是建立相关的国际规定。因此，陆续出台了限制船舶排放油污和处理海上溢油的国际公约。

1954 年，第一个防止海洋和沿海环境污染方面的国际公约——《1954 年国际防止海上油污公约》获得通过①，这也是世界范围内第一个涉及控制船舶排放油和油污水入海的规则。②然而，该公约并没有对如何处理入海的溢油（包括人为排放的油、油污水和突发事故造成的大量溢油）做出相关规定。

1967 年，利比里亚籍的"托瑞·勘庸号"油船在英吉利海峡的英格兰西南部海域触礁沉没，造成了约 12 万吨溢油入海。尽管英国政府组织了 20 多艘大型船舶和若干小型船只对海面污油进行清除，并喷洒了 250 万加仑的分散剂，但由于准备不足、措施不利，仍有 8 万多吨原油沿英、法海岸扩散，使英、法两国沿海的海洋生态环境遭到了严重的破坏，蒙受了巨大的经济损失。这起事故在国际上引起了很大振动，使一些国家和国际社会认识到，抗御大型溢油事故还受到两个方面的制约：一是现有的抗御海面溢油技术明显不足，远远不能适应保护海洋环境的需要；二是没有完善的国家抗御溢油计划和国际间的溢油应急合作，控制和减轻大型溢油事故的污染危害是很困难的。

随着人们对海洋资源的开发与利用，海洋石油开发和航运业迅猛发展，海上船舶溢油事故不断发生。自"托瑞·勘庸号"油船事故发生以后，世界上又发生了许多大型溢油事故，造成了大量溢油入海。尽管溢油对海洋环境造成的污染程度还没有监测数据，但近年来对船舶大规模溢油事故的统计，已足以使我们认识到溢油事故对海洋环境的危害程度。从 1965 年到 1997 年，在全球范围内发生的万吨以上的船舶溢油事故达 79 起，溢油总量为 414.6 万吨。

这些事故的发生，促进了抗御溢油概念的更新和人们对抗御溢油技术的研究与开发，也促使一些国家开始建立溢油应急防备反应系统，制订国家溢油应急计划，讨论国际合作，从而使抗御溢油的内涵逐步上升到防备和反应。美国和一些发达国家，在 20 世纪 70 年代就开始制

---

① 易琪：《论海洋环境污染的国际立法》，《法制与社会》，2008 年 18 期，第 15—16 页。
② 徐春红，郭小勇，袁玲玲，王玉红，马志刚：《标准化在我国海洋溢油应急处置工作中的应用研究》，《中国标准化》，2011 年 9 期，第 19—22 页。

订国家溢油应急计划、尝试建立溢油应急防备系统,并对溢油应急技术进行研究。一些跨国公司生产的溢油应急设备,几经改进,更新换代,大大提高了溢油围控和溢油清除效能。这些国家在抗御溢油方面的工作,为推进全球的溢油应急反应提供了经验和先进技术。

然而,在80年代以前,还没有资料说明哪个国家将溢油应急问题纳入国家的法律范畴,也没有把国际的应急合作纳入有关的国际公约。从这一角度讲,又在一定程度上限制了国家溢油应急防备反应系统的尽快完善和先进溢油应急技术在全球的推广。

1989年,美国EXXON石油公司的"埃克森·瓦尔迪兹号"油船在美国阿拉斯加的威廉王子湾触礁搁浅,漏出原油3.6万吨。由于当时气候恶劣,狂风骤起,所采取的应急措施未能奏效,致使1 609 km的海岸、7 770 km² 的海域被污染,威廉王子湾的海洋生态系统遭到了破坏,大量野生动物死亡,渔业资源受到危害,渔场被迫关闭。美国海岸警备队对该起事故跟踪了三年,EXXON石油公司为该起事故污染支付的罚款、清污费、赔偿费和其他费用约合80亿美元。

在"埃克森·瓦尔迪兹号"油船事故之后,美国又发生了几起重大溢油事故,引起了美国各界的强烈反响,在保护海洋环境的强大压力下,美国两院通过了《1990油污法》(OPA90),并于1990年8月11日由布什总统签署颁布。在制定OPA90的过程中,他们不仅认识到建立本国应急防备反应系统、制订溢油应急计划及相关反应程序的重要性,同时,也进一步认识到对抗御大型溢油事故的应急防备和反应进行国际合作的必要性。

OPA90生效之后,美国向国际海事组织(IMO)理事会建议,召开专门会议讨论他们提出的"国际油污防备反应合作公约"草案,并为此次会议提供一周的费用,这个建议得到了日本代表的支持,也自愿为会议提供一周的费用。

国际海事组织于1990年11月19日—30日在伦敦召开外交大会,有93个国家、17个国际组织代表和观察员出席了此次会议,我国香港地区也派员列席。会议认识到:

(1)始终存在着发生重大油污事故的风险和由此可能对环境产生的严重后果;

(2)由发生油污事故风险的国家建立抗御溢油的国家系统是有益的;

(3)难以立即得到油污防备和反应资料的国家特别容易受到污染损害;

(4)在油污防备和反应工作中各国在信息交换和援助方面进行合作的重要性。

会议通过了《1990年国际油污防备、反应和合作公约》(International Convention On Oil Pollution Preparedness Response And Co-Operation,1990)(以下简称OPRC 1990)①。11月30日,包括中国在内的81个国家签署了公约的最终议定书。会议还希望OPRC 1990的规定尽快生效,以促进油污防备和反应的国际合作,并呼吁未参加本次会议的国家尽早签署公约,成为OPRC 1990的缔约国,敦促所有国家尽最大努力建立抗御油污的国家系统。

OPRC 1990的宗旨是为各国提供一个处理重大溢油事故的国际性协作全球框架,以便让各国在遇有重大油污事故时能进行区域性或国际性合作。OPRC 1990不仅要求各缔约国把建立国家溢油应急反应体系,制订溢油应急计划作为履行公约的责任和义务,而且还要求把进行国际的溢油应急合作,作为各缔约国履行公约的责任和义务,这使那些还不完全具备溢油应急资源和应急技术的国家和地区,可在溢油事故发生时向缔约国获得设备和技术的支持与援助。OPRC 1990将人类抗御溢油对海洋环境的污染危害,由被动抵御到积极反应;从临时抗御扩展到事先防备;从局部抗御发展到了全球性的合作。这是OPRC 1990对人类抗御溢油的历史性

---

① 罗孝学,陈林:《试论油污事故的赔偿及其特点》,《中国水运(下半月)》,2010年12期,第31—32页。

贡献。

OPRC 1990 已于 1995 年 5 月 13 日生效,我国于 1998 年 3 月 30 日加入该公约,同年 6 月 30 日起 OPRC 1990 公约对我国生效。截至 2016 年 3 月 10 日,共有 108 个国家和地区加入该公约,占世界商船总吨位的 72.75%。这些国家实施 OPRC 1990 的经验将进一步推动更多的国家成为该公约的缔约国,建立溢油应急反应体系,制订国家溢油应急计划,使全球范围内的区域性应急合作更广泛。这对保护海洋环境具有极其重要的意义。①

第二章　公约的概况及主要内容

第一节　公约的概况

OPRC 1990 由国际油污防备和反应国际合作会议最后文件、公约文本和会议通过的 10 个决议组成,该公约共由 19 条及 1 个附件(援助费用的偿还)构成。

根据该公约第 16 条,其生效条件是 15 个国家加入,而无船舶总吨位的约束条件,该公约于 1995 年 5 月 13 日生效。目前,该公约的缔约国共 85 个,我国于 1998 年 3 月 30 日加入,1998 年 6 月 3 日对我国生效。

公约的适用范围:OPRC 1990 公约适用于海洋环境中营运的任何类型船舶(包括水翼船、气垫船、潜水器和任何类型的浮动艇筏)、近海装置、海港和油装卸设施;不适用于各国军舰、国家拥有并当时正从事非商业服务的船舶。公约中对油的定义是指任何形式的石油,包括原油、燃料油、油泥、油渣和炼制产品②。我们所说的溢油主要指原油及其炼制品,并不包括动物油和植物油。

第二节　公约的主要内容

OPRC 1990 不仅要求各缔约国把建立国家溢油应急反应体系,制订溢油应急计划作为履行公约的责任和义务,而且还要求把进行国际的溢油应急合作,作为各缔约国履行公约的责任和义务,这使那些还不完全具备溢油应急资源和应急技术的国家和地区,可在溢油事故发生时向缔约国获得设备和技术的支持与援助。

公约主要针对海洋油污事件,重点在于预防和控制措施。对防备和反应措施的相关问题做出了规定,而且还对每条规定的实施提出了具体要求。公约的主要内容为三个方面,即为溢油防备、反应和合作。

---

① http://wz. cnzjmsa. gov. cn/bsfw/wfgl/wfyj/201503/t20150325_379616. html.
② 赖小妹:《履行〈OPRC 1990 公约〉评估要求分析》,《水运管理》,2009 年 4 期,第 26—28,31 页。

一、油污防备的主要规定

1. 制订油污应急计划

每一当事国应要求悬挂其国旗的船舶在船上备有 IMO《经 1978 年议定书修订的 1973 年国际防止船舶造成污染公约》（MARPOL 73/78）第 26 条规定的《船上油污应急计划》，对所管辖的近岸装置、海港和油装卸设施都应要求其备有《油污应急计划》。① 这些计划均应与国家应急系统相协调，并应按国家主管当局规定的程序核准。

2. 建立油污防备系统

各缔约国建立一个能够对油污事故做出迅速有效的应急反应国家系统，至少包括一个最基本的国家应急计划，负责管理油污的防备和反应行动、报告和协调应急支援、油污应急演习和培训。②

3. 建立油污抗御设备储存库

每一当事国均应在其力所能及的范围内，单独地或通过双边或多边合作，与石油业或航运业和其他实体合作，制定一个包括最低水平的预置油污抗御备及其使用方案。③

4. 制定和实施油污防备和反应培训方案

认识到一个国家的油污事故的反应能力取决于具备抗御溢油的设备以及具备经培训的溢油应急反应人员。责成 IMO 秘书长与有关政府和有关国际、区域性组织以及石油界和航运界合作，努力制定一个全面的油污防备和反应培训方案，并特别要对发展中国家提供必需的专门技术知识的培训。

二、应急反应的主要规定

1. 油污报告程序

缔约国应保证其所属的船舶、近海装置、飞机、海港和油类装卸设施一旦发生油污事故，以规定格式向最近的沿海国家主管机关报告，并向 IMO 通报。④

2. 收到油污报告后的行动

当事国主管机关收到报告时，尽快对油污事故的性质、范围和可能后果做出评估，以便准备相应的措施和及时通知其利益受到或可能受到影响的国家。对于严重的溢油事故，联系地区组织做出安排并采取措施，并将其情况通知 IMO。

三、国际合作的主要规定

（1）油污应急反应的国际合作：各缔约国应在收到当事国提出需要国际合作和支持以处理油污事故的请求时，应尽力为此提供设备资源和技术援助。

（2）双边或多边协定：各缔约国要努力缔结油污防备和反应的双边或多边协定，以促使溢油事故发生时的相互协作与支持。⑤

---

① http://www.03964.com/read/7911db6e123132760ab8b44c.html.
② http://www.docin.com/p-174274464.html.
③ http://wz.cnzjmsa.gov.cn/bsfw/wfgl/wfyj/201503/t20150325_379616.html.
④ http://www.docin.com/p-174274464.html.
⑤ 吴红兵，王星星：《我国加入〈2000 年有毒有害物质污染事故防备、反应与合作议定书〉的利弊》，《水运管理》，2008年 8 期，第 21—23，27 页。

（3）油污应急技术的研究和开发：各缔约国可直接或通过国际海事组织举行油污应急技术和设施方面的专题讨论会，交流研究成果和发展计划，包括油污的监督、控制回收和消除等，以促进先进溢油应急技术在全球的推广。

（4）技术合作：各缔约国有义务向请求支持的当事国提供油污应急技术培训和技术设备，以及基础研究、发展计划和进行技术转让方面的合作。

IMO 为了有效实施 OPRC 1990，又以 10 个决议的形式对公约一些条款的实施做出了具体规定。同时考虑到推动 OPRC 1990 的实施，提供信息和技术咨询、教育和培训、技术支持等方面的工作，曾成立由上百个国家、国际组织的代表参加的油污协调中心。

OPRC 1990 工作组编写了近海装置、海港和油类装卸站油污应急计划指南，促进了各个国家制订国家、区域、港口以及船舶、近海设施和装卸站的溢油应急计划；OPRC 1990 工作组还编写了溢油应急培训示范教程，使若干溢油应急工作管理人员和指挥人员得到了相应的培训，并为各国自行组织培训提供了样板。

OPRC 1990 最为重要的是，承诺在世界范围内进行溢油事故应急反应，各缔约国要向请求援助方提供设备和技术支援，此项要求是履行该公约的责任，使溢油防备反应在全球范围内的合作成为现实，这也是 OPRC 1990 在抗御溢油方面的一个新发展。

目前，沿海国家正在执行或正在准备执行 OPRC 1990 的这些规定，并为实现国际合作共同抗御溢油污染，制定了或正准备制定合作协议。世界上已有许多国家建立了国家溢油应急计划，并有部分相邻国家建立了双边协议，已有 13 个多边协议已生效实施或即将实施。

OPRC 1990 通过后，有关国际公约也做了适当修正，以保持与该公约的一致性。1991 年，MARPOL 73/78 公约的附则 I 修正案增加了第 26 条，要求 150 总吨及以上的油船和 400 总吨及以上的非油船，[①] 应于 1995 年 4 月 4 日前备有经主管机关批准的《船上油污应急计划》，这与 OPRC 1990 第三条《油污应急计划》是一致的，这也是 MARPOL 73/78 公约在 OPRC 1990 生效前，率先实施与 OPRC 1990 第三条规定相一致的有关条款的具体体现。《1992 年国际油污损害民事责任公约》和《1992 年设立国际油污损害赔偿基金公约》等有关海洋环境保护公约，都对溢油应急反应产生的费用索赔与赔偿等做出了比较明确的规定。[②]《联合国海洋法》为防止、减少和控制海洋环境污染，向各缔约国提出了执行国际规则及制定国内法律、规章的标准和要求。这都为 OPRC 1990 的实施提供了有力支持。

第三节　《HNS 2000 议定书》的概况

OPRC 1990 自生效以来没有重大的修改，也没有产生修正案。但在 2000 年 3 月，根据该公约的思路与原则，通过了《2000 年有害有毒物质污染事故防备、反应和合作议定书》（HNS 2000 议定书），[③] 将关于防备、反应和合作的基本原则扩展到有毒有害物质。[④]

根据议定书第 15 条规定本议定书应在不少于 15 个国家已签署本议定书而不需批准、接

①　《中华人民共和国防治船舶污染内河水域环境管理规定》，《中国远洋航务公告》，2006 年 3 期。

②　刘雅：《论我国船舶油污损害赔偿的法律适用》，《金卡工程》，2010 年 11 期。

③　曹德胜：《〈中华人民共和国船舶污染海洋环境应急防备和应急处置管理规定〉解读》，《中国海事》，2011 年 4 期，第 33—35 页。

④　张宏旭：《国际危规编辑技术小组第 4、5 次会议情况》，《交通环保》，2000 年 2 期，第 39—42 页。

受或核准或已按第十三条交存必需的批准、接受、核准或加入文件之日后 12 个月生效。

OPRC 1990 公约的 HNS 2000 年议定书已于 2007 年 6 月 14 日生效,该议定书旨在为抵御载运化学品等有毒有害物质的船舶发生污染事故或造成污染威胁搭建国家合作框架,对提高缔约国的 HNS 污染防备与应急反应能力具有重要意义。① 该议定书于 2010 年 2 月 19 日对我国生效,同时适用于澳门特别行政区,暂不适用于香港特别行政区。截至 2015 年 3 月 10 日,有 34 个国家加入该议定书,占世界商船总吨位的 48.7%。我国于 2009 年 11 月 19 日加入 OPRC-HNS 议定书,该议定书于 2010 年 2 月 19 日对我国生效。

该议定书共 18 条及 1 个附件(援助费用的偿还),主要包括以下内容:

(1)本议定书不适用于任何军舰、军用辅助船或由国家拥有或使用并在当时仅用于政府非商业服务的其他船舶。② 但各当事国应采取不影响其拥有或使用的这类船舶的作业或作业能力的适当措施,确保此类船舶的活动尽可能合理和可行地符合本议定书。③

(2)本议定书所指"有毒有害物质污染事故"(以下简称"污染事故")系指任何一起或同一起源(包括火灾和爆炸)的一系列造成或可能造成有毒有害物质排放、泄漏或释放,对海洋环境或对一个或多个国家的海岸线或有关利益构成或可能构成威胁,需要采取紧急行动或立即反应的事故。

(3)本议定书所指"有毒有害物质"系指除油类以外的,如果进入海洋环境便可能对人类健康造成危害,对生物资源和海洋生物造成损害,对宜人环境造成破坏或对海洋的其他合法使用造成干扰的任何物质。

(4)本议定书所指海港和有毒有害物质装卸设施系指船舶在其中装入或卸下此种物质的港口或设施。

(5)应急计划和报告:公约要求缔约国的船舶备有船上污染事故应急计划并遵守报告程序和要求;近海装置应执行国家规定和公司环境管理系统的规定;海港和有毒有害物质处理设施也应备有应急计划或做类似安排,并经主管当局批准。

(6)国家和区域的防备和反应系统:每一个缔约国建立一个有效对付污染事故和快速反应的国家系统,系统包括指定国家主管当局或主管人员并明确相应的职责、联络单位或联络点以及国家防备和反应应急计划等。

(7)国际合作:包括污染反应的国际合作、相关研究和开发合作、技术合作以及通过缔结关于污染事故防备和反应的双边或多边协定来促进防备和反应的双边或多边合作。④

(8)公约还授权 IMO 在污染事故防备和反应方面的职权,以促进相关工作的开展。

---

① 吴红兵,王星星:《我国加入〈2000 年有毒有害物质污染事故防备、反应与合作议定书〉的利弊》,《水运管理》,2008 年 8 期,第 21—23、27 页。

② 衡晓周、廖兵兵:《公务船防污染监管难点分析及建议》,《世界海运》,第 21—22 页。

③ http://www.docin.com/p-644136852.html。

④ 刘昭青:《国际有害和有毒物质事故防备、反应和合作议定书将获通过》,《交通环保》,2000 年 2 期,第 42—42 页。

第三章 相关国际、地区合作

第一节 西北太平洋地区海洋污染
防备反应区域合作谅解备忘录

2005 年 5 月 24 日在韩国的大田市召开西北太平洋行动计划海洋污染防备反应第 8 次联络点会议和实施西北太区域溢油应急计划第一次主管机关代表会议上，[①]交通部海事局的杨新宅处长代表我国政府向西北太海洋污染防备反应区域行动中心（MERRAC）主任 Chang-Gu Kang 先生递交了由我国交通部张春贤部长签署的《西北太平洋行动计划区域溢油应急防备反应合作谅解备忘录》，标志着我国按照"西北太平洋行动计划区域溢油应急计划"的要求同西北太平洋沿岸各国政府开展海上溢油应急合作工作进入了实质性实施阶段。[②]

"我国加入公约后，在国务院环境保护行政主管部门统一协调和指导下，由交通部会同国务院有关部门按照法律、行政法规的规定组织实施该公约"，即交通部（海事局）是我国履行该公约的主管部门。参与和实施"西北太平洋行动计划海洋污染防备反应区域合作项目"是交通部（海事局）代表我国政府积极履行 OPRC 1990 公约的重要举措，对防止和处置西北太平洋地区重大海上污染问题以及推动我国的海上溢油应急体系的建设起到积极的推动作用。[③]

西北太平洋行动计划（Northwest Pacific Action Plan，简称 NOWPAP）是联合国环境署为保护海洋环境组织的 14 个全球区域海洋行动计划之一。[④]联合国环境署西北太平洋行动计划的目的是促进西北太平洋区域沿海国家在保护该区域海洋环境的合作，推进各成员国的海洋环境保护工作。中国、日本、韩国、俄罗斯作为正式成员国、朝鲜作为非正式成员国参加了 NOWPAP。NOWPAP 定期举行由各个成员国参加的政府间会议，以议定 NOWPAP 执行范围、组织结构，审议 NOWPAP 进展情况、工作计划和财政预算，筹集 NOWPAP 运作资金。为组织实施 NOWPAP，建立了信托基金。该行动计划得到了中国政府的批准。

NOWPAP 开展的 7 个子优先项目分别为：综合性数据库和管理信息系统项目（NOWPAP/1）；区域内国家环境政策、法规与战略项目（NOWPAP/2）；近海与沿岸及相关淡水环境监测和评价项目（NOWPAP/3）；海上溢油污染防备与应急反应项目（NOWPAP/4）；建立行动计划协调处（NOWPAP/5）；海洋环境保护公众宣传教育项目（NOWPAP/6）；保护海洋环境免受陆上活动污染项目（NOWPAP/7）。另外，海洋垃圾将作为一项新的内容加入到该项目中，有关海洋垃圾的相关活动已经在开展之中。[⑤]

---

① 邵卫忠：《我国 OPRC 1990 公约执行状况喜忧参半》，《中国水运》，2005 年 10 期，第 14—15 页。
② http://www.sdmsa.gov.cn/yiyou/news/201112910451828766628766.shtml.
③ http://www.ccmt.org.cn/showexplore.php? id＝2355
④ 冯东明：《中日韩三国开展东北亚海洋污染合作研究》，《重庆交通大学学报：社会科学版》，2011 年 4 期，第 88—91 页。
⑤ http://www.03964.com/read/7911db6e123132760ab8b44c.html.

第二节 联合国环境署保护海洋环境全球行动计划(GPA)

"保护海洋环境免受陆源污染全球行动计划"(Global Program of Action for the Marine Environment from Land-based Activities,简称 GPA)是 1995 年由多个涉海国家和地区在联合国于美国华盛顿形成并通过的一项国际协定,该协定由联合国环境规划署(UNEP)负责,号召区域海和各成员国分别制订相应的行动计划(Regional Program of Action,简称 RPA 和 National Program of Action,简称 NPA),旨在推动从国家、区域到全球三个层面共同采取行动来保护海洋环境。中国是参加 GPA 协定的成员国之一。2001 年,在加拿大蒙特利尔举办了 GPA 第一次政府间审查会议。2006 年 10 月,中国承办了第二次政府间审查会。

中国积极响应 GPA 倡议的各项活动,开展了多次培训,并在国家行动层面上,对应 GPA 的要求,正在组织编制"中国保护海洋免受陆源污染国家行动计划",以指导和推动全国海洋环境保护工作。[①]

第三节 UNEP/GEF 南中国海项目

UNEP/GEF"扭转南中国海及泰国湾环境退化趋势"项目是联合国环境署区域海行动计划中东亚海(COBSEA)框架内策划的,是南中国海周边七国(中国、越南、柬埔寨、泰国、马来西亚、印尼和菲律宾)参加的海洋环保大型区域合作项目。项目从 2002 年初开始实施,实施周期为 5 年。该项目由国家环保总局组织实施,外交部、财政部等 9 个部门和南海沿海三省区人民政府参与协调。项目设计的六个专题中,我国参加了红树林、海草、湿地与防治陆源污染四个专题。

南中国海项目实施以来,已经取得了重要成果。海草专题组首次在海南省、广东省和广西壮族自治区的浅海地区发现 2000 多公顷海草场;红树林专题对南海海岸带红树林进行了系统调查,并发现了中国北部湾海域保存最完整和最原始的银叶树野生种群、红树林滨海沙丘植被、半红树植被过渡带群落;湿地专题初步建立了中国南中国海湿地地理信息系统,完成中国南中国海湿地类型图的编制、湿地面积的量算;防治陆源污染专题初步完成了南海陆源污染调查统计分析,对珠江口、北海市区及南流江岸段集水区、大亚湾集水区等三个热点区开展了重点调查,并初步建立了南海陆源污染信息系统。[②]

第四节 中韩黄海调查项目

始于 1997 年的中韩黄海环境联合调查项目是我国政府和韩国政府签约的环保合作项目。开展该项目能大量获取黄海公海海域环境质量状况的科学监测资料,科学、公正地掌握黄海公海海域环境质量状况,为两国政府进行黄海海域环境质量控制与污染防治提供科学依据。联合调查每年开展一次,目前已经连续开展了 10 年,积累了大量的第一手监测资料。

---

① http://www.03964.com/read/7911db6e123132760ab8b44c.html.

② http://www.docin.com/p-21692209.html.

第四章 海事管理的职能与义务

一、缔约国履行的义务

OPRC 1990 围绕油污事故的防备和反应这一主题,明确了各缔约国的主要职能与义务,包括油污应急计划、油污报告程序、收到油污报告时的行动、国家或区域的防备和反应系统、油污反应的国际合作、研究和开发、技术合作、促进防备和反应方面的双边或多边合作等部分,构成了公约的主要内容。[①]

(一)采取一切适当的防备和反应措施的总原则

公约第 1 条(1)规定:"各当事国承诺,按照本公约及其附件的规定,各自或联合地对油污事故采取一切适当的防备和反应措施。"[②]概括地规定了各缔约国的责任,明确了油污防备、反应和合作的总原则。

(二)制订油污应急计划

公约认为,对潜在的溢油风险进行科学评估,编制与之相对应的油污应急计划,配备必要的应急反应资源和相互的合作是快速有效地应对突发事件、减少油污损害的根本保证。基于这一要求,公约要求任何可能发生油污事故风险的场所必须编制与其溢油风险相适应的溢油污染应急计划。公约第 3 条明确了缔约国在制订油污应急计划方面的义务:每一当事国应要求悬挂其国旗的船舶在船上备有 IMO MARPOL 73/78 第 26 条规定的《船上油污应急计划》,对所管辖的近岸装置、海港和油装卸设施都应要求其备有《船上油污应急计划》。这些计划均应与国家应急系统相协调,并应按国家主管当局规定的程序核准。[③]

(三)建立国家和区域防备反应系统

公约认为,任何存在溢油污染事故风险的国家都必须建立起能对油污事故进行有效应急反应的国家系统。[④]

(1)建立油污防备系统:各缔约国建立一个能够对油污事故做出迅速有效的应急反应国家系统,至少包括一个最起码的国家应急计划,负责管理油污的防备和反应行动、报告和协调应急支援、油污应急演习和培训。

(2)建立油污抗御设备储存库:每一当事国均应在其力所能及的范围内,单独地或通过双边或多边合作,与石油业或航运业和其他实体合作,建立一个包括最低水平的预置油污抗御备及其使用方案。

(3)向 IMO 提供国家应急计划等资料:每一缔约国应直接或通过有关区域性的组织或安排,向 IMO 提供国家应急计划和相关材料。

---

① 徐祥民,张晨:《缔约方大会:推动国际环境法律实施的有效形式》,《西部法学评论》,2009 年 5 期,第 1—6 页。
② http://www.docin.com/p-492109799.html.
③ http://www.ccmt.org.cn/showexplore.php? id=2355
④ 罗孝学,陈林:《试论油污事故的赔偿及其特点》,《中国水运(下半月)》,2010 年 12 期,第 31—32 页。

（四）遵守油污报告程序

公约第 4 条规定：各缔约国应要求责任人按规定报告海上排油或可能排油的事件，明确了报告的责任主体、接受主体、报告应遵循的原则、程序等。

（五）油污信息处理的义务

公约第 5 条规定主管当局收到油污信息后，如何采取行之有效的措施，杜绝或减少油污事故的损害。

一是缔约国对接收到的污染信息做出处置，包括油污事件是否发生的评估、事故性质范围和可能导致的后果的评估、通知受影响或可能受影响的国家；

二是当油污事故严重到需要时，缔约国应直接向或通过有关的区域性的组织或安排将规定的资料提供给 IMO；

三是当油污事故严重到需要时，促请受事故影响的其他国家将其利益受威胁程度的评估及拟采取的行动通知 IMO；

四是要求资料交换和联系应尽可能使用 IMO 制定的油污报告系统。①

（六）进行油污反应的国际合作和研究开发

公约第 7～10 条分别规定了油污反应的国际合作、研究和开发以及技术合作等内容。② OPRC 1990 的宗旨是为各国提供一个处理重大溢油事故的国际性协作全球框架，促进各国加强油污防治工作，在遇到重大油污事故时进行区域性或国际性合作，③采取快速有效的行动减轻油污造成的损害，以达到保护海洋环境的目的。公约从油污反应中的合作、研究和开发合作、技术合作三个方面明确了缔约国的义务，并要求各缔约国应努力缔结油污防备和反应的双边或多边协定，以促进合作。

（1）油污应急反应的国际合作：各缔约国应在收到当事国提出需要国际合作和支持以处理油污事故的请求时，应尽力为此提供设备资源和技术援助。

（2）双边或多边协定：各缔约国要努力缔结油污防备和反应的双边或多边协定，以促使溢油事故发生时的相互协作与支持。

（3）油污应急技术的研究和开发：各缔约国可直接或通过国际海事组织举行油污应急技术和设施方面的专题讨论会，交流研究成果和发展计划，包括油污的监督、控制回收和消除等，以促进先进溢油应急技术在全球的推广。

（4）技术合作：各缔约国有义务向请求支持的当事国提供油污应急技术培训和技术设备，以及基础研究、发展计划和进行技术转让方面的合作。

二、我国海事管理机构的相关职责与义务

在加入 OPRC 1990 之前，我国法律法规对溢油应急没有明确规定，但对船舶发生污染事故后应采取控制和清除溢油的应急措施已有了实际要求，并得到了实施，如 1983 年生效的《中华人民共和国海洋环境保护法》对船舶发生污染事故应采取的措施、港务监督可采取的避免和减少污染的措施等做了规定。同年生效实施的《中华人民共和国防止船舶污染海域管理条

---

① http://www.docin.com/p-644136852.html.
② 刘昭青：《国际有害和有毒物质事故防备、反应和合作议定书将获通过》，《交通环保》，2000 年 2 期，第 42—42 页。
③ 汪浩然：《浅谈大亚湾及附近海域油污染的预防合作机制》，《珠江水运》，2009 年 2 期，第 38—40 页。

例》第6、7、8、11条都做出了更为具体的要求,并在第十章对船舶发生污染事故的损害赔偿做了较为详细的规定。环境保护方面的其他法律法规也不同程度地做出了规定。①

我国加入OPRC 1990后,为保障溢油应急反应工作的开展,提高履约能力,我国加快对相关法律法规的修改与完善。② 新修订的相关法律法规对我国溢油应急反应工作做出了具体规定,其中多项条款明确了海事管理机构在溢油应急反应方面的职责与义务。

(一)海事管理机构有关职责的原则性规定

2000年4月1日生效的《中华人民共和国海洋环境保护法》第5条规定:"国家海事行政主管部门负责所辖港区水域内非军事船舶和港区水域外非渔业、非军事船舶污染海洋环境的监督管理,并负责污染事故的调查处理;对在中华人民共和国管辖海域航行、停泊和作业的外国籍船舶造成的污染事故登轮检查处理。"第71条规定:"船舶发生海难事故,造成或者可能造成海洋环境重大污染损害的,国家海事行政主管部门有权强制采取避免或者减少污染损害的措施。对在公海上因发生海难事故,造成中华人民共和国管辖海域重大污染损害后果或者具有污染威胁的船舶、海上设施,国家海事行政主管部门有权采取与实际的或者可能发生的损害相称的必要措施。"其他法律法规也有类似规定。

(二)溢油应急计划相关规定

新修订的《中华人民共和国海洋环境保护法》对我国各层次的溢油应急计划做出了明确规定。第18条规定:"国家根据防止海洋环境污染的需要,制订国家重大海上污染事故应急计划。国家海洋行政主管部门负责制订全国海洋石油勘探开发重大海上溢油应急计划,报国务院环境保护行政主管部门备案。国家海事行政主管部门负责制订全国船舶重大海上溢油污染事故应急计划,报国务院环境保护行政主管部门备案。沿海可能发生重大海洋环境污染事故的单位,应当依照国家的规定,制订污染事故应急计划,并向当地环境保护行政主管部门、海洋行政主管部门备案。沿海县级以上地方人民政府及其有关部门在发生重大海上污染事故时,必须按照应急计划解除或者减轻危害。"第69条规定:"装卸油类的港口、码头、装卸站和船舶必须编制溢油污染应急计划,并配备相应的溢油污染应急设备和器材。"其中"国家海事行政主管部门负责制订全国船舶重大海上溢油污染事故应急计划"等内容的规定,明确了国家海事行政主管部门在制订溢油应急反应计划方面的具体职责,另一方面也使海事管理机构加大溢油应急工作力度、加强对溢油应急反应的组织管理有了法律依据。③

《中华人民共和国防治船舶污染内河水域环境管理规定》第38条规定:"海事管理机构应配合地方人民政府船舶污染事故应急计划。"④

(三)污染事故应急反应条款

《中华人民共和国防治船舶污染内河水域环境管理规定》第46条规定:"海事管理机构接到船舶污染事故的报告后,应当按照污染事故应急计划的程序做出反应。当污染可能涉及周边国家或者地区水域时,由国务院交通主管部门海事管理机构按照有关国际条约或者双边协

① 曾荣辉、陈文战、刘喜元:《我国防污染法规现状及发展》,《船海工程》,2010年6期,第81—85页。
② 宁庭东:《论船舶溢油污染及应急反应》,《中国海事》,2011年9期,第42—44页。
③ http://www.ccmt.org.cn/showexplore.php? id=2355.
④ http://www.gov.cn/flfg/2005-11/03/content_90171.html.

定的要求,通知周边国家或者地区的海事主管机关,共同采取必要的防污染行动。"①

(四)船舶油污损害民事赔偿责任制度相关规定

《中华人民共和国海洋环境保护法》对船舶油污损害民事赔偿责任制度做出了概括性和原则性规定。② 第 66 条规定:"国家完善并实施船舶油污损害民事赔偿责任制度;按照船舶油污损害赔偿责任由船东和货主共同承担风险的原则,建立船舶油污保险、油污损害赔偿基金制度。实施船舶油污保险、油污损害赔偿基金制度的具体办法由国务院规定。"③

第五章　公约的实施情况

第一节　公约实施概况

根据 IMO 统计,目前,OPRC 1990 缔约国有 85 个,IMO 专门负责该公约的执行和区域性的计划。

一、IMO 推动公约实施的行动

IMO 为了有效实施 OPRC 1990,又以 10 个决议的形式对公约一些条款的实施做出了具体规定。同时考虑到推动 OPRC 1990 的实施,提供信息和技术咨询、教育和培训、技术支持等方面的工作,曾成立了由上百个国家、国际组织的代表参加的 OPRC 1990 并建立了油污协调中心。

OPRC 1990 工作组编写了近海装置、海港和油类装卸站油污应急计划指南,促进了各个国家制订国家、区域、港口以及船舶、近海设施和装卸站的溢油应急计划;OPRC 1990 工作组还编写了溢油应急培训示范教程,使若干溢油应急工作管理人员和指挥人员得到了相应的培训,并为各国自行组织培训提供了样板。

二、相关公约对实施 OPRC 1990 的推动与促进

OPRC 1990 通过后,有关国际公约也做了适当修正,以保持与该公约的一致性。1991 年,MARPOL 73/78 公约的附则Ⅰ修正案增加了第 26 条,要求 150 总吨及以上的油船和 400 总吨及以上的非油船,应于 1995 年 4 月 4 日前备有经主管机关批准的《船上油污应急计划》,这与 OPRC 1990 第三条《油污应急计划》是一致的,这也是 MARPOL 73/78 公约在 OPRC 1990 生效前,率先实施与 OPRC 1990 第三条规定相一致的有关条款的具体体现。④

《1992 年国际油污损害民事责任公约》和《1992 年设立国际油污损害赔偿基金公约》等有关海洋环境保护公约,都对溢油应急反应产生的费用索赔与赔偿等做出了比较明确的规定。

---

① http://www.gov.cn/flfg/2005-11/03/content_90171.html.
② 孙永卫:《论国内船舶溢油污染损害赔偿中的法律问题》,《中国水运(下半月)》,2008 年 1 期,第 233—234 页。
③ 林晓媚:《论国际油污损害赔偿基金》,《中山大学学报论丛》,2007 年 8 期,第 230—233 页。
④ 刘雅:《论我国船舶油污损害赔偿的法律适用》,《金卡工程》,2010 年 11 期。

《联合国海洋法》为防止、减少和控制海洋环境污染,向各缔约国提出了执行国际规则及制定国内法律、规章的标准和要求。这都为 OPRC 1990 的实施提供了有利支持。

三、地区性油污防备反应合作广泛开展

近些年来,该公约直接促进了十几个油污防备反应合作行动。作为制定地区性污染事故的防备、反应和合作机制的一部分,黑海、南亚和西北太平洋地区均有地区性应急计划。地中海地区、亚丁湾、中西非地区也加快地区性应急计划的制订与批准。IMO 已经与联合国项目业务办公室签署了协定,作为联合国开发计划署里海环境项目的执行机构,通过这种协作,IMO 和联合国项目办公室/里海环境项目希望执行与准备和制订里海国家的国家级和地区级应急计划有关的活动。

在 1994 年,IMO 与非洲东部和南部港口管理协会制订了一项战略行动计划,以保护非洲东部与南部的海洋环境。2000 年 IMO/联合国环境规划署国家级专家会议和 IMO/国际石油工业环境保护协会地区性讲习班,激活了《阿比让公约应急议定书》下的地区性合作。合作的目的是通过一项行动计划,以开展关于海上污染事故防备和反应的地区性合作。

在西北太平洋行动计划框内,韩国建立了海上环境应急防备和反应地区性活动中心。2000 年 7 月,韩国船舶海洋工程研究所、韩国海洋研究发展所、联合国环境规划署和 IMO 签署了一项旨在建立与海上环境应急防备和反应地区性活动中心长期合作的谅解备忘录。

在加勒比地区,已在库拉索岛正式建立了地区性海上污染应急信息和培训中心,作为在加勒比环境计划框内的一个地区活动中心。2002 年 9 月荷兰安德列斯群岛、联合国环境规划署和 IMO 签署了有关这方面的谅解备忘录。当发生污染事故时,该中心将向本地区的国家和领土就防止海上污染、对实际发生的污染事故的反应和控制活动以及民事责任和赔偿事宜提供指导性意见和实际的支持。

第二节 发达国家溢油应急反应情况

一、美国溢油应急反应力量介绍

美国的污染应急体系于 20 世纪 70 年代开始初建成形,随着应对灾难和紧急事件的有关法律法规的相继颁布与实施,污染应急体系与美国其他的灾难和紧急事件应急体系一样,具有统一的、规范的框架模式。即首先由各州政府和地方政府对自然灾害等紧急事件做出最初反应,如果紧急事件超出地方政府处理范围,在地方申请下,由总统正式宣布该地属于受灾地区或出现紧急状态,紧接着"联邦应急方案"随之投入实施。这一应急模式使美国建立了既具有本国特点的,又符合国际公约要求的国家溢油应急反应系统,对海上突发污染事故能够迅速有效地做出反应,控制或减少污染损害。因此,美国溢油应急反应体系主要构成:国家溢油应急反应指挥中心和相关的州政府、地区建立的溢油应急反应系统。国家溢油应急反应指挥中心由联邦环保总署、内政部、交通部等 16 个政府部门组成,主要负责制订全国海上溢油防治工作的规划、指挥协调各州政府、地方溢油应急反应行动。各州政府主要负责行政区域内溢油防治工作规划和协调有关部门的应急配合和支援工作。地区应急反应组主要承担具体的溢油应急行动的指挥、清污等工作。

在美国,应急反应既要根据溢油级别,也要根据反应责任来确定。溢油事故发生后,首先由发生溢油的公司及它的保险公司对溢油事件负责,责任公司相关人员会马上按照法律规定启动溢油应急预案,并按照计划向相关部门汇报。汇报的相关内容有溢油时间、位置、责任船只的相关资料、溢油情况、相关海况、进行自救情况和打算进一步的行动、计划雇用相应级别的溢油清除法人进行溢油清除作业等。

溢油发生并且上报后,根据溢油种类和发生溢油的地点的不同,将有不同的机关做出反应。这些常设机构主要有美国环保署(EPA)、美国海岸警备队(USCG)、美国运输署(DOT)、国家紧急事件代理机构(SERC)、联邦紧急事件处理署(FEMA)和当地紧急事件委员会(LEPC)。这些机构根据有关法律分别履行各自不同的责任,并在应急反应过程中,按照国家反应体系的具体规定或承担指挥监控和管理,同时给予专业清污公司技术、设备和人员上的支持与辅助,以保证即使在环境恶劣,清污公司无法工作的情况下,也可以进行快速有效的溢油回收工作。

对于较大的污染事故,负责泄漏和溢油的相关组织会按污染严重程度及时地上报联邦政府的国家溢油应急反应中心(该中心由美国海岸警卫队成员组成),一旦收到此报告,国家溢油应急反应中心将根据泄漏发生的情况,立刻通告事先指定的美国环保署或美国海岸警备队现场协调员参与溢油应急,并按照国家反应体系的规定程序重新建立反应组织。现场协调员根据当地反应和监控情况来确定是否需要联邦政府的参与。

美国海岸警卫队国家突击队由三支布局战略要点的国家突击力量和一个协调中心组成,其主要任务是应对溢油和化学品泄漏。协调中心拥有国家溢油应急设备清单,为国家反应体系应急演练和培训计划的制订与实施提供协助。国家反应突击力量在发生重大海洋环境污染事件时及时参与应急反应行动。

其他协助力量还包括国家污染基金中心和辖区反应组等。在应急反应中,辖区反应组的作用更为突出。美国海岸警卫队在每一个管辖区设立一个辖区反应组,保证本辖区内美国海岸警卫队的所有设备的维修和保养、对地方应急计划的制订提供技术协助以及配合现场协调员的工作。

美国在溢油防备和反应方面,不仅制定了较为完善的法律法规、建立了国家反应体系,而且还建立了科学的溢油预防、控制和应对策略系统、信息库系统、溢油鉴别系统以及污染损害赔偿体系。

在处理溢油应急处理工作中,美国还实施了油污基金制度。联邦政府建立10亿美元的油污基金,各州政府也通过立法建立了1亿美元的油污基金制度。此外,对肇事者实行溢油污染责任追究。油污基金的建立可以迅速将溢油的污染损害控制在一定的范围,采取措施进行清除,随后对污染损害程度进行评估,追究肇事者的赔偿责任。

美国还建立了溢油清除协会会员制度,保证溢油清洁公司机构正常运转。美国是一个比较注重自由竞争和市场化经营的国家,在溢油反应清除和防污管理工作中,由国家主管机关制订一个入市的准则,面向所有社会群体开放,通过市场化、商业化的动作决定公司的生存和经营问题。

二、日本溢油应急反应力量介绍

日本溢油应急力量主要由海上保安厅和海上防灾中心组成。

海上保安厅主要负责在海域进行监视、监督工作。针对大面积溢油,海上保安厅拥有自己的溢油清除和围控设备以及消防船,并且保证这些设备随时可用。为了保障对海上溢油事故的有效反应,还建立了沿海环境基础数据,并且通过互联网向油污防治机构提供相关信息。为了处理海上溢油事故,海上保安厅还预测了溢油漂移的方向,帮助围控和清除海上溢油。此外,海上保安厅还派出巡逻船和飞机监控海上污染,特别加强对航行密集区域监控行动。

1976年根据日本防治海上污染和自然灾害相关法律,建立了海上防灾中心,它也是日本民间海上防灾的核心机构,接受海上保安厅的指示,在发生溢油应急事故时,采取措施清除溢油。它下设四个委员会,即溢油清除、船舶消防、器材和训练委员会。该中心拥有海上防灾用的船只、器材;同时,还开展海上防灾训练,推动有关海上防灾的国际协作,进行海上防灾工作的调查、研究等。

海上溢油事故发生时,海上防灾中心负责清除海上溢油和其他有毒液体物质,海上防灾中心和国内159家灾难防治机构签订了合同,建立了全国的防治体系。如果发生大面积的溢油事故后,肇事者无力采取措施时,海上防灾中心可以根据海上保安厅的指令采取行动来清除溢油,肇事者承担相应的清污费用。也可以应肇事船舶所有人的委托,海上防灾中心采取措施消除海上溢油。

海上防灾中心在国内各地为油船船东提供溢油应急反应设备和器材。据有关资料统计,截至2004年4月,海上防灾中心在全国33个主要港口设置了溢油清除设备和材料储备基地,共计54 360 m围油栏、218KL消油剂和106 t吸油材料。10个港口布置了清污船和撇油器。

三、英国溢油应急反应力量介绍

英国海上溢油应急反应主要由英国海上污染控制中心负责,它隶属英国运输部海岸保卫厅,履行国际海事组织对于溢油反应方面的公约。该中心具有航空遥感监视能力、评估溢油量和溢油漂移的计算机系统,以及空中或船上喷洒溢油分散剂的能力和拥有回收或转移海上或岸上溢油的设备。英国海上污染控制中心主要承担在大的溢油事故中的海上反应和岸线清除的协调工作,在协调岸线油污清除工作方面对各地政府相关部门进行技术指导。

海上污染控制中心和地方政府在由运输部的海岸保卫处(在全国设立21个救助协调中心)、海上安全厅、渔业部门、环境部门、国防部和气象局以及大自然保护组织、各大石油公司、英国溢油控制协会组成的支持系统的支持下开展应急反应工作。海上溢油事故一旦发生,较小的事故可以由海岸保卫处的救助协调中心来组织处理,更大的事故由海上污染控制中心和地方政府来协调各相关部门来展开行动。

支持系统的相关部门按各自职责向海上污染控制中心提供支持,与其他国家略有不同的是国防部在有偿情况下对海上污染控制中心提供相关知识、设备及人员的援助。各大石油公司与海上污染控制中心签署志愿协议,以便海上污染控制中心在发生大的溢油事故时能得到这些公司的支持。此外,英国大不列颠溢油控制协会是英国溢油应急反应的一个重要支持组织,它是一个代表各公司利益的商业协会,为所有英国和海外的工业和海运污染提供设备和服务,拥有的红色报警体系能24 h快速为各成员公司提供各种应急反应设备和器材。

第三节　公约在我国的实施情况

经国务院批准,我国于 1998 年 3 月 30 日加入公约,1998 年 6 月 30 日对我国生效。交通部是我国的主管部门,海事管理机构是履行公约的主要职能机构。①

履约十多年来,我国新修订了《海洋环境保护法》,该法对建立我国溢油应急反应工作做出了明确规定,基本确定了我国溢油应急反应体系的建立方向。中国海事局编制了《中国海上船舶溢油应急计划》及北方、东海、南海海区和台湾海峡水域溢油应急计划。船上油污应急计划,按照 MARPOL 73/78 附则 I 新增 26 条有序实施。为了配合北方海区船舶溢油应急计划的实施,交通部在烟台建设了北方海区海上船舶溢油防治示范工程。此外,交通部还先后组织开展了港口溢油应急计划研究,编制出版了《港口应急计划编制指南》,在所有的中国籍船舶上配备污染应急计划,开展溢油应急技术培训及对外合作等。应该说 OPRC 1990 公约在我国,尤其是在船舶、近海装置、装卸设施这一层次上已经得到了相对全面的履行。②

一、国内立法方面

OPRC 1990 公约对我国生效前后,我国一直致力于国内立法建设,推进相关法规逐步完善。2000 年 4 月 1 日生效的《海洋环境保护法》明确规定:"国家根据防止海洋环境污染的需要,制定国家重大海上污染事故应急计划。国家海洋行政主管部门负责制订全国海洋石油勘探开发重大海上溢油应急计划,报国务院环境保护行政主管部门备案。国家海事行政主管部门负责制订全国船舶重大海上溢油污染事故应急计划,报国务院环境保护行政主管部门备案。"根据本条,我国将 OPRC 1990 第 6 条第 1 款的 b 项"国家防备和反应应急计划"的规定进一步细化成三个部分,其中海事部门负责船舶污染应急计划。2004 年 1 月 1 日实施的《船舶载运危险货物安全监督管理规定》第 19 条则明确要求船舶编制应对水上交通事故、危险货物泄漏事故的应急预案以及船舶溢油应急计划,要求配备相应的应急救护、消防和人员防护等设备及器材,并保证落实和有效实施。

二、督促责任主体配备油污应急计划,建立溢油应急反应体系

根据《中华人民共和国海洋环境保护法》的规定,我国国家油污防备和反应体系主要包括:国家重大海上污染事故应急计划,全国海洋石油勘探开发重大海上溢油应急计划,全国船舶重大海上溢油污染事故应急计划,沿海可能发生重大海洋环境污染事故单位的污染事故应急计划,装卸油类的港口、码头、装卸站溢油污染应急计划,船舶油污应急计划等。

近年来,我国政府及有关部门全面开展油污应急计划建设:③

(1)1995 年,我国开始要求船舶配备《船上油污应急计划》,海事管理机构进行了全面监督管理。目前,适用船舶及设施均按公约法规要求配备了《船上油污应急计划》,并已普遍

---

①　劳辉,徐石明,姜艳燕:《60 年铸就海上长城——回顾中国溢油应急建设 60 年发展历程》,《中国海事》,2009 年 9 期,第 17—20 页。

②　贝少军:《我国重大海上溢油应急处置能力显著提升——首次国家重大海上溢油应急处置部际联席会议召开》,《中国海事》,2013 年 1 期,第 61—62 页。

③　邹和平,牟林,崔晓健,宋军:《论建立溢油对海洋生态环境污染预警机制的必要性》,《海洋开发与管理》,2011 年 9 期,第 80—83 页。

实施。

（2）2000 年 3 月，交通部与国家环保局联合颁布了《中国海上船舶溢油应急计划》和各海区船舶溢油应急计划，相关配套建设正在紧张筹备中。

（3）按照全国海上船舶溢油应急计划的总体要求，沿海各省加快了省级溢油应急体系的步伐，部分沿海及内河地级市溢油应急计划已经建立。

（4）各港口、码头、装卸站普遍已制订溢油应急计划。但部分应急计划的可操作性不强，部分计划还停留在纸面上，没有实施。

三、科研和溢油应急体系建设方面

1995 年 10 月，交通部和日本运输省在大连举办为实施 OPRC 1990 公约的"中日海上溢油应急对策研讨会"，会议双方代表近 120 人交流研讨，共 25 篇论文直接涉及实施 OPRC 1990。此会的召开标志着我国对 OPRC 履约研究工作的实质性启动。1999 年，交通部设立溢油应急计划研究课题，在天津、广州、大连、宁波、上海、厦门等六个主要港口开展制订溢油应急计划研究，由交通部科学研究院和美国国家海洋大气局专家合作完成。港口溢油应急反应体系初步建立，并在这几个港口形成了一定的应急力量。

2000 年，交通部联合环保总局制订颁布了《中国海上船舶溢油应急计划》，自 4 月 1 日起生效执行，标志我国基本建成四级船舶溢油应急体系。此后几年，在中国海事局的要求和指导下，沿海省份完成省级溢油应急体系建立，沿海和重要内河水域完成地市级溢油应急体系建立，此为水上溢油应急体系的补充和完善。《中国海上船舶溢油应急计划》是国家海事行政主管部门依据新修订的《海洋环境保护法》规定，根据防治海洋环境污染的需要而制订的我国第一部船舶重大溢油污染事故应急计划。[1] 该计划由三个层次组成，即中国海上船舶溢油应急计划、海区（北方海区、东海海区、南海海区和特殊区域台湾海峡水域、秦皇岛海域）溢油应急计划（注：2004 年起调整为省级溢油应急计划）和港口溢油应急计划。内容分为总则、组织和管理、溢油应急反应以及溢油应急反应支持系统四部分。

四、船舶溢油示范工程

"北方海区海上船舶溢油防治示范工程"列入《中国 21 世纪议程白皮书》中的第一批优先项目。该示范工程是实施《北方海区溢油应急计划》的基础，其目标是实现北方海区船舶溢油信息跟踪和成山头水道、老铁山水道、长山水道三个重要水道的监控，形成中等规模的船舶溢油（瞬时溢油 50 t 以下）控制和清除能力，并在船舶溢油污染防治的管理体制、损害赔偿等方面取得和积累经验。该工程主要包括溢油控制与清除系统、监视监测系统、信息系统、通信系统和培训演示系统等。根据《北方海区溢油应急计划》，中国海事局在烟台建立"北方海区溢油应急中心"，其主要职责为实施溢油应急计划提供技术和信息支持，并协助中国海上溢油应急指挥部协调北方海区溢油应急工作。

五、教育培训工作

作为 OPRC 1990 的缔约国，通过培训提高相关人员的溢油应急综合反应能力，是履行该

---

[1] 张丽娟：《国际公约对我国海洋环境保护法的影响》，《甘肃政法学院学报》，2001 年 2 期，第 77—80 页。

公约的重要原则之一。近年来大量的培训和研讨在各个层面展开,收效明显。主要有:

(1)以北方海区溢油应急中心为主阵地,强化针对性和实用性培训。IMO 编制《溢油防备与反应培训示范教程》后,该中心及时翻译教程并分别对作业人员、现场指挥人员以及高级管理和指挥人员进行多期培训。2005 年 6 月,我国首次举办溢油应急高级管理人员培训班,这是中国海事局为履行国际公约,提高中国溢油应急指挥、决策能力和处置效果而采取的重要举措,也是进一步建立健全政府应对水上突发事件机制,实现社会主义和谐社会建设目标而采取的一种重要手段。之前,该中心连续举办了多期针对现场反应人员和现场指挥人员的另外两级培训。参加培训研讨的人员多为主要港口海事管理工作的主管领导,培训研讨内容涉及中国船舶溢油应急体系建设、溢油应急的国际间协作、溢油应急反应行动决策、策划、管理和应急反应技术、公共关系管理等内容。通过培训和研讨使事故一线决策层的高级管理人员掌握水上溢油事故应急处置原则、技术和国际通行做法,从而整体上提高我国溢油事故的应急决策和处置水平。

(2)以中国航海学会防污染委员会学术交流研讨会为主要平台,积极致力于溢油应急方面的学术交流和研讨。主要从溢油事故发生前后的各个方面进行理论和实践的研讨,并取得了良好的成效。

(3)多次进行高层次国际溢油应急反应和合作研讨。如 2004 年 12 月,IMO 和国际石油工业环境保护协会(IPIECA)在北京举办中国溢油应急反应和合作研讨会。来自国际油污基金、英国溢油应急反应公司、西北太平洋区域溢油应急行动中心、BP 公司、中国海事局、国家海洋局、国家安全生产监督局、中国海洋石油总公司等国内外单位的代表从法律、机制、管理和技术等不同层面上,对溢油防备、反应与合作,损害赔偿机制等问题进行了广泛的交流和深入的研讨,对中国的溢油应急机制建立提出了很好的建议。通过研讨,增进了职能部门与石油、航运等业界的了解,促进了合作。特别是通过互动交流使国外的参会者加深了对我国海事部门的认识,提高了海事部门的影响力。

六、广泛建立油污反应工作的国际合作

(1)西北太平洋行动计划海洋污染防备反应与合作

在联合国环境署(UNEP)的倡议和 IMO 的帮助下,西北太平洋地区沿岸 4 国(中、俄、日、韩)共同制订了《西北太平洋地区海洋和海岸带环境保护管理和开发行动计划》(简称《西北太平洋行动计划》),成立了西北太平洋行动计划海洋污染防备反应区域行动中心。①

(2)中韩双边黄海溢油防备反应合作协定

1998 年 11 月,中韩双方发表联合公报,公报第 9 条第 5 款指出,"为保护黄海环境,双方同意在预防两国油船发生事故时的海上污染而共同合作"。2000 年,我国根据 OPRC 1990 公约,起草了《中韩黄海油污防备、反应合作双边协定》草案。2001 年 5 月,双方以中方文本为基础,举行了第一次事务性会谈,并就除了适用范围以外的其他主要条款达成了一致意见,此后双方合作全面展开。

---

① 罗亮,王娇:《影响南海海上溢油的因素分析与对策建议》,《新东方》,2012 年 2 期,第 11—14 页。

七、台海两岸船舶油污染应急协作

开展两岸船舶防污应急协作,建立资源互补、信息共享、两岸互动的协作机制,对提高双方船舶油污染应急防备和反应能力,抵御台湾海峡的船舶油污染风险,促进两岸经济的可持续性发展,是非常有益的。由中国海事局立项,针对台湾海峡地理、政治和两岸经贸的特殊性,两岸双方对海峡船舶油污染应急协作的有关技术问题进行的专题研究《台湾海峡两岸船舶油污染应急协作计划研究报告》已经完成,该报告在技术层面上符合国际海事组织关于油污应急计划编制指南的基本要求,有很强的针对性和可操作性。[①]

八、油污损害赔偿制度的研究和建立持续推进

污染事故发生后首要的工作是开展应急救助、清污行动,以便尽可能使环境资源的损害降到最低程度。船舶油污基金赔偿按照应急反应(包括应急救助、清污等)—监测监视—资源损害这样一个先后顺序赔偿,应急反应赔偿应该赋予优先权,确保油污应急体系的正常运转。为保障我国沿海运输船舶污染事故的损害赔偿,我国近年来积极推进建立适合国情的海上油污赔偿制度。目前,财政部和交通部联合起草制定的《船舶油污损害赔偿基金征收和使用管理办法》正在报批,国内油污基金制度即将建立实施。

拓展阅读　国家重大海上溢油应急能力建设规划(2015—2020 年)

海上溢油事故是人类开发海洋过程中最典型、最严重的环境污染事故之一。近几年发生的大连新港"7·16"输油管道爆炸火灾事故、蓬莱"19—3"油田溢油事故和美国墨西哥湾原油泄漏事件等对海洋生态环境造成的严重影响,进一步凸显了加强重大海上溢油应急处置能力建设的重要性和紧迫性。随着国民经济的快速发展,我国对石油能源的需求不断增加,海上石油开发、运输和存储活动日益增多,溢油事故的风险与日俱增,溢油事故应急的形势愈加严峻。

为提高我国重大海上溢油应急处置能力,大连新港"7·16"事故后,中央机构编制委员会办公室印发了《关于重大海上溢油应急处置牵头部门和职责分工的通知》(中央编办发〔2010〕203 号),明确要求交通运输部负责会同有关部门编制国家重大海上溢油应急能力建设规划,组织、协调、指挥重大海上溢油应急处置工作。2012 年,国务院印发的《关于同意建立国家重大海上溢油应急处置部际联席会议制度的批复》(国函〔2012〕167 号)也要求研究编制国家重大海上溢油应急能力建设规划。为贯彻国家环境保护基本国策和生态文明发展战略,提高重大海上溢油应急能力,按照全面建成小康社会的总体部署、建设海洋强国及海上丝绸之路的总体要求,特编制《国家重大海上溢油应急能力建设规划(2015—2020 年)》(以下简称《规划》)。

一、规划目标

(一)指导思想

以邓小平理论、"三个代表"重要思想、科学发展观为指导,深入贯彻落实习近平总书记系列重要讲话精神,按照党中央、国务院的决策部署,坚持保护环境的基本国策和生态文明的发

---

① 邵卫忠:《我国 OPRC 1990 公约执行状况喜忧参半》,《中国水运》,2005 年 10 期,第 14—15 页。

展战略,按照全面建成小康社会的总体部署和建设海洋强国的要求,系统谋划,科学布局,中央和地方、政府和企业分工协作,共同推进应对我国管辖海域可能发生的重大海上溢油事故的应急能力建设,保障国家海洋生态环境安全,支撑海洋经济可持续发展。

(二)规划原则

1. 全面覆盖,突出重点。溢油应急能力全面覆盖我国管辖海域,最大限度保障国家海洋环境安全;重点强化事故多发区、石油开发及运输密集区等高风险海域的力量配置,注重敏感资源区的防护,加强应急力量薄弱环节的建设。

2. 统筹协调,综合利用。能力建设充分利用现有应急资源,注重资源综合利用和协同共享,注重应急装备物资与日常生产运行、社会服务相结合,注重调配中央和地方、政府和企业的应急能力。

3. 立足当前,着眼长远。既要针对当前我国海上溢油应急能力建设存在的问题,又要着眼未来社会经济发展带来的海上溢油风险形势变化和应急能力需求,设定合理可行的建设目标和建设方案。

4. 多方投资,共同参与。能力建设以中央政府投资引导,地方政府落实属地管理责任,企业落实主体责任,鼓励其他社会力量在完善的市场环境下参与,形成多元化投资建设格局。各方力量合理定位分工,有效衔接,在国家重大海上溢油应急处置部际联席会议的统一指挥下,共同应对国家重大海上溢油事故。

(三)规划范围

1. 规划年限。规划的基础年为 2012 年,规划的水平年为 2020 年。

2. 区域界限。规划的区域范围为我国内海、领海、毗连区、专属经济区以及中华人民共和国管辖的其他海域。

3. 应急处置对象。应急处置对象是指石油平台、船舶、输油管道和储罐等风险源发生泄漏事故后引发的海面漂浮溢油。

(四)规划目标

以有效处置发生在我国管辖海域内的重大海上溢油事故为目的,初步建成重点覆盖、科学决策、快速反应、与风险相适应的重大海上溢油应急能力体系,具体规划目标为:

覆盖能力:监视监测力量全面覆盖我国管辖海域,海上溢油清除力量重点覆盖距岸 50 n mile 的海域。

运行能力:海上溢油清除力量可在 5 级海况下出动,可在 4 级海况下开展应急作业。

快速反应能力:第一批空中监视力量和海上溢油应急清除力量可分别在 2 h、6 h 以内到达距岸 50 n mile 内的海域。

清除能力:距岸 50 n mile 内任意海域海上溢油清除能力达到 1 000 t,距岸 50 n mile 内的高风险海域海上溢油清除能力达到 10 000 t;沿海各省(自治区、直辖市)岸线溢油清除能力和回收物陆上接收处理能力达到 10 000 t。

二、规划方案

规划内容主要包括溢油应急处置过程中的应急组织指挥、应急监视监测、溢油应急清除,同时考虑溢油应急全过程的队伍建设。其中,应急组织指挥是指利用管理、通信、信息等手段对溢油应急行动进行快速、协调、有序组织的过程,主要由健全的应急组织指挥机制、完善的溢油应急预案体系、高效的应急通信系统和信息服务体系四部分组成。溢油应急监视监测是指利用溢油监视监测装备对海上溢油的位置、漂移扩散情况进行搜寻和跟踪的过程,为应急处置方案制定提供重要依据,主要通过航天航空遥感、船舶及岸基雷达、视频、浮标等的监视监测实现。溢油应急清除是指利用有关溢油应急装备设施对海上溢油进行控制、回收、清除、贮运、转移、再处理的过程,是溢油应急处置的核心,主要由海上溢油清除、岸线溢油清除和回收物陆上接收处置能力构成。海上溢油清除能力的提高主要通过建设溢油应急设备库、溢油应急船舶等实现;岸线溢油清除能力通过建设岸线溢油应急设备库实现;回收物陆上接收处置能力包含油污水贮存、废油处理、含油固体废弃物贮存和处置等装备设施的建设。溢油应急队伍是各类溢油应急处置装备设施能力发挥的关键因素,主要由组织指挥人员、应急监视人员和应急清除人员构成,队伍建设主要考虑应急人员的结构、人数、培训及演习演练次数等。

(一)组织指挥

1. 健全海上溢油应急指挥机制。在国家重大海上溢油应急处置部际联席会议制度基础上,完善溢油应急组织指挥和应急力量协调的相关工作制度和运行管理机制。沿海各省、直辖市充分利用海上搜救中心(海上溢油应急中心)资源,健全省级海上溢油应急指挥机制。

2. 完善各级海上溢油应急预案。完善现有海上溢油应急预案体系,形成包括各种溢油风险源的国家、省、市级海上溢油应急预案体系。

3. 建设畅通的应急通信系统。依托有线、无线公网和专网,完善海上搜救应急通信网,构建溢油应急与海上搜寻救助一体的应急通信系统。加强海事、海洋、公安等部门及涉海企业通信专网建设,确保海陆之间、部门之间的实时语音、数据、视频通信畅通。

4. 建设高效的溢油应急信息服务体系。依托各部门、各单位现有信息系统和数据库建设,建设连接中国海上搜救中心(海上溢油应急中心)、省级海上搜救中心(海上溢油应急中心)和其余22个国家重大海上溢油应急处置部际联席会议成员单位的海上溢油应急信息服务系统,实现溢油相关信息共享。

(二)监视监测

1. 提高航天航空遥感监视能力。依托国家海洋局等部门的遥感监视系统,建立海上溢油遥感影像的采集和解译平台,在渤海—北黄海海域、长江口—宁波舟山海域、台湾海峡—珠江口海域、琼州海峡—北部湾海域等四处高风险集中海域实现海上监视业务化。国家海洋局北海、南海、东海分局卫星影像采集和解译能力纳入部门日常建设计划。利用国家海洋局的载人飞机加装3组载人机遥感监视系统,无人机加装4组无人机遥感监视系统,实现我国沿海管辖海域的全面覆盖和高风险集中海域的多重覆盖。

2. 加强其他多种手段溢油监视能力建设。利用各地港口码头、石油平台、船舶及陆上建设的各类雷达和视频监视系统,作为航天航空遥感监视手段的补充。各有关部门和单位在日常港口建设和公务船舶建造计划中,可结合溢油应急处置要求安装溢油监视报警系统和溢油监视雷达,研发在船舶交通管理系统上扩展溢油监视功能,实现对溢油风险源集中分布海域的连续监视。

3. 提高溢油跟踪预警能力。利用溢油应急监测浮标,监测事故海域的水文环境,跟踪溢油的漂移路径,提高溢油漂移预警能力。以海区为单位配置应急监测浮标,考虑监测浮标的配合使用和替代,三大海区各配置2套。

(三)应急清除

1. 加强海上溢油清除能力建设。海上溢油清除能力按照"中央政府和中央企业力量为关键力量,地方政府和地方企业力量为主要力量"的思路建设。根据测算的各地溢油应急能力建设规模需求,中央政府根据"沿海海域全面覆盖,风险源集中地区优先布置"的思路安排引导性资金,中央企业根据"与企业生产风险相匹配"原则建设企业溢油应急能力,不足部分由地方政府投资或鼓励当地专业清污公司建设。

规划在全国沿海44个地区(市)加强溢油应急清除能力建设,建成设备库191座,其中新建25座;建成专业溢油应急船舶260艘,其中新建11艘;各部门新购置固定翼飞机时考虑增加溢油分散剂喷洒功能。

(1)加强中央政府海上溢油清除能力建设。按照中央政府力量全面覆盖沿海50 n mile内海域,沿海主要港口均应布点的原则,到2020年,共建成国家溢油应急设备库28座(已建成16座),在丹东、营口、锦州、天津、日照、台州、温州、福州、汕头、深圳、湛江、三亚等地新建溢油应急设备库。在北方、东海和南海三大海区配置专业溢油应急船舶4艘。各部门新购置固定翼飞机时考虑增加溢油分散剂喷洒功能。

(2)推进中央企业溢油清除能力发展。到2020年,在现有15座溢油应急设备库的基础上,扩建惠州设备库。建成专业溢油应急船舶27艘(已建成22艘),新建的5艘大型专业溢油应急船舶,分别配置在东营、宁波、惠州、珠海和三亚。

(3)加强地方政府和企业溢油清除能力建设。到2020年,建成海上溢油应急设备库148座(已建135座),在丹东、天津、温州、宁德、福州、莆田、厦门、漳州、揭阳、汕头、汕尾、惠州、三亚等地新建13座设备库。建成溢油应急船舶229艘(已建223艘),新建6艘大型溢油应急船舶,分别配置在烟台(1艘)、台州(1艘)、福州(1艘)、泉州(2艘)、广州(1艘)。

2. 加强岸线溢油清除能力建设。考虑最不利情况下海上溢油全部上岸清除的需要,岸线清除能力目标与海上溢油应急清除能力目标相匹配。按照"全省协调、全面覆盖、重点加强"的原则,确定我国沿海各市(地级市)岸线清除能力达到1 000 t,各省(直辖市、自治区)岸线清除能力达到10 000 t。以省为单位,结合各地区海上溢油风险水平,提出各市(地级市)岸线溢油清除能力建设方案。由于广东省海岸线较长,涉及台湾海峡—珠江口和琼州海峡—北部湾两个高风险集中海域,其岸线清除能力目标为20 000 t。

3. 提升回收物陆上接收处置能力。溢油应急回收物陆上接收处置能力由当地环境保护部门引导,企业投资建设。按照"全省协调,全面覆盖,重点加强"的原则加强回收物陆上接收处置能力建设。沿海11个省(自治区、直辖市)按照10 000 t溢油事故应急处置需求,相应建设海上溢油应急回收物陆上接收处置能力(广东省按20 000 t)。

溢油应急回收物陆上接收处置能力建设内容包括油水混合物贮存能力、废油利用能力、含油固废贮存能力和含油固废处置能力。按照处置10 000 t海上溢油事故的陆上接收处置能力需求,到2020年,沿海各省(自治区、直辖市)均应建成6.3万 m^3 的油水混合物贮存能力、6 000 t的废油利用能力、7 700 m^3 的危险固体废弃物贮存能力以及10 000 t含油固废处置能力;广东省应具备12.6万 m^3 的油水混合物贮存能力、12 000 t的废油利用能力、1.54万 m^3 的危险固体废弃物贮存能力以及20 000 t含油固废处置能力。除含油固废处置能力外,沿海各省(自治区、直辖市)的其他能力达到规划目标。

在沿海各省(自治区、直辖市)加强含油固废处置能力。11个沿海省(自治区、直辖市)各改造1处水泥窑协同处置设施,河北、江苏含油固废处置能力基本满足需要,辽宁、天津、山东、上海、浙江、福建、广东、广西和海南需分别新增3.75、4.90、3.60、0.10、0.05、4.35、9.45、4.90

和4.50万吨含油固废年处置能力。

（四）应急队伍

1. 加强组织指挥人员队伍建设。在国家重大海上溢油应急处置部际联席会议统一指挥下，依托各级海上搜救中心和海洋、环保、安全生产、公安、海事、救捞等部门，建设国家、省、市三级溢油应急组织指挥人员队伍。由中国海上溢油应急中心牵头，交通、海洋、环保、公安、渔业、保险、法律、医疗、安全等相关行业专家共同组建重大海上溢油应急专家队伍。

2. 加强监视监测队伍建设。依托海洋、海事、港口、渔业等各级监视监测力量，建设国家和地方海上溢油应急监视监测技术队伍。

3. 加强应急清除队伍建设。整合国家和企业现有力量，组建由国家队伍、企业队伍和志愿者队伍构成的重大海上溢油应急清除队伍。

（1）国家队伍。依托救助打捞和航海保障等部门，结合国家船舶溢油应急清除能力布局，建设专兼职结合的国家专业应急队伍。必要时组织军队、武警、公安队伍参与重大海上溢油应急清除行动。

（2）企业队伍。依托专业清污公司和三大石油公司建设重大海上溢油企业专业应急队伍。依托港口企业和中小型涉油企业建设与企业应急需求相适应的企业队伍，主要参与港区和沿岸海域的重大海上溢油应急清除。

（3）志愿者队伍。由地方政府组织有关人员组成溢油应急清除志愿者队伍，主要参与岸线和沿岸海域的重大海上溢油应急清除。

4. 强化现有机构培训功能。为提高应急队伍的管理和技术水平，依托烟台溢油应急技术中心、秦皇岛海上溢油应急反应中心开展组织指挥、应急清除专业队伍的培训；依托国家海洋局环境监测中心和烟台溢油应急技术中心开展监视监测队伍的培训；拓展国家大、中型船舶溢油应急设备库的培训功能，加强对企业兼职队伍和志愿者队伍的现场培训。

5. 定期组织应急人员演习。组织相关部门和单位每年进行至少1次的重大海上溢油应急演习，明确应急人员参与演习次数，提高重大海上溢油事故应急时部门间的配合协作水平和相关人员的实际操作能力。

三、保障措施

1. 完善法律法规标准规范体系。制定专门法律，系统解决溢油污染海域的责任确定、罪责判罚、民事赔偿、法定豁免等一系列法律问题，并完善《中华人民共和国海洋环境保护法》《中华人民共和国突发事件应对法》等相关法律。

制定海上石油生产、储运、沿岸油品炼制和存储等环节的溢油防范措施技术规范，制定完善各类溢油应急设备配置标准。

2. 加大政府支持力度。中央政府和沿海地方各级人民政府将规划中确定的建设项目纳入当地的经济发展和环境保护规划，并落实建设资金和运维资金，有序推进规划实施，保障项目正常运行并发挥其应急能力。

综合运用环境责任保险、石油行业信托基金等经济手段建立重大海上溢油事故应急专项资金，保障事故发生后各项应急工作的顺利进行。沿海各级政府还应对溢油应急设备库等应急工程在土地、岸线使用和项目立项方面给予一定的支持，确保溢油应急能力建设的顺利进行。

3. 科学有序组织规划实施。各级人民政府和相关单位根据本规划梳理建设项目，分解建设任务,落实建设主体,有序推进项目实施。

建立考核监督机制,将规划提出的建设目标和内容纳入各级政府考核目标,保证规划项目按期完成。

4. 研究完善溢油应急市场化机制。建立规范、完善的溢油应急市场体系,创新溢油应急力量可持续发展的市场化机制,为溢油应急企业创造公平有序的发展环境。扶持和鼓励相关组织或机构成长为大型溢油应急服务供应商。鼓励行业和区域成立溢油应急联盟或协会,建立应急联防机制,共同应对重大海上溢油事故。

鼓励溢油应急清除单位与溢油应急物资生产厂商做好协议储备,支持溢油应急物资生产厂商根据相关协议进行生产能力储备,避免资源浪费。

5. 重视溢油源头防控和环境监测能力。溢油源头防控是减轻溢油污染的关键环节。交通运输部组织加强事故船舶封堵和残油卸载能力建设,国家海洋局、国家安全生产监督管理总局和环境保护部组织石油开采、生产、储存、运输等企业加强溢油源的封堵控制能力建设。

国家卫星气象中心加强对事发海域的气象监测预警能力建设,国家海洋局、农业部等加强对事发海域水质污染、重要海洋渔业资源等的监测能力建设。

6. 重视科技支撑、设备研发和检测能力建设。设立重大科研专项,组织产学研协同攻关,加大沉潜油监视监测及清除、恶劣气象与高海况条件油污回收、滩涂溢油清除技术及装备,可生物降解型吸附材料等溢油应急技术、装备和材料的研发。

提高溢油应急设备质量及效果检测能力,规范各类应急设备生产企业,保障应急设备库应急功能的发挥。

项目九
国际油污损害民事责任公约

内容摘要

◆《1992 年国际油污损害民事责任公约》产生的背景
◆《1992 年国际油污损害民事责任公约》的概况及主要内容
◆《1992 年国际油污损害民事责任公约》的历次修正案
◆《1992 年国际油污损害民事责任公约》的实施情况

案例导入

1999 年 3 月 24 日凌晨 2 时 26 分左右,台州东海海运有限公司(简称"台州公司")所属的"东海 209"轮与中国船舶燃料供应福建有限公司(简称"福建公司")所属的"闽燃供 2"轮在伶仃水道 7、8 号浮附近(珠江口伶仃岛与淇澳岛之间)水域发生碰撞(见图 5-11)。碰撞使"闽

图 5-11 "闽燃供 2"轮

燃供 2"轮船体破裂,该船所载重油泄漏,造成珠海市部分水域及海岸污染。沿岸的珠海市菱

角嘴海滨游泳场及时进行了油污清理工作，并采取了相应的预防措施。事后，菱角嘴海滨游泳场于 1999 年 7 月 5 日向广州海事法院提起诉讼，将台州公司和福建公司列为共同被告，请求法院判令两被告赔偿其支付的清污费用以及由油污造成的营业损失。

第一章　公约产生的背景

随着工业的发展，海上石油运输日益繁荣，油船发生事故导致大量油类泄漏，严重污染海洋环境，给邻近的沿海国造成了巨大的经济损失，如 1967 年 3 月 18 日，利比里亚籍油船"TORREY CANYON"在英吉利海峡的英格兰西南部海岸附近海上触礁沉没，溢油约 12 万吨。英国采取了各种控制和消除措施，包括出动飞机对油船实施爆炸燃烧，结果还是造成英、法两国海岸的严重污染，致使两国蒙受了巨大的经济损失。这一事件在国际上引起了极大的震动。在国际舆论的压力下，1968 年世界上的各大石油公司，如英国石油公司（BP）、埃克森石油公司（EXXON）、美国石油公司（AMOCO）、壳牌石油公司（SHELL）、美孚石油公司（MOBIL）等联合发起并签订了《油船所有人自愿承担油污责任协定》（简称 TOVALOP），同时签订了《油船油污责任暂行补充协定》（简称 CRISTAL），承担"油污补充赔偿责任"，既无过失也无承担责任，从而打破了一直沿用侵权理论作为油污赔偿的唯一依据的惯例，开创了石油公司（货主）承担保护环境的共同责任的先例。[1] 这两个协定于 1969 年 10 月 6 日生效。这两个协定的制定为 IMO 后来制定油污责任公约和基金公约做了理论上和技术上的准备。[2]

1969 年政府间海事协商组织（现称国际海事组织）最初设立法律委员会是为了处理刚刚发生的"托瑞·勘庸号"事故引起的法律问题（以后成为常设委员会），并着手起草 CLC 1969、《1969 年国际干预公海油污事故公约》并召开外交大会。1969 年 11 月 29 日在布鲁塞尔海洋污染损害法律会议上通过了这两个公约。

自 CLC 1969 生效后，由于公约规定的赔偿金计量单位及 CLC 1969 赔偿最高限额及赔偿范围显得不合理，国际海事组织对公约进行了多次修正。1992 年 11 月 23 日—27 日在伦敦召开了修订 CLC 1969 外交大会，并通过了《修正 1969 年国际污染损害民事责任公约的 1992 年议定书》。[3] 经议定书修正的公约于 1996 年 5 月 30 日生效。

截至 2016 年 3 月 10 日，共有 53 个缔约国加入该议定书，我国于 1999 年接受了 CLC 1969 的 1992 年议定书，成为 CLC 1992 的缔约国，该议定书于 2000 年 1 月 5 日开始对我国生效，同时我国退出 CLC 1969。[4]

---

[1]　邓海峰，徐斐：《衡平原则与国际油污损害民事责任立法——以〈1992 国际油污损害民事责任公约〉为例展开》，《中国环境法治》，2008 年 1 期，第 388—391 页。
[2]　罗亚男：《网络环境中反垄断法滥用市场支配地位之浅析——以"360 和腾讯案件"为视角的考察》，《青年科学（教师版）》，2013 年 8 月，第 76—77 页。
[3]　危敬添：《有关油污问题的四项公约》，《中国远洋航务》，2009 年 8 期，第 71—74 页。
[4]　罗亚男：《网络环境中反垄断法滥用市场支配地位之浅析——以"360 和腾讯案件"为视角的考察》，《青年科学（教师版）》，2013 年 8 月，第 76—77 页。

第二章　公约的概况及主要内容

一、公约的概况

《1992 年国际油污损害民事责任公约》是一部涉及船舶油污损害赔偿方面的重要国际海事条约。该公约规定了船舶油污损害的责任主体、损害赔偿范围、缔约国的权利和义务、《油污损害责任保险或其他财务保证证书》的签发等许多事项。[①] 其内容大多涉及海事管理,尤其与海事管理机构开展油污损害调查及处理有诸多关联。

二、公约的主要内容

1.公约内容

CLC 1992 由正文和 1 个附则组成,正文共 18 条。第一章,总则;第二章,船舶油污损害民事责任保险及额度;第三章,船舶油污损害民事责任保险证书;第四章,法律责任;第五章,附则。

2.公约目的

公约各缔约国意识到在世界范围内,因海上载运散装油类而出现的污染危险,[②]确信有必要对由于船舶溢出或排放油类造成的污染而遭受损害的人给予适当的赔偿,希望通过统一的国际规则和程序以便确定在上述情况下的责任问题并提供适当赔偿。

3.公约适用的范围

关于适用船舶,公约规定:在本公约中"船舶"是指为载运作为货物的散装油类而建造或改建的任何类型的海船和海上运输工具,但是,一艘能够运输油类和其他货物的船舶,仅在实际载运散装油类时,以及以后在进行这种运输之后的任何航次,方能被视为一艘船舶,但能证明船上已不再装有油类的残余物除外[③]。公约适用于在缔约国登记的载运 2 000 t 以上散装油类货物的任何类型的海上运输船舶,但军舰或其他为国家所有或经营的,且在当时仅用于政府非商业性服务的船舶除外。[④] 对于 2 000 t 以下的油船、2 000 t 以上的空载油船以及海上装卸设施和设备,该公约不适用。

关于适用油类,公约规定:"油类"是指任何持久性烃类矿物油,例如原油、燃料油、重柴油、润滑油,不论作为货物装于船上,还是作为这类船舶的燃料。[⑤]

4.适用主体

公约规定油污损害的责任主体是船舶所有人。但如船舶为国家所有,而又在该国登记为

[①] http://www.docin.com/p-742955000.html.

[②] 王玫黎:《我国船舶油污损害赔偿案件的法律适用——以国内法和国际法的关系为中心》,《现代法学》,2007 年 4 期,第 179—185 页。

[③] 杨翡:《船舶油污损害民事责任若干问题研究》,《知识经济》,2012 年 11 期,第 24—25 页。

[④] 尹磊,吕安勤,段贵军:《〈国际燃油污染损害民事责任公约〉释义及我国履约对策》,《天津航海》,2009 年 2 期,第 43—45 页。

[⑤] 蒋琳:《我国船舶油污损害责任限制的公约适用及完善》,《哈尔滨师范大学社会科学学报》,2013 年 6 期,第 37—40 页。

船舶经营人的公司所经营,"船舶所有人"即指这种公司。[①]

5.适用地域

公约适用于下列区域内造成的污染损害:缔约国的领土,包括领海;缔约国根据国际法设立的专属经济区,或者,如果缔约国尚未设立这种区域,则为该国根据国际法所规定的超出并毗连于其领海的区域,且自该国测量其领海宽度的基线算起,外延不超过200 n mile。[②] 适用于为预防或减轻这种损害而在任何地方采取的预防措施。

油类污染界定。"油污损害"是指由于船舶泄漏或排放油类,而在船舶之外因污染而造成的损失和损害,不论这种泄漏或排放发生在何处。[③] 但是,对于环境损害的赔偿,除这种损害所造成盈利损失外,应限于已实际采取或将采取的合理复原措施的费用,以及预防措施的费用和因预防措施而造成的进一步损失或损害。[④] "预防措施"是指事件发生后,为防止或减轻损害由任何人采取的任何合理措施。"事件"是指造成或产生会导致油污损害的严重而紧迫的危险的任何事故,或由同一原因所引起的一系列事故。

6.公约赔偿责任原则

(1)赔偿责任原则。CLC 1992 实行严格责任原则。公约规定,只要有关船舶溢出或排放了散装油类,并污染了缔约国的领土和领海,其船舶所有人即应对事件承担损害赔偿责任。

(2)免责事项。公约规定"船舶所有人如能证实损害系属以下情况,即对此不负责任":[⑤]由于战争行为、敌对行为、内战或武装暴动,或特殊的、不可避免的各不可抗性质的自然所引起的损害。[⑥] 完全是由于第三者有意造成损害的行为或怠慢所引起的损害;完全是由于负责灯塔或其他助航设备的政府或其他主管当局在执行其职责时,疏忽或其他过失行为所造成的损害;如船舶所有人证明,污染损害完全或部分地是由损害人有意造成损害的行为或怠慢而引起的,或是由该人的疏忽所造成的,则该船舶所有人即可全部或部分地免除对该人所承担的责任。[⑦]

(3)油污损害责任范围。公约规定的船舶所有人油污损害责任的范围包括:在缔约国领土或领海发生的污染所造成的灭失或损害;采取补救措施的费用;由于采取补救措施而造成的进一步灭失或损害。但公约同时规定,不得要求船舶所有人对本公约没有规定的污染损害做出赔偿。不得要求船舶所有人的工作人员或代理人对本公约规定的或其他的污染损害做出赔偿。[⑧]

(4)赔偿责任限制。公约第五条第一款规定:"船舶所有人有权将他依据本公约对任何人一个事件的责任限于按下列方法算出的总额。不超过5 000 总吨的船舶为300 万计算单位;超过此吨位的船舶,每增加1 吨位单位,增加420 计算单位,但是,此总额在任何情况下不超过5 970 万计算单位。"第二款"毫不在意的行为或不为"又规定:"如经证明油污损害是由于船舶所有人本人有意造成或是明知可能造成这种损害而毫不在意的行为或不为所引起,船舶所有

① 王鹏:《我国船舶油污损害问题探究》,《商情》,2011 年 21 期。
② 陈学斌:《刍议中国对专属经济区船舶污染的司法管辖权》,《河北法学》,2006 年 2 期,第118—121 页。
③ 王卫斌,吴克林:《OIL 船舶油污的责任》,《中国船检》,2003 年 11 期,第95—97 页。
④ 危敬添:《有关油污问题的四项公约》,《中国远洋航务》,2009 年 8 期,第71—74 页。
⑤ http://baike.sogou.com/v10751186.html.
⑥ 王卫斌,吴克林:《OIL 船舶油污的责任》,《中国船检》,2003 年 11 期,第95—97 页。
⑦ http://www.china.com.cn/law/flfg/txt/2006-08/08/content_7057543.html.
⑧ 霍艳伟:《论船舶油污损害赔偿主体》,《法制与社会》,2010 年 31 期,第258—259 页。

人便无权按照本公约限制其责任。"①

7. 强制保险和财务保证问题

在缔约国登记的载运 2 000 t 以上散装油类货物的船舶,其所有人必须对其依据公约所承担的油污损害赔偿责任进行保险或其他的财务保证。如果船舶未持有相应的保险人或其他财务保证人提出索赔,受害人可以直接向承保油污责任险的保险人或其他财务保证人提出索赔,即所谓的"直接诉讼制度"。② 但公约赋予了他们比较强而有力的抗辩权。

8. 时效、管辖权及判决的承认和执行

公约规定油污损害赔偿请求的时效为 3 年,自损害发生之日起计算。无论如何,不得在引起损害的事件发生之日起 6 年之后提出诉讼。如该事故包括一系列事件,6 年的期限应自第一个事件发生之日起算。公约规定,每一缔约国都应保证它的法院具有处理赔偿诉讼的必要管辖权。当某一事故在一个或多个缔约国的领土或领海或在这种领土区域中采取了防止或减少污染损害做出的预防措施时,赔偿诉讼可向上述任何一个或多个缔约国的法院提起。③ 上述任何诉讼的适当通知,均应送交被告人。由具有上述管辖权的法院所做出的任何判决,如可在原判决国实施而不再需要通常复审手续时,除下列情况外,应为各缔约国所承认:判决是以欺骗取得;未给被告人以合理的通知和陈述其立场的公正机会。按上述规定确认的判决,一经履行各缔约国所规定的各项手续之后,应在各该国立即实施,在各项手续中不允许重提该案的是非。

第三章 公约历次修正案

一、CLC 1969 的 1976 年议定书

通过时间:1976 年 11 月 9 日,生效时间:1981 年 11 月 9 日。主要修正内容:因 1969 年民事责任公约的限额单位是"金法郎"。实践证明,将金法郎兑换成各国的货币越来越困难,1976 年议定书采用了一个新的限额单位,即国际货币基金组织成员国的"特别提款权"。④ 同时为适应非国际货币基金组织成员国和法律禁止使用"特别提款权"国家的需要,该议定书还提供了一个与以前一样以黄金为基础的货币单位作为替代办法。我国于 1986 年 9 月 29 日批准加入 CLC 1969 的 1976 年议定书,该议定书于同年 12 月 28 日对我国生效。⑤

二、CLC 1969 的 1984 年议定书

通过时间:1984 年 5 月 25 日。生效条件:包括 6 个各拥有不少于 100 万总吨油船的国家在内的 10 个国家加入之日起 12 个月后生效。《1969 年民事责任公约》和《1971 年基金公约》

---

① 韩立新:《海上油污案件中船舶扣押问题研究》,《中国海商法年刊》,2002 年 1 期,第 263—271 页。
② 杨雯:《海上强制责任保险中的直接诉讼制度》,《中外企业家》,2009 年 7 期,第 48—51 页。
③ 郭萍,陈雷:《论建立和完善我国有关船舶油污损害赔偿责任限制程序的必要性》,《中国海商法年刊》,2003 年 1 期,第 227—240 页。
④ 王娟:《论油污损害赔偿的法律适用》,《中国海商法年刊》,2008 年 1 期,第 177—189 页。
⑤ 危敬添:《有关油污问题的四项公约》,《中国远洋航务》,2009 年 8 期,第 71—74 页。

建立的油污损害赔偿责任制度被证明是非常有效的。但是,到20世纪80年代中期,世界各国一致认为其责任限额太低,不能为一次大的油污事故所造成的损失提供最大的赔偿。因此,国际海事组织于1984年召开会议,通过了《1969年责任公约修正案的1984年议定书》。该议定书大幅度提高了船舶所有人的赔偿限额。但该议定书未能达到生效条件,主要原因是作为石油进口大国的美国不愿意接受该议定书。

三、CLC 1969 的 1992 议定书

国际海事组织于1992年11月23日—27日在伦敦召开了修订CLC 1969和《1971年设立国际油污损害赔偿基金公约》的外交大会。包括我国在内的55个会员国、联系会员中国香港及12个国际组织派代表或观察员出席了大会[①]。大会审议并通过了《修正1969年国际油污民事责任公约的1992年议定书》。该议定书对于赔偿限额的规定与1984年议定书限额相同:不超过5 000总吨的船舶,其赔偿限额为300万特别提款权;5 000~140 000总吨的船舶,赔偿基金为300万特别提款权,每增加1吨则加420特别提款权;140 000总吨以上的船舶,赔偿基数为5 970万特别提款权。

除以上变化外,CLC 1992与CLC 1969相比还有以下变化:(1)CLC 1992公约扩大了公约的适用范围,适用于在专属经济区内造成的污染损害赔偿问题;(2)CLC 1992将环境损害赔偿限定在采取合理措施消除污染所花费用的范围内;(3)CLC 1992规定即使在未发生油污染事故但存在严重的紧迫危险的情况下,采取措施的费用仍然可获得补偿;(4)CLC 1992议定书有一项关于强制退出原公约的规定,因而从1998年5月16日起,该议定书的缔约国不再是CLC 1969的缔约国;(5)CLC 1992允许其缔约国向非缔约国的船舶发放证书。

四、CLC 1992 的 2000 年议定书

由于油船污染海洋事件会给沿岸国的生态和环境造成巨大的损害,原有公约及议定书规定的赔偿限额难以给损失做出合理赔偿,国际海事组织于2000年10月召开的法律委员会第82届会议上,以LEG.1(82)号和LEG.2(82)决议分别通过了对CLC 1969的修正案和对经1992年议定书修正的《1971年国际油污损害赔偿基金公约》的修正案,提高了船舶所有人的油污赔偿责任限额和基金的赔偿限额。修正案规定的限额比1992年议定书规定的限额提高了50.37%,主要对第6(1)条修改如下:(1)5 000总吨的船舶,其赔偿限额为451万特别提款权;(2)5 000~140 000总吨的船舶,赔偿基数为451万特别提款权,每增加1吨则加631特别提款权;(3)140 000总吨以上的船舶,其赔偿限额为8 977万特别提款权。CLC 1992的2000年议定书于2003年11月1日生效。

---

① 徐翠明:《修改〈1971年基金公约〉外交大会会议情况的介绍》,《交通环保》,2000年6期,第44—45页。

第四章　公约的实施情况

一、国外实施的情况

1.公约在美国的实施情况

美国确立了自己的油污损害赔偿机制,通过制定《1990 年油污法》(OPA 90)确立了其特有的船舶油污损害赔偿机制[①],是目前世界上对船东责任限制最多、基金补偿也最多的国家。OPA 90 规定了船方要承担第一位严格责任。

《1990 年油污法》包括油污责任和赔偿、对联邦原有法律的更正和补充、关于国际法规的执行、预防与处罚、威廉王子海峡特殊法律条文、其他、研究和发展、关于 1990 年阿拉斯加输油管道系统改革法、油污责任信赖基金等九项内容。美国《1990 年油污法》规定的赔偿范围更宽、责任限额更高,更易于受害人获得赔偿。例如,美国法把船东的赔偿限额在原来的基础上提高了 8 倍,它不仅要求油船施行强制保险,还要求非油船和石油设施也施行强制保险。[②]美国《1990 年油污法》第 2702 条规定了责任方的严格责任。该条规定,除非有法律的特别的规定,责任方应对油污事件所产生的清污费用和损害承担赔偿责任。尽管在第 2703 条,美国油污法规定了免责事由,但这些免责极易丧失。按照美国《1990 年油污法》,美国设立了 10 亿美元的溢油责任信托基金(OSLTF),对基金的来源、使用和管理做了非常明确细致的规定。当油污损害超过船舶所有人责任限制时,由基金补充赔偿,以实现石油货主的补充赔偿责任。OSLTF 用于支付发生船舶溢油事故后清除费用、处理事故的调查评估费用,赔偿个人财产损失、自然资源损失、联邦、州或当地政府税务等损失费用。当然,除找不到肇事者的溢油外,部分清污费和污染损失费是可以从事故责任者处收回的。基金还用于支付研究和发展费用及基金管理人员的日常开支。OSLTF 基金由国家防污基金中心(NPFC)管理,隶属于美国海岸警备队。

除 OSLTF 外,美国还建立了类似的危险物质基金(SUPERFUND),用于对有毒化学品物质污染的清污和赔偿,基金来源于对化工厂和炼油厂的税收。

2.公约在加拿大的实施情况

加拿大既参加了 FC71,同时又建立了国内油污基金,两套机制同时运转,相辅相成。加拿大于 1971 年 6 月 30 日首次在自己的《航运法》中增加了关于溢油责任的篇章,建立了海上污染赔偿基金(Maritime Pollution Compensation Fund,MPCF),成为世界上较早通过立法建立油污损害赔偿机制的国家。

1979 年 3 月的"Kurdistan 号"溢油事件促使了加拿大《航运法》的修改。修改过的《航运法》于 1989 年 4 月生效,主要内容是:

①加大了油污损害赔偿的适用范围,把赔偿范围扩大到加拿大领海以外,但属加拿大管辖的水域,并把"油船"扩大到对"任何船舶"的溢油。

---

① 袁雪:《国际船舶油污损害赔偿机制及我国的选择》,《环境保护》,2012 年 2 期,第 101—103 页。
② 赵宸:《浅析国际船舶油污损害赔偿机制及我国的选择》,《青年科学(教师版)》,2013 年 8 期,第 77—78 页。

②建立新的船舶油污基金(The Ship Oil Pollution Fund, SOP),取代原来的不完整和不全面的 MPCF。

1989 年生效的加拿大《航运法》具有如下特点:①国际公约与国内立法相结合,使赔偿更为合理;②国际国内基金统一收取、统一管理,为受害者提供了快捷的赔偿。加拿大在制定法律条文时已注意到与国际公约的统一问题,如船东的责任与限额与国际公约的规定完全相同。①

二、国内实施的情况

目前我国有关船舶油污损害责任的法律体系与机制很不完善,没有专门的船舶油污损害立法,分散在不同的法律中,规定十分散乱,缺乏系统性和可执行性。主要有:

(1)《中华人民共和国宪法》第 9 条规定,水流是国家的自然资源,禁止任何组织或个人以为手段破坏自然资源。②

(2)《中华人民共和国民法通则》第 124 条规定"违反国家保护环境防止污染的规定,污染环境造成他人损害的,应当依法承担民事责任",是船舶溢油污染损害民事赔偿最直接的国内法依据。

(3)《中华人民共和国环境保护法》第 41 条规定,造成环境污染损害的,有责任排除危害,并对直接受到损害的单位和个人赔偿损失。③

(4)《中华人民共和国海洋环境保护法》第 90 条规定:"造成海洋环境污染损害的责任者,应当排除危害,并赔偿损失;完全由于第三者的故意或者过失,造成海洋环境污染损害的,由第三者排除危害,并承担赔偿责任。④ 对破坏海洋生态、海洋水产资源、海洋保护区,给国家造成重大损失的,由依照本法规定行使海洋环境监督管理权的部门代表国家对责任者提出损害赔偿要求。"新的《海洋环境保护法》第 6 条规定:"国家完善并实施船舶油污损害民事赔偿责任制度,按照船舶油污损害赔偿责任由船东和货主共同承担风险的原则,建立船舶油污保险、油污损害赔偿基金制度,实施船舶油污保险、油污损害基金制度的具体办法由国务院规定。"为我国建立油污损害赔偿机制奠定了法律基础,⑤更促使我国要将船舶油污损害赔偿工作提高到一个新的高度。

(5)《中华人民共和国海商法》第 11 章海事赔偿责任限制间接提及了油污民事责任。

(6)《海事诉讼特别程序法》以及最高人民法院对该法的司法解释。该法第 99 条规定,对船舶造成油污损害的赔偿请求,受损害人可以向造成油污损害的船舶所有人提出,也可以直接向承担船舶所有人油污损害责任的保险人或者提供财务保证的其他人提出。油污损害责任的保险人或者提供财务保证的其他人被起诉的,有权要求造成油污损害的船舶所有人参加诉讼。

(7)《中华人民共和国防止船舶污染海域管理条例》第 10 章"船舶污染事故的损害赔偿"对船舶污染事故的索赔方式进行了较为详尽的规定。

---

① http://www.docin.com/p-1082461549.html.

② 祁锋:《无线电频谱资源纳入〈中华人民共和国物权法〉保障范围解读》,《中国无线电》,2007 年 4 期,第 8—10 页。

③ 疏震娅:《论海洋生态损害国家索赔诉讼制度的建立》,《中国海洋大学学报(社会科学版)》,2011 年 2 期,第 24—28 页。

④ 孟庆林:《中国船舶污染事故赔偿法律体系研究》,《交通环保》,2003 年 1 期,第 49—55 页。

⑤ http://www.docin.com/p-1082461549.html.

（8）《最高人民法院关于审理船舶油污损害赔偿纠纷案件若干问题的规定》（法释〔2011〕14号）于2011年1月10日由最高人民法院审判委员会第1 509次会议通过，该司法解释内容全面，详细规定了人民法院船舶油污损害赔偿纠纷案件的适用范围、案件管辖、油污责任、赔偿范围与损失认定、船舶优先权、油污责任限制及债权登记与受偿、油污索赔代位受偿权等方面的内容。

（9）《船舶油污损害赔偿基金征收使用管理办法》于2012年颁布实施，并于2015年6月18日成立了中国船舶油污损害赔偿基金管理委员会，由交通运输部、财政部、中国石油天然气集团公司、中国石油化工集团公司、中国海洋石油总公司等九家单位组成，船舶油污损害赔偿机制在我国正式开始运作。

拓展阅读　中国船舶油污损害赔偿基金创建大事记

1996年

图瓦卢籍油船"檀家号"于1995年8月20日靠泊广州港时撞击码头，造成200吨原油溢出，损失较大。由此，交通部安监局船舶处劳辉处长起草向交通部黄镇东部长作"研究对策意见"签报，第一次正式提出是否可借鉴国际船舶油污赔偿基金的思路，彻底解决我国船舶油污损害赔偿问题，提高我国应对重大船舶溢油事故的处理能力。

9月15日，交通部黄镇东部长对交通部安监局的"研究对策意见"做出批示。根据黄镇东部长和刘松金副部长的指示，交通部重点软科学研究项目《建立我国船舶油污损害赔偿机制对策研究》立项，首次开展对建立我国船舶油污赔偿机制的探索性宏观对策研究。

1997年

10月，交通部重点软科学研究项目《建立我国船舶油污损害赔偿机制对策研究》形成成果要点和摘要。项目研究结论建议我国加入《1992年国际油污损害民事责任公约》；同时，鉴于《〈1971年国际油污损害赔偿基金公约〉的1992年议定书》已于1996年5月生效，其成员国中的摊款大国都加入了该公约的1992年议定书，因此建议暂缓加入《1971年国际油污损害赔偿基金公约》，并尽快建立我国国内船舶油污损害赔偿机制，待我国条件成熟后直接加入1992年议定书。

1998年

1月14日，交通部重点软科学研究项目《建立我国船舶油污损害赔偿机制对策研究》成果评审会在京召开，最高人民法院王茂森副庭长、交通部安监局宋家慧副局长、船东互保协会王玉贵总经理等专家评审认为该课题研究成果为政府部门决策是否"建立船舶油污损害赔偿机制"提供了依据。

3月，交通部将"建立船舶油污损害赔偿机制"的建议作为政协九届一次会议第1447号提案，由交通部船舶检验局副局长刘德洪委员提交九届一次人大、政协会议，并根据两会的批复意见，征求了国家计委、财政部、外交部的意见，三部委均表示同意与支持该提案。

9月8日，交通部向国务院提交《关于我国加入修正〈1969年国际油污损害民事责任公约的1992年议定书〉的请示》，建议我国加入《1992年国际油污损害民事责任公约》并同时声明适用于香港特别行政区。同时根据《1992年国际油污损害民事责任公约》的规定，办理退出

《1969 年国际油污损害民事责任公约》。

1999 年

1 月 5 日,我国加入《1992 年国际油污损害民事责任公约》;1 月,我国加入《1992 年国际油污损害赔偿基金公约》,但仅适用于香港特别行政区。

1 月 14 日,国务院参事郭廷结向时任朱镕基总理、吴邦国副总理和温家宝副总理提交了《关于尽快建立我国船舶油污损害赔偿机制的建议》,并得到朱镕基总理的批示。

4 月 2 日,国家环保总局会同财政部、交通部、中国石油化工集团公司、中国石油天然气集团公司召开专题会议。会后,国家环保总局解振华局长向时任朱镕基总理、吴邦国副总理和温家宝副总理做汇报,认为我国自行建立船舶油污损害赔偿机制可行,但需要抓紧对我国现行有关环境保护法规进行必要的完善,为今后制定"船舶油污损害赔偿法"或有关条例准备条件,以解决现行法律上存在的问题。

1999 年,全国人大法案室组织修改《中华人民共和国海洋环境保护法》,交通部海事局建议在修订草案中增加"油污防备与反应"和"船舶油污损害责任及赔偿"的内容,此项建议基本得到人大法案室的认可。

2000 年

1 月 5 日,《1992 年国际油污损害民事责任公约》对我国生效。

4 月 1 日,新修订的《中华人民共和国海洋环境保护法》开始实施,其中,第 66 条纳入了建立船舶油污损害赔偿机制的内容:国家完善并实施船舶油污损害民事责任赔偿制度;按照船舶油污损害赔偿责任由船东和货主共同承担风险的原则,建立船舶油污保险、油污损害赔偿基金制度。

为落实《中华人民共和国海洋环境保护法》第 66 条的要求,为赔偿机制的实施提供依据,提出一整套政策性强、符合中国国情、可以操作的具体办法。交通部开展了软科学项目研究工作,《建立我国船舶油污损害赔偿机制实施办法的研究》立项。

作为与《中华人民共和国海洋环境保护法》相配套的相关法规,1983 年国务院《防止船舶污染海洋环境管理条例》也应随之进行了重新修订。2000 年,交通部开始按照《中华人民共和国海洋环境保护法》的原则对该条例进行了重新修订。(具体时间不详)

2001 年

交通部向政协九届四次会议提交第 2528 号《关于"加速建立我国油污损害赔偿机制案"的建议》提案。(无具体证明文件,待核实)

6 月 5 日,为就建立和完善我国船舶污染海洋环境损害赔偿机制进行有意义的探索和尝试,由交通部海事局主办、上海海事局承办的"2001 年船舶污染海洋环境损害赔偿机制国际研讨会"在上海举行。研讨会就船舶油污事故的处理、污染损害的赔偿、清污技术及对国内航行船舶实施强制油污保险制度等问题进行了探讨和研究。

2002 年

4 月 16 日,交通部重点软科学研究项目"建立我国船舶油污损害赔偿机制实施办法的研究"成果评审会在京召开。项目组提交了主报告《建立我国船舶油污损害赔偿机制实施办法的研究》,以及《中华人民共和国船舶油污保险暂行办法》(建议稿)及其编写说明、《中华人民共和国设立船舶油污损害赔偿基金暂行办法》(建议稿)及其编写说明、《中华人民共和国船舶油污损害赔偿基金索赔指南》(建议稿)及其编写说明、《建立深圳油污损害赔偿机制研究报告》、翻译了国际油污基金1993—2000年年报的主要内容和1992年基金2000年版《索赔手册》等五个分报告,通过了部级评审。

8月1日,交通部海事局在深圳举办了以"建立船舶油污损害赔偿机制,保护海洋环境,促进海洋经济发展"为主题的海事论坛,通过了《尽快建立我国船舶油污损害赔偿机制倡议书》。

2003年

1月30日,交通部与财政部联合向国务院提交了经国家环保总局、国家海洋局、中国保监会会签的《关于尽快建立我国船舶污染损害赔偿机制的请示》(交海发〔2003〕34号文)。2月,国务院批准了该请示。

2004年

2月25日,财政部、交通部发文,就二者共同起草的《船舶油污损害赔偿基金征收和使用管理办法》(征求意见稿)向农业部、国家海洋局、国家环保总局、国家旅游局办公厅(室)和中国石油天然气集团公司、中国石油化工集团公司、中国海洋石油集团公司征求意见。

5月,为就《船舶油污损害赔偿基金征收和使用管理办法》的实施做好配套准备工作,交通部海事局研究项目"中国船舶油污损害赔偿基金运作机制的研究"立项,主要针对船舶油污损害赔偿基金的运作管理开展研究。通过起草基金一系列管理办法和规章制度,力图使其管理更科学化、规范化。

9月16日,交通部、财政部组织农业部、国家海洋局、国家环保总局、国家旅游局办公厅(室)和中国石油天然气集团公司、中国石油化工集团公司、中国海洋石油集团公司召开座谈会,围绕"基金征收费率标准""基金索赔程序、基金管理委员会的职责、工作程序""基金管理办法的发布时间"等相关议题对《船舶油污损害赔偿基金征收和使用管理办法》(修改稿)再次征求意见。通过本次座谈会,石油货主对船舶油污损害赔偿基金的建立表示理解。

10月,交通部海事局副局长徐国毅率团参加国际海事组织第52届海上环境保护委员会期间,走访了国际海事组织(IMO)、国际油污基金组织(IOPC Funds)、国际油船船东污染联盟(ITOPF)等国际组织,就我国国内船舶油污基金建立问题与各方进行了研讨。IOPC Funds、IMO等均表示愿意与中国加强合作,为中国船舶油污损害赔偿基金的建立提供理论和实践帮助。

2005年

年初,交通部会同财务部完成《船舶油污损害赔偿基金征收和使用管理办法》(征求意见稿)的修改完善工作。

7月5日—6日,为共同探讨建立符合我国国情的船舶油污损害赔偿制度,上海海事局受交通部海事局委托,在上海举办以"建立符合中国国情的船舶油污损害赔偿制度"为主题的国际海事论坛。来自有关国际组织、东盟10国、美国、俄罗斯以及国务院有关部委、保险、法律、航运、石油化工等行业的官员、专家、学者近250人参加了论坛。专家代表分别就国际油污基金的管理、运作和索赔、国内油污基金法律程序、船舶油污损害赔偿案件相关法律问题等内容提出建设性的意见。

8月,交通部海事局与最高人民法院民四庭联合开展了海事调查和海事诉讼座谈会。会上,交通部海事局有关领导和同志就我国建立油污损害赔偿机制的必要性及其进展情况等问题做详细解释,得到了海事法院系统的认可。

10月16日—27日,交通部及财政部有关同志赴芬兰、挪威和丹麦三国开展油污损害赔偿机制管理调研,深入了解国外实施油污损害赔偿机制的情况。

2006 年

1 月 19 日、3 月 17 日、8 月 24 日,交通部海事局"中国船舶油污损害赔偿基金运作机制的研究"课题组先后组织召开课题讨论会,会议邀请最高人民法院民四庭刘寿杰法官作为特邀法律专家参与研讨会,对船舶油污损害赔偿实践中争议较多的问题进行讨论,同时吸收国外运作经验,对基金研究报告和实施细则进行了补充、修改和完善。

6 月 26 日—7 月 9 日,交通部、财政部联合船舶油污损害赔偿机制调研组赴西班牙、葡萄牙和南非进行油污损害赔偿基金调研。

9 月 14 日,交通部海事局《中国船舶油污损害赔偿基金运作机制的研究》项目通过专家评审,课题组形成了课题研究报告及补充报告、《中华人民共和国防治船舶污染海洋环境管理条例》(送审稿)的修改建议、对《船舶油污损害赔偿基金征收和使用管理办法》(征求意见稿)的修改建议等四项研究成果。

2007 年

11 月,上海海事局受交通部海事局委托,在上海举办以"全球关注石油运输和海洋环境保护"为主题的国际海事论坛。来自国务院、国家环保总局、最高人民法院、上海市人大、市委办局等部门的领导、专家,以及国际海事组织、美国、东盟 10 国等国家海事部门的高级官员,国际油污基金组织的高层代表,科研院校的教授学者连同法律界、保险界的权威专家围绕船舶油污损害赔偿的各类法律问题这一议题展开探讨和交流,为我国船舶油污损害赔偿基金制度的建立提供建设性意见。

2008 年

11 月 17 日,我国加入《2001 年国际燃油污染损害民事责任公约》。根据公约规定,凡在缔约国登记的载运 1 000 t 以上船舶的登记所有人须持有保险或其他财务担保。

2009 年

3 月 9 日,《2001 年国际燃油污染损害民事责任公约》对我国生效。

9 月,上海海事局受交通运输部海事局委托,在上海举办国际海事论坛。来自国际海事组织、国际油污基金组织、澳大利亚、德国、美国、英国海岸警卫队、加拿大油污基金、国内外知名船公司,以及国内直属海事机构的 18 名高层官员、专家围绕"国际海事组织出台、修订海洋环境保护公约、规则的进展情况""国内外海事管理机构履行与海洋环境保护相关的公约、规则的情况"等四项分议题展开讨论,为我国船舶油污损害赔偿基金制度的建立提供建设性意见。

9 月 2 日,国务院第 79 次常务会议通过了《防治船舶污染海洋环境管理条例》。其中,第 55 条明确规定了我国船舶油污损害赔偿基金缴纳的条件,征收、使用和管理办法的制定权,基金管理委员会的职责以及成员组成等内容。

交通运输部海事局课题"船舶油污损害评估技术导则的研究与制定"立项,旨在提出一套确定油污损害范围和程度的科学评估方法,为船舶油污损害赔偿基金处理索赔案件提供评估和审核的依据。

2010 年

1 月 6 日,交通运输部海事局中国船舶油污损害赔偿基金筹备领导小组成立。

1 月 8 日,交通运输部海事局中国船舶油污损害赔偿基金筹备领导小组第一次会议在北京召开。会议就建立船舶油污损害赔偿基金前期工作进展和下一步工作进行专题汇报及讨论。会议还对《船舶油污损害赔偿基金征收使用管理办法》(征求意见稿)提出了具体修改意见,并要求再次向国务院有关部门和石油货主征求意见;同时,会议同意运行机构除基金管理委员会和秘书处之外,在上海增设具有独立法人资格的技术支持机构,即中国船舶油污损害理赔事务中心。

1月12日,上海海事局中国船舶油污损害赔偿基金筹备工作组成立。

3月1日,《防治船舶污染海洋环境管理条例》开始施行。

为落实条例要求,中国船舶油污损害赔偿基金筹备工作组开展了《船舶油污损害赔偿基金征收使用管理办法》(征求意见稿)修订完善工作,并起草了《船舶油污损害赔偿基金征收使用管理办法实施细则》《船舶油污损害赔偿基金索赔指南》《船舶油污损害赔偿基金理赔导则》等配套文件初稿。

10月,交通运输部、财政部就《船舶油污损害赔偿基金征收使用管理办法》(征求意见稿)向农业部、国家海洋局、环境保护部、国家旅游局和中国石油天然气集团公司、中国石油化工集团公司、中国海洋石油集团公司征询意见的基础上,形成了送审稿和起草说明。

12月8日,交通运输部、财政部联合上报国务院《关于报请批转发布〈船舶油污损害赔偿基金征收使用管理办法〉的请示》。

12月17日,交通运输部海事局课题《船舶油污损害评估技术导则的研究与制定》通过评审,形成了我国船舶油污损害赔偿导则一般规定等研究成果。

2011年

3月—4月,国务院法制办就《船舶油污损害赔偿基金征收使用管理办法》(以下简称《办法》)向国家发展和改革委员会、国有资产监督管理委员会进行意见征集。财政部和交通运输部就反馈意见发函予以解答及回复。

8月5日,国务院法制办就《船舶油污损害赔偿基金征收使用管理办法》召集财政部、交通运输部和国家发展和改革委员会、国有资产监督管理委员会进行修改讨论,并对《办法》进行了修改。

2012年

1月30日,国务院法制办回复对"财政部、交通运输部向国务院报请批准印发《船舶油污损害赔偿基金征收使用管理办法》的请示"的审查意见,同意在进一步征求意见的基础上修改形成草案。报请国务院领导同意后,由财政部、交通运输部公布《办法》。

2月10日,为保障船舶油污损害赔偿基金一旦建立能立即正常运作,上海海事局中国船舶油污损害赔偿基金筹备工作组在交通运输部海事局中国船舶油污损害赔偿基金筹备领导小组的指示下,通过参考国外船舶油污基金的管理模式,重点围绕基金管理机构的组成和建立基金技术保障机构的必要性,形成并报送《关于建立中国船舶油污损害赔偿基金保障机构研究报告》。

5月11日,财政部、交通运输部正式印发《船舶油污损害赔偿基金征收使用管理办法》(财综〔2012〕33号)。

根据《办法》相关规定,自2012年7月1日起,由交通运输部所属海事管理机构向货物所有人或其代理人征收船舶油污损害赔偿基金。凡在中华人民共和国管辖水域内接收从海上运输持久性油类物质(包括原油、燃料油、重柴油、润滑油等持久性烃类矿物油)的货物所有人或其代理人,应当按照每吨持久性油类物质0.3元的标准缴纳基金。

国家设立由交通运输部、财政部、农业部、环境保护部、国家海洋局、国家旅游局以及缴纳船舶油污损害赔偿基金的主要石油货主代表等组成的船舶油污损害赔偿基金管理委员会,负责处理船舶油污损害赔偿基金的具体赔偿或者补偿事务。管理委员会下设秘书处,负责具体赔偿、补偿等日常事务,秘书处设在交通运输部海事局。满足索赔申请条件的油污受害人在规定时间内向基金管理委员会申请从船舶油污损害赔偿基金中获得赔偿或者补偿。且基金对任一船舶油污事故的赔偿或补偿金额不超过3 000万元人民币。

6月13日,为落实《船舶油污损害赔偿基金征收使用管理办法》要求,规范基金征收行为,交通运输部海事局制定并发布了《船舶油污损害赔偿基金征收管理工作规程(试行)》(海征稽〔2012〕419号)。

7月1日,财政部、交通运输部联合颁布的《船舶油污损害赔偿基金征收使用管理办法》开始实施,船舶油污损害赔偿基金在全国范围内开始征收,标志着中国船舶油污损害赔偿基金正式建立。

7月3日—4日、8月17日—19日,交通运输部海事局先后召开船舶油污损害赔偿基金配套文件讨论会,讨论修改《船舶油污损害赔偿基金征收使用管理办法实施细则》和《船舶油污损害赔偿基金管理委员会章程》等文件,先后形成征求意见稿及送审稿。

9月,交通运输部与基金管理委员会各成员单位联系并确定各成员单位联络员。

11月12日,交通运输部向中央机构编制委员会办公室申请成立中国船舶油污损害理赔事务中心。

2013年

9月27日,财政部和交通运输部在上海召开《船舶油污损害赔偿基金征收使用管理办法实施细则》研讨会,邀请国内主要石油货主单位、保险公司等讨论修改并完善《船舶油污损害赔偿基金实施细则》。

2014年

4月28日,交通运输部、财政部联合颁布《船舶油污损害赔偿基金征收使用管理办法实施细则》。

11月17日,中央机构编制委员会办公室批复成立中国船舶油污损害理赔事务中心的申请,同意设立理赔事务中心。

2015年

1月20日,交通运输部将中国船舶油污损害理赔事务中心列为部属事业单位,纳入交通运输部海事局管理范围,机构组建工作交由上海海事局,并委托由上海海事局管理。

3月20日,中国船舶油污损害赔偿基金管理委员会成员单位联络员第一次会议在交通运输部召开。

4月20日,中国船舶油污损害赔偿基金管理委员会各成员单位推荐确定管理委员会委员人选。

6月18日,中国船舶油污损害赔偿基金管理委员会成立会议在北京召开,会上审议通过了《船舶油污损害赔偿基金管理委员会章程》,并为中国船舶油污损害理赔事务中心成立揭牌。

根据《船舶油污损害赔偿基金管理委员会章程》相关规定,将《船舶油污损害赔偿基金征收使用管理办法》有关管理委员会组成中的"石油货主代表"细化为"中国石油天然气集团公司、中国石油化工集团公司、中国海洋石油总公司"。此外,为确保管委会所做决议和决定能公平、充分地体现基金管委会每家成员单位的意见,管委会设主任一名,由交通运输部副部长担任;设委员九名,由各成员单位指定一名代表担任。

8月—9月,中国船舶油污损害理赔事务中心完成事业法人登记手续办理。

2016 年

4月12日,交通运输部海事局暨基金秘书处组织召开2016年船舶油污损害赔偿基金管理委员会成员单位联络员会议。

6月16日,船舶油污损害赔偿基金管理委员会第二次会议召开。会议审议通过三家索赔单位的两起索赔案件,三家单位成为我国首批获得船舶油污损害赔偿基金赔付的受益人,首次赔付资金60.88万元,这标志着中国船舶油污损害赔偿基金真正踏上了用之于民、惠及民生之路。会议同时审议通过了《船舶油污损害赔偿基金秘书处年度工作报告》《船舶油污损害赔偿2016年度收支预算报告》以及《船舶油污损害赔偿索赔指南》《船舶油污损害赔偿理赔导则》等。

7月3日,交通运输部发文(海危防[2016]376号)正式对外发布《船舶油污损害赔偿基金索赔指南》(试行版)及《船舶油污损害赔偿基金理赔导则》(试行版)。

参考文献

1. 于宜法,李永祺. 中国海洋基本法研究[M]. 青岛:中国海洋大学出版社,2010.

2. 陈德恭. 现代国际海洋法[M]. 北京:海洋出版社,2009.

3. 鲍君忠. 国际海事公约概论[M]. 大连:大连海事大学出版社,2006.

4. 危敬添,姚文兵. 国际海事条例概览[M]. 大连:大连海事大学出版社,2007.

5. 袁林新等. 国际海事组织公约概览[M]. 大连:大连海运大学出版社,1993.

6. 杨新宅. 国际国内安全管理规则相关文件[M]. 北京:人民交通出版社,2003.

7. 钱闵. 液货船安全检查应用指南[M]. 大连:大连海事大学出版社,2000.

8. 唐国梅.《联合国海洋法公约》与国际海事组织工作的关系[M]. 大连:大连海事大学出版社,2004.

9. 熊国武等. 国际海事条约简明教程[M]. 北京:人民交通出版社,1997.

10. 江苏海事局. 常用国际海事公约研究和应用[M]. 大连:大连出版社,2006.

11. 司玉琢. 海商法[M]. 大连:大连海事大学出版社,2007.

12. 司玉琢,吴兆麟. 船舶碰撞法[M]. 大连:大连海事大学出版社,1995.

13. 邓瑞平. 船舶侵权行为法基础理论问题研究[M]. 北京:法律出版社,1999.

14. 郭国汀. 国际海商法律实务[M]. 大连:大连海事大学出版社,1996.

15. 杨良宜. 海事法[M]. 大连:大连海事大学出版社,1999.

16. 谢邦宇,李静堂. 民事责任[M]. 北京:法律出版社,1991.

17. 张民安. 过失侵权责任制度研究[M]. 北京:中国政法大学出版社,2002.

18. 孙光圻. 中国航海史纲[M]. 大连:大连海运学院出版社,1994.

19. 赵劲松,王逢辰. 碰撞与避碰规则[M]. 大连:大连海事大学出版社,1997.

20. 叶红军. 港口法解析[M]. 北京:人民交通出版社,2003.

21. 交通部教育司. 国际海事条约简明教程[M]. 北京:人民交通出版社,2005.

22. 中华人民共和国海事局. 海事法规汇编(1949—1999). 北京:人民交通出版社,2002.

23. 国际海事组织. 1969 年国际船舶吨位丈量公约,1969.

24. 联合国. 联合国海洋法公约,1982.

25. 全国人大常委会. 中华人民共和国海上交通安全法,1983.

26. 中华人民共和国国务院. 中华人民共和国内河交通安全管理条例,2002.

27. 中华人民共和国国务院. 中华人民共和国船舶和海上设施法定检验条例,1993.

28. 交通部. 中华人民共和国船舶安全检查规则,1997.

29. 船舶检验局. 中华人民共和国船舶和海上设施法定检验规则,1999.

30. 船舶检验局. 中华人民共和国国际航行船舶法定检验技术规则,1999.

31. 国际海事组织. MARPOL 73/78 附则 V 实施导则,1998.

32. 上海海事局. 海事案例集[M]. 北京:人民交通出版社,2001.

33. 中华人民共和国海事局编译. 如何执行 MARPOL 公约. 国际海事组织出版物,2005.

34. 劳辉,徐石明,姜艳燕.60 年铸就海上长城:回顾中国溢油应急建设 60 年发展历程[J].中国海事,2009(9).

35. 冯东明.中日韩三国开展东北亚海洋污染合作研究[J].重庆交通大学学报(社会科学版),2011(4).

36. http://www.docin.com/p-792117630.html.

37. http://www.kaixian.tv/roll/n776381c7.html.

38. http://www.docin.com/p-1088154665.html.

39. http://wenku.baidu.com/vew/82cc7de0172ded630b1cb612.html.

40. 中华人民共和国交通部:www.moc.gov.cn,201006.

41. 中华人民共和国交通部:www.moc.gov.cn,200710.

42. 中华人民共和国交通部:www.moc.gov.cn,200602.

43. http://www.03964、com/read/7911db6e123132760ab8b44c.html.

44. http://www.docin.com/p-174274464.html.

45. http://wz.cnzjmsa.gov.cn/bsfw/wfgl/wfyj/201503/t20150325_379616.html.

46. http://www.docin.com/p-174274464.html.

47. http://www.docin.com/p-1082461549.html.

48. http://wenku.baidu.com/view/34d089b59e314332396893e0.html.

49. http://www.docin.com/p-1082461549.html.

50. http://www.masesqd.com/index.php?c=article&id=132.

51. http://wenku.baidu.com/view/34d089b59e314332396893e0.html.